PASTORES DEL PIRINEO

Severino Pallaruelo

PORTADA: Pastores en los puertos de Villanúa *(Archivo Compairé)*

Pastores del Pirineo

SEVERINO PALLARUELO

PREMIO NACIONAL DE INVESTIGACION SOBRE ARTES
Y TRADICIONES POPULARES "MARQUES DE LOZOYA"

MINISTERIO DE CULTURA

© Severino Pallaruelo, 1988

© de la presente edición: MINISTERIO DE CULTURA

NIPO: 301-88-021-0
ISBN: 84-505-7566-4
D. L.: M-16602-1988

INDICE

	Págs.
INTRODUCCION	
Métodos y fuentes	11
El territorio	18
Sociedad y economía	19

1. ORGANIZACION SOCIAL DEL PASTOREO
- El rebaño trashumante — 23
- Los pastores del pre-Pirineo — 27
- Las dulas — 28
- Pupilaje de animales y arrendamiento del ganado — 31
- Notas — 33

2. MARCO NORMATIVO Y CONFLICTOS
- Un problema antiguo: el enfrentamiento entre labradores y pastores — 35
- Fidelidad y responsabilidad — 40
- Relaciones con el Estado — 43
- Concordias — 49
- Vías pecuarias — 52
- Relaciones con Francia — 56
- Lo pastoril como norma para organizar el territorio en la sociedad tradicional — 61
- Conclusiones — 63
- Notas — 63

3. EL CICLO ANUAL DE LOS PASTORES
- La trashumancia — 65
- Tipos de trashumancia — 65
- Las rutas de la trashumancia — 74
- El descenso y la vida en la tierra baja — 78
- La vida en el aborral — 89
- Ascenso y vida en el puerto — 90
- El ciclo reproductor — 98
- Señalar — 99
- Escodar — 100
- El esquileo — 100
- Marcar — 107
- El queso — 108
- Notas — 114

4. LA CIRCULACION DEL DINERO
- Necesidad del dinero — 117
- El ganado como dinero — 118
- Las cuentas del ganadero — 121
- Las cuentas del pastor asalariado — 135
- El ganado en las cuentas de las comunidades locales — 137
- La inversión del dinero ganadero — 139
- Conclusiones — 142
- Notas — 143

5. CONSTRUCCIONES Y ARTESANIA
- En los montes — 146
- Construcciones de uso exclusivamente pastoril — 146
  - *Corrales en las sierras prepirenaicas* — 146
  - *Corrales trogloditas* — 148
  - *Casetas para pastor* — 149
  - *Casetas de falsa cúpula* — 150
  - *Cletaus* — 151
- Construcciones agropastoriles — 151
  - *Las bordas* — 151
  - *Una borda troglodita* — 156
  - *Las cabanas* — 156
  - *Las masadas* — 157
- Construcciones pastoriles en los puertos — 158
- Construcciones pastoriles en los poblados — 162
- El hábitat pastoril en la historia general del hábitat pirenaico — 164
- Artesanía pastoril — 164
- Artesanía de los pastores — 165
- Artesanía para los pastores — 172
- Artesanías de origen pastoril — 177
- Notas — 176

6. MITOS, RITOS Y CREENCIAS
- La protección del ganado — 179
- Brujas — 190
- Tradición religiosa — 195
- Fiestas — 201
- Leyendas — 204
- Pícaros pastores — 206
- Notas — 208

7. LA AGONIA DE UNA SOCIEDAD Y DE UN OFICIO
- Los cambios sociales y el descalabro demográfico — 211
- Los cambios ganaderos — 216
- Ser pastor en los Pirineos hoy y mañana — 222
- Notas — 225

BIBLIOGRAFIA — 227
MAPA — 229

AGRADECIMIENTOS

Debo agradecer a los hermanos Mariano, Luis, Carlos y Rosa Rocatallada de la Peña la amabilidad de facilitarme los papeles del archivo de su casa, en Aragüés del Puerto. También doy las gracias al presidente de la Mancomunidad del Valle de Broto, don Vicente Ballarín, que me dio todo tipo de facilidades para la consulta del archivo de la Casa del Valle; a don Sebastián Cazcarra, que me proporcionó los cuadernos del ayuntamiento de Tella; a doña Carmen Pardinilla y a don José María Cosculluela por dejarme consultar el archivo de la casa de Escapa.

Agradezco también las informaciones orales ofrecidas por muchos altoaragoneses, casi todos pastores y ganaderos que ejercen este oficio en la actualidad o lo ejercieron en el pasado. Algunos de los que he entrevistado y tal vez aparecen en las fotos de este libro son:

Don José Villacampa, de Arto; don Víctor Oliván, de Acumuer; don Esteban Villacampa, de Sabiñánigo; don Ramón Acín, don Ramón de Casa Baja y el joven de Casa Lasaosa, de Betés; don Angel Susín y don Jesús, de Aso de Sobremonte; don Ramón Gracia y su familia, de Ara; el pastor de Berdún que cuidaba un rebaño de Atarés en el 84; don Juan Ramón Aso, don Pedro Allué y don Ramón Visús, de Ena; don Paulino Fanlo, de Yésero; don Pedro Gil, don José Gracia y don Luis Castán, de Bailo; don Vicente Periel, de Yebra de Basa; don Leoncio Grasa, de Cerésola; don Caudio Piedrafita, de Barbenuta; don Baudilio Lanaspa, de Orna de Gállego; don Ramón López y su familia, de Sabiñánigo; don Antonio Oliván, de Aso de Sobremonte; don Gonzalo de Capeta, de Hecho; don Pascual Lapuente, de Hoz de Jaca; don Domingo de Mario, de Bestué; don Basilio Miranda, de Sabiñánigo; don Tomás Escolano, de Sorripas; don Ismael Gavín y su hijo, de Biescas; don Ramón Piedrafita, de Larués; don Miguel Ceresuela, de Bestué; don José Faustino Murillo, natural de Ceresuela y residente en Altorricón; don Jesús Ballarín, natural de Merli y residente en Almacellas; don Abel Villacampa, natural de Fablo y residente en Almacellas; don Santiago Bringola, de Frajen; don Gabriel Castillo, don Antonio Castillo y su familia, de Morillo de Sampietro; don Gerardo Pañart y don Antonio Castillo, de Puyarruego; don José de Parigüelo, doña Josefina Loste y su familia, de San Juan del Valle de Gistau; don Pablo Grasa y su familia, de Ordovés; don Victoriano Pérez y su familia, de Latrás; don Mariano Oliván, de Sabiñánigo; los amos de Casa Patricio y de Casa Joaquín Nerín, de Vio; don Francisco, el alguacil de Broto, y don Enrique Puyuelo, de Oto.

Para el ansotano Jorge Puyó, pastor y brillante relator, que cuenta las vicisitudes de su oficio con maestría sólo posible en quien ha guiado ganado muchos años, el autor de este libro quiere mostrar tanto el agradecimiento por sus informaciones como la admiración por su extensa formación autodidacta.

Con la publicación de este trabajo se ofrece a la sociedad española el resultado de un profundo estudio antropológico que fue merecedor del primer Premio Nacional de Investigación sobre Artes y Tradiciones Populares "Marqués de Lozoya", en el año 1985.

La conservación del patrimonio histórico español es una de las tareas fundamentales de nuestra política cultural. Su estudio y difusión permiten el acercamiento del mismo a la sociedad en su conjunto, a fin de que ésta pueda conocerlo y apreciarlo.

El peligro de desaparición de determinadas costumbres y tradiciones hacen esta labor especialmente valiosa y necesaria. El cambio irreversible que la sociedad moderna opera en la vida cotidiana de estas colectividades, no ha de suponer la extinción de los rasgos propios de un pueblo, ni tampoco la pérdida de su memoria histórica.

Por ello, el trabajo antropológico que ahora se publica es un documento excepcional y único, que deja adecuadamente registrado el rico patrimonio de las comunidades pecuarias pirenaicas. A partir de la organización social de la colectividad, estudia los aspectos económicos, la trashumancia, la cultura material que esa vida genera —tanto en construcciones como en los objetos producto de la artesanía—, técnicas e instrumentos, creencias y conjuntos de elementos míticos y rituales que constituyen el universo cultural de una sociedad, para concluir con la constatación de la desaparición paulatina de ese complejo mundo. Todo ello va ilustrado con una colección de fotografías de principios de siglo, de gran calidad técnica y artística, y excepcionales por su contenido etnográfico.

Sirva esta publicación de estímulo para las personas que trabajan en la recuperación y documentación del patrimonio histórico español en todas sus manifestaciones, y en especial en la investigación de la cultura popular.

Juan Miguel Hernández de León DIRECTOR GENERAL DE BELLAS ARTES Y ARCHIVOS	Arsenio E. Lope Huerta DIRECTOR GENERAL DE COOPERACION CULTURAL

Introducción

Este libro quiere describir la vida que tradicionalmente han llevado los pastores en las montañas aragonesas de los Pirineos.

Pretende analizar la organización económica del pastoreo y sus formas sociales, mostrando su incidencia en las estrategias generales de la economía y la sociedad tradicionales.

Aspira a presentar la actividad pastoril en relación con los espacios geográficos en los que se desarrolla y con los ciclos temporales por los que se rige.

Intenta estudiar las condiciones de vida del pastor y hacer una reseña de sus viviendas, su ajuar y su producción artesanal.

Desea ofrecer un catálogo de creencias, mitos y ritos que permita comprender la mentalidad de los pastores.

Quiere dejar constancia del complejo marco normativo en el que se ha movido el mundo pastoril en las montañas pirenaicas, y analizar el origen de estas normas y la actual vigencia.

En último lugar, procura —tras presentar el oficio en sus formas tradicionales y analizar su realidad actual— imaginar el futuro que aguarda a quienes realizan las tareas pastoriles en los Pirineos.

De la enumeración de propósitos se desprende que el objeto de estas páginas es el pastor de los Pirineos aragoneses. La meta, dar a conocer su vida y su mentalidad, sus obras y sus trabajos, sus desplazamientos territoriales y su ciclo temporal, su vivienda, su organización y su economía, relacionando todo esto con el marco geográfico y social en el que se inserta y con los pasados tiempos de esplendor, los actuales de crisis y los futuros de incertidumbre.

METODOS Y FUENTES

Por ser el objeto de estudio el mundo pastoril y la meta la mejor comprensión posible del mismo, los métodos y las fuentes empleadas, rompiendo la parcelación epistemológica establecida, han transitado los caminos de la geografía, la etnografía y la historia. No se ha intentado adaptar el objeto y la meta de este trabajo a los criterios epistemológicos de tal o cual ciencia humana, sino que por el contrario, partiendo de lo que se quería lograr, se han tomado los métodos y las fuentes más convenientes, resultando que éstos eran los que vienen empleando los geógrafos, los etnógrafos y los historiadores.

Como los geógrafos hemos empleado y trazado cartografía, hemos recorrido el medio físico en el que se desarrollan las actividades pastoriles y hemos tratado de desentrañar y mostrar las relaciones que ligan la actividad pastoril con el territorio. No hemos dudado en acudir a fuentes cuantitativas y hasta hemos recurrido a la geomorfología, la climatología o la biogeografía si su uso nos parecía conveniente para el logro de nuestra meta.

Pastores comiendo en el puerto. La jerarquía obligaba a los pastores a no comer del caldero común mientras el mayoral bebía (Archivo Compairé).

Don Mariano Rocatallada —en el centro— con su hijo y un nieto. Los documentos de este ganadero de Aragüés del Puerto constituyen unos excepcionales fondos para el estudio del pastoreo tradicional. (A.C.L)

Pero no proceden de fuentes geográficas, sino de caudales etnográficos e históricos, las mayores aportaciones que han hecho posible la redacción de las páginas siguientes. La diferencia entre ambas radica en que unas —las históricas— son escritas, y otras —las etnográficas— no lo son.

Veamos las fuentes históricas. Se han manejado los documentos de tres archivos de excepcional importancia ganadera y pastoril y algunos documentos sueltos de media docena de otros archivos. Los archivos importantes son:

1) Archivo particular de Casa Liró, de Aragüés (A.C.L). Este archivo —absolutamente inédito— presenta tal riqueza de materiales bien conservados de la vida ganadera de esta casa de Aragüés del Puerto (villa y valle regados por el río Osia, en los Pirineos occidentales de Aragón) durante los cuatro últimos siglos, que puede calificarse como único, porque en ningún otro lugar se encuentran juntos tantos documentos como los que ofrece este archivo para conocer la vida pastoril tradicional en los Pirineos.

De los siglos XVII y XVIII, los documentos que guarda —abundantes para comprender la organización de la "casa" pirenaica y otros aspectos de la sociedad y la economía tradicionales— son escasos en lo que se refiere a temas ganaderos: sólo aparecen algunas recetas manuscritas para curar enfermedades de los animales, ciertos conteos del ganado que entra en los puertos y un documento sobre pleitos por los pasos del ganado trashumante.

Por el contrario, del siglo XIX, ofrece una documentación amplísima. De la primera mitad del siglo conserva una interesante carta del Ayuntamiento de Aragüés, dirigida al rey, para protestar contra los abusos ganaderos. Esta carta —que se transcribe en un capítulo del libro— muestra un resumen excepcional de las relaciones entre labradores y ganaderos en los valles pirenaicos. Hay también conteos de ganado, contratos de pastores y otros documentos pastoriles. Pero la más abundante e interesante documentación pertenece a la segunda mitad del siglo y está formada por cuadernos, libros, pliegos y cartas de don Mariano Rocatallada y Verges, "amo" de la citada casa de Liró, que vivió entre 1823 y 1907. Este hombre, prototipo del poderoso ganadero pirenaico, serio y tradicional, aparece en las fotos que de él se conservan como un anciano de aspecto grave, vestido con calzón y chaqueta corta, camisa blanca de cáñamo y medias negras. Tuerto de un ojo, gobernó la casa desde muy joven y casó a los veintitrés años con Pascuala Escartín, hija de otra poderosa casa del valle del Guarga. Tuvo diez hijos, de los que siete llegaron a la edad adulta. Mantenía, de forma permanente, cuatro ó cinco criados y criadas en su casa y poseía un rebaño de 1.500 ovejas conducido por seis pastores asalariados que practicaban el régimen trashumante. Hasta aquí, su figura no presenta ningún rasgo excepcional que la haga destacar entre las de otros ricos ganaderos pirenaicos. Pero don Mariano Rocatallada fue un hombre ilustrado, observador, emprendedor y metódico. Anotó todo lo relativo a sus negocios con gran cuidado. Cada año —durante sesenta y dos años— llevó por escrito un control detallado de su rebaño. Viajes trashumantes, partos de las ovejas y precios de pastos, esquileos y elaboración de queso, ganado muerto por el lobo o cebada que consumen los mastines: todo lo anotó. Junto a estas notas del rebaño, en otros libros, están los contratos de los pastores y mil anotaciones sobre su vida, sus comidas o sus trajes, sus enfermedades o sus problemas familiares. Pero, además, nuestro ganadero era innovador y reflexivo, anotaba sus experiencias ganaderas y reflexionaba sobre las mismas. Le tocó vivir en unos momentos de retraimiento de los valles pirenaicos frente al Estado que comenzaba a invadir las parcelas pastoriles que desde tiempos inmemoriales eran ordenadas por las comunidades de valle. Los ganaderos se alzaron contra la intromisión estatal, y el ganadero de Aragüés participó en la protesta y la coordinó, redactó cartas e instancias, consultó abogados y visitó a las autoridades competentes. Como fruto de toda esta actividad ha quedado una gran cantidad de documentación compuesta por más de dos mil pliegos manuscritos y cosidos —casi todos— en varios cuadernos con tapas de pergamino.

Esta documentación es única por su volumen; por reflejar durante más de medio siglo la vida —día a día— de un gran rebaño trashumante y de sus pastores, junto a los balances económicos y las reflexiones de su propietario; por la claridad y el orden que rigen su exposición y por su extraordinaria conservación.

Su empleo —que enlaza con los métodos de la "nueva historia", la "historia antropológica" o la "etnohistoria"— permite el seguimiento de la vida pastoril en una comunidad pirenaica con una meticulosidad extraordinaria, que no puede encontrarse en la memoria de los pastores actuales, cuyas informaciones orales constituyen el fundamento único de las investigaciones que sobre el tema pastoril se habían realizado hasta ahora en los Pirineos.

2) Archivo de la "Casa del Valle" de Broto (A.C.V.B.). Las comunidades de valle han constituido el marco territorial y social en el que se ha organizado, desde la Baja Edad Media, la vida pastoril pirenaica. Una de las que mejor han resistido los embates que desde distintos frentes han sufrido estas comunidades, ha sido la ahora llamada "Mancomunidad del Valle de Broto". Posee la comunidad citada una casa en la villa cabecera del valle a la que llaman "Casa del Valle" y, en la misma, un archivo que a pesar del expolio sufrido contiene abundante documentación de tema pastoril.

Estos documentos nos ofrecen una información pastoril distinta a la que brinda el archivo de Aragüés (A.C.L.) antes citado y complementaria de la misma. Mientras la de Aragüés nos muestra la vida pastoril desde la cotidianidad de sus protagonistas, los papeles y pergaminos de Broto nos la muestran desde su marco

La Junta de la Comunidad del Valle de Broto reunida en alguna fecha del primer tercio de nuestro siglo. Al fondo el armario en el que se guardaba el "Archivo de la Casa del Valle de Broto", de gran utilidad para el estudio de la ganadería pirenaica. (Archivo Compairé).

normativo: viejos privilegios medievales, acuerdos y concordias —sobre pastos— con otros valles, litigios contra labradores, normas sobre pastos, reclamaciones a las autoridades, pagos comunales, etcétera.

Es la ordenación de la vida pastoril de un valle poderoso, desde el siglo XIII hasta nuestros días.

Un expolio incalificable ha conducido a la desaparición de casi toda la documentación anterior al siglo XVI. Pero la previsión de los que gobernaban esta comunidad en la segunda mitad del siglo XVIII —cuando el archivo todavía no había sido expoliado— nos permite conocer toda la documentación que ahora falta. Efectivamente, en 1779 encargaron a un tal Pedro de Asam —que se califica a sí mismo como "Anticuario en la ciudad de Zaragoza"— la ordenación del archivo. El paciente archivero transcribe todos los documentos, los ordena en nueve ligámenes y los resume —uno a uno— en un cuadernillo que hoy se conserva completo junto a las transcripciones de muchos documentos y los originales de bastantes.

Esta documentación está compuesta por:
— Privilegios reales sobre uso de los pastos y posteriores confirmaciones reales de estos privilegios.
— Concordias sobre pastos entre el valle de Broto y los valles vecinos.
— Estatutos de la comunidad del valle.
— Reales firmas del Justicia de Aragón, en favor del valle de Broto, sobre temas ganaderos.
— Sentencias arbitrales, sobre los mismos temas, entre el valle de Broto y otros valles.

Además de estas cuestiones, el A.C.V.B. contiene una extensa documentación sobre dos apartados de gran interés para el estudio de los temas pastoriles en el Pirineo:

a) Relaciones, pleitos, enfrentamientos, acuerdos y concordias con los franceses del valle de Barèges, siempre en torno al uso de pastos.

b) Actas, censos ganaderos, cartas, recibos y otros muchos documentos de una llamada "Junta General de Ganaderos de las Montañas" (se trataba de una asociación de ganaderos pirenaicos que en el siglo XVIII desarrolló una gran actividad para lograr la confirmación real de viejos privilegios ganaderos y para la defensa —en general— de los intereses ganaderos).

El empleo de este archivo vivo —porque la comunidad sigue viva y sigue produciendo documentación— y olvidado, también constituye una novedad inédita en los estudios de temas pastoriles en los Pirineos y nos permite describir el marco normativo pastoril en un valle amplio y rico.

3) Cuadernos de Tella (C.T.). Tella es una pequeña aldea de los Pirineos aragoneses orientales situada en el interfluvio Cinca-Yaga. Emplazada entre agrestes peñas, su término es uno de los más escabrosos y pobres de los Pirineos. La documentación antigua de esta aldea, como la de otras del Alto Aragón, desapareció durante la guerra civil española (1936-1939). Pero un par de cuadernos, formados por varias docenas de pliegos cosidos a unas tapas de pergamino, fueron ocultados por alguien en el monte, debajo de una gran losa. Fueron hallados hace diez años (muestran un perfecto estado de conservación) y su estudio aporta datos de interés para la investigación de los temas pastoriles en una comunidad pobre y pequeña.

Los dos cuadernos contienen documentos del siglo XVIII y del siglo XIX. Uno hace referencia a la vida económica del Concejo de

Tella, en cuyas cuentas el dinero de origen pastoril tiene la mayor importancia. En el otro constan los acuerdos del Concejo, que por regir un término cuya única fuente de riqueza era la ganadería, tratan casi siempre de temas ganaderos: vedados de montes, "alberaciones" de ganado, pechas por ovejas, contratos de pastores para el ganado comunal, sanciones por delitos pastoriles, etcétera.

La diferencia de esta documentación (C.T.) con la del valle de Broto (A.C.V.B.), se basa en las diferentes características geográficas y ganaderas de los dos territorios a los que hacen referencia. El valle de Broto es amplio, con abundantes pastos y bien poblado. Cuenta con varios importantes núcleos de población, cuyos habitantes, en el pasado, conducían grandes rebaños trashumantes entre los Pirineos y las llanuras del centro de Aragón. El término de Tella es pequeño y está poco poblado. Sus habitantes se repartían entre la aldea y cuatro caseríos. Practicaban una economía basada en una autarquía completa. Sus rebaños eran pequeños y casi ninguno descendía en invierno a la tierra baja. No se nombra en los Cuadernos de Tella ningún privilegio real, ni aparecen reales firmas del Justicia de Aragón. Son las cuentas de la miseria, los acuerdos que ordenan la más elemental de las subsistencias, la normativa que permite mantener una escasa cabaña ganadera en un territorio quebrado y paupérrimo.

Los tres archivos que acabamos de citar permiten el estudio del mundo pastoril desde tres puntos de vista y tres marcos geográficos distintos. El de Casa Liró de Aragüés (A.C.L.), nos muestra la vida diaria y los balances económicos de un gran rebaño trashumante de los Pirineos aragoneses occidentales. El de Broto (A.C.V.B.), nos da a conocer el marco normativo que regía la vida pastoril en un gran valle de los Pirineos centrales de Aragón. Los Cuadernos de Tella (C.T.), nos introducen en la economía ganadera de subsistencia de una pequeña comunidad de los Pirineos aragoneses orientales.

En cuanto al período histórico que abarcan los documentos citados, se extiende desde la Baja Edad Media hasta nuestro siglo. Este marco temporal tan amplio coincide con un ciclo histórico de las comunidades pirenaicas, que en los siglos XIII y XIV ordenaron —por primera vez— en documentos escritos su vida pastoril y mantuvieron estas ordenaciones —con muy pocos cambios— hasta finales del siglo XIX.

Los otros archivos —privados o públicos— de los que se cita algún documento en las páginas siguientes son:

A) Archivo del Valle de Solana. Se encuentra actualmente en el Ayuntamiento de Fiscal, adonde fue trasladado tras la despoblación completa del valle de Solana y la anexión a Fiscal de su término municipal. La documentación de interés pastoril que contiene hace referencia al puerto de Góriz, cuya propiedad compartían los valles de Vio y Solana. Conserva documentos interesantísimos y únicos, como unas normas exhaustivas y rígidas sobre el pastoreo en el puerto y su vigilancia en el siglo XVIII. Sólo las escasas facilidades que para su manejo ofrece el Ayuntamiento de Fiscal justifican el pobre uso que de este archivo hacemos en las páginas siguientes.

B) Archivo Municipal de Sabiñánigo. Del mismo se citan algunos documentos de un "Libro de Vedados" que regulaba las épocas de pastoreo en los montes del término.

C) Archivo Municipal de Ansó. Los documentos de este archivo no se han manejado directamente, sino a través de las transcripciones de los mismos que ofrece don Jorge Puyó en su obra "Ansó, sus montes y su ganadería". Ansó, 1947.

D) Archivo Municipal de Aragüés del Puerto. Sus documentos se han estudiado a partir de los trasuntos que de los mismos ofrece don Mariano Rocatallada en los papeles del A.C.L.

E) Archivo privado de Casa Berná, de Moriello de Sampietro. De este archivo, lo que más interés ofrece para el estudio de temas pastoriles son varios cuadernos de cuentas de finales del siglo XIX y comienzos del XX que pertenecieron al "amo" de esta casa, don José Campo Lanau, labrador, ganadero y tratante. Sus cuentas nos permiten seguir los intercambios comerciales que giraban en torno a la vida ganadera del valle de Vio y otras aldeas cercanas (Pirineos centrales de Aragón). También se han tomado de aquí algunas recetas con remedios veterinarios.

F) Archivo privado de la casa de Escapa. De este archivo, rico en fondos de los siglos XVI y XVII ajenos al tema pastoril, se ha manejado un cuaderno con salarios de pastores de finales del siglo XIX y comienzos del XX.

Hasta aquí las fuentes escritas, cuyo uso caracteriza el método de la ciencia histórica. Veamos ahora las fuentes no escritas, que son más propias de los métodos etnográficos. Entre estas fuentes las visitas a los pastores, las aportaciones de los museos etnográficos y las colecciones fotográficas, tienen el mayor interés.

Se emplea el término "visita" porque parece más acertado que el de "entrevista", usado siempre por los etnógrafos cuando tratan de sus relaciones con los informantes. Para obtener información he visitado, durante tres años, a 82 pastores de más de medio centenar de pueblos y aldeas esparcidos por todo el Pirineo y pre-Pirineo aragonés. Las visitas han tenido siempre lugar junto al rebaño: en los apriscos y en las majadas, en los puertos y en los lugares de invernada, en los desplazamientos trashumantes, en las montañas, en las cercanías de los pueblos y en las casas de los pastores. Las visitas se han efectuado en todas las estaciones del año y a todas las horas del día y aun de la noche.

Han sido siempre largas: de una o dos horas —las más breves— y hasta de una jornada entera, en algunos casos. Con frecuencia, las visitas a un mismo pastor se han repetido en varias ocasiones, para seguir la marcha de las distintas etapas del ciclo pastoril. En las visitas, la entrevista con el pastor ha tenido un valor relativo. Sin duda, las palabras de los pastores aportan muchos datos, pero no constituye una fuente menor de información la observación atenta del comportamiento pastoril y del entorno en el que tiene lugar este comportamiento. La narración de una marcha trashumante o el relato de la vida en los altos puertos de la montaña, aunque sea muy perspicaz el entrevistador y muy locuaz el entrevistado, nunca podrán aportar una información tan interesante como la que se obtiene marchando con los pastores en sus viajes trashumantes o conviviendo con ellos en sus majadas de los puertos. Es difícil describir el sabor del "salón" (carne de oveja que se ha secado al sol) si no se ha probado y no se puede narrar la angustia de los pastores frente a los rayos, si no se ha soportado una tormenta en una majada de los puertos. En las primeras visitas a los pastores, que iniciaron los trabajos de campo conducentes a la redacción de estas páginas, la entrevista al pastor, siguiendo un cuestionario previamente elaborado, constituía el eje de la conversación. Pronto el cuestionario se abandonó porque su afán totalizador lo convertía en agobiante. En cada nueva visita iban perdiendo peso las preguntas a la par que ganaban en riqueza las informaciones obtenidas por observación.

Con los datos aportados por cada visita se ha ido redactando un "Diario de visitas a pastores", que comenzó siendo un diario fotográfico y ha terminado convirtiéndose en el más útil archivo de datos para la redacción de este estudio.

Fruto también de esas visitas ha sido la impresión de 1.200 clichés fotográficos en blanco y negro (de 35 mm.) y de 300 diapositivas en color de 6 x 7 cm.

Un apartado más hay que destacar sobre las aportaciones de las visitas a los pastores. Gracias a ellas ha sido posible la comprensión cabal del material de archivo. El estudio de los materiales del Archivo de Casa Liró, de Aragüés, se había iniciado antes de comenzar las visitas a los pastores. Los resultados del estudio se veían mermados por el desconocimiento de la terminología pastoril —que emplea en algunos casos— y de actividades pastoriles ya desaparecidas. El trato con los actuales pastores ha permitido superar estas dificultades.

Los museos etnográficos constituyen otra fuente de información que —sin resultar comparable en interés a las que ya se han citado— permite conocer, sobre todo, la cultura material de los pastores pirenaicos tradicionales. Tres son los museos etnográficos instalados en la zona que cubre este estudio: el de Ansó, el de Sabiñánigo y el de San Juan de Plan.

El de Ansó —instalado en la iglesia parroquial— es el más modesto. Ocupa una sola sala que recoge materiales muy diversos. Del mundo pastoril brinda todo el utillaje necesario para la elaboración del queso, numerosas marcas de ganado, esquilas y —en general— el ajuar tradicional de los pastores ansotanos.

El de Sabiñánigo (Museo de Artes Populares de Serrablo) dedica al pastoreo una sala de gran interés. En la misma, junto a muestras de la cultura material de los pastores de Serrablo, Sobrepuerto, Guarguera y valles cercanos, se encuentran esquemas de gran valor didáctico para la comprensión de la vida pastoril.

El de San Juan de Plan es el de más reciente instalación y sus salas dedicadas a los pastores y a los trabajos queseros son muy ricas en fondos.

El mayor interés de los museos —de cara al presente trabajo— radica en mostrar ajuares pastoriles muy completos, en los que se encuentran reunidos gran cantidad de objetos, bastantes de los cuales son ya difíciles de hallar en otros lugares porque han caído en el olvido, ya sea por corresponder a tareas que ahora no se realizan o porque han sido sustituidos por otros más modernos.

La iconografía —las colecciones fotográficas en particular— aportan también interesantes informaciones porque conservan imágenes de un mundo pastoril que ha cambiado mucho en los últimos años. Entre las colecciones fotográficas, dos destacan sobre todas: la de Compairé y la de Foradada. Ambas son fruto del extraordinario trabajo de dos fotógrafos ya desaparecidos.

Ricardo Compairé fue un fotógrafo oscense que nació en 1883 y murió en 1965. Realizó entre 1920 y 1941 su obra fotográfica más importante sobre las gentes del Alto Aragón. Consiste ésta en la impresión de más de tres mil negativos sobre la vida, los trabajos, la vivienda, los trajes y las creencias de los altoaragoneses de aquella época. Un centenar de estas fotos tienen como protagonistas a los pastores.

Foradada fue un fotógrafo catalán que retrató, sobre todo, a los pastores de Ansó, villa en la que poseía una casa. Algunas de sus excelentes fotografías fueron publicadas en el libro de Violant i Simorra "El Pirineo Español", que vió la luz en 1949.

En los capítulos que siguen, el peso de cada uno de los tres grupos de fuentes citadas —geográficas, históricas, etnográficas— encuentra un reparto desigual. Mientras que en algún capítulo

Pastos alpinos en los altos valles pirenaicos (Archivo Compairé).

("Marco normativo", "Circulación del dinero") predominan las informaciones procedentes de archivo, en otros la principal fuente de datos tiene su origen en la observación directa ("Construcciones y Artesanía"). Algún capítulo se ha redactado empleando como fuentes casi exclusivas las informaciones ofrecidas por los pastores ("Mitos, ritos y creencias"), mientras que otros capítulos han combinado a partes iguales los tres tipos de fuentes ya citados ("Organización social", "Ciclo anual de los pastores").

La bibliografía empleada se encuentra citada en numerosas notas y resumida —por capítulos— al final del libro.

EL TERRITORIO

El marco territorial en el que se inscribe el presente trabajo, corresponde —en sus límites— a la mitad septentrional de la provincia de Huesca, desde las sierras llamadas Exteriores hasta el Pirineo Axil que marca la frontera con Francia. Este territorio ocupa unos ocho mil kilómetros cuadrados y es extraordinariamente quebrado. Su orografía presenta —en el extremo septentrional— cumbres como el Aneto (3.408 metros) o Monte Perdido (3.355 metros) que son las más elevadas de la cadena pirenaica. Al sur de estas cumbres, que forman el llamado Pirineo Axil, se extienden las sierras que llaman Interiores, con cimas que superan los dos mil metros de altura. Viene después una amplia depresión en la que se encuentran los núcleos de población más importantes de la zona (Jaca y Sabiñánigo). Al sur de esta depresión están las sierras Exteriores, cuyas cumbres se alzan entre los 1.500 y 2.000 metros, que forman el límite meridional de la zona objeto del presente estudio.

Cuatro grandes ríos —Aragón, Gállego, Cinca y Esera— cuyos valles atraviesan la zona de Norte a Sur, recogen las aguas que provienen de una pluviometría abundante (1.000 mm.) con numerosas precipitaciones en forma de nieve.

Los cuatro ríos citados y sus afluentes mayores corren por el fondo de los valles más importantes, que de W. a E. son: Ansó, Hecho, Aragüés, Aisa, Canfranc, Garcipollera, Acumuer, Tena, Broto, Vio, Puértolas, Bielsa, Gistaín, Benasque y Alto Isábena. Estos valles forman el territorio que en el libro llamaremos Pirineos. A la depresión intrapirenaica, las sierras Exteriores, y las montañas situadas entre ambas, las citaremos con el nombre general de pre-Pirineo.

Los valles pirenaicos poseen, en las zonas situadas entre los 1.500 y los 3.000 metros de altitud, excelentes pastos veraniegos. Son los llamados puertos, que ofrecen el sustento principal de la amplia cabaña ganadera que ha constituido la riqueza mayor de estas montañas.

En el pre-Pirineo apenas hay pastos estivales y la economía de esta zona ha tenido tradicionalmente un fundamento más agrícola que pecuario.

En los 8.000 kilómetros cuadrados del territorio estudiado viven unas cincuenta mil personas, repartidas en más de cuatrocientos núcleos de población, pequeñas aldeas con menos de cien habitantes en su mayoría. Esta población era —hace tan sólo cuarenta años— el doble que ahora en número, pero una despoblación rápida, consecuencia de la emigración, ha conducido a la situación actual, caracterizada por la existencia de más de cien aldeas completamente desertizadas. La actual población presenta una estructura biológica invertida y, como consecuencia, elevadas tasas de mortalidad, pequeñas tasas de natalidad y un crecimiento vegetativo negativo.

La elección de este territorio como marco geográfico para un estudio sobre los pastores se basa en varios factores, uno de los cuales —la riqueza ganadera de la zona— ya ha sido señalado. Los otros están relacionados con las difíciles comunicaciones que durante siglos han soportado estas montañas y su secuela de aislamiento y permanencia de formas de vida muy arcaicas. También se ha considerado la escasa atención editorial que el Alto Aragón ha merecido frente a los vecinos territorios catalanes y navarros, cuya vida pastoril ha encontrado desde hace décadas mayor eco en las publicaciones.

SOCIEDAD Y ECONOMIA

Aldeas pequeñas formadas por quince o veinte casas de piedra —que son vivienda de personas y animales— de color pardo, agrupadas cerca de una iglesia con frecuencia románica: este es el paisaje que ofrecen los territorios habitados del Pirineo.

En estas aldeas vivían campesinos y pastores, pequeños propietarios, en su mayoría, de algunas tierras y algunos animales.

En los valles más altos, la economía tenía un fundamento pastoril, vinculado a la trashumancia descendente: los ganados pasaban el final de la primavera, el verano y el principio del otoño en los pastos de las montañas y descendían en invierno a los llanos del centro de Aragón. Esta trashumancia probablemente tenga un origen prehistórico, pero en la Edad Media conoció por primera vez una regulación escrita que muestra por un lado la autonomía de cada valle y por otro lado el sometimiento al rey.

La posesión de los pastos, su administración y la regulación de los ciclos pastoriles y los desplazamientos estacionales obligó a los valles altos a dotarse de una organización colectiva muy poderosa. Esta organización, con sus órganos de gobierno elegidos en asamblea, dio a cada valle personalidad propia bien diferenciada.

Al no poseer unos extensos pastos comunales para administrar, los pueblos de la mitad meridional del Alto Aragón —de economía más agrícola— carecieron de poderosas comunidades que agruparan a varios pueblos y, como consecuencia, no aparecieron en la mitad meridional del territorio estudiado unas subcomarcas tan diferenciadas y dotadas de personalidad propia como las que constituían los valles septentrionales.

En cada aldea, lugar o villa, tanto si pertenecía a un valle con fuertes instituciones comunitarias como si se situaba en los territorios meridionales, toda la vida económica y social se organizaba en torno a la "casa". La "casa" está formada por las tres generaciones que conviven en la misma vivienda, por los criados y pastores, por los rebaños, las tierras y los edificios agrícolas y ganaderos. La "casa" lo ha sido todo en el Alto Aragón, donde el poder, la vida, la fama y aun la responsabilidad no eran personales, sino colectivas, recayendo siempre en la "casa", cuyo jefe supremo, el "amo", trasmitía su poder a uno solo de sus hijos o hijas.

Todos los estudiosos del tema coinciden en reconocer que la "casa" altoaragonesa es una institución con origen bajomedieval. Los documentos que regían las bases de cada "casa" y la continuidad de la misma eran las capitulaciones matrimoniales que firmaban el futuro "amo" y la futura "dueña" de cada "casa" cuando se casaban. En este terreno asombra la continuidad histórica: son muchas las "casas" del Alto Aragón que pueden mostrar todas las capitulaciones matrimoniales de veinte generaciones de amos de la "casa", desde finales del siglo XV o comienzos del XVI hasta nuestros días. Nada cambia en estos documentos, siempre los mismos acuerdos, las mismas cláusulas siglo tras siglo, mostrándonos una vida social y económica que apenas ha sufrido cambios en quinientos años.

De la economía tradicional de estas montañas se ha destacado siempre su carácter autárquico. Desde la Baja Edad Media hasta mediados del presente siglo, cada "casa" se ha comportado como una célula con funcionamiento económico autónomo: sus miembros consumían lo que producían. El autoconsumo es la norma directora de la economía del Alto Aragón desde la Edad Media, pero el estudio de la documentación conservada en numerosos archivos de "casas" altoaragonesas permite conocer las características de esta peculiar autarquía. En primer lugar, hay que señalar cierta especialización productiva que se estableció en la región. Las zonas meridionales, aunque montañosas y quebradas, son más bajas, soleadas y secas que las septentrionales y permitieron —aunque con rendimientos y calidades deficientes— el cultivo de la vid y el olivo. De este modo, los valles ganaderos del Norte pudieron aprovisionarse de aceite y vino sin salir del Alto Aragón, sin cruzar las sierras Exteriores para llegar a los llanos del centro de Aragón.

Estas transacciones exigen la presencia de alguna circulación monetaria. Ciertamente, hasta nuestro siglo, el dinero era muy escaso en el Alto Aragón y el trueque constituía la más frecuente forma de intercambio, pero algunos pagos debían efectuarse con dinero. Entre estos tratos que exigían la presencia de dinero, se encontraban (como más destacados): el pago de dotes matrimoniales, las cargas impositivas municipales y estatales y la compra de aceite o vino. Este caudal monetario —pequeño, pero imprescindible— ¿de dónde procedía, si estas montañas no tenían producción agrícola para vender en el exterior, ni había manufacturas que exportaran algo? La respuesta debe buscarse en la ganadería trashumante. Con los grandes rebaños que ascendían del llano en primavera, llegaba un caudal monetario obtenido de la venta de animales y lana.

En cuanto a los bosques, parece que su importancia económica fue escasa y la explotación apenas sobrepasó las necesidades del consumo local. Algunos autores del siglo XVIII señalan la importancia de los bosques del Alto Aragón y el uso de sus troncos en la construcción naval. Un autor del siglo XVI incluso señala que por el río Cinca se transportaban los troncos mayores y más abundantes de España. Ciertamente, la explotación forestal y el transporte de madera por los ríos formando "navatas" conducidas por "navateros", han sido actividades de origen remotísimo practicadas hasta mediados de nuestro siglo, pero las aportaciones monetarias que trajeron a estas tierras fueron escasas —mínimas si se comparan con las ganaderas— y apenas quedó constancia de las mismas en los archivos.

Este es el panorama económico que muestran los documentos desde los últimos siglos medievales: unas comarcas montañosas que viven en un régimen autárquico sólo suavizado con la llegada de algunos flujos monetarios provenientes de la ganadería trashumante.

Desde la Baja Edad Media hasta nuestro siglo, el panorama sufrió escasos cambios en el terreno económico. Tal vez, los más destacables deban relacionarse con los "censos" o "censales", la patata y las emigraciones a Francia. Los "censos" eran préstamos, sin plazo de amortización fijado, cuyos intereses rentaban cada año una pensión que solía destinarse al mantenimiento de una capellanía en una iglesia, aunque también podía destinarse a cualquier otro fin. Los "censos" podían comprarse y venderse, solían estar en manos de las casas poderosas y gravaban las economías de los más humildes y —sobre todo— de los municipios. Los "censos" tuvieron un auge enorme en los siglos XVI, XVII y XVIII, decayendo en el XIX.

La patata, cuyo cultivo se introdujo en el siglo XIX, podía cultivarse en los valles altos y contribuyó mucho a mejorar la alimentación y la economía en general de estos territorios.

Francia, que se industrializó mucho antes que España, recibía en la segunda mitad del siglo XIX y primer tercio del XX numerosos emigrantes temporeros —durante el invierno— del Alto Aragón. Estos jornaleros regresaban cada primavera a su aldea con dinero para sostener la economía de las "casas" menos pudientes.

Quedaría por exponer un apartado importante para reflejar lo que ha sido la sociedad tradicional de estas montañas desde la Baja Edad Media: todo lo relacionado con la mentalidad de sus pobladores. A grandes rasgos puede decirse sobre ella que, junto al enorme peso de la Iglesia católica —cuyos representantes se encontraban hasta en las aldeas más pequeñas y alejadas—, se mantenía vivo el viejo mundo pagano en fiestas, bailes, ceremonias y ritos. El peso de la brujería, la creencia en adivinos y fuerzas malignas, el temor frente a la naturaleza y la magia se han mantenido vivos casi hasta nuestros días.

1. Organización social del pastoreo

El pastoreo ha sido —tradicionalmente— la principal ocupación del hombre pirenaico. Con la variedad de paisajes y de tipos de ganadería que conviven en el Alto Aragón, se ha correspondido una compleja organización social del pastoreo.

EL REBAÑO TRASHUMANTE

El cuidado de los rebaños trashumantes que pasaban el verano en los puertos y el invierno en los llanos y riberas del centro de Aragón, se organizaba de distintas formas, relacionadas —sobre todo— con el número de cabezas que poseía cada propietario.

Los grandes ganaderos que poseían rebaños de más de mil ovejas, no se encargaban directamente de su cuidado: tenían pastores asalariados que guardaban el ganado, tanto en los puertos, como en el valle, en los aborrales y en la tierra baja. Solía haber un pastor por cada 250 ovejas, aunque en los días de "parizón" se contrataba eventualmente algún otro.

Entre los pastores asalariados que conducían los grandes rebaños trashumantes aparecía en toda su pureza la jerarquía pastoril. El jefe supremo del rebaño era el mayoral o "mairal". Como el resto de los pastores, el mayoral, era contratado cada año por el ganadero. Este puesto representaba la culminación del oficio pastoril y sólo se llegaba a él tras muchos años de pastor. Era frecuente que un pastor sirviera durante años al mismo ganadero, que anualmente, para S. Miguel, lo "afirmaba" (contrataba) de nuevo. Cuando por muerte o por vejez del mayoral el amo debía contratar un nuevo jefe para su rebaño, lo buscaba entre los pastores que le servían desde hacía años.

El mayoral era el responsable supremo del rebaño ante el amo, a quien rendía cuentas de todas las incidencias. Antes de marchar a la ribera el mayoral recibía del amo dinero para el viaje. Igual en el puerto que en el llano, el mayoral decidía los trabajos de los pastores, organizaba la división del rebaño y las zonas que debían pastarse cada día, controlaba cualquier incidencia y distribuía la comida. Tenía —incluso— autonomía para vender los animales viejos o enfermos y para despedir al pastor torpe, descuidado o malicioso que no cumpliera con su deber. Si los pastores comían en un caldero ninguno comenzaba a comer hasta que lo hacía el mayoral y nadie bebía si él no bebía. A la vez, nadie comía mientras él bebía. Si comía alguna vez en casa del amo, se le reservaba un puesto principal en la mesa.

El mayoral anotaba los gastos y las pérdidas, así como los ingresos por venta de pieles o animales. Una vez al año se reunía con el amo para pasar cuentas. Solía tener lugar esta reunión en septiembre, unos días antes de que el mayoral recibiera la parte de su salario anual que el amo no le hubiera adelantado ya. Para San

Niño pastor. Poco después de saber andar ya se iniciaban en el oficio (Archivo Compairé).

Miguel, si el amo estaba satisfecho y el mayoral se encontraba todavía fuerte, era de nuevo "afirmado".

No duraban muchos años los pastores en el cargo de mayoral porque llegaban al mismo —casi siempre— con más de cincuenta años. En los libros de notas de Casa Liró, de Aragüés, que plasman en cifras casi un siglo de pastoreo, se observa que la mayor parte de los mayorales se mantenían en este puesto durante cuatro ó seis años, dándose casos de mayor permanencia (uno durante quince años y otro once) y otros de un solo año y alguno aún de menos, por morir antes de cumplir un año como mayoral.

El extremo opuesto de la jerarquía estaba ocupado por el "repatán", "zagal", "aprendiz", "chulo" o "chulé", un pastor joven, a veces un niño, que estaba a las órdenes de los otros pastores. El término "chulo" o "chulé" se emplea en el valle de Gistau y en el sur de Sobrarbe. Los otros términos se emplean por todo el Pirineo. Las palabras "repatán" y "rabadán", se prestan a confusión. En la actualidad definen al último escalafón de la jerarquía pastoril en el Pirineo aragonés, pero en castellano "rabadán" es sinónimo de "mayoral". También en algún momento parece que ha debido usarse este término con el mismo sentido en ciertos valles pirenaicos. Hasta finales del siglo XIX o comienzos del XX no llegaron a los Pirineos aragoneses los perros llamados "sumisos" o "perros de chira" que se emplean para vigilar y dirigir al rebaño. Antiguamente, sólo acompañaban a los pastores los perros mastines que protegían el ganado de los ataques de lobos y osos, pero no servían para dirigir el rebaño obedeciendo órdenes de los pastores. Era el "repatán" o "chulo" quien corría tras el ganado para reunirlo, dirigirlo o apartarlo de un lugar. Además de esta tarea, se encargaba de dar alimento a los perros y en algunos casos de cuidar el ganado enfermo o débil y de preparar la comida de los pastores.

De todas formas, así como el cargo de "mayoral" o "mairal" aparece en todos los valles del Pirineo aragonés con unas funciones bien determinadas que lo diferencian del resto de los pastores, no ocurre lo mismo con el "repatán" o "chulo". En Gistaín el "repatán" era una especie de segundo jefe del rebaño o vicemayoral, y el "chulo" era un criado de los pastores. En Aragüés, también el "repatán" parece que era un pastor cuya jerarquía seguía a la del mayoral. Aquí, al criado solían llamarle "zagal", pero no siempre existía. En los cuadernos de Casa Liró, de Aragüés —tantas veces citados—, siempre aparece escrito el cargo de mayoral junto al nombre de quien lo ocupa, en cambio sólo una vez aparece la palabra "rabadán" para calificar a un pastor y en pocas ocasiones aparece un pastor con el cargo de "zagal".

Otro tanto sucedía con los escalafones intermedios de la jerarquía pastoril. En los documentos de Aragüés, aparece en alguna ocasión un pastor contratado como "mayoral segundo" y también aparecen "pastor primero" y "pastor segundo". En todo caso, los grados jerárquicos entre los pastores estaban también marcados por la experiencia, los conocimientos ganaderos y la habilidad. Todo esto se reflejaba en diferencias salariales, pero no marcaba escalafones cerrados con deberes concretos y particulares.

Sólo los dos extremos jerárquicos aparecían bien delimitados en sus cargos y en sus funciones, y no con la misma intensidad, porque —como ya se ha señalado— la figura del "zagal" no siempre existía.

Don Ramón Violant, señalaba distintas costumbres pastoriles relacionadas con la jerarquía (1). La autoridad del mayoral se plasma ritualmente en las comidas: si algún pastor come mientras

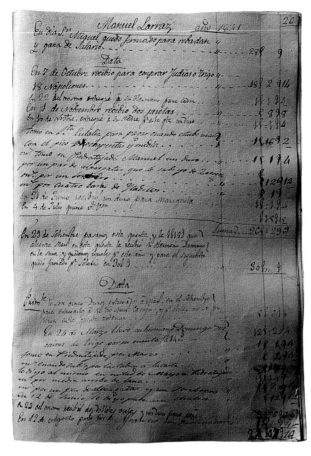

Doc. 1. CONTRATO DE UN REBADAN EN 1841

"En el día de S. Miguel quedó afirmado para rebadán Manuel Larraz y gana de salario 28 libras.
En 7 de octubre recibió para comprar judías o trigo 18 Napoleones, que son 18 L. 2 S. y 9 D.
En 22 del mismo entregué a su hermano para cadín 1 L. 1 S. y 4 D.
En 1 de noviembre recibió 2 ptas. (8 S., 8 D.).
En 10 de noviembre entregué a su madre por esta cuenta 1 duro (1 L., 1 S., 4 D.)
Tomó en Santa Eulalia para pagar cuando estuvo malo y con el pico 8 ptas. y media (1 L., 16 S., 2 D.)
Tomó en Piedratajada 1 duro (1 L., 1 S., 4 D.)
Por un par de alpargatas que le subí yo de Zaragoza más por un sombrero 12 S., 12 D.
Más por cuatro varas de hiladillos 1 S.
En 31 de junio recibió 1 duro para Mariquita (1 L., 1 S., 4 D.)
En 4 de julio 15 Rs. Vn. (15 S., 15 D.)
Suma todo 26 Libras, 29 Sueldos.
En 29 de septiembre de 1842 pasamos esta cuenta y la 1 libra 18 sueldos que alcanza Manuel Larraz en esta cuenta la recibió su hermano Domingo en la suya y quedamos iguales por este año y para el siguiente quedó afirmado por salario en 30 libras.
(Tomado del "Cuaderno de salarios" de don Mariano Rocatallada. A.C.L.)

Doc. 2. CONTRATO DE UN PASTOR EN EL PREPIRINEO

"Quedá afirmado para San Miguel de pastor Juan Villanueva Zapater y le damos para el año 1899 a 1900 en dinero 17 duros más un par de alpargatas y calzado de madera.
El 10 de diciembre le entregué un par de alpargatas, un par de pealetas (6 R.), una navaja (3 R. 13 cént.)
El 10 de febrero pagué de las ropas que le hicieron en Castejón 30 R.
Estuvo enfermo desde el día 1 del mismo hasta el 27 que fue con el ganado.
El 23 de abril le vendí un par de albarqueras (3 R.), le compré la bula (3 R.).
El 28 de mayo le di un par de alpargatas (9 R.), la ropa que le están haciendo en Castejón vale 14 ptas.
El 13 de agosto le pagué un par de alpargatas (8 R) y le entregué 1 R.
El 14 de septiembre le entregué 20 R.
El 29 de septiembre pasamos cuentas y le pagué lo que faltaba".
(Tomado de un cuaderno de salarios de pastores de la aldea de Escapa, Castejón de Sobrarbe).

Doc. 3. CARTA DE UN MAYORAL A SU AMO

"Cercito a 4 de diciembre de 1901.
Estimado señor: después de saludarlo paso a decirle lo siguiente. Por ahora el ganado sigue bien, morir no ha muerto ninguna sino las dos del lobo, abortar han abortado tres pero creo que serán de las escarchas y los hielos. Las yeguas también están bien por ahora. La de Blasco ha abortado y está un poco tirada de modo que le escribo a Antonio para que determine bajar a buscarla porque tenemos que darle paja y no lleva muy buena traza. También podrán mirar de llegar aquí el día 18 para marchar a la Ribera el 19 porque se ven ovejas adelantadas y se cumplen el 22 y tenemos que poner 4 días de marcha que me figuro que aún parirá alguna. Por estar están aquí muy bien. No me ocurre nada más por hoy. Recuerdos a todos los de casa y usted los reciba de este que bien lo sirve. Juan Larraz".
(Tomado del A.C.L.)

Doc. 4. CONTRATO CON EL GUARDIAN DE UNA DULA

"En el pueblo de Tella en el día 29 de mayo de 1870, reunidos el Ayuntamiento y la mayor parte de vecinos afirmaron para guardián de la dula de este pueblo en la montaña de la Estiva, y se arreglaron con la persona de Pedro Beguería vecino de este pueblo, bajo los pautos (pactos) y condiciones siguientes: el referido Beguería se obliga a cuidar la dula desde esta fecha hasta el día 21 de septiembre próximo, con todas las formalidades de costumbre, abrevándolas diariamente y dándoles las vueltas correspondientes, sin descuidarse un momento en el negocio de su obligación, repartiéndoles las hierbas debidamente y además hacérsela cuidar de los ganados que entren fraudulentos y en caso que estos resistiesen dará parte con toda urgencia a la autoridad local, es pauto que si alguna caballería se enfermare hará cuanto pueda por curarla y no pudiendo, dará aviso con la más rapida brevedad a su dueño, de modo que si se considerara que por su culpa peligrase alguna caballería será cargo del guardián de pagarla y se restarán los perjuicios que se juzgaren de su propio peculio, y para ello los vecinos se obligan a pagarle 3 reales vellón por cada caballería que pernoctase una noche en el rebaño, que podrá exigir de los dueños el día que remate de la guardia, y para que todo conste se escribió la presente día, mes y año expresado".
(Tomado de los Cuadernos de Tella, C.T.)

el mayoral bebe, éste le golpea la cuchara tirándole la comida (Ansó). Cuando beben, ningún pastor puede comer mientras los otros no acaban de beber (Gistaín). Si un pastor desobedecía al mayoral, era castigado y debía dar varias vueltas corriendo en torno al fuego (Gistaín). Si un rabadán se dormía cuidando el ganado, el mayoral le "cosía la oreja", afilaba un palito de boj y lo clavaba en la oreja del que dormía. A veces le encendía un poco de lana entre los dedos (Ansó). También el paso de un grado a otro en el escalafón pastoril se solía celebrar pagando, el que ascendía, algún dinero para celebrar una merienda con los otros pastores.

En el fondo, todos estos rituales que sirven para señalar las jerarquías y para castigar a quienes las ignoran, han sido comunes en todos los oficios y se han mantenido más en el pastoreo por el arcaísmo que en todos los aspectos ha rodeado los trabajos ganaderos hasta nuestros días.

En el gran rebaño trashumante que pertenecía a un solo ganadero aparecía con nitidez la jerarquía pastoril citada, cuando el ganadero no era —a la vez— pastor. Si el ganadero se ocupaba del cuidado de sus animales, él era el mayoral y tenía a los otros pastores como subordinados. Si el rebaño se guardaba entre varios miembros de una familia, el amo de la casa o el hermano mayor actuaban como mayorales. En estos casos, los lazos familiares amortiguaban la rígidez jerárquica pastoril.

Con frecuencia, al rebaño del gran ganadero se unían —para invernar en la tierra baja— los animales de otros pequeños propietarios que no podían, por su cuenta, formar un rebaño de tamaño suficiente para hacer rentable su organización y cuidado por separado. Estos pequeños rebaños agregados al mayor eran llamados "hatajeros" y su tamaño era muy variable. Había casos de "hatajeros" que llevaban sólo una o dos ovejas y otros de 30, 50 o más. Los propietarios de estos animales que se unían a los grandes rebaños pagaban un tanto por animal, calculado a partir de los costes totales anuales del gran rebaño, que luego se dividían por el número de cabezas.

Los propietarios medianos, que tenían entre 100 y 400 cabezas, y eran pastores de sus propios rebaños, solían asociarse entre ellos para realizar los viajes de ascenso y descenso entre la tierra baja y los puertos. De este modo formaban rebaños de unas mil cabezas. A veces esta asociación continuaba en el llano, porque arrendaban los pastos entre varios ganaderos. Otras veces, al llegar a la tierra baja, cada ganadero se dirigía hacia los pastos que tuviera arrendados y se volvía a juntar con sus socios en primavera, para subir de nuevo a los puertos.

En el caso antes citado, de grandes rebaños de cuyo cuidado no se ocupaba directamente el propietario, éste visitaba de vez en cuando a sus pastores. Dos visitas eran casi obligadas: una para el esquileo y otra durante el "parizón". Se trataba de los dos momentos más importantes, aquellos que iban a resumir el balance anual del ganadero. Por un lado, la lana obtenida, cuyo pesaje y venta debía ser controlado directamente por el amo. Por otro lado, el nacimiento de los nuevos corderos, que garantizaban la venta de animales y el mantenimiento del rebaño. También solía estar el amo cuando llegaba el rebaño de la tierra baja y cuando partía hacia la misma en otoño, así como el día que entraban los ganados en el puerto. En estas ocasiones su presencia se requería para anotar los animales contados, pero parece que no se consideraban estos recuentos tan importantes como el esquileo y el "parizón".

Que el poderoso ganadero realizara más visitas a sus pastores

Pastor "boyero" con el niño que le servía de "chulo" o "repatán" (Archivo Compairé).

Doc. 5. GUARDA DE UNA DULA "A REDOLIN"

"En el pueblo de Tella en el día 4 de junio de 1876, reunidos la mayor parte de los vecinos de este pueblo trataron de componer la guardia de las caballerías o dula, a efecto de no haber salido guardián alguno para cuidarlas, las que se pusieron en avida para cuidarlas desde esta fecha hasta el 21 de septiembre próximo, cuya avida será el ir hombre del pueblo y mujer de las aldeas, hasta que se junten y en rematando volver a empezar la segunda ronda, siempre a día por caballería, siendo condición el que ninguna persona pueda ir que no tenga 20 años cumplidos y de completa confianza, y cuando remate uno avisará al que ha de entrar para que se presente la noche anterior que le toque par el reemplazo del que remata. Es también pauto que los guardianes cuiden las hierbas no dejando entrar en la plana ninguna hasta el 20 del presente mes, como así mismo en la altura hasta pasado el día de Santa Ana, bajo apercibimiento y responsabilidad que se les impondrá al que falte a todas las condiciones suscritas en el presente, como así mismo recogerán todas las caballerías por la noche hasta la pleta, abrevarlas debidamente y cuidarlas con todos los usos y costumbres de inmemorial, es pauto que la segunda ronda se cambiará yendo hombre en las aldeas y mujer en el lugar, y para que conste se subscribió la presente ordenación día, mes y año arriba expresado". (C.T.)

Doc. 6. ARRIENDO DE UNA VACA

"Capitulación de una vaca a medias, de tres años poco más o menos, de pelo rojo, entre Domingo C. y Martín L. mediante los pactos siguientes: Domingo C. entrega dicha vaca, a medias, al citado M. L., por tiempo de cuatro años contados desde el día de San Miguel de septiembre de este año (1678). Item es condición que cede el útil de dicha vaca desde ahora a favor de entrambos. Item es condición que las crías sean a medias del dicho D. C. y M. L., escogiendo el primero la parte que quisiere. Item, que en caso de alguna desgracia de lobo u otra, entre asimesmo en participación, junto con el pellejo, guardando la orden sobre dicha de poder escoger la mejor parte el D. C., y cuando ocurriere tal desgracia, lo mismo cuando naciese cría, haya de avisarle el M. L. Item que no se pueda hacer partición de la vaca ni de sus crías sino cumplidos los dichos cuatro años, o por el tiempo que tuviesen a bien de mancomún. Item que el M. L. haya de mantener la dicha vaca y sus crías de yerba y sal, procurar su aumento, y pagar los daños que causaren durante dicho tiempo. Y así dada y entregada la capitulación y concordia, en poder y mano de mí, dicho notario, por las dichas partes, etc.".
(Tomado de Joaquín Costa, "Derecho consuetudinario y economía popular de España", 1880).

Pastores de Alquézar. En las montañas pirenaicas abundaba el ganado cabrío guardado en dulas comunales (Archivo Compairé).

—además de las citadas— ya dependía de numerosos factores. En algunos valles cuando el ganadero visitaba sus rebaños en el puerto, los pastores bebían y comían mejor y también se consideraban obligados a amenizar con bailes o cantos la velada del visitante (2).

Si algún pastor enfermaba y debía regresar a su casa, se descontaban de su salario los días faltados, a no ser que enviara un hermano u otro familiar a sustituirle.

Los pastores asalariados eran "afirmados" o contratados por un año, que generalmente comenzaba el día de San Miguel de septiembre, cuando también se "afirmaban" las criadas y criados. Aquel día se acordaba el salario y su forma de pago (parte en especie y parte en dinero).

LOS PASTORES DEL PREPIRINEO

Los ganados, en los pueblos de las montañas prepirenaicas, no bajaban en invierno a la tierra baja. Realizaban un ciclo trashumante más corto que comprendía tres meses y medio en los puertos (desde principios de junio hasta finales de septiembre) y el resto del año en los pueblos prepirenaicos. En estos lugares había grandes diferencias en los censos ganaderos entre los lugares con abundante monte para mantener grandes rebaños y aquellos otros que disponían de pocos recursos para mantener sus ganados. En general, cada propietario tenía un pequeño rebaño. Los más ricos labradores mantenían rebaños de unas doscientas cabezas en los cuales la proporción de lanar y cabrío variaba de unos a otros lugares. En estos casos la ganadería era un complemento para unas economías de base agraria.

El rico labrador que poseía un rebaño, tenía para su cuidado un pastor. Los contratos de estos pastores comenzaban el día de San Miguel y duraban en unos casos hasta San Medardo (8 de junio) y en otros hasta San Miguel (28 de septiembre). Cuando el contrato finalizaba el día de San Medardo, el pastor regresaba a su

Las cabras eran abundantes en los pueblos prepirenaicos. Con frecuencia formaban rebaños minúsculos, de subsistencia, en manos de los pobres (Archivo Compairé).

Doc. 7. ARRIENDO DE UN REBAÑO OVINO

"Comparecen M. L. y V. M. y dicen: que por razones de utilidd recíproca han resuelto formar entre sí una sociedad de granjería o cría de ganado en la forma siguiente: el Sr. L. ha puesto a cuidado de M. 100 borregos, 50 en septiembre de 1853, y otros 50 en septiembre de 1854, cuyo valor es de 3.000 reales. El V. M. se obliga a custodiar y mantener de su cuenta los 100 borregos, quedando en su beneficio la sirle, y respondiendo de ellos o de su valor al Sr. L., a quien deberá avisar de cualquier pérdida que ocurra. Los 50 borregos comprados en 1853 se venderán ya de carneros en 1855; y los de 1854, en 1856. Practicada la venta, se extraerá del producto el capital invertido, o sea, 3.000 reales, y la ganancia o pérdida que resulte se dividirá entre los dos otorgantes por partes iguales. En igual forma se distribuirán cada año la lana que produzca el esquileo...".
(Tomado de Joaquín Costa "Derecho consuetudinario y economía popular de España", 1880).

casa de origen para ayudar en las faenas de la siega o se empleaba como segador asalariado, mientras el rebaño pasaba el verano en los puertos guardado por pastores de los pueblos a los que pertenecían estos puertos. Si el contrato duraba un año completo, durante el verano, mientras el rebaño estaba en las montañas, el pastor colaboraba en las faenas agrícolas.

El pastor residía en la casa de su amo y recibía del mismo alimento y vestido. A veces había en una casa dos pastores: uno adulto para guardar el rebaño y un niño para ocuparse de los corderos o ayudar al otro pastor. Estos niños recibían con frecuencia malos tratos, dormían en la "cadiera" (banco de madera en la cocina), estaban mal alimentados y peor vestidos. Todos los montañeses que pasaron por esta experiencia recuerdan con amargura sus años de pastoreo infantil.

No todos los labradores prepirenaicos podían pagar un pastor. Era frecuente que las casas menos pudientes llevaran sus animales a pastar con los de algún vecino que tuviera un rebaño mayor. En estos casos, todo el rebaño podía pastar en las tierras del labrador que ponía algún animal en el rebaño y, además —en algunos casos—, debía pagar un tanto por cabeza.

En la sociedad de los pueblos prepirenaicos, los pastores ocupaban el escalón social más bajo. Muchos de ellos provenían de las casas más pobres de cada aldea, otros eran "tiones" y algunos eran expósitos. Los "tiones" (hermanos del heredero de una casa que se quedan de por vida a trabajar en la misma y no se casan) jugaban un importante papel en el pastoreo. No recibían salario alguno, eran sumisos y fieles y defendían con tesón los intereses económicos de la casa en la que habían nacido, aunque nunca pudieran disponer de ningún poder de decisión en la misma.

Los niños expósitos —bastante abundantes antaño por estas montañas— también eran con frecuencia recogidos en alguna casa que los empleaba como pastores.

No es raro que ciertos pastores asalariados, cuando llegaban a la vejez, se "donaran" a la casa en la que servían. Los "donaus" eran particularmente abundantes en Sobrarbe hasta comienzos de nuestro siglo. Esta "donación" de la persona a una casa, se plasmaba en una escritura notarial donde quedaban reflejados los pactos entre el que se "donaba" y el que lo recibía. Con frecuencia el "donado" no tenía bienes, pero si había trabajado de pastor toda su vida podía suceder que hubiera formado un pequeño hato, que también pasaba a la casa a la que se donaba. El "donau" se comprometía a trabajar de por vida en beneficio de la casa, que, a su vez, se comprometía a mantenerlo "sano y enfermo" (3). La donación personal, no tiene porque estar relacionada con el pastoreo, pero conviene citarla aquí, porque la mayor parte de "donaus" eran pastores asalariados.

LAS DULAS

Con el nombre de dula se hace referencia al rebaño formado por los animales de varios vecinos de un pueblo que eran cuidados en común. En algunos lugares sólo empleaban la palabra dula para designar al conjunto del ganado mayor, es decir, las bestias empleadas para el trabajo. En otros lugares había dulas de ganado menor y también de cerdos.

El pastor de la dula era mantenido y pagado por los dueños del ganado que guardaba, en proporción al número de animales de la dula que pertenecían a cada propietario.

Si se trataba —o se trata, porque todavía hay dulas en algunos lugares prepirenaicos— de la dula de una aldea, que pastaba, en los meses no estivales, por los campos y montes cercanos al pueblo, el pastor se alojaba en las casas de los propietarios del ganado. En cada casa permanecía unos días, según las cabezas que el amo aportaba a la dula. De este modo, los pastores de las dulas van recorriendo todas las casas de la aldea. En una están alojados ocho días, en otra cinco, en otra tres y en alguna, que tiene muy poco ganado, sólo un día. Cuando ha recorrido todas las casas de los propietarios de la dula, vuelve a comenzar por el primero y la rueda comienza de nuevo.

Estos pastores cobraban un salario mísero en dinero. El dinero, era aportado por los propietarios en proporción —como el alojamiento— al número de cabezas de ganado que tenían en la dula.

Mariano Estornés, describe la diaria ceremonia de soltar las cabras de cada casa cuando el cabrero, con su cuerno, llama a la dula: "Todos los días, a las siete de la mañana, subía en cuatro zancadas hasta Biliturri. Cuando lo veían pasar, las viejas de las cercanías empezaban a sacar las cabras. En las casas más lejanas sólo se movían al oír la tocata lúgubre del cuerno.

El cabrero seguía tocando bajo los ciruelos de Indurain y las calles se poblaban de cabras, que viejas y críos atizaban hasta un lugar llamado "la cabrería".

Beltxanburu volaba ligero hacia su casa. Y cuando su veintena de cabras y chotos llegaba a la cabrería, ésta se ponía en marcha y alegraba las calles con su cencerrada.

Por cada cabra recibía dos reales al mes. Todos los finales de mes encerraba la rebañada en la plazuela de Loxko, y los vecinos acudían a pagarle la mensualidad, único modo de rescatar los animales" (4).

Además de este modelo de dula, que era el más generalizado, se podían encontrar muchas variantes que cubrían todos los escalones que van desde la dula comunal con pastor asalariado, hasta el rebaño particular guardado por su propietario. A veces, el pastor no recibía salario alguno, sino que para pagar sus servicios —aparte de su manutención en las casas de los propietarios— se le permitía llevar un hato propio de cabras u ovejas en el rebaño comunal.

En otros lugares, la dula era guardada por los propietarios del ganado. Cada propietario hacía de pastor unos días para cuidar el ganado de todos. Los propietarios se iban turnando permaneciendo más o menos días en este trabajo, según el número de cabezas que aportaran.

Un ganadero podía hacerse cargo de las cabras u ovejas de otro a cambio de poder pastar con el rebaño de ambos en las tierras del segundo. Cuando se llegaba a este acuerdo, el número de cabezas que se admitían estaba relacionado con los pastos que se pudieran aportar.

Si un ganadero disponía de un rebaño cuyo tamaño le permitía contratar a un pastor, podía aceptar el cuidado de las escasas ovejas o cabras de algún vecino del pueblo. Estas cabezas quedaban incorporadas al rebaño mayor, cuyo propietario, a cambio, exigía la entrega de la parte correspondiente del salario del pastor o el uso de los pastos que pertenecían al pequeño ganadero.

Las dulas de ganado mayor estaban formadas por los animales de labor (bueyes, mulas y caballos). Los pastos de las bestias de labor estaban situados en terrenos comunales llamados "boalares" o "dehesas boyales". Estos terrenos fueron casi los únicos —de entre los que pertenecían al patrimonio comunal— que escaparon a la acción desamortizadora del Estado en el pasado siglo. Al pastor de estos animales se le llamaba "boyero" o "buyero" y sus

Pastor con su rebaño en la puerta del corral (Archivo Compairé).

Amplio grupo pastoril de Aragüés, en el primer tercio de nuestro siglo. Hoy ya no se encuentran grupos de pastores tan numerosos (Archivo Compairé).

condiciones de contratación eran similares a las de los pastores de las dulas de cabras u ovejas.

Las dulas de ganado mayor que ascendían en verano a los pastos de los puertos, también tenían un pastor contratado del mismo modo que los que cuidaban las dulas en los alrededores del pueblo. En estas páginas se reproduce el contrato de un pastor de la dula de Tella en la segunda mitad del siglo XIX. El dulero recibirá una cantidad de dinero por cabeza y se compromete a vigilar el ganado, a denunciar a los ganaderos que invadan con sus ganados los pastos comunales, a avisar al propietario de los animales que enfermen y a abrevar y cuidar los animales según la "costumbre inmemorial". El puesto de dulero no debía de ser malo en esta aldea porque siendo tan grande la pobreza, el cuidado de la dula, además de proporcionarle algún dinero, permitía alimentarse durante unos meses con la leche de las vacas. En algunos contratos se especifica que las vacas sólo podrán "muyirse" (ordeñarse) mientras estén en la "pleta" (corral) y, además, deberán ordeñarse todas las vacas por turno y no sólo algunas. Por si el dulero pensaba llevarse al puerto a toda su familia para alimentarla con leche, el contrato especifica —en algunos casos— que no podrá llevarse al puerto más que un acompañante. Si algún animal fallece por descuido o negligencia del pastor, éste deberá abonar su precio.

Si algún año no encontraban pastor para la dula, se encargaban de su cuidado todos los vecinos del pueblo y sus aldeas. Los turnos se establecían "a redolín". Por cada cabeza que hubiera en la dula, su propietario debía encargarse un día del cuidado de toda la dula. Siempre debía haber al cuidado del ganado dos personas: un

Niño pastor con mastín. Este tipo de perros sólo se usaban para la defensa del rebaño. Los niños debían correr siempre tras el ganado para su custodia hasta que llegaron los perros "semisos" (Archivo Compairé).

hombre y una mujer. Tenían que ser mayores de edad y responsables. Cuando uno acababa su turno enviaba recado al siguiente para que subiera. Las obligaciones de estos pastores eran similares a las de un pastor asalariado.

PUPILAJE DE ANIMALES Y ARRENDAMIENTO DE GANADO (5)

Pupilaje y arrendamiento, cuando hacen referencia a ganados, señalan la relación entre dos personas en torno a unos animales. En el pupilaje, una persona entrega animales a otra para que se los cuide durante algún tiempo, pagando —a cambio— una cantidad acordada. En el arrendamiento, el propietario del ganado lo cede a un arrendatario a cambio de unos pagos por el arriendo.

Las distintas formas de pupilaje y arrendamiento han tenido una gran importancia en el Alto Aragón durante los pasados siglos, pero en la actualidad han caído en desuso. Los ejemplos que todavía perviven pueden considerarse auténticos fósiles sociales sin ningún futuro.

El arrendamiento del ganado tenía su origen en las desigualdades sociales. Había gente que disponía de prados o campos con los que alimentar algún ganado o podía usar los montes comunes para llevar a los mismos sus vacas u ovejas, pero no tenía capital para comprar vacas u ovejas. Por otro lado, había quien tenía capital para comprar vacas y ovejas pero no disponía de montes para alimentarlas. De igual modo que algunos invertían su dinero haciendo préstamos por los que cobraban unos intereses, otros invertían su dinero en animales que prestaban y de los que sacaban también unos beneficios.

El arrendamiento de ganado podía referirse igual a ganado vacuno que a ovino, pero parece que no se daban los dos con la misma frecuencia en las mismas zonas. En el Alto Aragón oriental era más frecuente el arrendamiento de vacas. En el occidental, se acostumbraba a arrendar las ovejas.

El arrendamiento de vacas —que en Sobrarbe llamaban "ixarica" y en Ribagorza "a michenca"— se llevaba a cabo del siguiente modo: el propietario de la vaca y el arrendatario se reunían, tasaban el precio de la vaca y acordaban el arrendamiento por un período de años. Durante esos años (cuatro o cinco) el arrendatario se quedaba con la leche, el estiércol y la mitad de las crías. El arrendador recibía la otra mitad de las crías. Al acabar el tiempo del arrendamiento la vaca se vendía y su propietario se quedaba con el importe de la misma. Si el precio de venta era más elevado que la tasación hecha en el contrato, el sobreprecio se repartía a partes iguales entre arrendatario y arrendador. (Vid. contrato de arrendamiento de vaca adjunto).

El arrendamiento de ovejas era frecuente en la comarca de Jaca y aunque pueda parecer que en el mismo el arrendatario obtiene poco beneficio económico, debe tenerse en cuenta que con el ovino, el mayor beneficio se obtenía por el aumento de la producción agraria conseguido gracias al estiércol de las ovejas. Había dos modalidades de arrendamiento de ovejas: el arrendamiento "a diente" y el arrendamiento "a medias". En el primero, cuando se acordaba el arriendo se tasaba el valor del rebaño y el arrendatario se comprometía a pagar anualmente una cantidad equivalente al cinco ó seis por ciento del valor del ganado arrendado. Transcurrido el tiempo acordado, el ganado volvía a su propietario, pero con animales renovados, cuya edad fuera similar a la que tenían los animales cuando se arrendaron (se comprobaba con la dentadura, de ahí el nombre "a diente"). Si el arrendamiento era "a medias", arrendatario y arrendador se repartían a partes iguales las crías del ganado y el importe de la lana.

En la actualidad, conozco algún caso de arrendamiento "a medias" de ovejas. El arrendador está descontento con el sistema de arrendamiento y cree que el acuerdo es injusto y que le corresponde quedarse con —por lo menos— el 80 % de los productos del rebaño. En el sur de la provincia de Huesca, el sistema está más extendido, pero allí el pastor se queda con el 80 % de los corderos y el propietario con el 20 %.

El pupilaje de animales ("conlloc") era una respuesta social muy sabia a los problemas y ventajas que resepresentaba —y representa— la diferencia de paisajes, clima y vegetación entre los altos valles pirenaicos y los territorios —más secos— del pre-Pirineo. Cuando los montes prepirenaicos muestran sus pastos resecos —en los meses veraniegos—, los puertos de los valles pirenaicos tienen los pastos jugosos y sazonados. Además, en estos meses, los bueyes de los labradores prepirenaicos no tenían ninguna tarea que realizar, hasta que llegaran los días otoñales de la

Pastores junto al rebaño. En el grupo pueden observarse todos los grados de la jerarquía pastoril.

labranza. Por estos motivos, los labradores enviaban sus bueyes a los pastos de las montañas. Allí sus propietarios ofrecían a los labradores el cuidado, la alimentación y la sal para sus bueyes desde San Juan (24 de junio) hasta San Mateo (22 de septiembre), por un precio que en la segunda mitad del siglo XIX rondaba las 10 pesetas.

Las mulas también se sometían a un régimen de pupilaje cuyo fundamento es distinto. En las villas pirenaicas vivían recriadores y tratantes de mulas que tenían muchos animales cuya alimentación era costosa. Para evitar los problemas derivados de su escasa disposición de pastos, cedían las mulas en pupilaje a personas de las aldeas cercanas o las conducían a los pueblos de la tierra baja en los que la abundancia de paja y los pastos de los barbechos garantizaban su alimentación invernal a cambio del pago de una cierta cantidad de dinero por cabeza.

Con los cerdos, el pupilaje tenía sentido inverso al de las mulas y similar al de los bueyes. Los propietarios prepirenaicos enviaban sus cerdos a los valles pirenaicos durante el otoño (desde San Miguel —29 de septiembre— hasta Santa Lucía, 13 de diciembre) para que aprovecharan las bellotas o los hayucos de los bosques pirenaicos de quejigos o hayas.

El arrendamiento y el pupilaje —como se ha señalado— no tienen ya vigencia en los Pirineos aragoneses. Sólo algunos casos de arrendamiento perviven todavía y —comparados con los antiguos— suelen presentar condiciones más ventajosas para el arrendatario.

NOTAS

(1) VIOLANT Y SIMORRA, Ramón: "El Pirineo Español" p. 390-392.
(2) VIOLANT, op. cit.
(3) Sobre los "donaus", véase COSTA, Joaquín. "Derecho consuetudinario y economía popular de España", I.I. Cap. 13. Madrid, 1886. Reed. Guara, Zaragoza, 1981.
(4) ESTORNES LASA, Mariano: "Oro del Ezka", Ed. Auñamendi, San Sebastián, 1958.
(5) Joaquín Costa estudió estos dos temas en la segunda mitad del siglo XIX y publicó sendos trabajos sobre los mismos en 1880 en su obra "Derecho consuetudinario y economía popular de España". La obra ha sido reeditada por Ed. Guara, Zaragoza, 1981.

2. Marco normativo y conflictos

Bien apartadas de la realidad aparecen, cuando se profundiza en el mundo pastoril pirenaico, las idílicas relaciones entre pastores, o la pacífica armonía que en la literatura de los pasados siglos se ofrecía como característica de los guardadores de ganados.

Cuando Soulet afirma, hablando de los montañeses pirenaicos, que "las pocas ocasiones en las que los montañeses tomaron las armas, fue para combatir medidas desfavorables para la vida de sus rebaños" (1), tiene sólo parte de razón. Efectivamente, los montañeses tomaron en varias ocasiones las armas para defenderse contra la imposición de medidas opuestas a sus intereses ganaderos, pero en otras ocasiones, extendieron por la fuerza sus pastos, impusieron por la fuerza sus condiciones, se burlaron —usando la astucia o la fuerza— de las leyes establecidas o intentaron establecer otras para su conveniencia.

Durante siglos —y, sobre todo, en algunas épocas y en algunos valles— los Pirineos aragoneses han soportado una población excesiva y poco acorde con los adelantos económicos y los recursos naturales que estas montañas podían ofrecer; siempre, pero especialmente en esos momentos, chocaban los intereses de un valle y otro valle, chocaban los afanes expansivos de un ganadero y otro ganadero, se enfrentaban el labrador que necesitaba arar nuevas tierras y el pastor que quería más pastos. Hay aquí una primera oposición de intereses y una fuente de conflictos, que derivan del reparto del uso de los pastos.

Las relaciones entre los pastores asalariados y sus amos, ofrecen una segunda mina de conflictos, cuyos fundamentos son los mismos que siempre han enfrentado a los amos con sus sirvientes.

Están —en tercer lugar— los problemas que aparecen entre los dueños de los pastos y quienes llevan sus ganados a pacer en los mismos.

Pueden citarse aquí también —aunque no se inscriben sólo en el mundo pastoril— los conflictos que la estructura familiar tradicional acarrea. Estos problemas, cuando se producen en lugares de economía ganadera, presentan una notable incidencia en lo pastoril.

UN PROBLEMA ANTIGUO:
EL ENFRENTAMIENTO ENTRE LABRADORES Y PASTORES

Ningún documento histórico ha expuesto con tanta claridad los problemas que en los Pirineos enfrentaban a pastores y agricultores, como una carta que el Ayuntamiento de Aragüés del Puerto dirigió al rey, con fecha 14 de diciembre de 1806 (2). La carta —que se transcribe íntegra a continuación— expone algunos problemas de los labradores del valle, analiza las causas y pide soluciones. Dice así:

Ganaderos reunidos en el puerto de Góriz. Este puerto ha mantenido durante siglos una reglamentación compleja y singular en la que jugaba un papel principal la llamada "Junta del Puerto" (Archivo Compairé).

Doc. 1. VEDADO DE MONTES PARA EL GANADO

"En el pueblo de Sabiñánigo a 21 de abril del año 1900, reunidos los Sres. del Ayuntamiento y vecinos de este distrito en la Casa Consistorial del mismo con objeto de hacer los vedados como de costumbre se trató lo siguiente:

Queda vedado y se prohibe entrar en toda clase de ganados hasta que el Ayuntamiento y mayor parte de los vecinos dispongan; se veda, desde por el barranco de Picalbo, Santa Agueda de Ignacio derecho a la Artica de Matías Gavín, por la Fogaza de Ignacio derecho a la muga de Ayés, y de la fuente del pueblo a la fuente del Escalar por el cerro de Pacos Altos a la muga de Sasal.

Se veda en Huertolo desde la muga de Bailín por la cantera de la Corona del Tremolar a la muga de Osán, con objeto de que no entren con el ganado lanar y cabrío en el término llamado Corona y Lecinosa hasta que el Alcalde y Ayuntamiento dispongan.

Las penas y multas serán las mismas que en los años anteriores, o sea, por cada rebaño de ganado pagarán 2 pesetas 50 céntimos por el día y por la noche 5 pesetas.

Y por cada bacuno o mular de cualquier clase que sea pagará una peseta por cabeza de día y 2 pesetas por la noche.

Se respetarán como guardas a Matías Abadías y Patricio Campo en Sabiñánigo y en El Puente a Manuel Ferrer. Hecho fue el presente en la fecha que al principio se expresa".

(Tomado del "Libro de los Vedados", Archivo Municipal de Sabiñánigo).

Doc. 2. VEDADO DE MONTES PARA EL GANADO

"En el pueblo de Tella en el día 29 de abril de 1877, reunidos los Sres. del Ayuntamiento y su mayor parte de vecinos contribuyentes y tratando de las vedas y sueltas de los montes a los ganados sobre las cuales se acordó que la partida de la montaña Bachaco quedara vedada de toda clase de vedados en el día 21 de marzo de cada año como de costumbre y la suelta se harán también como de costumbre, sino cuando sea necesario preciso el Ayuntamiento con la Junta de Ganaderos y mayores contribuyentes podrán hacer algunas sueltas considerandolas precisas. Es pauto que la parte de la Dotovia siendo vedada, será para los bueyes en la tozaleta de encima de la Corona más inmediata y llana hasta el Sarrado de Sarrera y en la parte de Etachomallar serán las buegas donde se ponían en los otros años y en el corral podrán llegar los ganados menudos hasta el camino de los machos, bajo condición que el que quebrantare o pastare las reses en los vedados sea castigado con el grado que la autoridad correspondiente juzgare con arreglo a las leyes penales vigentes así lo acordaron y convinieron todos unanimes de todo lo cual como secretario certifico".

(C.T.)

"El Ayuntamiento General de la Villa y Valle de Aragüés del Puerto del Reino de Aragón y Corregimiento de Jaca con el mayor respeto a S. A. expone que aunque son muy antiguas las quexas que recíprocamente han elevado a S. A. los Ganaderos y Labradores, clamando estos contra aquellos y aquellos contra estos, protestando los unos reducirlo todo a pastos y los otros que todo sea tierra de Pan-llevar, las que va aha presentar el Exponente non tendran el caracter de viciosas, o extremadas que sin duda alguna habrán tenido muchas de las que frecuentemente han molestado, y talvez interrumpido la atención de S. A. el Ayuntamiento exponente esta intimamente convencido deque no puede subsistir y prosperar especialmente en un clima destemplado y un terreno ingrato, y esteril como el de los Pirineos La Agricultura sin la Grangería de Ganado, ni esta sin aquella, pues mutuamente se vigorizan, y auxilian y por lo mismo quando va a poner a la vista de S. A. los abusos y excesos de los Ganaderos esta muy lejos de pensar en oprimir un Ramo tan precioso y tan necesario en este Pais, y capaz de enriquecerlo si se pusiesen los prontos y oportunos remedios, que los Ganaderos Montañeses han reclamado en diferentes Epocas.

Solamente trata pues este Ayuntamiento de que los Ganaderos se contengan dentro de aquellos limites que ha puesto la Naturaleza del Terreno y estan señalados por las Leies Municipales, y que los labradores tampoco salgan de los suyos dependiendo de esto la utilidad comun y la prosperidad de los dos Ramos que solo pueden tenerla de este modo y estando prontamente reunidos. Pero la misma esterilidad del terreno arriba indicada ha dado naturalmente la preferencia y la preponderancia a la Cría de Ganado Lanar y de Pelo, y ha ocasionado los abusos de los Ganaderos por su numero y prepotencia y la ruina de los Labradores inutilizando las leyes Municipales, y las sabias reales ordenes dirigidas a mantener el equilibrio correspondiente entre estos dos Ramos que son los perenes manantiales de las verdaderas Riquezas.

En efecto los Ganaderos de este valle especialmente los más poderosos o de maior número inmediatamente que se retiran de los pastos de invierno entran en los terminos y montes comunes, y como su número es muy superior al que pueden mantener los pastos, se propasan casi por necesidad a talar, y a aniquilar los vedados, esto es las pardinas estancos y Boalares que desde tiempo inmemorial estan justamente destinadas y reservadas para los Ganados gruesos cerriles y de Labor de los quales depende absolutamente el fomento, la subsistencia de la Agricultura.

Esta violación que lo es al mismo tiempo de las Leyes Municipales que cierran dichos terrenos al Ganado Lanar, y hace gimir a los labradores que no tienen ganado o tienen muy poco, cree el Ayuntamiento que consiste prescindiendo de la demasiada ambición de los Ganaderos que vasta por si sola para sofocar los sentimientos mas justos, en que el numero de Ganados que mantienen es muy superior al que pueden mantener los pastos que pueden disfrutar licitamente y sin perjuicio de terreno, y asi todo lo atropellan, todo lo arrasan, sin temor a las Leyes, ni a la Justicia, que como los deliquentes son muchos y poderosos no se atreven las mas veces a castigarlos, a poner el correspondiente remedio ni aun a contenerlos los Guardas de monte que se ven con frecuencia atropellados, o tratados ignominiosamente o enzarzados en disputas sobre si entró todo el Ganado, o parte de él si se introduxo exprofeso, o si fue lance casual, y otras semejantes, no solamente no se atreven a penarles, si no que ha llegado el caso de que ninguno quiere admitir, y exercer este empleo, y todo resulta

Doc. 3. VIGILANCIA VECINAL DE LOS PASTOS

"En el pueblo de Tella en el día 30 de mayo de 1867 reunido el Ayuntamiento y la mayor parte de vecinos en la Casa Consistorial trataron que por cuanto se cometían algunos daños en las yerbas de los montes vedados y en los sementeros particulares de los vecinos por los ganados que causaban daños considerables, el que se encargue de su cuidado un vecino o amo de su casa que por turno se ocupase diariamente recorriendo todos los terrenos del monte haciendo guardar los dichos montes y sementeros acusando o intimando a los malhechores que encontrase haciendo daños, y éste presentase por la tarde al individuo principal del Ayuntamiento la razón de todos los partes de los montes y de todos los rebaños de ganado y de las acusas hechas cuyo turno comenzará como los demás turnos de costumbre y seguirá uno a otro, de modo que el que haga de guardia por la tarde avisará al otro que sigue para el día siguiente entregándole en señal un palo, que vulgarmente se llama porriello y en el caso alguno de los vecinos dejare de cumplir todo lo tratado sobre dicho incurrirá en las penas establecidas en la ley penal como inobediente a la legalidad y para que conste se escribió la presente día, mes y año expresado".
(C.T.)

en grave detrimento del Publico, y particularmente de la Agricultura y de los pobres; y por ultimo llegara el tiempo en que ocasionara la Ruina total de la Ganadería del Ganado lanar por la mutua dependencia, o intima conexión de estos dos Ramos.

Estos desordenes o transgresiones de los Ganaderos acaso no serian tan grandes si la pena no fuese tan pequeña, pero como esta se reduce al pago de 20 sueldos jaqueses por entrar en los Boalares y Pardinas de día y 40 de noche, y en los llamados estancos 10 sueldos jaqueses de día y 20 de noche, y por entrar en una porción de terreno destinada para los Ganados gruesos y de carnicería, o se paga lo mismo que por quebrantar los Boalares hacen la burla de ella y reuniendose a veces mas de tres mil cabezas de ganado en un Boalar, o Bedado saben que pueden destruirlo pagando entre todos dichas cantidades pequeñas, y hacen como aquel Romano que viendo valuada en muy poco la afrenta que se hacia publicamente a un ciudadano se burlaba de la Ley quebrantandola a cada paso, y pagando la pena decontado.

Para fomentar la Agricultura y evitar de la forma posible que se cometiesen los dichos desordenes en los sembrados está mandado por resolución, y muy antigua del Valle, que los que se hacen en los montes se divida en dos añadas, o en dos ojas, y que en la oja sembrada no puedan introducirse con los Ganados sino mediando de un sembrado a otro 6 pasos de distancia poniendoles la pena de 5 sueldos al pastor que ponga los pies en el sembrado desde luego se nota que sobre ser esta pena muy tenue, y aun asi no se atreven los Guardas a exigirla (esta legislacion es defectuosa por no establecer en este mismo caso ninguna pena contra el ganadero porque los Ganaderos ademas del temor que infunde en un despoblado se salvan con el Juramento).

Si el Ganado tubiere la debida proporcion con los pastos no se cometerian tan extraordinarios excesos porque en ese Valle ay puertos comunes en que debe entrar el Ganado grueso cerril, y la Cría de Ganado Lanar quando el Ayuntamiento lo permite y lo hace saber por publico pregon, pero los Ganaderos burlandose de la pena por ser leve, y por exigirse dificilmente viendose tan sobre cargado de ganado Lanar y de pelo que no pueden mantenerlo aun tomando por la tasación yerbas de las de arriendo de los Propios, nunca esperan otra licencia para introducirlos todos quando se les antoja en dichos puertos comunes, y este es uno de los mayores perjuicios que sufre la Agricultura por la escasa y dificil manutención del Ganado grueso tan indispensable a todas sus fainas; el mal es tan grande que este Ayuntamiento no puede diferir en ponerlo en noticia de V. A. para el más pronto y debido remedio en esta atención a V. A. suplica que en vista de esta exposicion se sirva mandar ante todas cosas que se visiten por peritos nombrados por un comisionado inteligente las yerbas de los montes de este Valle destinados para los Ganados y que regulando el numero de cabezas que comodamente se pueden mantener en ellas, se manden sacar todas las sobrantes acomodando antes el menor número o las de los Ganaderos más pequeños guardando la proporción y la igualdad con arreglo a las Reales Ordenanzas para que se evite la injusticia demasiado General y aprobecharse solamente de las yerbas de los Ganaderos Ricos con total exclusion de los Pobres, lo que no ha influido poco a la decadencia que se observa hace algunos años en el Ganado Lanar, y agravar las penas contra los Ganaderos y Pastores que quebrasen los vedados y Boalares o tomas aquellas providencias que sean mas oportunas para reprimir dichos desordenes y precaber la total Ruina de la Agricultura en dicho Valle, y que parezcan más eficaces a la superior penetracion de V. A. como lo espera su notoria justificacion y es justicia. Aragües del Puerto 24 de diciembre de 1.806".

El texto es interesante, porque resume en pocas líneas los seculares enfrentamientos entre ganaderos y labradores e incluso entre ganaderos y concejos. Denuncia los siguientes abusos por parte de los poderosos ganaderos y de sus pastores:

1. Ignoran las leyes municipales sobre vedados en pardinas, estancos y boalares, llevando a pastar en los mismos y en épocas de veda, sus ganados.

2. Invaden propiedades particulares, incluidos los sembrados.

3. Sueltan su ganado en los puertos antes de que se les autorice.

4. Amedrentan a los guardias encargados de vigilar los montes y les impiden realizar sus tareas de vigilancia y sanción.

5. Se unen para delinquir porque, entre varios, el pago de las multas no es gravoso.

Como consecuencia de todo esto, sufren los labradores porque ven invadidos sus sembrados y ven agotados los pastos que debían reservarse para sus animales de labor. Además, ante la fuerza de los ganaderos y el razonado temor de los guardas, se encuentran impotentes para hacer cumplir la ley.

Cifran las causas de estos males en varios motivos:

1. La excesiva carga ganadera. Hay en el valle más ganado del que se puede mantener.

2. La escasa dureza de las penas impuestas, que no logran asustar a los pastores para que no incumplan la ley.

3. La altanería y prepotencia de los ganaderos, que imponen su voluntad asustando a todos.

Para remediar estos males, proponen que se obligue a los grandes ganaderos a disminuir el número de cabezas de sus rebaños, adecuándolos a las posibilidades reales del valle y sin dañar a los ganaderos pobres. Además, dicen, se deben "agravar las penas contra los ganaderos y pastores que quebrantan los vedados y boalares".

La carta destila un inconfundible perfume de ilustración dieciochesca, tanto por el tono de la argumentación empleada, como por el atractivo panorama de laboriosa equidad y rico progreso que presenta para cuando se solucionen estos problemas y se llegue al "equilibrio correspondiente entre estos dos ramos que son los perennes manantiales de las verdaderas riquezas".

Con su tono ilustrado, esta carta, muestra el extenso abanico de problemas de todos los valles pirenaicos que giraban en torno al pastoreo. Todos los pueblos necesitaban pastos para alimentar a los animales empleados en las labores (caballos y —sobre todo— bueyes). Para este uso se reservaban los boalares. En cuanto a los vedados, eran terrenos en los que durante una época se prohibía algún aprovechamiento. Estos aprovechamientos podían ser de diversos tipos como cortar leña, coger hierba para los animales o —lo más frecuente— pastar.

En el Archivo Municipal de Sabiñánigo se conserva un libro de vedados que se extiende —temporalmente— desde el último tercio del siglo XVIII hasta comienzos del presente siglo (3). En todos los municipios se establecían vedados durante unos meses al año. Para vedar unos terrenos al ganado, se reunían los miembros del concejo con la mayor parte de vecinos del pueblo. Estas asambleas vecinales eran una pervivencia medieval que en las aldeas pirenaicas han funcionado casi hasta nuestros días. En este capítulo se transcribe un acuerdo del Ayuntamiento de Tella, tomado en 1854, sobre vedados. Como en todos los acuerdos de este tipo, se citan

Grupo pastoril ante su majada (Archivo Compairé).

los límites de los montes vedados, las fechas de veda y el tipo de ganado al que afectan. Había numerosos montes cuyas épocas de veda eran iguales todos los años; en otros, en cambio, se variaban con frecuencia.

Un tipo especial de vedado es el de los puertos que generalmente tenía unas fechas inamovibles, marcadas por la tradición. La fecha de apertura o día de la "suelta" solía ser en la segunda quincena de julio, a veces coincidiendo con la festividad de Santiago. La fecha de cierre solía coincidir con San Miguel (29 de septiembre), aunque en algunos puertos se retrasaba.

Los sembrados, —sobre todo durante la época de siega— merecían especial protección para evitar mermas en las cosechas. El 9 de junio de 1783, el Ayuntamiento de Sabiñánigo acordaba "que ninguno puede hacer sendas ni caminos viciosos por los sembrados, habiendo camino suficiente, ni mudar caminos ni sendas públicas, pena de 18 reales de vellón y cuatro reales de vellón al denunciador". En 1907 acuerdan "en tiempo de siega no llevar animales a los restrojos sino es por elebar recao" (4).

Para quienes —olvidando estas normas— entraran en los vedados con el ganado, se imponían multas, que tenían una cuantía si se entraba de día y el doble —como se ha visto en la carta de Aragüés transcrita— si era de noche por el agravante que suponía ampararse en la oscuridad. También se fijaban cantidades que cobraban los denunciantes.

Con el fin de vigilar los montes se nombraban unos guardianes cada año. Pero, a veces —en la carta de Aragüés se explica con claridad—, estos guardas no lograban evitar los delitos, porque eran muchos los cometidos o porque no se atrevían a denunciarlos. Estos problemas eran generales en todos los valles. En Tella, en algunos momentos parecía insuficiente la vigilancia de los guardas nombrados para este fin y se acordaba que todos participaran en el control de los vedados. Cada día, el amo de una casa —por turno o "redolín"— se encargaba de recorrer los montes y por la tarde regresaba y acudía al Ayuntamiento para dar las novedades que hubiera tenido su misión de vigilancia. A continuación, iba a la casa cuyo amo tuviera que salir a vigilar al día siguiente y le

Pastor "escodando" una oveja el día de Viernes Santo.

entregaba "en señal un palo que vulgarmente se llama porriello" (véase documento transcrito).

Si el pastor que consentía la entrada de su rebaño en unos terrenos donde no debían penetrar, era el dueño de los animales, su responsabilidad no ofrecía lugar a dudas. En cambio, si era un partor asalariado, se planteaban algunos problemas de responsabilidad. Tal vez los dejó entrar por desidia y abandono de su tarea, pero tal vez pudo ser enviado por el amo o entró acuciado por la necesidad de encontrar pastos para los ganados que cuidaba. Pero claro, estas dudas sobre la responsabilidad, son simplemente morales, porque en la práctica todo estaba muy claro: el pastor era responsable y debía pagar. Esta solución tampoco gustaba a los vecinos de Aragüés y en la carta transcrita hemos visto que pedían también responsabilidad para los amos.

En las cuentas que el amo llevaba de los gastos de sus pastores aparecen con mucha frecuencia cantidades que pagó por los destrozos causados por el rebaño. En los libros, el amo lo anotaba así: "por un aprecio que hizo en el campo de Fulano en tal fecha, pagué tanto dinero", y esta cantidad le era descontada al pastor al acabar el año, cuando recibía su salario.

Los enfrentamientos entre labradores y pastores se llevaron también a las tierras por las que discurrían las cabañeras y a los pastos de la tierra baja. Son infinitas las disputas mantenidas durante siglos por pastores pirenaicos y labradores de todas las tierras que separan estos montes del Ebro. Algunas disputas se zanjaron con enfrentamientos verbales, en otras se pasó a los hechos y hubo sangre, algunas terminaron ante los jueces y otras alcanzaron tal desarrollo que figuran en las crónicas históricas. Entre estas últimas destacó la guerra —así puede llamarse— que enfrentó en el siglo XVI a los ganaderos trashumantes del valle de Tena y a los agricultores moriscos del valle del Ebro. Comenzó con la muerte de un pastor tensino en Codo (valle del Ebro) a manos de moriscos. Los tensinos formaron un ejército que, con la ayuda de mercenarios, mató más de setecientas personas en Codo y Pina. Respondieron los moriscos formando un grupo llamado "Moros de Venganza" que hizo honor a su nombre. Con arrestos, condenas y muertes terminó esta guerra que parece el más cruento de los numerosos enfrentamientos que han jalonado la historia de las relaciones entre pastores montañeses y labradores riberanos (5).

FIDELIDAD Y RESPONSABILIDAD

La fama de los pastores de buscar siempre el beneficio olvidando sus deberes para con el amo, está muy extendida por estas montañas. Cuando, junto al rebaño del amo, el pastor conduce un hato propio, se dice que siempre las ovejas muertas por accidente son las del amo. Además, las ovejas del pastor siempre hacen dos crías al año, cuando —generalmente— las del amo crían sólo una vez. Es posible que estos fraudes que se atribuían a los pastores no fueran tan frecuentes como todo el mundo decía, pero lo que sí resulta comprobable es el interés de los ganaderos para evitarlos.

Cuando el ganado estaba en la montaña, si una oveja moría accidentada o por enfermedad, el pastor debía sacarle la piel y guardarla. Al regresar al pueblo, presentaba las pieles de las ovejas muertas. Estas pieles, marcadas con la señal del amo correspondiente, eran la demostración de que los animales no habían pasado a engrosar el hato del pastor o habían sido fraudulentamente vendidos.

Los pastores, en los puertos, llevaban una vida cargada de

Grupo de pastores con un perro "semiso" o "sumiso". La llegada —en nuestro siglo— de estos perros alivió mucho el trabajo de los pastores (Archivo Compairé).

incomodidades y —con frecuencia— de necesidad. A veces, no tenían ni sebo para arreglarse las sopas. En el valle de Vio cuentan casos de pastores que, impulsados por el hambre y sin posibilidad de obtener ningún alimento sustancioso, sacaban sebo de los "chotos" vivos. Elegían el animal más lustroso del rebaño, le hacían un corte en la piel de la tripa cerca de las patas traseras y por él introducían una caña corta. Por la caña iba el pastor aspirando, aspirando, hasta que comenzaba a sacar el sebo del animal, con el que condimentaba las sopas. Los pastores a los que oí esta historia contaban que el "choto" del que sacaban sebo en varias ocasiones, pronto comenzaba a quedarse muy flaco y —generalmente— acababa por morir. Si se salvaba, nunca más volvía a ser un animal gordo y lucido, aunque dejaran de sacarle el sebo.

Desde la segunda mitad del pasado siglo, Francia, con una avanzada industrialización, se convirtió en la tierra soñada para muchos pastores. No fueron pocos los que abandonaron sus rebaños y escaparon al país vecino. En Ceresuela —valle de Vio— oí contar un caso de este tipo que ourrió hace cincuenta años. En los meses de primavera u otoño, cuando los rebaños están en las cercanías del lugar antes de subir a los puertos o después de bajar de los mismos, dos jóvenes pastores de la aldea marcharon a cuidar el ganado a un monte llamado Copiello, situado sobre el pueblo. Llegó la noche y los jóvenes no regresaron. Todos pensaron que habrían pernoctado en alguna choza y regresarían al día siguiente.

Doc. 4. ACUERDOS SOBRE CENSOS O ALBERACIONES DE GANADO

"En el pueblo de Tella en el día 9 de junio de 1878 reunidos el Ayuntamiento del distrito y su mayor parte de vecinos trataron y se convino de alberar todos los ganados que cada uno tenga gruesos y menudos y que en el verano paguen por cada cabeza 4 dineros y en el invierno pagarán lo mismo, que la alberación del verano se hará el domingo más inmediato a S. Bernabé y la alberación del invierno el día de Navidad, todo cada un año. Se convinieron que el Ayuntamiento queda facultado para poder el ganado contarlo de cualquier propietario que se considere no haya dicho la verdad imponiendo la responsabilidad de que todas las reses que no hayan alberado las tendrán perdidas y serán a favor del común y así todos convenidos, el Ayuntamiento cobrará cuando tenga por conveniente para el presupuesto los cuales darán cuentas a su debido tiempo, y para que conste se escribió la presente día, mes y año expresado".

(C.T.)

No ocurrió así, sino que transcurrieron tres días y los pastores no volvían. Mientras tanto, los vecinos de Ceresuela miraban inquietos a la cima del Copiello, escuchaban atentos y podían oír las campanillas y "truquetas" del ganado. Por fin decidieron subir a ver qué ocurría: cuando llegaron al monte hallaron todo el ganado, pero ni rastro de los pastores, de los que no se supo nada en varios años. Más de diez habían transcurrido cuando uno de ellos regresó de Francia para ver a su familia y contó cómo cansados de su vida miserable de pastores, habían decidido marchar a Francia.

El hombre que me contó esta historia afirmaba que casos como estos habían sido frecuentes. Poco después oí parecidas historias ocurridas en Burgasé (valle de Solana) y en Nerín (valle de Vio) que demostraban cómo bastantes pastores preferían abandonar el rebaño que se les confiaba y huir a Francia, antes que soportar las condiciones durísimas de vida y trabajo con los ganados de estos montes.

La responsabilidad de los pastores era —sin duda— muy grande. A su cuidado estaban cientos de animales que podían morir por un descuido. He oído contar el caso de un pastor que en una aldea cercana a Boltaña soltó un rebaño de ovejas recién esquiladas, en un día nublado. Cayó una tormenta, las ovejas se mojaron y casi un centenar de las mismas murieron. El pastor, apesadumbrado por la responsabilidad, pasó varios meses enfermo.

Hace cinco años, en los puertos de Laspuña, unas doscientas ovejas murieron al despeñarse por un precipicio. Nunca se supieron con certeza las causas del accidente, pero se barajaron todo tipo de hipótesis en la mayoría de las cuales quedaba salvada la responsabilidad del pastor. Hasta circuló una versión —que muchos dieron como cierta y de la que se hizo eco la prensa— según la cual, una fiera extraordinaria, una especie de hombre-oso u hombre-mono había aterrorizado el rebaño que huyó despavorido hasta despeñarse.

Cuando un pastor era contratado, conocía perfectamente sus obligaciones y sabía las responsabilidades en las que incurría al olvidarlas. Si se trataba de cuidar los animales de varios ganaderos o la dula de todo un pueblo, se solían plasmar en un escrito las obligaciones del pastor.

Los vecinos de Tella (en el valle de su nombre) contrataban cada año un pastor para cuidar la dula del pueblo en la montaña. En el contrato (uno de los cuales se reproduce aquí) se especifican las obligaciones del pastor y sus responsabilidades. Dice el contrato que deberá cuidar los animales con esmero, abrevando y dando el pasto necesario. No podrá ordeñar las vacas, salvo cuando se hallen dentro de la "pleta" (cerca) y deberá impedir que algún rebaño invada los pastos destinados a la dula. Si algún animal enferma mandará aviso a su dueño, y si falleciera por su culpa lo pagará.

En la carta transcrita al comienzo de este capítulo se muestra también otro enfrentamiento frecuente: el de los ganaderos con los poderes locales. Ya se han citado ejemplos de este tipo de problemas al hablar de los que no respetaban los vedados. Otra fuente de numerosos conflictos eran los censos del ganado. Algunos municipios —sobre todo los más pobres— encontraban en los impuestos cargados sobre el ganado su mejor fuente de ingresos (véase el capítulo dedicado a la circulación del dinero en el mundo pastoril). Para poder cobrar, el Concejo debía disponer de censos exactos sobre los rebaños de cada propietario. En Tella realizaban dos "alberaciones" (censos) al año: una de ganado "casalero" (que

Doc. 5. PRIVILEGIOS MEDIEVALES DEL VALLE DE BROTO

"... Jaime, por la gracia de Dios Rey de Aragón, de Valencia, de Cerdeña y de Córcega, Conde de Barcelona y de la Santa Romana Iglesia y Capitán General, a su querido Sobrejuntero de Sobrarbe y las Balles o a sus lugartenientes, salud y dilución. Sabed que se nos han presentado y promovido una cuestión los habitantes del valle de Broto sobre ciertos pastos o yerbas que acostumbraron a disfrutar y cortar los ya dichos habitantes en el dicho valle y su puerto, que vosotros y Domingo por divina gracia Justicia de Ainsa, por mandato del ínclito infante Alfonso nuestro carísimo primogénito y Procurador General, en carta que os dirigió visteis las disposiciones que ciertos testigos sobre dichos pastos; que fueron visurados y examinados en nuestra Cancillería, que fueron relatados en nuestro consejo los testimonios y deposiciones de los mismos, que nos costa que por certificación vuestra que los habitantes de dicho valle desde tiempo inmemorial y sin que haya noticia de la contraria han acostumbrado a tener y aún recoger los ganados mayores y menores de los hombres, lugares y tierras nuestras para aprovecharlas y pacer las yerbas en el sobredicho valle y su puerto y recibir los pastos de las mismas sin obligación de pagar por dichos pastos derecho alguno ni a Nos ni a nuestros oficiales; que acostumbraron a defender y guardar las yerbas de dichos términos de la opresión de las gentes del Rey de Francia y a sostener las cuestiones y pleitos entablados con las gentes de dicho Rey en defensa de sus términos pues que de otra manera los habitantes de dichos valles no pueden vivir de buen modo sin tener derecho a dichos pastos. Por tanto os decimos y mandamos que ceséis absolutamente en la cuestión que habéis suscitado a las gentes de dicho Rey sobre los dichos pastos y que no los agraviéis o molestéis sobre el derecho de percibirlos, puesto que es nuestra voluntad que usen de dichos pastos sin obstáculo alguno de la manera que han usado hasta de ahora. Dado en Monte Blanco el día primero de julio del año del Señor 1323".

(Tomado del A.C.V.B., traducido del latín en 1862 por don Martín Puértolas y don Cándido Campo, profesores de latinidad en Huesca).

pasaba el invierno en la aldea) el día 26 de diciembre; otro de ganado "grueso" y "menudo" el domingo más inmediato del día de San Bartolomé. Si se descubría algún intento de ocultación, por cada animal no "alberado" se imponía una multa que era de diez reales en 1854 (véase documento transcrito). Parece que el sistema no dio resultado, porque años más tarde acordaron sanciones más duras. En 1878, "el Ayuntamiento y la mayor parte de vecinos" decidieron que "el Ayuntamiento queda facultado para poder contar el ganado de cualquier propietario que se considere no haya dicho la verdad imponiendo la responsabilidad de que todas las reses que no hayan alberado las tendrán perdidas y serán a favor del común".

Los pueblos que recibían en sus puertos los ganados de otros lugares, siempre se veían envueltos en disputas. Estas se originaban por muchos motivos. Los más frecuentes eran: por pastar en zonas más amplias que las arrendadas, por permanecer más tiempo de lo acordado o por subir al puerto más animales de los declarados. Todos estos puntos se intentaban dejar bien aclarados en un contrato que se firmaba antes de subir a los puertos.

RELACIONES CON EL ESTADO

Los más antiguos documentos que nos informan sobre las relaciones entre el Estado y los pastores del Pirineo aragonés, son medievales. El rey Jaime I el Conquistador concedió a los de Ansó un privilegio, fechado en Jaca a 1 de noviembre de 1272. Este privilegio, entre otras cosas, decía que los de Ansó, en adelante, podrían usar sus pastos tradicionales sin ser molestados por nadie. El privilegio fue confirmado posteriormente por los sucesivos reyes de Aragón y de España hasta Felipe III en 1620 (6).

En el año 1386, el primogénito del rey Pedro cedió en favor de los vecinos del valle de Aragüés todos los derechos a él pertenecientes, en los montes de dicho valle por razón de hierbaje, por cien florines de oro que le entregaron (7).

Jaime II, en un documento que firmó en Monte Blanco, el 1 de julio de 1323, reconoció a los del valle de Broto la posesión y disfrute de sus puertos. Este documento fue reconocido posteriormente por los sucesivos reyes de Aragón y de España. El uso gratuito de estos puertos ya fue reconocido por Jaime I en pago por la defensa de la frontera frente a los franceses, a la que habían contribuido decisivamente los del valle de Broto (8). Estos privilegios medievales fueron, desde los siglos XIII o XIV hasta el siglo XIX, el marco de referencia en el que se movieron las relaciones entre los pastores pirenaicos y el Estado.

Desde la Edad Media, cuando la propiedad y el uso de los pastos de las motañas pirenaicas fueron reconocidos a los habitantes de los valles correspondientes por distintos reyes aragoneses, las relaciones de los ganaderos con el Estado presentaron pocos problemas. Los sucesivos reyes fueron confirmando la tenencia y el usufructo de los pastos que se concedieron en los siglos medievales a los ganaderos pirenaicos. En el siglo XVIII alcanzó una cierta pujanza la única asociación ganadera importante que a lo largo de la historia ha agrupado a todos los ganaderos de los valles del Pirineo aragonés: se trataba de la llamada "Junta General de Ganaderos de las Montañas". Esta "Junta" reunía a representantes de todos los pueblos del Alto Aragón, desde las sierras Exteriores hasta Francia, a excepción de la ciudad de Jaca, que se negó a integrarse en dicha "Junta".

Doc. 6. LOS GANADEROS PIRENAICOS Y LA MESTA
EN EL SIGLO XVIII

"Viniente a la Mesta de Castilla es pensamiento que enteramente lo reprobamos; lo primero porque cualquiera recurso que se hiciera había de costar muchos dineros; lo segundo que atendida la distancia siempre llegaría el remedio sobre muy pereceroso y lento después que ya hubiesen sufrido todo el daño; lo tercero porque los unirían en los repartos de los gastos de toda la cabaña de Castilla y a proporción los habían de pagar, y estos son muchos mayores de lo que piensan y además habían de satisfacer los particulares de sus recursos, y en nuestro concepto es imposible poderlos soportar los ganaderos montañeses cuyos ganados no son trashumantes y no pueden gozar de los beneficios que los de Castilla tienen en las Andalucías y Extremaduras que son los que compensan alguna cosa los fuertes repartos que les hacen para sostener los gastos del tribunal de la Mesta, y los pleitos que sufren con los lugares de las cabañeras reales de Castilla y no gozando de estas ventajas no serviría la unión sino es para arruinarlos y tienen la prueba clara en los países de Aragón inmediatos a Castilla que jamás han querido unirse con la Mesta sino es los que llevan los ganados a las Andalucías y parajes que ellos llaman Destremo".

(Respuesta de un abogado a la consulta realizada por la "Junta General de Ganaderos de las Montañas", en 1769, sobre la posibilidad de unirse a la Mesta castellana. A.C.V.B.)

La documentación consultada sobre el tema es la que se halla en el "Archivo de la Casa del Valle" de Broto y hace referencia a la segunda mitad del siglo XVIII. Parece que los mayores esfuerzos de la "Junta" en aquellos años fueron destinados a lograr la confirmación real de un privilegio de 2 de octubre de 1587 que permitía el libre paso —sin pagos— de los ganados de las montañas en su camino anual hacia las tierras llanas.

Con este fin celebraron varias asambleas en Oto, Fiscal, Yebra y Biescas, que son lugares céntricos dentro de los Pirineos de Aragón. A ellas asistieron representantes de todos los pueblos y los que no lo hicieron excusaron con cartas su ausencia.

Algunos ganaderos necesitaban dos o tres jornadas de camino, por sendas a veces escabrosas, para llegar a la asamblea. La asistencia de delegados de todos los pueblos, ya es un primer indicio que muestra la pujanza de esta junta.

Otro indicativo de su poder nos lo ofrecen los censos ganaderos y los impuestos que recaudó. Para hacer frente a los gastos, los ganaderos acordaron contar todos los ganados de sus pueblos respectivos y cobrar una pecha a cada ganadero según las cabezas que poseyera. De este modo se elaboraron unos detallados censos ganaderos, que, sin lugar a dudas, son los mejores —si no los únicos— existentes durante este siglo en el Alto Aragón.

Además de procurar la confirmación del Real Privilegio antes citado, la "Junta" se ocupó de otros temas, entre los que tuvo importancia, sobre todo, el cuidado de las vías pecuarias. En este terreno destacó el acotamiento de todas las cabañeras. La tarea —para la que hubo que contar con gentes de los pueblos por las que pasaban las cabañeras— fue larga y muy costosa. La "Junta" ayudó y asesoró a los ganaderos que tenían problemas con el uso de sus cabañeras tradicionales por la oposición de los labradores —sobre todo grandes propietarios— que dificultaban el tránsito de los ganados.

Entre los variados asuntos que ocuparon a la "Junta" también merece señalarse el intento —citado en otro apartado— de impedir la entrada en tierras aragonesas de los rebaños trashumantes navarros y franceses.

Tuvo la "Junta" grandes dificultades para cobrar las pechas acordadas sobre los ganados y hasta parece que consumió tantos pleitos y tiempo en cobrar a los ganaderos morosos como en resolver su reivindicación fundamental —la confirmación del Real Privilegio— que fue por fin lograda.

La "Junta" pensó en algún momento en su incorporación a la Mesta castellana, pero el consejo desfavorable del abogado don Pedro Padilla (que se transcribe en estas páginas) impidió que prosperara la idea.

En el siglo XIX, conforme se iba derribando el viejo régimen y se sentaban las bases de un sistema liberal, la ganadería tradicional —y, sobre todo, la trashumante— veía multiplicarse cada día los motivos de enfrentamiento con el Estado.

Toda la legislación decimonónica trasluce una completa seguridad por parte de los legisladores en sus planteamientos sobre la necesidad de terminar con los sistemas ganaderos tradicionales —la trashumancia— y de implantar sistemas europeos estantes y modernos. Frente a la seguridad innovadora del Estado, podemos percibir en ciertos documentos del pasado siglo una actitud de resignado fatalismo en los ganaderos trashumantes: ante el convencimiento de su futura desaparición, parecen suplicar tan sólo suavidad en el final. Saben que no durarán mucho, pero mientras existan quieren mantener su dignidad. El ministro de Fomento,

Doc. 7. REIVINDICACIONES DE LOS GANADEROS PIRENAICOS EN EL SIGLO XVIII

"Que se pida y solicite ante los Señores de los Reales Consejos de Castilla y Real Audiencia de este Reino y ante quien convenga la prohibición para los extranjeros de entrar en las yerbas de Aragón en los tiempos de invierno.
Que los mayorales de cabañas en los tránsitos de subidas y bajadas así a herbajar como a ferias y otras partes no den más a la guardia que guiare la cabaña (que ha de ser uno solo) si no es 2 reales por día y sino se ocupa la guardia o todo el día se le dé a proporción del tiempo que se ocupare encargándose a dichos mayorales no permitan que los pastores hagan acción o estorsión mala alguna. Y si los guías o guardias excedieren, tomen testimonio o testigos de los excesos y den cuenta a los diputados abajo nombrados para que pidan justicia en donde convenga. Y así lo cumplan mayorales y pastores pena de 50 reales de plata por cada uno que dejase de cumplir lo resuelto en este capítulo".
(Tomado de los acuerdos de la "Junta General de Ganaderos de las Montañas" en su asamblea de 1745. A.C.V.B.)

cuando se dirige a la reina regente, en 1892, para pedir la reforma de la Asociación General de Ganaderos, dice: "Día quizá llegue en que algunas vías (pecuarias) sean innecesarias por la transformación en estante de la ganadería trashumante; pero no por eso debe atender el Gobierno con menos solicitud a conservarlas en la época actual" (Real Decreto de 6 de agosto de 1892).

El tono del Gobierno, en este decreto, es ya el de quien ha logrado la victoria y se compadece del vencido en la agonía. El acoso a la ganadería trashumante fue una constante a lo largo de todo el siglo XIX y su seguimiento —jalonado de reales decretos— es fácil de lograr en la "Gaceta" y en las circulares oficiales enviadas a los gobernadores civiles de las provincias españolas. El acotamiento de todas las fincas particulares —que impedía la entrada de cualquier ganado trashumante— marcaba, en 1813, el primer paso del acoso a la trashumancia: "Todas las dehesas, heredades y demás tierras de cualesquiera clase, pertenecientes a dominio particular, ya sean libres o vinculadas, se declaran desde ahora cerradas y acotadas perpetuamente" (Art. 1º, Ley de 8 de junio de 1813, restablecida por Real Decreto de 6 de septiembre de 1836).

Ante los ojos liberales, la ganadería trashumante aparece unida al viejo sistema que se quiere derribar. No hay documento liberal del primer tercio del siglo XIX sobre temas agrarios que no haga referencia a los ganaderos de la Mesta en términos parecidos a estos: "Es necesario alejar los errores de esta legislación administrativa y los odiosos privilegios de que disfrutan, tan opuestos a la agricultura y al derecho inviolable de propiedad". En 1835, la Mesta vio arrebatado su fuero y tuvo que someterse a la jurisdicción ordinaria por una Real Orden de 16 de febrero. En 1836 fue definitivamente suprimida. La Asociación General de Ganaderos, que sucedió a la Mesta, ya nació con el estigma de ser heredera de quienes "tan odiosos privilegios habían acumulado". Desde algunos años antes se venía culpando a la trashumancia de la baja calidad de la lana española: "Hoy, nuestras mejores lanas, producto de cabañas trashumantes, valen considerablemente menos que las sajonas, y que muchas de las de Inglaterra, Francia y otros países, obtenidas de ganados estantes" (Instrucción para los subdelegados de Fomento, de 30 de noviembre de 1833, art. 6º).

En ningún documento oficial aparece tan explícita la condena de la trashumancia como en el artículo 53 de la Instrucción aprobada y mandada observar por Real Orden de 26 de enero de 1850. Dice: "Lo mismo que con el ganado caballar ha sucedido con el lanar: Inglaterra y España eran los dos centros productores de lanas que surtían a la Europa: Inglaterra de lanas burdas y entrefinas; España de éstas y de las merinas que los árabes nos legaron, y de las que teníamos la producción exclusiva. Un error, acomodado al interés falso y pasajero de la ganadería, vino a pervertir este producto; el error fue el de la trashumancia del ganado. Por él se lastimó funestamente a la Agricultura, atacándose la propiedad y perdiéndose una cantidad inmensa de abonos para las tierras. Pero lo más lamentable es que las lanas degeneraron y perdieron de su finura. Otras naciones se aprovecharon de nuestro error, llevaron nuestros sementales, hicieron el ganado estante, le sometieron a un cuidado prolijo, cubrieron su lana con telas para evitar la influencia de la intemperie, y la finura de su vellón ha llegado a disputar a la seda su suavidad y tersura. Hoy tenemos que pagar a esas naciones el estambre de sus merinos a subido precio, si hemos de fabricar paños medianamente finos".

Tras quedar demostrados los perjuicios que la trashumancia

Doc. 8. ALGUNAS RAZONES CONTRA LA DESAMORTIZACION

"Y en cuanto al expediente sobre la exención de los montes de aprovechamiento procomunal, acordó la Junta, por unanimidad, que se consignaren por certificación los hechos y razones siguientes que la justifican:
1) Situado este valle al pie de las crestas más encumbradas del Pirineo, naturalmente han de ser muy escabrosos y estériles sus montes, ocupados en su mayor parte por las nieves los ocho meses del año y han de ser muy escasos y poco variados los productos de la agricultura que serían más insignificantes sin el auxilio de la ganadería que la fomenta y sostiene con el calor de sus fecundos estiércoles sin que por eso deje de ser sumamente costosa y cara la producción de los granos y la manutención de las gentes, imposibilitadas por las condiciones geográficas del país de ejercer las industrias que en otros suelen suplir a la agricultura y dar vida a sus moradores.
2) La privación que estos pueblos experimentasen en el uso gratuito de las yerbas y combustibles, sería un golpe mortal que previeron y quisieron precaver las Cortes al decretar la exención de la venta de los terrenos de aprovechamiento común en la ley de 1 de mayo de 1855.
3) Así es que los montes llamados Tirueno y Montes Bajos que desde lo más antiguo han sido y deben continuar siendo del aprovechamiento común de los vecinos de Aragüés y Jasa porque con su privación experimentarían estos el terrible desastre que se ha indicado, deben ser declarados por el Gobierno de S. M. libres o exentos de la desamortización dada por aquella ley".
(Tomado de la instancia dirigida por el Ayuntamiento de Aragüés a la Reina el 6 de julio de 1861. A. C. L.)

acarrea, el artículo 54 de la Instrucción citada anima a los gobernadores a estimular la modernización ganadera y parece lamentar las dificultades que se presentan para acabar de un plumazo con la trashumancia. "Mientras subsista la legislación vigente hay que respetar los derechos concedidos en favor de los ganados trashumantes, pero como a la innovación legal debe preceder el cambio en la manera de producir, menester es que la autoridad haga comprender la ventaja de los métodos alemanes, inclinar a los ganaderos a su adopción, estimular a ella por todos los medios posibles. No escaseen los gobernadores la oferta de premios, pues el Gobierno resuelto está a darlos, y toda la protección racional que sea necesaria para llegar a este fin. Háganse también comprender a los ganaderos las ventajas de los moruecos ingleses sobre los nuestros para que se procuren sementales, por ser sabido que exceden a éstos en media arroba de lana por vellón".

Los argumentos gubernamentales no parecen carecer de principios sólidos y se basan, tanto en el deseo de modernizar nuestra cabaña ganadera con la incorporación de los métodos de crianza y las razas alemanas e inglesas, como en la repulsa que inspiraba el recuerdo de los "odiosos privilegios mesteños". Pero —desgraciadamente— los ganaderos no parecen aceptar los modernos sistemas pecuarios que sus gobernantes estiman necesarios. No se mejoran las razas, ni se traen moruecos alemanes, ni se crea una numerosa cabaña estante. La trashumancia sigue, pero sigue acosada, vilipendiada. Ya no tiene los antiguos privilegios, ni la asociación que los representaba; parece incapaz de transformarse, de modernizarse. Los agricultores, que han visto morir a la todopoderosa Mesta y se sienten apoyados por los gobiernos, invaden las vías pecuarias, labran los descansaderos y desvían los cauces de los abrevaderos.

La Asociación General de Ganaderos del Reino, en la exposición que precede al Real Decreto de 28 de febrero de 1877, ya no pide ningún privilegio para los ganaderos, sólo que los dejen subsistir, que no los discriminen. Decían: "Día llegará en que no serán necesarias las vías pecuarias", pero mientras tanto habrá que seguirlas protegiendo.

Hay conciencia de que los ganaderos están vencidos, de que la secular pugna entre pastores y labradores se ha resuelto a favor de estos últimos. Dice una circular de 28 de junio de 1859: "La agricultura y las ganaderías son hermanas que se necesitan mutuamente, y no pueden prosperar ni vivir aisladas". Leyes y costumbres habían hecho a la primera esclava de exorbitantes privilegios concedidos a la segunda. Su emancipación se halla consignada principalmente en el decreto de las Cortes de 8 de junio de 1813, restablecido en 6 de septiembre de 1836, en las Reales Ordenes de 17 de mayo de 1838; 8 de enero de 1841; 9 de junio de 1848 y 15 de noviembre de 1853.

Cuanto se lleva dicho sobre la decadencia de la ganadería trashumante en el siglo XIX y la aversión que suscitaba el solo recuerdo de los privilegios de los ganaderos entre buena parte del país, incluidos sus gobiernos, no refleja —ni pretende hacerlo— la situación que se vivía en el Alto Aragón durante el siglo XIX en torno al tema ganadero.

No había existido en los Pirineos ninguna asociación de ganaderos comparable al "Honrado Concejo de la Mesta" castellano. No gozaron jamás los ganaderos de estas montañas de privilegios comparables a los mesteños, ni se pudieron aquí sentir los labradores tan maltratados por los excesos pastoriles como en las provincias de la antigua Corona de Castilla. Enfrentamientos entre

Doc. 9. EL GANADO TRASHUMANTE ALTOARAGONES EN EL SIGLO XVIII

"Estado general de los ganados que los señores Deputados según los testimonios que han presentado resulta a ver contado en sus respectivos partidos por el junio del año pasado de 1755 en consecuencia de las resoluciones tomadas por esta junta:
Partido de D. Pedro de Viu
Por la valle de Broto: 28.500 cabezas
Por el Sobrepuerto: 2.781 cabezas
Partido de D. Antonio de López
Por su valle de Tena: 24.000 cabezas
Partido de D. Carlos Borruel
Por la valle de Vio: 20.846 cabezas
Por la valle de Solana: 7.000 cabezas
Partido de D. Baltasar Olivan
Por Sobremonte y agregados: 5.150 cabezas
Partido de D. Lorenzo Ipiens
Por... y sus agregados: 8.100 cabezas
Partido de D. Juan Calvo
Por Barcipollera, Aísa y agr.: 9.887 cabezas
Partido de D. Joseph Azcón
Por Yebra y agregados: 4.116 cabezas
Por las riberas: 12.788 cabezas
Partido de D. Pablo Otal
Por Bolea y sus agregados: 20.060 cabezas
Partido de D. Juan Pérez
Por Ansó y sus agr.: 32.868 cabezas
Partido de D. Francisco Aznarez
Por Almudevar y sus agr.: 15.508 cabezas
Partido de D. Francisco La Bal
Por su Campo de Jaca: 16.604 cabezas
Partido de D. Miguel Visús
Por Bernuy y agr.: 11.560 cabezas
Partido de D. Francisco Allue
Por su ribera de Fiscal: 7.875 cabezas
Partido de D. Joseph Puente
Por Jundazo y sus agr.: 14.425 cabezas
Partido de D. Francisco Lasierra
Por su partido de Tamarite: 20.189 cabezas
Por otros sus agr.: 14.362 cabezas
Partido de D. Juan Escartín
Por su valle de Serrablo y agr.: 14.468 cabezas
Partido de D. Joseph Belillas
Por todos sus lugares: 11.001 cabezas
Partidos de D. Raimundo Lacambra: 39.744 cabezas
Total: 331.832 cabezas".
(Tomado de la documentación de la "Junta General de Ganaderos de las Montañas". A. C. V. B.)

ganaderos y labradores los hubo —como se ha visto ya—, pero parece que nunca se resolvieron con tan graves humillaciones para los labradores como las que tuvieron que soportar secularmente en Castilla quienes vivían de la agricultura. La trashumancia en el Aragón septentrional no contó sino ocasionalmente con una asociación que representara sus intereses y que simbolizara sus privilegios y tampoco contó con privilegios extraordinarios. No tuvo un ascenso brillante como la castellana, pero su decadencia tampoco estuvo acompañada de las características de pasión política y celeridad en el desmantelamiento de sus estructuras que rodearon a la caída de la Mesta. De hecho, en la actualidad, la trashumancia todavía se mantiene viva en el Alto Aragón, mientras que en Castilla es ya historia.

Las relaciones entre los ganaderos altoaragoneses y el Estado, durante el siglo XIX, no eran las que caracterizan el enfrentamiento, pero tampoco eran cordiales. No disolvieron ninguna asociación de ganaderos porque no existían y no abolieron "odiosos privilegios" porque no los tenían. Pero se comprenderá que entre los ganaderos de la provincia de Huesca y quienes representaban en esta provincia a los gobiernos que decían de la trashumancia todo lo que aquí se ha transcrito, no podía haber cordialidad.

La ruptura manifiesta, los enfrentamientos, llegaron por la desamortización y por otras medidas posteriores. El tema de la desamortización precisa todavía —para Aragón— de un estudio serio que cuantifique su incidencia, analice sus resultados, dé a conocer las reacciones que suscitó y ofrezca una valoración global.

En los valles pirenaicos la documentación más abundante en torno a la desamortización es la que hace referencia a las "dehesas boyales". Con este nombre se conocían los terrenos en los que pastaban los animales de labor de cada pueblo. Estas dehesas boyales quedaban exentas de la venta de bienes decretada por la Ley de 1 de mayo de 1855. Pero para la declaración de la dehesa boyal como tal, era necesario iniciar un expediente. En general, la tramitación de estos expedientes en los pueblos de los Pirineos aragoneses fue tardía. La mayoría se iniciaron a partir de 1860 y tardaron en resolverse —cuando se resolvieron— varios años. Aparte de su tardanza, la resolución de estos expedientes fue conflictiva en algunos pueblos porque no prosperaron las propuestas de los vecinos y —a veces— fueron declaradas dehesas boyales zonas que por su altura, escasa superficie, pendiente o aridez no parecían las más adecuadas.

De forma contradictoria con lo que a veces suele entenderse por régimen político liberal, conforme se fue afianzando el liberalismo político en España, la presencia del Estado en las cuestiones pastoriles pirenaicas fue aumentando. Los ganaderos, que secularmente —por lo menos desde que obtuvieron en la Edad Media el uso gratuito y libre de sus puertos— gobernaban el dominio de sus pastos de montaña, se unieron para defenderse frente al Estado que pretendía dominar lo que tradicionalmente regían ellos. Muchas batallas emprendieron para oponerse a la penetración del Estado en sus asuntos. Algunas ganaron, bastantes perdieron, pero el balance final ofrece una clara victoria del Estado.

En 1859, el gobernador civil de Huesca publica en el "Boletín de la Provincia" (20 de septiembre, número 755) una normativa por la que los pastos han de salir a subasta cada año, una vez tasado su valor por peritos. Rápidamente se movilizan los ganaderos, que defienden la ilegalidad de la norma y proponen su abolición. Se basan en que:

1. Se debe diferenciar entre yerbas *precisas y sobrantes.*

Doc. 10. GANADEROS TRASHUMANTES CONTRA NOBLES

"In Dei Nomine Amen sea a todos manifiesto que en el año contado de nacimiento de Nuestro Señor Jesucristo de 1.656 día es a saber que contaba a 5 del mes de octubre en el monte y término del lugar de Somanés ante la presencia de Juan de Salinas guarda que dijo ser de dicho monte y término y de Miguel de Larraz residente en dicho lugar de Somanés y al presente hallados en dicho monte y término, presentes yo Tomas de Vidos notario y los testigos infrascriptos, parecieron y fueron personalmente constituido Juan Borau mayoral vecino de la villa de Aragüés del Puerto el cual en nombre y como procurador legítimo que es de los justicias jurado concejo y universidad y Junta General y Pliega de Val de la villa y valle de Aragüés del Puerto y lugar de Jasa, dijo a dichos Juan de Salinas y Miguel de Larraz que ante todas las cosas les hacía como les hizo ocular ostensión de su original poder para hacer... etc. Y que en nombre de los dichos sus principales decían que con un rebaño de ganado menudo de lana que a la hora presente pasaba por dichos montes y término aquel bajaba herbajando de los montes y puertos de dicha villa y valle de Aragüés del Puerto por lo cual aquel era franco y libre y no debía de pagar costa alguna de paso de dicho monte según los privilegios que dichas villas y valle tenían para ello y que para verificación de lo sobredicho les presentaba como de hecho les presentó una original firma casual emanada de la Corte del A. Señor Justicia de Aragón firmada sellada referendada y en la forma despachada el tenor de la cual es el que sigue (sigue el documento en latín con el privilegio de paso del ganado de Aragüés. Después viene, en castellano, la exposición de los viejos derechos y privilegios de D. Jusepe Lasala, Señor del lugar de Somanés que pretende cobrar por el paso del ganado. Nombrado un tribunal para decidir sobre el caso, apoya las pretensiones de los de Aragüés).

"... Y condenaron al dicho D. Jusepe Lasala señor de Somanés y sus sucesores señores y poseedores que serán de la dicha pardina a que por entonces y en todo tiempo fuesen tenidos y obligados haber de dar paso por dicha pardina de Somanés en la cual declararon hay camino de cabañas para todos los vecinos y habitadores de la dicha villa y valle de Aragüés del Puerto y asimismo para todos los herbajantes y ganados gruesos y menudos que suben herbajados a las dichas villas y valle de sus términos y puertos sin que de subida y de bajada no pudiese dicho D. Jusepe de la Sala ni los suyos en dicha pardina sucesores pedir exigir ni llevar ni sean tenidos ni obligados los ganaderos y mayorales de dichos ganados así gruesos como menudos dar ni pagar cosa alguna en razón de Carneraje, Pasaje, ni Meseguerage, ni por otra causa derecho ni acción alguna antes bien que el dicho paso hubiese de ser y fuese libre y expedito...".

(A. C. L.)

Precisas son las que, con arreglo a la costumbre, piden los vecinos por el precio de tasación pericial, para el acomodamiento de sus rebaños. *Sobrantes* son las que por no necesitarlas los vecinos, se han sacado siempre a pública licitación, sin distinción de vecinos y forasteros. (Esta diferencia se funda en una Real Orden de 3 de abril de 1848, expedida con motivo de la solicitud promovida por el Ayuntamiento de Lobón, Badajoz.)

2. Si no se hiciera esta diferencia, podían subir los precios de forma abusiva y quedarse los vecinos sin pastos.

3. El aumento de poder monetario de las arcas municipales no es razón suficiente, porque nada podrían hacer los Ayuntamientos si se arruinaran los ganaderos.

La movilización fue enorme: se redactó una instancia para el gobernador civil, que firmaron los ganaderos de Canfranc, Villanúa, Aisa, Borau, Aragüés, Hecho y Ansó.

Se envió una exposición a la reina —en el mismo sentido— firmada por los ganaderos de los pueblos citados y los de Acumuer, en la que se señala que el gobernador ha ignorado los alegatos de los ganaderos y "los títulos sagrados en los que fundan su pretensión los recurrentes". "Error lamentable, Señora, es este que desconsuela y perjudica a los exponentes, por más que lo haya sugerido el celo más puro y más ardiente".

El Gobierno rebocó en 26 de mayo de 1861 las normas dictadas por el gobernador civil de la provincia. Se haría distinción entre yerbas precisas y sobrantes. Los ganaderos había ganado.

Desde esta fecha hasta finales de siglo los conflictos fueron más frecuentes, casi siempre con un mismo perdedor: los ganaderos.

El artículo 6º de la Ley de 11 de julio de 1877 imponía una contribución del 10 % de los productos de todos los aprovechamientos de los montes, aunque los vecinos tuvieran derecho a utilizarlos libremente. Los ganaderos de todos los valles se opusieron. Hicieron recursos, se reunieron, consultaron abogados, protestaron... De poco les sirvió todo, porque la ley se aplicó y aun hubo abogado que felicitó a los ganaderos porque, aunque les cobraron el 10 %, no se discutía el derecho de los usuarios tradicionales.

Perdida la batalla del 10 %, se comenzó otra contra los "planes forestales" que se realizaban cada año y en los que se fijaban —municipio por municipio— los aprovechamientos de pastos y leñas. Casi todos los años recurrirían contra el "plan forestal" muchos municipios. Todos los pueblos protestaban porque el plan conculcaba los aprovechamientos tradicionales de pastos y leñas. Estaban contra las subastas. Querían que en cada partida entraran las cabezas de ganado propuestas por cada pueblo y no las señaladas por el ingeniero. Exigían la desaparición de las "desorbitadas y fabulosas tasas" fijadas oficialmente y reclamaban la participación de peritos locales en la fijación de las tasas. Tampoco aquí sirvieron de mucho las protestas. Las "nuevas formalidades", cuya anulación se pedía, continuaron vigentes. Los "planes forestales" siguieron ordenando los aprovechamientos y las tasas continuaron marcadas por los funcionarios del Estado.

Entre los pastores qe desde la Edad Media conducían sus rebaños por los Pirineos sin más vínculo con el Estado que un viejo pergamino con el sello del Conquistador Rey Jaime en el que se les decía "tengáis, gocéis y paseéis, a vuestro completo beneplácito, de suerte que nadie se atreva a prohibir ni impedir ni a vosotros ni a vuestros ganados los citados términos"; entre estos pastores y los que al comenzar el siglo XX debían estar atentos a la tasación realizada por un ingeniero sobre sus pastos, pagar el 10 %,

Doc. 11. CONCORDIA DE 1604 ENTRE ANSÓ Y HECHO

"... *Es primeramente condición entre las dichas partes que la partida, si quiere término dicho el Lapazar de Azaimalo si quiere del puerto de Soasqui contencioso entre dichas partes sea común entre ellas como el otro puerto de Soasqui lo es si quiere sea parte y porción de otro puerto de Soasqui a saber, es de los mojones que dividen los términos de dichas partes hasta la loma de Aguatuerta y que la loma abaxo al Achar de Aguatuerta. Ytem es condición que de aquí adelante en cada un año perpetuamente las dichas partes y sus herbajantes puedan entrar a gozar y pacer en dicho puerto de Soasqui el primero día del mes de junio, no obstante cualquier otra cosa, y prohibición y que en contrario de esto hecha hasta el presente día de hoy, y que cada una de dichas partes, si quiere sus vecinos y habitadores y herbajantes que antes de dicho día y término entraren a pacer y a gozar en dicho puerto de Soasqui y partidas en él inclusas incurra en pena a saber es que cada rebaño de ganado menudo una res así de día como de noche y que cada cabeza de ganado grueso dos sueldos jaqueses así de día como de noche, y que la guarda que las dichas prendas hiciere no pueda tomar ni llevar que dichas prendas ganado grueso ni menudo, ni otra cosa alguna, antes bien sea obligado de fiar aquellas al pastor, o rabadán, o otra persona que estuvieren en custodia y guardia de dichos ganados, la cual persona, pastor o rabadán de quien se fiare dichas prendas sea tenido y obligado dentro tiempo de diez días contínuos inmediatos siguientes del día que la tal prenda se hiciere, acudir a pagar a la dicha guarda la otra pena... Ytem es condición que siempre y cuando los ganados gruesos y menudos de los de dicha valle de Hecho y San Pedro de Ciresa, y sus herbajantes pasaren el dicho río de Laxirito y pacieren a la parte del Sabucar que los de dicha valle de Ansó, ni sus guardas no les puedan prender de las dos cruces viejas que están en la cantera del Sabucar junto al río por la cantera a las tres cruces del Generalsobre dichas. Ytem dichas partes reconocen y confiesan que el término y partida del Sabucar es término propio de la dicha villa de Ansó y que no es parte ni porción del Puerto de Soasqui sobredicho. Ytem es condición que las dichas partes y cada una de ellas sea tenida y obligada como por tenor de la presente se obligare a dar paso cada parte en sus términos para los ganados propios de la otra parte y sus herbajantes, e contra respective por la parte y lugar que con más comodidad y a menos daño se pudiese siempre que fuese menester, por lo cual dicho paso se halla de pagar a 20 sueldos jaqueses por millar del ganado menudo fuera corderos y a 2 reales por día a la guía que les guiare y acompañare y que no se puedan enviar más de una guía por millar y el ganado grueso porque al respeto de 10 cabezas de ganado grueso por ciento de menudo. Ytem es condición que los bueyes y bestias de labor de dichas partes puedan pacer en todos los términos de ellas respectivamente... etc., etc.*"

(Archivo Municipal de Ansó. Tomado de Jorge Puyó, "Ansó, sus montes y su ganadería", Ansó, 1944).

respetar la carga ganadera señalada para cada monte y seguir numerosas formalidades para moverse con sus ganados y aprovechar los pastos, hay una larga distancia. Toda esta distancia se había recorrido en el siglo XIX. Esta distancia, este profundo cambio, no señala la diferencia entre una sociedad pastoril libre de toda normativa y otra encorsetada por un marco normativo estrecho. No cambia la estrechez de las normas, sino el origen de las mismas: local hasta mediados del siglo XIX, estatal después.

Quien conozca las estrictísimas normas que regían la vida pastoril en el puerto de Góriz (valles de Vio y Solana) desde tiempo inmemorial, es seguro que no podrá imaginar jamás un control tan severo por parte de Estado alguno. Cada valle había generado una normativa pastoril propia, rígida y adecuada a sus problemas. Lo que molestó a los pastores pirenaicos en el siglo XIX no fue que alguien tratara de regular los aprovechamientos de los montes, sino que la regulación se hiciera olvidando sus antiguos usos y uniformando situaciones, valles, pastos y problemas muy diversos.

CONCORDIAS

Los enfrentamientos entre pueblos o valles vecinos por cuestiones de pastos han resultado muy frecuentes a lo largo de la historia. La variedad de los conflictos era grande. A veces se trataba de un puerto que se utilizaba en común por parte de dos valles y sobre el que se discutía porque los ganaderos de un valle entraban antes que los del otro, o porque entraban más ganados de uno que de otro valle, o porque unos pastores maltrataban a otros.

Otras veces se trataba de disputas sobre los límites de los pastos de un pueblo y otro pueblo, o los de dos valles contiguos. En ocasiones, el problema venía por la propiedad de algún puerto y, a veces, se discutía porque los pastores de un valle creían que los del valle vecino no cumplían los viejos acuerdos pactados entre ambos valles.

En todos estos casos, se intentaba buscar una solución pacífica que dejara contentas a ambas partes y sentara las bases para regular en el futuro las relaciones conflictivas. En algunos casos, para resolver las diferencias se reunían los representantes de las dos partes y llegaban a un acuerdo o concordia que se escribía, se firmaba y se certificaba por parte de un notario presente en la reunión para dar fe de lo que allí se acordaba. En la concordia se especificaban cuantos puntos fueran necesarios para aclarar las pacíficas relaciones futuras en lo concerniente al objeto del conflicto. Los representantes de los valles o de los pueblos se comprometían a cumplir lo firmado y para garantizar el general cumplimiento de la concordia se fijaban las formas de vigilancia y control de la misma y las sanciones que habrían de recaer sobre los infractores.

Solía suceder que los representantes de las dos partes en conflicto no lograban ponerse de acuerdo y debían recurrir a un árbitro que decidiera sobre el problema planteado. Cada parte presentaba verbalmente y por escrito sus reclamaciones, así como los viejos documentos que probaban sus argumentos. El árbitro elegido buscaba información, requería para testificar a ganaderos y pastores, recorría los pastos disputados y, por fin, dictaba su sentencia arbitral que ambas partes se comprometían a aceptar (en estas mismas páginas se transcriben una concordia y el trasunto de una sentencia arbitral).

Todos los valles pirenaicos firmaron concordias y aceptaron sentencias arbitrales para resolver sus pleitos pastoriles. En los archivos comunales que se conservan se guardan numerosos documentos de este tipo.

El valle de Ansó resolvió sus problemas pastoriles con el de Hecho sobre el monte Guarrinza y otras partidas mediante una sentencia arbitral dada en 1600 por el Duque de Alburquerque —capitán general de Aragón— y don Ramón Cerdán de Escatrón. Esta sentencia arbitral fue confirmada por una escritura de capitulación y concordia que ambos valles firmaron posteriormente (en estas páginas se transcribe parte de dicha concordia).

El valle de Aragüés resolvió con una concordia sus diferencias con el de Hecho y lo mismo hicieron los valles de Tena y Broto para arreglar sus diferencias sobre el monte Servillonar. Tal vez este último caso, por estar bien documentado para una época concreta —cuando fue conflictivo— nos sirva para explicar cómo no siempre una concordia firmada zanjaba definitivamente un problema. Con frecuencia quedaban cabos sueltos o mal atados; límites poco determinados, fechas no marcadas, etc., que terminaban por enrarecer de nuevo las relaciones.

El valle de Broto y los Quiñones de Panticosa del valle de Tena firmaron una escritura de concordia sobre "el regimen y buen gobierno que deben tener en la montaña de Servillonar" con fecha 19 de agosto de 1534, cuando se reunieron para este fin los representantes de ambos valles en el Cubilar de Tendeñera. Funcionó la concordia como instrumento organizador de dicha montaña durante muchos años, pero dos siglos después, los conflictos abundaban de nuevo. Al comenzar el siglo XVIII se vio la necesidad de pactar una nueva y más detallada concordia. De este modo, en 1732, se reunieron los representantes de ambos valles y con ellos —como moderador— el alcalde de Jaca, para redactar una nueva concordia. Se firmó una con 15 capítulos en los que se detallaba el régimen de explotación de la montaña de Servillonar. Se fijaban las fechas de entrada de los rebaños, se establecían las sanciones con acuerdo al número de ovejas que incumplieran lo pactado, se establecía cuántas ovejas del rebaño infractor se podían degollar y en qué plazos y se decía cuántos hombres de cada valle se encargarían de la vigilancia.

Después de firmada esta concordia —y en el mismo año— tuvieron que firmar otra contemplando muchos detalles no citados en la anterior, como los lugares por los que debe transitar el ganado, lo que deben pagar los de Tena a los de Broto, los avisos que deben darse, el ganado que debe entrar y otras muchas advertencias.

También en el mismo año tuvieron que hacer una "Escritura de Alindamiento del transito y traviesa" del puerto citado.

Doce años más tarde, en 1744, se volvieron a reunir de nuevo los representantes de ambos valles para pactar nuevos acuerdos que debían añadirse a los que figuraban en la concordia de 1732.

Mucho más complejas en su cumplimiento y seguimiento fueron las concordias firmadas por el valle de Broto y sus vecinos franceses del valle de Baréges, de las que se habla en otro apartado de este capítulo.

El valle de Broto también firmó concordias con Bergua y otros lugares del Sobrepuerto y con el valle de Vio. De este último valle destacan sus numerosas concordias, capitulaciones, acuerdos y estatutos con el valle de Solana en torno al puerto de Góriz que ambos valles poseen de forma indivisa. Tal vez este puerto, de 5.000 hectáreas, que se extiende entre los cañones de Ordesa y

Mayoral y aprendiz representaban los dos extremos de la jerarquía pastoril. El niño debía estar siempre atento a las órdenes del mayoral (Archivo Compairé).

Añisclo, haya debido soportar durante siglos un pastoreo excesivo y esta carga ganadera sólo ha sido posible mediante una reglamentación exhaustiva y minuciosa hasta unos extremos difíciles de imaginar. Aquí, los tiempos no se regulaban sólo en días, sino en horas. Los viejos reglamentos de este puerto, si no se conocieran los gravísimos problemas de sobrecarga y miseria ganadera que los impulsaron, se podían considerar la obra de una mentalidad a medio camino entre lo bizantino, lo saduceo y lo ecologista. Pero, dejando aparte los exhaustivos reglamentos de uso, hay que señalar que las relaciones pastoriles entre los valles de Vio y Solana se regían por numerosos documentos. Los últimos de los cuales parecen ser el Estatuto de una mancomunidad Fanlo-Burgasé (cabeceras de los municipios de ambos valles) que se firmó en 1928 y los "Acuerdos sobre participación de Vio y Solana en el puerto", firmados en 1929. Antes hubo una "Carta Parcional" en 1648, una "Capitulación y concordia entre Vio y Solana para el regimiento y gobierno del puerto de Goriz" en 1721 y una sentencia ejecutoria del puerto de Goriz" en 1752, aparte de otra

Doc. 12. PROBLEMAS EN LAS CABAÑERAS

"... hemos meditado sobre los particulares sucesos que han pasado al bajar las cabañas este otoño a la tierra baja, reconociendo que el tropiezo mayor que han de padecer al tránsito consistía, según la experiencia, en no hallarse acotados los caminos cabañales buscando algunos pueblos los aparentes pretextos de negar que los haya por sus montes o términos, queriendo deputar por traviesas los caminos necesarios para el tránsito, y con esto arbitran sus acostumbradas exacciones: nos ha parecido conveniente y aún necesario que V. solicite de la benignidad y favor que habemos experimentado del Señor Regente saber si tendría por oportuno pidir al Real Acuerdo que el acotamiento de los tales caminos cabañales se practicase por un Señor Ministro, pues aunque la diligencia sea costosa y nuestras fuerzas bastante débiles por las inclemencias de los tiempos, aplicaremos todas las posibles porque se lograse esta diligencia a lo menos en el cordón de donde empieza la tierra llana hasta la entrada de los montes acostumbrados a bajar los ganados de estas montañas. Pues aunque se haya encargado a los correxidores esta execución nunca puede tener tan asegurado efecto como prácticándose por la autoridad respetuosa de un Señor Ministro, ni tampoco se ofrecerían las dificultades que han de tener los correxidores porque tienen mucha aderencia con los rexidores de quienes tal vez son las mismas heredades que estrechan más los caminos cabañales..."
(Tomado de una carta de los ganaderos de Yebra a la Junta General de Ganaderos de las Montañas en diciembre de 1745. A. C. V. B.)

abundante documentación que hemos visto citada en estos documentos, pero que no hemos podido consultar.

Los valles de Vio y Solana también tienen una concordia con el pueblo de Torla sobre los pastos de Soaso. Se renovó este acuerdo por última vez en 1907 y en los pactos firmados se fijan las ovejas que pueden entrar de cada parte, la fecha de entrada, el número de cabras de leche que se autorizan para alimento de los pastores, así como las obligaciones de éstos. También se señala a quién corresponde cada año ejercer la autoridad entre los pastores que se encuentran en Soaso.

No se pretende ser exhaustivo en esta relación de acuerdos y concordias pastoriles entre los valles pirenaicos, sino —simplemente— citar algunos casos que nos permitan ilustrar la importancia de las concordias como fundamento normativo escrito de las relaciones entre valles pirenaicos por lo que atañe al mundo pastoril y señalar el carácter caduco de estas concordias que con frecuencia han precisado de numerosos retoques y aun de cambios globales. En la actualidad, algunas concordias siguen vigentes, otras están olvidadas y muchas no tienen ya sentido porque hacen referencia a valles —como el de Solana— o a pueblos —como Bergua— que están completamente deshabitados.

VIAS PECUARIAS

En el Alto Aragón las vías pecuarias empleadas en la trashumancia reciben el nombre de cabañeras. La reglamentación castellana —promovida por la Mesta— que dividía las vías pecuarias en cañadas, cordeles y veredas, según su importancia, y regulaba la andadura de estas vías además de otros muchos aspectos como los relacionados con abrevaderos y descansaderos, no parece que tuviera paralelismo en el Alto Aragón hasta que suprimida la Mesta —en el siglo XIX— se creó a nivel nacional la Asociación de Ganaderos del Reino y extendió por todo su ámbito de acción (el Estado español) el vocabulario —y hasta algo del marco normativo— de la antigua Mesta. De todas formas, la vieja documentación pastoril consultada en el Alto Aragón, para nada hace referencia a cañadas, cordeles o veredas y sí habla —únicamente— de cabañeras, independientemente de la importancia o tránsito pecuario que recibiera el referido camino.

En otro capítulo se habla de los itinerarios seguidos por las distintas cabañeras que desde los Pirineos aragoneses conducían hasta el valle del Ebro. Aquí se tratará sólo de los conflictos que solían originarse en las cabañeras.

La "Junta General de Ganaderos de las Montañas" resume en los asuntos tratados por sus asambleas en la segunda mitad del siglo XVIII los problemas que siempre han tenido los pastores trashumantes en sus desplazamientos estacionales por las vías pecuarias tradicionales. Estos problemas pueden agruparse en dos grandes bloques: uno, la invasión de las cabañeras por parte de los labradores que tendían a ir, año tras año, ocupando con sus roturaciones las vías pecuarias. Dos, la actitud de quienes —concejos y grandes propietarios— querían sacar beneficios del paso de los ganados trashumantes por sus territorios cobrando algún impuesto por cada oveja que pasara.

La destrucción de las vías pecuarias bajo la reja del aladro, es un aspecto más del secular enfrentamiento entre labradores y ganaderos. No disponían, hasta el siglo XIX, los ganaderos aragoneses de una normativa tan severa y de una vigilancia tan estricta sobre su cumplimiento como tenían los castellanos bajo el amparo de la

Mesta. No obstante, existían leyes que defendían las cabañeras frente a los intentos de los labradores de convertirlas en suelo agrícola. En el siglo XVIII la situación debió llegar a extremos preocupantes para los ganaderos, porque durante la segunda mitad de este siglo, las distintas asambleas de la "Junta General de Ganaderos de las Montañas" que se celebraron, insistieron siempre en la necesidad de acotar las cabañeras. En la acotación estaban interesados no sólo los ganaderos, sino también los labradores de la tierra llana que protestaban porque, en sus traslados, los ganados trashumantes invadían los cultivos. La acotación fue una tarea laboriosa, pero el hecho de que se llevara a cabo a pesar del enorme costo material y de tiempo que supuso, indica la importancia que el tema presentaba. Debe tenerse en cuenta que estos trabajos de acotación, así como las posteriores visitas periódicas realizadas por los síndicos encargados de la vigilancia de las cabañeras, se financiaron mediante contribuciones especiales cargadas a todos los ganaderos altoaragoneses en relación con el número de cabezas que poseyeran.

De todas formas, ni este acotamiento ni toda la normativa posterior han evitado los problemas en las cabañeras entre los labradores de los pueblos por los que atraviesan y los ganaderos que por ellas conducen sus ganados. Jorge Puyó, escritor y ganadero —pastor de Ansó, que ha puesto durante casi todo el siglo su pluma al servicio de los intereses ganaderos, no ha dejado de clamar contra "la reja arbitraria del labrador" que invadía las cabañeras. Junto a esta protesta frente a los labradores que "carcomían" las vías pecuarias, la exigencia del cumplimiento de las disposiciones legales vigentes sobre las vías pecuarias, es otra constante en las publicaciones de Puyó.

En 1926 se suscitó un problema entre los de Ansó y los de Huértalo porque los de este último pueblo querían impedir el paso de los ganaderos ansotanos por un camino que los de Ansó aseguraban ser cabañera. Llegó el pleito al Ministerio de Fomento y falló a favor de los ansotanos. Da noticia Puyó de este conflicto en un escrito de 1928 (9). Desde esta fecha Puyó se ha ocupado insistentemente de las vías pecuarias. Un decreto de 23 de diciembre de 1944 que parecía querer ordenar este viejo problema, anima un poco al ganadero ansotano, pero pronto tendrá que clamar contra el incumplimiento del mismo. Las vías pecuarias siguen carcomidas, desviadas y cortadas: "Lo hemos dicho en más de una ocasión y no nos cansaremos de repetirlo, aunque nos llamen machaca. Las vías pecuarias en esta provincia están sobradamente deshechas y absolutamente abandonadas a la indiferencia de las autoridades rurales. Desde el Pirineo al llano, las tenemos interrumpidas, cortadas y desviadas, con detrimento de los intereses ganaderos" (10). "No hay uno, tan solamente uno (tramo de cabañera), que se halle respetado. Unos se hallan carcomidos por la reja arbitraria del labrador vecino; otros obstruidos por la repoblación forestal; de cortados, quedando en punto muerto, podemos también hablar" (11).

Modernamente, muchas carreteras se han construido siguiendo en algunos tramos el trazado de las antiguas cabañeras, y aunque en ellas la preferencia de paso de los ganados está contemplada en la legislación, en la realidad, el tránsito ganadero por las carreteras es una fuente incesante de conflictos, accidentes, multas y riñas con conductores y representantes de las autoridades.

Todo este círculo de problemas hacían exclamar a Jorge Puyó, hace veinte años, que los 200 kilómetros que separan los puertos veraniegos de los pastos de invernada se convertían en un tormento para los pastores.

Lo que cuentan los pastores, lo que Puyó escribe y las noticias que nos aportan los documentos viejos, sirven para abonar una idea: las vías pecuarias han sido siempre una fuente inagotable de problemas y todo parece indicar que seguirán siendo conflictivas mientras exista la ganadería trashumante, es decir, mientras existan también las vías pecuarias.

Había otro grupo importante de problemas: los que surgían en torno a los pagos por el paso del ganado en los viajes trashumantes.

En la Edad Media existían diversos tipos de impuesto con los cuales eran gravados los ganaderos por los señores de los territorios que atravesaban. Entre estos impuestos, el llamado de "carneraje" era el más extendido e importante. La decadencia del poder nobiliario frente a la autoridad real desde la segunda mitad del siglo XV y, sobre todo, a lo largo del siglo XVI fue terminando con estos impuestos. La desaparición de los mismos no debió estar exenta de luchas y conflictos, como ocurre siempre que un grupo social ve amenazados sus privilegios históricos.

En el valle de Bielsa cuentan una leyenda cuyo origen puede relacionarse con lo que venimos diciendo. Narra la leyenda que en tiempos remotos los pastores franceses que entraban en España con sus ovejas debían cruzar el río Cinca por un puente situado aguas abajo de Bielsa. En este puente se colocaba un gigante llamado Juan Ralla que exigía a los pastores franceses unos dineros para que pudieran atravesar el puente con sus ovejas. Si alguno se negaba a pagar, sus ovejas no podían continuar el camino hacia los pastos de invernada. Estaban indignados los pastores y no sabían cómo terminar con el oneroso pago. Cierto año, que conducía el rebaño un pequeño pastor, se situó Juan Ralla en medio del puente para cobrar su impuesto y cuando el pastorcillo llegó a él, en lugar de pagarle, le dio un fuerte empujón y le arrojó al río, muriendo de este modo el arbitrario Ralla.

¿Existió Ralla? ¿Se esconde bajo este nombre la figura de un noble, la de un salteador de caminos o la de algún prehistórico personaje mítico? No creo que nadie tenga respuesta a estas preguntas, pero la historia de Juan Ralla encaja perfectamente en lo que eran las relaciones entre los nobles que poseían señoríos en el Alto Aragón y los pastores trashumantes que transitaban por estos señoríos.

La citada leyenda nos pone también en contacto con otro pago que debían efectuar los pastores: los derechos de pontazgo, para atravesar los puentes. En otro capítulo de este libro se señalan los beneficios que los del lugar de Tella obtenían de los ganaderos franceses por el paso de sus ovejas por el puente sobre el río Yaga. En el Archivo de la Casa del Valle, en Broto, hay alguna documentación sobre el puente que, por Boltaña, atravesaba el río Ara. Este puente era fundamental para el tránsito de los ganados del valle de Broto hacia sus lugares de invernada. En 1530 firmaron un acuerdo el Concejo de Boltaña y los representantes del valle de Broto por el cual, y tras el pago de 2.300 dineros jaqueses por parte de los del valle, quedaba para siempre el paso franco: "ellos y todos sus ganados gruesos y menudos, cuando bajan a herbajar dichos ganados a España, que quiere decir a la Tierra llana, y quando suban de ella, sean francos del citado Derecho de Pontage y Puente citado del Río Ara y en aquella villa, y esto para imperpetuum: a los quales hicieron francos y libres de el y se obligaron a tener siempre el citado Puente bien seguro y de paso" (12). De todos modos el mantenimiento de esta franqueza de paso, no siempre estuvo libre de problemas, pero cuantas veces intentaron los de Boltaña cobrar

Niño pastor en las sierras prepirenaicas (Archivo Compairé).

a los de Broto, éstos mostraron la concordia firmada en 1530 y pasaron sin pagar.

Dejemos los derechos de pontazgo y volvamos a los viejos tributos señoriales. Ya se ha señalado cómo el siglo XVI marcó el eje de inflexión del poder nobiliario frente al absolutismo real. Fue éste un siglo de extraordinaria virulencia en las luchas antinobiliarias en el Alto Aragón. La sublevación de los súbditos del Barón de Monclús y la cruenta guerra de los ribagorzanos contra el Conde de Ribagorza, señalaron los enfrentamiento más sangrientos y conocidos. Pero estos dos acontecimientos no fueron los únicos síntomas de la decadencia de los nobles frente al rey y frente a sus súbditos. En el terreno pastoril, la actuación de Felipe II —que en Ribagorza apoyó encubiertamente a los vasallos frente a su señor, el conde— fue dura contra los intereses señoriales. El día 2 de julio de 1587 otorgó un Privilegio por el cual los ganaderos montañeses quedaban libres de todo impuesto en sus traslados estacionales. De este modo

Doc. 13. ENFRENTAMIENTOS ENTRE LOS PASTORES
DE BROTO Y LOS FRANCESES

ROBO DE "ESQUILLAS": "... *y al día siguiente muy por la mañana dando vueltas al ganado reconoció el testigo y compañeros el ganado y hallaron de menos 8 esquillas grandes que dichos franceses después de haber recogido o engarrotado el ganado las quitaron y se las llevaron lo que vio el testigo y sus compañeros".*

MATANZA DE GANADO: "... *que en dicho día del mes de agosto vio que salieron otros franceses de los del cordón de Gavarnia que salieron al ganado de Pedro Franca de Buesa que estaba en Plano-Lacoma y lo emprendieron a balazos de forma que el testigo y sus compañeros viendo la acción huyeron con su ganado sin poder advertir la desgracia que pasó aquel día pero el día siguiente oyó a Jorge Fuertes pastor de aquel ganado que les habían hecho muchas atrocidades y muerto mucho ganado y también les habían tirado a ellos muchas escopetadas".*

MATAN UN BUEY: "... *otro día del propio mes cuatro franceses de los del cordón de Gavarnia salieron a Puyarrubín y el que los comandaba llamado Sarlet tiró un balazo a un buey de Francisco Ballarín de Buesa y lo dejó allí".*

LE CORTAN UNA OREJA A UN PASTOR: "... *en otro día del mismo mes de agosto del cual no hace especial memoria vio bajar 14 franceses armados de los del cordón de Gavarnia por la montaña de Puyarrubín y que pegaron con Jorge Marco pastor y vecino de Fragen y que lo cogieron y a lo lejos vio que hacían con él muchos oprobios y se le oían lamentos ¡ay Jesús, ay Jesús, que soy muerto! y que habiéndole dejado tendido en el suelo acudió y vio que le cortaron una oreja los dichos franceses y que todo su cuerpo estaba ensangrentado y llagadas las manos y que con esto el testigo se retiró para su rebaño intimidado de haber visto tal inhumanidad..."*

GOLPEAN PASTOR, ROBAN Y MATAN GANADO: "... *le dispararon por los oídos fusilazos y quedó tendido en tierra y se fueron al ganado, principiando a tirar balazos al ganado y así que advirtió estaba libre principió a huir. Le tiraron muchos balazos de modo que los oyó y se escondió a la vista de una peña que predominaba el rebaño. Y habiendo muerto las que quisieron tomaron 12 ovejas 12 franceses y los demás se pusieron detrás y se bajaron camino de Gavarnia. Y viendo ya el testigo que se habían ido se bajó al ganado y registrando dicho ganado halló muertas seis ovejas, un mardano, cuatro corderas y tres carneros y heridas 5 cabras..."*

SECUESTRO Y TORTURA DE UN PASTOR: "... *con el motivo de guardar el ganado de Martín de Orús, su cuñado, y de dichos vecinos y ganaderos de la villa de Torla, en la montaña de las Esplutiasas con Francisco Latapia pastor de Mosén Joaquín Pascual y con Silvestre Oliván de Torla, por un día del mes de agosto de este año, siendo así que los más de los días subían franceses armados de Gavarnia y le prevenían al testigo y compañeros se fuesen con su ganado de aquella montaña que si no los sacarían a balazos, pero en este día en especial subieron al ganado del testigo más de 100 franceses armados y apenas llegaron principiaron dichos franceses a tirar balazos al ganado retirándolo hacia el puerto, y al testigo y compañeros principiaron a pegarles de palos, cañonazos en los pechos, a toda satisfacción, de modo que después de saciados y cansados los dejaron a estos y al testigo con dicho Silvestre Oliván se fueron hacia el puerto de al lado, y a la vista del rebaño dichos franceses se pusieron delante para la collada de las Esplutiasas habiendo rompido después de haber castigado al testigo y Oliván, dos calderos y haberse apropiado de 4 cuartales de sal que el día antes había traído dicho Oliván, y dos capas y una arroba y media de pan, y que Francisco Latapia iba con el ganado y tenía cuidado de él viendo que a balazos mataban ganado, quiso decirles no lo hicieran, sino que se tomaran las que quisieran. Lo cogieron y lo ataron de pies y manos a la vista ya de la collada de las Esplutiasas y lo tiraban arrastrando por la montaña hacia Gavarnia con mucha algafara y voces que le había de matar, y así arrastrando lo bajaron para Gavarnia con 20 ovejas que se bajaron delante..." "... esta noche estando los dos en dicho ganado quedaron en Sandaruelo, y a eso como una hora y media de noche que llegó a dicho ganado Francisco Latapia muy llagado, cansado y afligido, y apenas llegó al testigo y compañero les dijo: amigos muerto estoy. Y que el testigo le dijo qué te ha sucedido. Yo por seguir el ganado, y ojalá me hubiera escapado cuando vosotros visteis que*

se terminaron los viejos derechos señoriales sobre el ganado trashumante que atravesaba los señoríos.

Los nobles con señorío tuvieron que aceptar el Privilegio que el rey había concedido a los ganaderos, pero buscaron mil subterfugios para burlarlo. Si el Privilegio libraba de cargas el tránsito de ganado por las cabañeras tradicionales, lo mejor para seguir cobrando era demostrar que una cabañera que pasara por un señorío no era tal cabañera, sino un camino empleado de cuando en cuando por el ganado. Esta argucia empleó —ya en el siglo XVIII— el marqués que poseía la Pardina de San Juan del Castillo, para cobrar a los ganaderos del valle de Vio, que con la ayuda de la Junta General de Ganaderos de las Montañas, se negaron a pagar, pleitearon con el marqués y vieron reconocido su derecho a atravesar el territorio sin pagar lo que el marqués reclamaba (13).

De un problema parecido se transcribe en estas páginas un documento del siglo XVII que hace referencia al derecho de los ganaderos de Aragüés del Puerto para cruzar con sus ganados los términos de Somanes.

Concluidos los últimos intentos señoriales de hacer pervivir sus viejos derechos, desde comienzos del siglo XIX (legalmente desde mucho antes —1587—, pero en la práctica no siempre se respetó la ley) los ganados trashumantes sólo debían pagar una pequeña cantidad de dinero al guarda de cada pueblo que se encargaba de acompañar al rebaño desde que entraba en el término del pueblo hasta que salía del mismo. Estos pequeños pagos han pervivido hasta nuestros días.

RELACIONES CON FRANCIA

Antes de que el Pirineo axil marcara una frontera política entre Francia y España, y antes de que existieran los dos Estados, ya eran empleados los pastos pirenaicos por los pastores para alimentar los ganados sin que sus desplazamientos fueran impedidos por frontera alguna. La comunidad cultural que desde tiempos remotos ha unido a los pastores de ambas vertientes queda patente en numerosas tradiciones y creencias y se materializa en objetos artesanales, en marcas de ganado y en técnicas de manejo pecuario que hasta nuestros días han mantenido muchos rasgos comunes que señalan un mismo tronco original.

Antes de que la frontera política existiera, los contactos entre los pastores de ambas vertientes eran frecuentes y de gran amplitud. Conforme los dos grandes Estados pirenaicos fueron afianzando sus fronteras y consolidando sus propias estructuras como Estados, las dificultades para las relaciones pastoriles entre ambas vertientes se incrementaron.

De las viejas relaciones pastoriles pirenaicas, que no se veían dificultadas por una frontera política que separara una vertiente de otra, han permanecido hasta tiempos no muy lejanos —y en algunos casos existen todavía— restos fósiles bastantes para hacernos comprender la intensidad de estas relaciones en la Antigüedad.

Hacia finales del siglo XVIII, muchos rebaños franceses que pastaban durante el verano en la vertiente septentrional de los Pirineos, venían a España en otoño para invernar en los llanos del centro de Aragón. La presencia de estos rebaños franceses en la ribera del Ebro molestaba a los ganaderos de los valles altoaragoneses, que intentaron evitar su entrada. La llamada "Junta General de Ganaderos de las Montañas", que durante la segunda mitad del siglo XVIII agrupó a los ganaderos de todos los pueblos de los Pirineos aragoneses (exceptuados los de la ciudad de Jaca), planteó

tiraban balazos a las ovejas y que las mataban, les dije que tomaran las que quisieran y no las mataran, me cogieron y me ataron de pies y manos y dejando el ganado me bajaron arrastrando hasta Gavarnia donde me tuvieron más de dos horas preso y en este tiempo me principiaron unos franceses a tirar de los pelos de la cabeza, otros a arrancar de los pelos de la barba, otros puñadas en los pechos, otros golpes en las piernas y brazos con los cañones de los fusiles, y otros después de esto atadas las manos, para que se hiciera un auto de contrición, y finalmente con un cordel me ataron los ginetales, tirando fuertemente, y los mostró tan hinchados como un sombrero, y que muy maltratado había tenido modo, por un francés al que no conocía que los sacó de ellos y le dijo se fuera por el bosque de San Martín por allí he venido y mañana bajaré como Dios quiera a Bujaruelo..."
(Tomados de los testimonios de varios pastores en 1741, A. C. V. B.)

esta cuestión en varias de sus anuales asambleas, en las que acordó solicitar al rey que se prohibiera la entrada en tierras de Aragón, para invernar, de los ganados extranjeros. Entre estos ganados extranjeros figuraban —junto a los franceses— los navarros.

La documentación consultada de estas asambleas de la "Junta General de Ganaderos de las Montañas", no permite conocer el resultado de la gestión de los montañeses para lograr que el rey negara la entrada en España a los pastores trashumantes franceses con sus ganados, pero poco éxito debieron conseguir cuando los franceses escribieron al monarca español suplicándole que no les cargara con impuestos el paso de sus ganados por España y recordándole que desde tiempo inmemorial traían a España sus rebaños sin efectuar más pagos que los correspondientes a los pueblos cuyos términos recorrían. Parece que esta trashumancia entre los Pirineos franceses y las llanuras del centro de Aragón ya no existía al comenzar el siglo XIX, o era muy escasa.

Ninguna voz se alzó en las asambleas de los ganaderos aragoneses para defender la continuidad de la trashumancia francesa hacia la ribera del Ebro. Sin embargo, para algunos valles, el paso del ganado francés era más una fuente de ingresos que de problemas. El Concejo de Tella obtenía una parte importante de sus ingresos anuales a partir de las ovejas francesas. Las que cruzaban los Pirineos por el puerto de Bielsa y se dirigían hacia la tierra llana siguiendo el valle del río Cinca, pagaban al Concejo de Tella por dos conceptos: por atravesar su término siguiendo la ruta señalada por la cabañera y por salvar el río Yaga por el puente que lo cruzaba en Hospital de Tella. La explotación de este negocio la llevaba a cabo algunos años el Concejo directamente, y en otras ocasiones la arrendaba a algún vecino. Por el término municipal de Tella pasaban unas cinco mil ovejas francesas cada año, a mediados del siglo XVIII (14). De este dato no podemos sacar ninguna luz que nos permita conocer —siquiera de modo aproximado— las ovejas francesas que invernaban en las llanuras aragonesas. Sin embargo, conviene indicar que las ovejas que pasaban por el término de Tella habían cruzado los Pirineos por las cabeceras de los valles de Bielsa o Gistaín y no son éstos, precisamente, los pasos más fáciles del Pirineo. Bujaruelo, Sallent o Somport ofrecían en aquella época caminos mucho más cómodos para los ganados franceses y es probable que por ellos entraran más ovejas que por Bielsa o Gistaín.

Hasta nuestros días han llegado dos ejemplos fósiles de cómo las propiedades pastoriles —antes de la formación de los Estados— no se vieron encorsetadas por la frontera que en la actualidad separa Francia y España. Se trata de dos casos similares y contrarios: ganados franceses que tienen derecho a pastar en verano en puertos situados en España y ganados españoles que entran durante el verano a pastar en Francia. Los dos casos han sido fuente de numerosos conflictos a lo largo de la historia y se hallan en la actualidad contemplados en los tratados internacionales.

El tratado firmado en Bayona en 1862 para fijar la frontera entre Francia y España, desde Navarra hasta Andorra, contempla y regula estos viejos derechos pastoriles. Los franceses podrán pastar en algunas montañas de Ansó; los de Broto son propietarios de varios puertos situados en Francia. Por lo que se refiere a Ansó, el tratado dice: *"El pueblo francés de Borce disfrutará exclusivamente, un año de cada seis, la montaña de Estanés, propia de Ansó. Toca a los de Borce usar de este beneficio en el año 1863, en el año de 1869 y en los sucesivos que guarden igual período. Los habitantes de Ansó, durante los cinco años de cada sexenio en que dispone*

Doc. 14. CARTA DEL CONDE DE FLORIDABLANCA
SOBRE LOS CONFLICTOS PASTORILES CON FRANCIA

"En diversas ocasiones se ha tratado de arreglar las desavenencias subsistentes de mucho tiempo a esta parte entre el valle de Broto, jurisdicción de este reyno de Aragón y el de Bareche del territorio de Francia, tanto sobre el goce de pastos como sobre la propiedad de terrenos; y aunque por nuestra parte se han hecho repetidas representaciones a la corte de Versalles exponiendo los excesos de todas clases que cometían los vecinos de su valle, animados de su mayor población, no hemos podido lograr la satisfacción que nos prometíamos, ni que los habitantes de Bareche se les contenga en sus verdaderos límites; sin duda por tener ellos el arte de eludir las órdenes de su corte, o el representante a aquel ministerio los hechos en muy diversos aspectos. Sin embargo ha ya tiempos que la misma Corte de Francia ofreció autorizar al intendente de Auch, o a algún otro sujeto correspondiente para conferenciar sobre el asunto con la persona o personas que la España nombrase a este efecto: con cuyo motivo y el de haberse tratado anteriormente en el Consejo de varios incidentes de quexas o disputas entre los mismos valles, quiso S. M. oir el dictamen de dicho tribunal en punto a las prevenciones que deberían hacerse a nuestro comisarios para su mejor desempeño, e hizo éste las consultas cuyas copias incluyo, pero por varios accidentes no llegó entonces a verificarse la Junta de Comisionados.
Las experiencias posteriores han acreditado ser siempre los habitantes del valle francés los intrusos, pues alentados de su mayor población y poder usurpan los pastos a los españoles, y cometen otras muchas tropelías: en cuya consideración se hace indispensable un pronto remedio.
Estos antecedentes, de que seguramente estará usted instruido desde aquel tiempo, y la circunstancia de deberse ahora juntar comisarios para tratar de semejantes desavenencias por lo respectivo a los valles de Ansó y Aspe, han persuadido al Rey que esta ocasión es favorable para que se trate igualmente de dicho segundo arreglo: de modo que logremos cortar de raiz tantos disgustos y desavenencias muy impropias entre vasallos de dos príncipes vecinos e íntimamente aliados.
En su consecuencia me manda S. M. prevenir a V. que enterándose bien menudamente de los fundados motivos de quexa, y de los derechos que asisten al valle de Broto contra los vecinos de Bareche, como también de lo que el Consejo expone en sus dos citadas consultas, proceda V. a elegir la persona o personas que juzgue más a proposito para por su capacidad y demás circunstancias para conferenciar y ajustar con el Comisario francés las diferencias subsistentes, dando las instrucciones que juzgue conducentes para su mejor desempeño: en el supuesto de que las dos Cortes autorizarán después los ajustes que se hagan, siendo como debe suponerse, dirigidos a la mejor quietud y buena armonía de los mismos valles.
Escribo de nuevo al embajador del Rey en París a fin de que aquella corte reitere sus ordenes a la frontera, si lo juzga necesario, y V. podrá entenderse con el Comandante de la misma frontera francesa para llevar este convenio a debido efecto, según las prevenciones que se le hayan hecho o se le hicieren desde Versalles: sin olvidar V. el punto que tanto recomienda el Consejo sobre que quede estipulado se han de hacer de tiempo en tiempo nuevos reconocimiento para asegurarse de la puntual observancia de lo convenido y para la renovación de mojones.
Sería conveniente que yo tuviese aquí a lo menos dos planecitos que explicasen; uno los terrenos o pastos en controversia entre los valles de Ansó y Aspe, y otro igual por lo respectivo a los puntos de disputa entre los valles de Broto y Bareche; pues aunque en el archivo de esta Primer-Secretaría existe el plano grande de todos los Pirineos no es bastante manejable para el uso particular que ahora se necesita. Así pues, estimaré que V. los haga formar y me los dirija.
Dios g. a V. E. m. a. San Ildefonso, a 25 de agosto de 1778. El Conde de Floridablanca".
(Carta dirigida al presidente de la Comunidad del Valle de Broto, A. C. V. B.)

libremente del Estanés, podrán apacentar de día y de noche sus ganados, en compascuidad con los de Borce, en dos fajas de territorio francés contiguas a esta montaña, y, así, los pastores como los guardas tendrán facultad de proveerse en ellos de la madera que necesiten para hacer sus cabañas y para los usos de la vida. La primera zona se extiende desde el Escalé de Aguatuerta hasta el Mallo de Maspetra, entre el límite internacional y la orilla superior de la selva de Espelunguero; y para disfrutar de estos pastos, el ganado de Ansó podrá servirse libremente, tanto a la entrada como a la salida, del camino que a ellos conduce por el Escalé de Aguatuerta y el paso de los Planetas, sin que puedan tomar otro fuera del territorio común. La segunda zona comprende el espacio desde el Forado de las Tijeras hasta cerca de la Chorrota de Aspé, entre las cruces o señales de la frontera y las otras interiores que circunscriben esta faja por el Oriente.
Artículo 11. El aprovechamiento de los pastos de la montaña de Aspé, propia de Ansó, se disfrutará en cada trienio, de dos años por este valle, y el tercero por la Asociación Vecinal de Aspe, compuesta de los distritos municipales de Cette-Eygun, Etran y Urdós, correspondiendo a éstos el goce en 1863, en 1866 y en los años sucesivos que guarden igual período.
Artículo 26. Los ganados de toda especie, tanto españoles como franceses, que vayan de un país a apacentar en el otro, no adeudarán derecho alguno fiscal por atravesar la frontera, o cuando yendo de tránsito con igual objeto tengan que servirse de algún camino o cruzar por territorio del Estado vecino. Para evitar que las penas impuestas por el fisco a la introducción fraudulenta alcancen a los rebaños que en el disfrute legal de pastos extranjeros en la frontera, o al ir a ellos, entrasen por cualquier accidente fortuito en paraje que no les corresponda, se ha convenido que el ganado aprehendido en el caso de la enunciada extralimitación, no sea considerado como de contrabando cuando se hallase menos de medio kilómetro distante del terreno de sus goces, siempre que no sea evidente la intención dolosa" (15).

De lo que afecta al valle de Broto, el tratado dice: *"Son de propiedad común del valle español de Broto y del francés de Baréges los siete quintos de la montaña de Usona, conocidos con los nombres de Puyasper, Especierres, Puirrabin, Secras, Plana la Coma, Puimorons y la Cuasta, que se extienden desde la cresta del Pirineo, entre Villamala y la Brecha de Roldán, hasta el terreno comunal de Gavarnie, del cual los separa un lindero, que poco más o menos es el determinado por una línea que, partiendo del barranco que divide a Comasious de la Cuasta, pasa por debajo de la cabaña de la Cuesta, continúa por bajo de Puimorons hasta la Espluga de Milla, de aquí a los Plans Comuns, a la cabaña de Puirrabin, al Troco del mismo nombre, por debajo de Peiranera, al Troco de la Paúl, a la cima de Morcat, limitando luego la montaña de Puyasper hasta la Cuela nueva y continuando por la Ilita de Puyasper, la Serra de Serradets y Serra de Tallou, para morir en la Brecha de Roldán. Esta línea se demarcará cuando se haga el amojonamiento prescrito en el Art. 8º, modificándola entonces en lo que sea conveniente, con arreglo a las alegaciones de las partes interesadas y a lo que aconsejen las circunstancias locales; el acta del acotamiento definitivo se unirá al presente Tratado. Estos siete quintos se darán en arrendamiento, a pública subasta, por los valles de Broto y Bareges, en Luz, a presencia de los delegados de ambos valles, con intervención de la autoridad competente, y bajo igualdad absoluta de condiciones para los licitadores españoles y franceses; el producto del arriendo, así como las cargas que pesen sobre esta propiedad, se dividirán a las partes entre Broto y Bareges. Los rebaños de estos dos valles podrán disfrutar en común los siete quintos de la montaña de Usona hasta el 11 de junio de cada año; pero desde este día quedan vedados los pastos para toda clase de ganados hasta el 22 de julio, desde cuya época sólo los arrendatarios o los subarrendatarios tendrán derecho de apacentar en los quintos que les correspondan. Los ganados de Broto, con exclusión de otros cualesquiera, tendrán facultad de pacer, con los del valle de Baréges, en los terrenos comunales de Gavarnie desde el 22 de julio hasta la estación en que regresen a las vertientes de España. A fin de legitimar los usos arriba indicados y de terminar para siempre antiguas contiendas, el Valle de Bareges indemnizará al de Broto por el abandono perpetuo y voluntario que éste hace de todo otro derecho sobre las montañas de las vertientes de Gavarnie que no sea de los consignados en los párrafos precedentes. Esta indemnización será de 22.000 francos, o sea, 83.600 reales de vellón, y su pago deberá efectuarse en el primer año que siga al día en que se ponga en ejecución este Tratado. Los contratos escritos o verbales que hoy existan entre los fronterizos de uno y otro país, y no sean contrarios a lo dispuesto en el presente convenio, conservarán fuerza y valor hasta la expiración del plazo que se hubiese marcado para su duración. A excepción de lo pactado en estos contratos, no podrá, desde la ejecución del Tratado, reclamarse de la nación vecina derecho ni uso alguno que no emane de las presentes estipulaciones, aun cuando el uso o derecho que se pretenda no fuese contrario a las mismas. Se conserva, no obstante, a los rayanos la facultad que han tenido siempre de celebrar entre sí los contratos de pastos u otros que juzguen convenientes a sus intereses y relaciones de buena vecindad, pero en lo sucesivo se deberá obtener, indispensablemente, del gobernador civil y del prefecto la correspondiente aprobación para estos contratos, cuya duración no podrá nunca exceder de cinco años. Las municipalidades de los pueblos fronterizos que tengan por cualquier título el disfrute exclusivo de pastos en algún terreno del Estado vecino, podrán, por sí solas, nombrar guardas para la vigilancia de sus aprovechamientos. Cuando los goces fueran comunes entre los rayanos de uno y otro país, cada una de las municipalidades interesadas podrá tener sus guardas, o, bien, elegirlos ambas de común concierto. Los guardas, provistos del documento que los acredite, se juramentarán ante la autoridad competente del país en que tenga lugar el disfrute, y a ella presentarán sus denuncias. Son aplicables a la parte de la frontera arriba designada las disposiciones sobre prendamientos contenidas en el anejo IV del Tratado de Bayona, de 2 de diciembre de 1856, cuyo anejo irá también unido al presente convenio. Los ganados de toda especie, tanto españoles como franceses, que vayan de un país a apacentarse en el otro, en virtud de lo establecido en estos artículos o de contrato entre fronterizos, no adeudarán derecho alguno fiscal por atravesar la frontera, o cuando yendo de tránsito con igual objeto tengan que servirse de un camino a cruzar por territorio del Estado vecino. Para evitar que las penas impuestas por el fisco a la introducción fraudulenta alcancen a los rebaños que, en el disfrute legal de pastos extranjeros en la frontera, o al ir a ellos, entrasen por cualquier accidente fortuito en paraje que no les corresponda, se ha convenido que el ganado aprehendido en el caso de la enunciada extralimitación no sea considerado como de contrabando cuando se hallare menos de medio kilómetro distante del terreno de sus goces, siempre que no sea evidente la intención dolosa"* (16).

Doc. 15. COBROS AL GANADO FRANCES
QUE ENTRABA A ESPAÑA EN INVIERNO

"En nueve días del mes de abril del año 1758 junto el Ayuntamiento se cedieron unos a otros el tanto que se cobra de guardia en los pasos de los ganados para Francia y España y resolvieron que se arrendasen dichos derechos y su producto fuera para los gastos de las caridades, menos 6 sueldos por cada 1.000 de las francesas que siempre han entrado para pagos de los censalistas..."

(Acuerdo del Ayuntamiento de Tella en la fecha señalada, C. T., sobre el mismo tema hay más acuerdos, uno de los cuales se reproduce en el capítulo "La circulación del dinero en el mundo pastoril").

Este tratado intentó poner fin a siglos de disputas —sangrientas a veces— entre los pastores de Broto y sus vecinos franceses. Algo se apaciguaron las cosas, pero algunos ganaderos del valle de Broto opinan, todavía hoy, que los problemas seculares continúan. El "Archivo de la Casa del Valle" de Broto guarda documentación muy amplia y detallada sobre las relaciones —siempre conflictivas— entre los ganaderos de este valle y sus vecinos franceses de Baréges. Aunque casi todos los documentos están fechados en el siglo XVIII, las numerosas cartas, memorias e instancias que se escribieron a lo largo de este siglo, nos permiten conocer el origen y desarrollo de las tormentosas relaciones pastoriles entre los habitantes de ambos valles. Hay que señalar que este archivo ha sufrido un importante expolio documental, pero un admirable registro del mismo, realizado a finales del siglo XVIII cuando todavía no habían desaparecido los viejos documentos, nos permite seguir la historia de los conflictos, cuyo origen siempre ha sido el mismo: la no aceptación por parte de los baregianos del uso que los de Broto hacían de las montañas que desde tiempo inmemorial poseían en territorio francés.

Parece que el disfrute común entre los de Broto y los de Baréges de ciertas montañas situadas en Gavarnie, y que eran propiedad indivisa de ambos valles, fue pacífico durante muchos siglos, pero a finales del siglo XIV las controversias y disputas entre ambos valles fueron tan numerosas y graves que obligaron a los reyes de Aragón y Francia a nombrar unos árbitros que zanjaran los violentos debates e impusieran un equitativo reparto en el aprovechamiento de los pastos sobre los que peleaban ambos valles. Se reunieron los representantes de ambos reyes y ambos valles en el Hospital del lugar de Gavarnia, en Francia, en 1390 y firmaron una sentencia o compromiso que debía tener valor durante ciento un años. Esta sentencia concedió unas montañas a los de Broto y otras a los de Baréges o Barecha (así se nombra en los documentos) para su disfrute en los citados ciento un años. La sentencia señala con detalle los límites de las montañas correspondientes a cada valle. Parece que fue observada por los pastores de ambas vertientes y durante un siglo evitó los conflictos.

El siglo XIV tuvo una importancia grande en la delimitaciones de los pastos de cada valle o en la adjudicación de su uso y propiedad. Ya se ha señalado al tratar de las relaciones entre los pastores y el Estado cómo la propiedad de la mayor parte de las montañas pirenaicas arranca de concesiones reales otorgadas durante el siglo XIV. En este mismo siglo se firmaron numerosos tratados de "facerías" o "pacerías" entre los valles franceses y los españoles para regular entre ellos sus litigios sobre pastos. Estos tratados, poco estudiados y olvidados en su mayoría, lograron pacificar las relaciones entre los valles de las dos vertientes en casi todos los casos (17). No sucedió así entre los de Broto y Barecha.

Transcurrieron los ciento un años fijados en el tratado —y algunos más— de forma pacífica, pero al comenzar el siglo XVI se iniciaron de nuevo las hostilidades, promovidas —según parece— por los franceses que no veían con buenos ojos la presencia de rebaños españoles en montañas de su territorio.

Para poner paz se reunieron un representante español y otro francés que dictaron sentencia el 14 de junio de 1569 con la misma solución y divisiones que proponía el tratado de 1390. No fue la sentencia del agrado de los de Barecha, que la recurrieron. La década de 1570 fue pródiga en reuniones, visitas de procuradores y enviados de los reyes, encuestas a viejos pastores para certificar los límites, otorgamientos de poderes y sentencias que reconocían la de 1569, que a su vez reconocía la de 1390.

Las cosas no se mejoraron a lo largo del siglo XVII: demandas, hostilidades, sentencias, ataques, amojonamientos y reconocimientos de mojones se sucedieron a lo largo de todo el siglo sin que se llegara a una solución definitiva.

También durante el siglo XVIII continuaron los enfrentamientos —con frecuencia sangrientos— entre ambos valles. A las pretensiones tradicionales de los de Barecha, se unió la del cura de Luz (en Francia) que quería cobrar diezmo sobre los ganados de Broto que entraban a pastar en territorio francés.

En el siglo XIX, el Tratado de Bayona ya citado —y transcrito en lo que hace referencia a Broto y Ansó— puso fin a siglos de pleitos. En la actualidad, el pastoreo se desarrolla aparentemente sin problemas. Una vez al año se reúnen los ganaderos del valle de Broto y los de Baréges y celebran una comida de hermandad en los montes. La prensa local del valle de Baréges da cuenta de estas confraternizaciones y habla de los españoles llamándoles "nuestros primos de Broto".

En resumen, de las relaciones pastoriles con los valles franceses, puede decirse: que fueron muy intensas en la Edad Media y que condujeron a la firma de numerosos tratados de "facerías" o "pacerías" para regularlas. Que se fueron debilitando en los siglos posteriores, permaneciendo hasta finales del XVIII una intensa trashumancia de ganado francés hacia España. En los valles de Ansó y Broto han permanecido —con numerosos conflictos— unas relaciones que han llegado hasta nuestros días.

LO PASTORIL COMO NORMA PARA ORGANIZAR EL TERRITORIO EN LA SOCIEDAD TRADICIONAL

El marco en el que se organizaba la vida social tradicional de los pueblos situados en los territorios más elevados de los Pirineos solía ser el valle. Las comunidades de valle dispusieron durante siglos de una autonomía tan grande en la gestión de sus asuntos que les permitió actuar como verdaderos estados cuando —por ejemplo— firmaban sus tratados de "pacerías" con los valles vecinos del otro lado de los Pirineos. Las comunidades de valle han resistido durante siglos sobreviviendo a reformas administrativas y a cambios en los límites de las divisiones políticas llevadas a cabo desde el poder estatal. En ocasiones, la organización administrativa propiciada desde el Estado ha respetado la comunidad de valle tradicional haciéndola coincidir en sus límites con un término municipal (caso del término municipal de Fanlo que coincide con los límites tradicionales del valle de Vio). En otros casos, la comunidad del valle se ha visto partida por la organización administrativa realizada desde el Estado (como ocurre en el valle de Broto, dividido entre los municipios de Torla y Broto, o en el valle de Tena, que cuenta con tres ayuntamientos).

Hay que señalar que el término "valle" que sirvió de marco organizador para las comunidades pirenaicas, no se amparaba siempre en una realidad geográfica. Observemos el caso del valle de Vio. Sus nueve núcleos de población se asientan en cuatro valles distintos (el valle del río Guampe o Aso, el del Ixate o Jalle, el del Yesa y el del Bellos). Pero no todos los pueblos cuyos términos vierten aguas a estos ríos pertenecían al valle de Vio. Así, por ejemplo, Morillo de Sampietro, cuyo término vierte casi todas sus aguas al río Yesa, no pertenecía al valle de Vio, sino a la villa de Boltaña, de la que se encuentra separada por las cumbres de una sierra.

Al valle de Bielsa pertenecen, además de la villa de este nombre, las aldeas de los valles naturales del Alto Cinca (valle de Pineta) y del Barrosa. Al valle de Broto pertenecen lugares del valle del río Ara y del valle de su afluente el Sorrosal. Sin embargo, en el valle del Aragón Subordán desemboca el valle del río Osia, y estos dos valles se administraban desde Hecho y Aragüés y se denominaban valles de Hecho y de Aragüés, habiendo tenido cada valle personalidad jurídica propia. Por el contrario, el valle de Solana comprende numerosas aldeas situadas en los vallecitos que forman varios barrancos que desembocan en el río Ara en su curso medio.

Se podrían multiplicar los ejemplos para demostrar dos cosas: la primera, que los valles pirenaicos —como entidades organizadoras de la vida social— tenían unos límites precisos que agrupaban a varios pueblos, conociendo con exactitud cada pueblo o aldea su pertenencia o no pertenencia a un valle determinado.

Segunda, que los límites de estos valles no siempre tenían que ver con el concepto geográfico de valle como conjunto de territorios que vierten sus aguas a un río.

De estas dos premisas surge una pregunta: si los valles tenían límites bien precisados y no siempre coincidentes con valles naturales, ¿qué criterio señalaba la adscripción de una aldea a un valle? Hay una primera respuesta: la pertenencia a un valle era algo inmemorial, que constaba en antiquísimos documentos que, a su vez, ya se fundaban en acuerdos inmemoriales no escritos. Pero en los aspectos prácticos, ¿en qué se manifestaba la pertenencia a un valle determinado?: en el uso de sus puertos de verano, en la posibilidad de pastar en los pastos de montaña.

Cualquier estudioso de los temas altoaragoneses se habrá preguntado alguna vez las causas que han conducido a que los altos valles pirenaicos hayan tenido tradicionalmente una acusada personalidad, mantenida por sus instituciones, guardada por sus habitantes y respetada por sus vecinos, mientras los lugares, villas y aldeas algo más meridionales de las sierras y vallecillos prepirenaicos han carecido de esta personalidad. Según nos parece, el origen está en los pastos, en los puertos de las montañas. Los altos valles disponían de ellos, sus vecinos meridionales, no. Los altos valles generaron unas instituciones y una normativa para guardar, administrar y defender sus pastos y en torno a estas instituciones se forjó su personalidad característica y diferenciada, de la que carecían otros pueblos y aldeas de las tierras un poco más bajas.

Dos hipótesis hemos señalado: una, que en los asuntos pastoriles, la posibilidad o no de emplear unos pastos de montaña por una comunidad local determinaban su pertenencia o no pertenencia a un valle determinado. Dos, que en la posesión de pastos en las montañas está el origen de instituciones y normas que han dotado de personalidad propia a los altos valles pirenaicos.

Tal vez la demostración de estas dos hipótesis precisaría de la acumulación y el análisis de pruebas documentales unidas a un exhaustivo estudio geográfico de los valles pirenaicos, pero con el nivel de documentos manejados creemos que estamos en condiciones de lanzar ambas hipótesis con fundamentos suficientes para hacerlas creíbles.

CONCLUSIONES

De lo expuesto en este capítulo, parece que pueden extraerse algunas conclusiones en torno al marco normativo que ha regido la vida pastoril tradicional y sobre los conflictos que se han venido generando.

En primer lugar, queda patente que el mundo pastoril, como toda sociedad en la que se mueven muchos individuos y muchos intereses sobre unos recursos escasos, ha sido y es extraordinariamente conflictivo.

Segundo: es manifiesta la extraordinaria variedad de fuentes normativas que han venido rigiendo la vida pastoril pirenaica. En esta variedad aparecen desde los tratados internacionales hasta los contratos privados, pasando por la tradición no escrita.

Tercero: el mundo pastoril, aunque parece aislado y alejado del devenir histórico de la sociedad en su conjunto, participa o se encuentra marcado por los avances sociales globales de la sociedad en general. El afianzamiento del poder absoluto de los reyes frente a la nobleza, tuvo su repercusión en el mundo pastoril, y la instauración de un régimen burgués y liberal, también la tuvo. La historia general de la evolución de los Estados, que va haciendo que éstos cada vez controlen más eficazmente todo (territorio, economías, fronteras, etc.), tiene buen reflejo en la sociedad pastoril pirenaica: basta con establecer una comparación entre los valles pirenaicos medievales, que actuaban casi como estados autónomos firmando tratados de "pacerías" y la situación actual.

Cuarto: el momento actual, como corresponde a un tiempo de grave crisis social o de profundo cambio, está teniendo una gran incidencia en el marco normativo pastoril, que en estos momentos se encuentra a medio camino entre lo obsoleto y lo práctico, entre lo ovidado y lo útil, entre el material de museo y el instrumento práctico de organización. Entre quienes creen que la vieja normativa pastoril sigue siendo perfectamente útil y los que hace tiempo la han condenado a ser sólo un objeto de estudio histórico o etnográfico, están los que piensan que tiene algunas cosas aprovechables.

NOTAS

(1) SOULET, Jean Françoise, "La civilisation matérielle d'autrefois", en Les Pyrénées, de la montagne à l'homme. Ed. Privat, Toulouse, 1974. p. 265.

(2) Una copia de esta carta se guarda en el Archivo de Casa Liró, de Aragüés del Puerto, donde he podido copiarla.

(3) Sobre estos vedados ha publicado un artículo José Garcés Romeo "Los vedados en el término municipal de Sabiñánigo y El Puente (1783-1917)", en Miscelánea de Estudios en honor de don Antonio Durán Gudiol, Sabiñánigo, 1981.

(4) Citado por Garcés Romeo en el trabajo ya indicado.

(5) Esta guerra civil entre pastores pirenaicos y moriscos ha sido estudiada por G.M.A. Melón y Ruiz de Gordejuela "Lupercio de Latrás y la guerra de moriscos y montañeses de Aragón a fines del siglo XVI", Zaragoza, 1917.

También José María Lacarra, en su obra "Aragón en el pasado", Madrid, 1972, trata el tema.

(6) Citado, tanto el privilegio como las posteriores confirmaciones por Jorge Puyó, en "Ansó, sus montes y su ganadería", Ansó, 1944.

(7) Así consta en un documento que en 1892 existía en el Archivo Municipal de Aragüés, según relación que de los documentos de dicho archivo realizó don Mariano Rocatallada con fecha de 28 de abril de 1892.

(8) Según consta en los archivos de la "Casa del Valle", en Broto.

(9) PUYO, Jorge, "Notas de la vida de un pastor", Ansó, 1967. En este libro se encuentra una recopilación de artículos que comienzan en 1928 y acaban en la fecha de edición del libro. De ellos se han entresacado las sucesivas citas de Puyó que aparecen en este apartado.

(10) PUYO, Jorge, op. cit. p. 25.

(11) PUYO, Jorge, op. cit. p. 31.

(12) Transcrito del trasunto que se encuentra en el registro del archivo realizado en 1779. Ligamen. 4º, Doc. 1.

(13) La documentación sobre este caso se encuentra en el Archivo de la "Casa del Valle", en Broto, en el apartado correspondiente a la Junta General de Ganaderos de las Montañas.

(14) Según consta en los "Cuadernos del Ayuntamiento de Tella" correspondientes al siglo XVIII.

(15) Tomado del libro de Jorge Puyó "Ansó, sus montes y su ganadería". Ansó, 1944.

(16) Tomado de los "Estatutos de la Mancomunidad del Valle de Broto" editados en julio de 1968. El tratado completo que se firmó en Bayona el 14 de abril de 1862 se insertó integramente en el "Boletín Oficial de la Provincia de Huesca", nº 99, correspondiente al día 14 de julio de 1862.

(17) La firma de estos tratados de "facerías", "pacerías" o "pacherías" todavía se sigue conmemorando anualmente en algunos valles pirenaicos. El caso más conocido es el de Roncal, que cada 13 de julio conmemora con el llamado "Tributo de las tres vacas" su tratado con el valle de Baretons, firmado en 1375. Vid. Estornés Lasa "Oro del Ezca".

La más reciente de estas celebraciones es la que se inició en Bielsa el año 1984 para conmemorar un tratado de "facería" entre este valle y el de Baréges, firmado el 10 de julio de 1384. Este tratado se desconocía hasta que recientemente un pergamino con el mismo fue hallado en Lourdes.

3. El ciclo anual de los pastores

Es sabido que la concepción del tiempo que se tiene en las sociedades desarrolladas es distinta de la que impera en las sociedades actualmente menos desarrolladas, cuya economía tiene una base agraria. Nuestra concepción del tiempo es lineal: cada uno medimos el tiempo en relación con nuestra vida, compuesta de una sucesión de años distintos, nuevos; cada año trae cosas nuevas, el pasado no se repite. Las sociedades más atrasadas —y la sociedad europea del viejo régimen— se rigen por un tiempo cíclico, cuyas etapas se repiten año tras año siguiendo las estaciones de la naturaleza y el desarrollo de las tareas agrícolas. Nuestro calendario de fiestas cristianas se encuentra fundado sobre las fechas que señalan el comienzo y el final de estas olvidadas etapas, y las celebraciones religiosas están impregnadas todavía de los viejos ritos, propiciatorios de la marcha normal del ciclo agrario.

Si en las sociedades europeas se pueden rastrear las antiguas etapas —indicadoras de una concepción cíclica del tiempo— en el mundo pastoril pirenaico no hace falta ningún detenido examen para observar la permanencia de este concepto: la concepción cíclica es patente porque la vida pastoril es una repetición de ciclos. La permanencia de la trashumancia —no como residuo folclórico, sino como realidad que afecta masivamente a la ganadería pirenaica— ofrece para cada etapa del ciclo pastoril no sólo un marco temporal, sino también otro espacial. Junto a esta diferencia espacial y temporal, las diversas actividades que el pastor realiza en cada estación confieren a cada etapa del ciclo sus características determinadas.

LA TRASHUMANCIA

Tal vez sea éste —de todo el mundo pastoril pirenaico— el aspecto más tratado por los estudiosos. Geógrafos, etnógrafos, ingenieros de montes, economistas y veterinarios le han dedicado numerosas páginas. Desde los valles occidentales hasta los orientales, desde los elevados interfluvios hasta las sierras prepirenaicas, los modelos de trashumancia han llamado la atención de numerosos investigadores. No obstante, el estudio de la trashumancia en el Alto Aragón no está agotado: tan grande ha sido y continúa siendo la variedad de tipos de trashumancia que se dan en estos territorios.

TIPOS DE TRASHUMANCIA

Puigdefábregas y Balcells, siguiendo a Berezowsky, trataron de los tipos primitivos y móviles de explotación ganadera en un trabajo referido al Alto Aragón que publicaron en 1966 (1). De los tipos de primitiva ganadería móvil que citan, uno interesa al Alto Aragón: la trashumancia.

Rebaño trashumante sesteando junto a un bosque de abetos (Archivo Compairé).

Doc. 1. EL AÑO Y EL CLIMA EN EL DIARIO DE UN GANADERO

"Sobre el 11 de noviembre de 1878 cayó una nevada bastante regular y cogió los ganados de los dos pueblos (Aragüés y Jasa) a excepción del mío y del de Juan José, que ya hacía tres días que habían marchado al aborral de la Carbonera (Pedranas), y los obligó a los que quedaron a marchar por el camino de Embún con bastante trabajo. Continuó el mal tiempo con abundancia de nieves y lluvias hasta el primero de marzo del 79 y desde ese día hasta el 19 hizo un tiempo regular o bueno, pero desde ese día continúo nevando y lloviendo alternativamente hasta el mes de mayo, en términos que las gentes no se han visto otra vez más apuradas para el sostenimiento de las vacas por falta de paja, pues media la circunstancia de hallarse destruido el camino de Pondarrones y Lunaras, por los aguaceros, y como siempre bajaba el río alto no podían ir a buscar la paja a la Canal (de Berdún) u otros puntos. Estuvieron los puertos tan cargados de nieve, que las boyerías no pudieron subir hasta principio de junio a ningún puerto a quedarse, pues apenas había un palmo de tasca descubierto. Para coronar la obra el mes de mayo y casi todo junio hizo grandes fríos así que los sementeros se aniquilaron. Tal vez no se halla visto jamás que la nevada de la Estiva que se forma en la Foya u Hoya de la Nevera, no desapareció hasta el 8 de agosto".

(Tomado de los cuadernos de don Mariano Rocatallada. A.C.L.).

Dentro de la trashumancia distinguen tres subtipos diferenciados por la situación de la vivienda permanente de la familia del ganadero trashumante. Hablan de una trashumancia oscilante cuando esta vivienda se encuentra en un punto intermedio entre los lugares en los que pastan los animales en invierno y los lugares de pasto veraniego. Llaman a la trashumancia normal o ascendente cuando la residencia está junto a los pastos de invierno, y descendente o inversa cuando se sitúa junto a los pastos de verano o a poca distancia de los mismos.

En el Alto Aragón encontramos los dos últimos tipos de trashumancia citados. En los altos valles pirenaicos, los ganaderos tienen los pastos de verano próximos a sus domicilios. En invierno, sus ganados pastan en las llanuras del centro de Aragón, en los Monegros o en la ribera del Ebro, es decir, muy lejos de sus lugares de residencia: practican una trashumancia descendente.

En los lugares del pre-Pirineo, tanto si se trata de los pueblos situados en la depresión intrapirenaica como si son las aldeas que se sitúan en las numerosas sierras y en los vallecillos que se extienden desde las cumbres pirenaicas hasta las llamadas sierras Exteriores, si se practica la trashumancia, ésta suele ser de tipo ascendente. Los ganados pasan el invierno en los pueblos donde residen sus propietarios y en verano ascienden a los puertos de montaña, situados lejos de los lugares de residencia de sus propietarios. Esta trashumancia ascendente se desarrolla sobre territorios separados por distancias mucho más pequeñas que las que se recorren en la trashumancia descendente.

Puede afirmarse que la trashumancia descendente ha sido característica de los lugares de vocación más exclusivamente ganadera y se ha asociado a grandes rebaños, pastos propios en los puertos de montaña, escasez de producción agrícola y también a una organización social y una cultura fundamentadas en lo pastoril.

La trashumancia ascendente habría que relacionarla más —en general— con el predominio de lo agrícola, los pequeños rebaños familiares, la carencia de pastos veraniegos propios y la necesidad de acudir al arriendo de los mismos. Asimismo, los lugares que practican la trashumancia ascendente no han acostumbrado a organizar su vida social y cultural en torno a lo pastoril, que para ellos ha sido tradicionalmente no el fundamento de su economía, sino un complemento de peso menor o igual que el agrícola.

Cada tipo de trashumancia se relaciona también con un paisaje: la descendente se asocia con los valles altos, de pluviometría abundante, con prados naturales de siega y bosques de pinos, abetos y hayas entre los que afloran las paredes de calizas y pizarras. El paisaje de los lugares de trashumancia ascendente es más seco, con precipitaciones más escasas repartidas irregularmente a lo largo del año. Las alturas son menores, escasea el bosque y cuando aparece es de pinos, quejigos o encinas; abundan los matorrales de boj, romero, aliaga y gayuba, entre los que aparecen con frecuencia las manchas grises de las peladas margas o los empedrados naturales de los conglomerados.

La línea que separa los pueblos que practicaban un tipo de trashumancia u otro es bastante precisa porque la trashumancia descendente se relacionaba siempre con la posesión de pastos veraniegos en los puertos, y esta posesión está reglamentada por documentación muy antigua y detallada.

De Oeste a Este, la trashumancia descendente se practicaba, y aún se practica, en los pueblos de los valles de Ansó, Hecho, Aragüés, Aisa, Canfranc, Garcipollera, Acumuer, Sobremonte, Te-

Las "esquillas" de los "chotos" que encabezarán la marcha del gran rebaño trashumante están ya preparadas. Este rebaño practicaba un modelo descendente de trashumancia. (Archivo Compairé)

na, Yésero, Sobrepuerto, Broto, Solana, Vio, Puértolas, Bielsa, Gistaín, Benasque y Alto Isábena.

La trashumancia ascendente afectaba a los ganados de casi todos los pueblos y aldeas del pre-Pirineo y hasta casi del Somontano. Pero esta trashumancia siempre ha sido más irregular que la descendente. Los pequeños propietarios ganaderos de cualquier aldea prepirenaica solían juntarse para buscar pastos veraniegos y para conducir unidos sus rebaños hasta los puertos. Pero algunos vecinos podían ciertos años no llevar su pequeño hato a las montañas, o incluso podía darse el caso de que fueran todos los propietarios de una aldea los que decidieran no subir sus ganados al puerto. A veces permanecían varios años sin ascender a los puertos y después se volvía a subir cada año. En nuestros días, podemos observar la misma irregularidad, la misma indecisión cada año. Si preguntamos en enero o febrero a un ganadero mediano (100 ovejas) del pre-Pirineo, qué hará con sus ovejas en verano, nos responderá que no lo sabe: tal vez las suba a puerto, tal vez no (y a continuación comenzará a enumerar una larga lista de las desventajas de los puertos, entre las que destacará su precio, como si intentara convencerse a sí mismo de que no debe llevar sus ganados a la montaña, pero acabará —seguramente— llevándolos).

Esta irregularidad en los ascensos estivales a los puertos de los ganados prepirenaicos se debe, sobre todo, a dos factores. Por un lado, a que no poseen puertos propios y deben alquilarlos, negociando cada año las condiciones. Por otro lado, al tratarse de pequeños rebaños familiares, pueden encontrar pasto durante el verano en los alrededores del pueblo, lo que no ocurre con los grandes rebaños trashumantes de los valles altos, para los cuales el ciclo trashumante es obligado.

Establecidos los dos grandes tipos de trashumancia en los Pirineos aragoneses, conviene destacar que cada uno de ellos engloba un número importante de variantes, hasta el punto de poderse afirmar que en la trashumancia descendente existen tantos modelos como valles hemos citado que la practican o practicaban. En la trashumancia ascendente, la variedad de modelos, aunque menor, es también considerable.

Veamos la trashumancia descendente. En ella, el verano y el invierno son similares en todos los valles. El verano se pasa en los puertos de las montañas pertenecientes a los pueblos del valle del que son los ganaderos y el invierno se pasa en lo que llaman "la ribera" o "la tierra baja", que son los territorios del centro de Aragón, del valle del Ebro o de los valles bajos del Cinca y el Gállego.

La complejidad de los dos períodos intermedios —primavera y otoño— en los que cada valle organizaba el pastoreo de un modo distinto, es la que ofrece los elementos diferenciadores que permiten establecer numerosos modelos de organización temporal y territorial de la trashumancia descendente. Max Daumas, en su excelente estudio geográfico del Alto Aragón oriental, titula un apartado del capítulo pastoril "Complejidad de la vida pastoral en otoño y primavera" (Complexité de la vie pastorale a l'automne et au printemps) (2): este título define bien en el mundo pastoril las dos estaciones. Será útil para comprender la variedad de modelos pastoriles en estas dos épocas del año, estudiar cómo transcurren en algunos valles.

En el valle de Ansó, el ciclo trashumante tradicional traía los rebaños de la tierra baja en la primera quincena del mes de mayo. Durante los meses de mayo y junio, los rebaños pastaban en los llamados "bajantes", pastos situados en la parte baja del valle, entre 800 y 1.000 metros de altitud, en las cercanías de la villa de Ansó. A partir del 25 de junio, los corderos suben a los "borregariles", pastos situados entre 1.600 y 1.800 metros de altitud. Las ovejas ascienden a los puertos el 10 de julio y permanecen en ellos hasta el 29 de septiembre. El mes de octubre pasta el ganado ovino de nuevo en los "bajantes" y en la primera quincena de noviembre descienden al "aborral". Los "aborrales" son zonas montañosas situadas a unos seiscientos u ochocientos metros de altura, a medio camino entre el valle de Ansó y los lugares de invernada. Es el dominio de las pardinas como forma de explotación y hábitat y del quejigo, la gayuba y los pastos bastos. Los "aborrales" solían situarse en las sierras de los términos de Bailo, Longás, Paternoy o Villalangua. Permanecían en el "aborral" hasta mediados de di-

Pastores colocando las "esquillas" a los carneros que guiarán el rebaño (Archivo Compairé).

ciembre y luego, cuando comenzaba la "parizón", partían hacia los lugares de invernada situados a 200 ó 300 metros de altitud, en los valles bajos del Cinca o del Gállego, en el valle del Ebro o en las Cinco Villas (3). En los valles de Aragüés y Hecho, el esquema trashumante era muy parecido.

Los detallados libros de cuentas de don Mariano Rocatallada, el ganadero de Aragüés tantas veces citado en estas páginas, nos permiten seguir con detalle el ciclo trashumante de Aragüés durante el siglo XIX y los primeros años del XX. La marcha al "aborral" se producía siempre en la primera quincena de noviembre.

Como pastos de "aborral" se empleaban los de las pardinas de Cercito, Lardiés, Samper y otras, todas ellas del término de Bailo o de los términos vecinos. Pastaban en el "aborral" hasta el 20 ó 25 de diciembre y por esas fechas marchaban al valle bajo del Gállego, al término de Marracos, donde el ganadero de Aragüés había adquirido, tras larguísimas negociaciones, compras, permutas y pleitos, una finca de más de seiscientas hectáreas en la que pastaban sus ganados hasta principios de mayo. Al comenzar mayo, los corderos y ovejas, ya esquilados, subían a Aragüés y pasaban un mes y medio o dos en los alrededores del pueblo. A mediados de junio subían los corderos a su montaña, y las ovejas lo hacían unos días más tarde.

De este modelo trashumante que podríamos llamar "tradicional de los valles occidentales", la nota más peculiar es la permanencia del ganado en los "aborrales" durante un mes o un mes y medio, a finales de otoño. El uso de pastos de "aborral" (hoy casi desconocido) caracterizaba la trashumancia de los Pirineos aragoneses occidentales y la diferenciaba de los orientales.

En los valles orientales (entre el Gállego y el Noguera Ribagorzana), el ganado subía de la tierra baja a mediados de mayo o en la segunda quincena de este mes, a veces, incluso, en los primeros días de junio. Pastaba en los pastos de "tránsito", situados a unos mil cuatrocientos, mil seiscientos metros de altitud hasta mediados de julio y en algunos casos (valle de Vio) hasta principios de agosto. Agosto y septiembre los pasaban en los puertos, a unos dos

Los pastores cargan el burro que les acompañará en el viaje trashumante (Archivo Compairé).

mil metros de altura. Allí permanecían hasta que las nieves los hacían volver —generalmente a mediados o finales de octubre— a los pastos de "tránsito". Algunos rebaños bajaban ya directamente desde los puertos a la tierra baja. Otros estaban diez ó quince días en los pastos de "tránsito" y algunos hasta un mes o más.

El tiempo que permanecieran en los pastos de "tránsito" dependía de la abundancia de estos pastos en cada valle, de su altura y de las condiciones climáticas (4).

Junto a las formas de organización temporal y espacial del pastoreo en los meses de primavera y otoño, la otra nota diferenciadora de los distintos modelos de trashumancia descendente está relacionada con las formas —individuales o colectivas— de guarda del ganado en estas épocas. De ellas se habla en el capítulo dedicado a la organización social del pastoreo.

En cuanto a la trashumancia ascendente prepirenaica, debe señalarse, en primer lugar, que su importancia cuantitativa ha sido tradicionalmente mucho menor que la descendente de los altos valles. Con frecuencia, en cualquier pueblo de la depresión, entre todos los ganaderos, reunían menos ovejas que un gran ganadero de Ansó, de Vio o de cualquier otro valle de los que poseían puertos propios.

No obstante, el ganado lanar, sin ser el fundamento de la economía de los lugares prepirenaicos, era un complemento muy importante, y en algunos pueblos su producción tenía más peso que la agraria en las economías familiares. Además, dentro de la crisis general del ovino, que ha afectado a todo el Alto Aragón, parece que los pequeños rebaños prepirenaicos han resistido mejor que los grandes rebaños de los altos valles.

La trashumancia ascendente se caracteriza porque los rebaños que se someten a la misma pasan el invierno, la primavera y el otoño en el pueblo donde residen sus propietarios, mientras que en verano ascienden durante unos tres meses a los puertos.

La diversidad de modelos dentro de este tipo de trashumancia se relaciona con la propiedad de los pastos veraniegos, con la organización del pastoreo invernal y con la mayor o menor

Rebaño trashumante en los puertos de Villanúa
(Archivo Compairé)

duración del estivaje, dependiendo éste de lo que permitan los puertos.

Sobre la propiedad de los pastos veraniegos, parece que se pueden diferenciar tres casos. El primero sería el de los pueblos prepirenaicos que tienen en sus términos pastos de verano que, sin reunir la extensión y calidad de los pirenaicos, permiten el sustento estival de la ganadería local (5). No son demasiados los pueblos que se encuentran en estas condiciones. Longás, Lobera, Luesia, Nocito, Laguarta, Yebra y Laspuña son algunos de los términos que podemos llamar prepirenaicos y que poseen pastos veraniegos, generalmente de poca calidad —sobre todo los más meridionales— y más embastecidos, invadidos por la maleza y erosionados cada año que pasa.

Otro grupo estaría formado por los pueblos prepirenaicos que poseen puertos propios fuera de su término. Se trata de casos excepcionales que tienen su origen en remotas concesiones reales. Así, por ejemplo, los ganados de Araguás del Solano, pueden pastar en el puerto de Tortiellas, del término de Aisa. El origen de esta propiedad está en una concesión real contenida en un viejo pergamino. Un caso que pudiera tal vez integrarse en este grupo, es el del valle de Solana. Las numerosas aldeas de este valle hoy deshabitadas pueden calificarse por su paisaje, por su altura y latitud como prepirenaicas; sin embargo, la copropiedad de la que disfrutaban con el valle de Vio de los puertos de Góriz, situados en los términos de Fanlo, daban a estos lugares —prepirenaicos por su entorno— un carácter pastoril plenamente pirenaico.

De todos modos, los lugares prepirenaicos que poseían puertos propios, tanto en su término como en otros términos, eran minoría frente a los que no disponían de los mismos. La gran mayoría de las villas y aldeas que se extienden al pie de los Pirineos, en alturas comprendidas entre los 600 y 1.000 metros, no tenían puertos para el verano. Sus ganaderos debían concertar con los pueblos de los altos valles la guarda veraniega de sus ganados. Tratándose siempre de ganaderos pequeños, que raramente poseían más de cien cabezas, para la negociación de los pastos

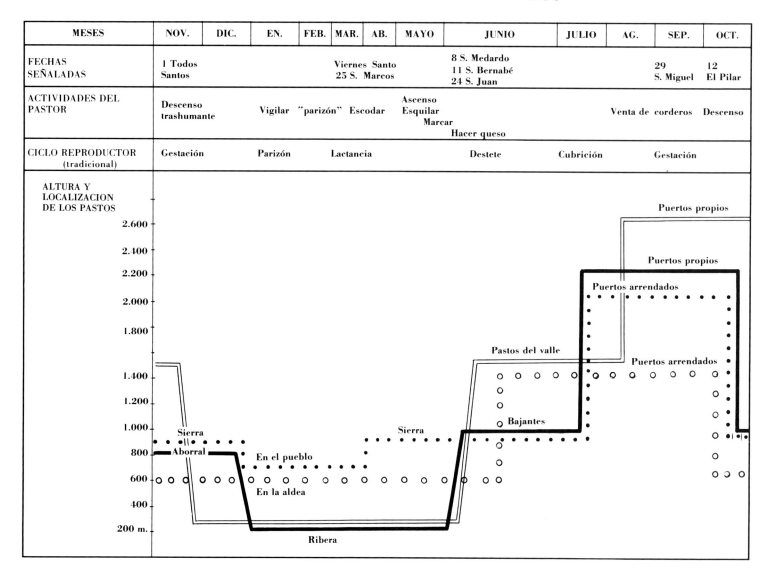

veraniegos y la conducción de los ganados se solían agrupar todos los ganaderos de cada aldea o, por lo menos, algunos de entre los mismos.

Solía haber en cada aldea una marca (casi siempre con la letra inicial del nombre de la aldea) con la que marcar todo el ganado del pueblo antes de ir a los puertos. En estas mismas páginas se muestran algunas fotos de ganaderos de Ara marcando ovejas. En este pueblo, situado al pie de la vertiente oriental de la Peña Oroel, tienen una gran marca de hierro con la letra A. En junio, después de esquilar, la marca va pasando de casa en casa para que cada ganadero marque con pez una A junto a su propia marca. De este modo, en los puertos a los que acudan será fácil reconocer el rebaño del pueblo y dentro del mismo, las ovejas de cada propietario.

La diferencia de modelos dentro de la trashumancia ascendente, no depende sólo de la propiedad de los pastos veraniegos, sino también de la organización invernal del pastoreo. En general, desde que los ganados bajan de las montañas (San Miguel, 29 de septiembre), hasta que ascienden de nuevo en el verano siguiente, pastan en los campos y montes que rodean cada pueblo, organizándose la guarda de los rebaños de distintas formas, como se explica en otro capítulo.

Pero si el pueblo posee un término extenso y quebrado, puede organizarse el pastoreo de otro modo y así resulta un tipo de trashumancia más compleja. Veamos el caso de Bailo, lugar prepirenaico con una economía fundamentalmente cerealista, pero en la que siempre ha tenido un gran peso la ganadería ovina. En los meses veraniegos las ovejas de este pueblo ascendían a los pastos que arrendaban —casi siempre en los puertos de Villanúa (valle de Canfranc)— hasta el día de San Miguel. Cuando bajaban de los puertos, las ovejas no se quedaban en el pueblo, sino que continuaban algo más hacia el Sur, hasta los pastos de la sierra. El término de Bailo es muy grande y se extiende por la sierra que tiene el mismo nombre que el pueblo. Está la sierra cubierta de pinos, aliagas, bojes, quejigos y gayubas, entre los cuales crecen pastizales bastos con los que se alimentaban las ovejas hasta los días de Navidad. Cada casa de Bailo tenía uno o varios corrales por estos montes, donde se encerraban las ovejas y dormían los pastores. Cada pastor recibía de su casa —mientras permanecía en los montes— comida, vino y ropa cada diez ó doce días (la "ropada"). Desde Navidad hasta febrero o marzo, el ganado estaba en el pueblo, pastando en los rastrojos, y el pastor dormía en su casa. Poco antes de comenzar la primavera volvían de nuevo a la sierra hasta el verano, cuando ascendían a los puertos.

En este modelo de organización temporal y espacial del pastoreo, el ganado sólo permanece un trimestre en los alrededores del pueblo (600 m.), pasando otros tres meses en los puertos (1.800, 2.000 m.) y seis meses en la sierra (800, 900 m.). Otros pueblos prepirenaicos con términos extensos y quebrados organizaban de modo parecido el pastoreo y lo mismo hacían en la mayor parte de los pueblos de los valles altos con el ganado "casalero" o "casalicano", que era el que no marchaba en invierno a la ribera o tierra baja.

En cuanto al comienzo del estivaje en los ganados prepirenaicos, éste debía someterse a las ordenanzas del puerto al que ascendieran. Los ganados marchaban del pueblo hacia las montañas para estar en ellas el día de la apertura o de la "suelta". Si subían a montañas no muy altas (1.400, 1.500 metros), el estivaje comenzaba ya el día de San Bernabé (11 de junio). Así, por ejemplo, los ganados de la aldea de Escapa (Castejón de Sobrarbe), que tradicionalmente pasaban el verano en la pardina de San Juan del Castillo, ascendían el 11 de junio y desde San Miguel hasta esta fecha se contrataban anualmente los pastores.

Si subían a puertos de alturas medias (1.500, 1.800 metros) lo hacían para San Pedro (29 de junio) o en los primeros días de julio. Para Santiago (25 de julio) se abrían los puertos altos e incluso en algunos casos más tarde (Puerto de Góriz, 1 de agosto).

En resumen: de la trashumancia en el Alto Aragón puede decirse que ha afectado a los ganados de todos los pueblos pirenaicos y prepirenaicos, desde las sierras Exteriores hasta el Pirineo axil que marca la frontera con Francia. Este es el único dato generalizable: la práctica trashumante. Dos tipos se diferencian con nitidez: uno ascendente, propio de los ganados prepirenaicos y otro descendente, propio de los altos valles. Pero cada uno de estos tipos recoge una gran variedad de modelos que generan unas organizaciones temporales y espaciales de los pastos distintas, según se encuentren a una u otra altura, sean más o menos abundantes y pertenezcan o no a los amos de los rebaños que los pacen.

LAS RUTAS DE LA TRASHUMANCIA

En el Alto Aragón, los caminos por los que se trasladan de un lugar a otro los rebaños o "cabañas" trashumantes se llaman cabañeras.

Ya hace más de treinta años, don Jorge Puyó, que sufría en su persona y su rebaño los problemas trashumantes, se quejaba porque las vías pecuarias aragonesas no estaban clasificadas, deslindadas ni amojonadas (6). En la actualidad, aunque se ha avanzado mucho en el tema, todavía no es posible disponer de un mapa exacto, detallado y completo de las vías pecuarias altoaragonesas. Tal vez su conclusión y la extinción de la trashumancia descendente lleguen a la vez.

No obstante, esta cartografía detallada de las cabañeras, que resulta muy útil para resolver numerosos problemas prácticos de los ganaderos en sus traslados y puede —o podría— haber zanjado más de una discusión, no es imprescindible para el objeto de este libro, que es el de dar a conocer el mundo pastoril. Nos bastará con conocer el itinerario general de las rutas trashumantes, sin detenernos en detalles como que tal cabañera entra en tal término por un punto o por otro, o sale del mismo por la vertiente sur de tal o cual barranco. Tarea descriptiva esta que, de llevarse a cabo, ocuparía por sí sola un volumen mayor que el de toda nuestra obra.

Vamos a prescindir también de las denominaciones de cañadas, cordeles y veredas, que además de ser trasplantadas al Alto Aragón desde el vocabulario ganadero castellano en el siglo XIX —tras la eliminación de la Mesta—, nunca fueron demasiado empleadas por los ganaderos ni respetadas en sus medidas.

Muchas veces se ha señalado la antigüedad de esta red viaria pastoril que, sin lugar a dudas, constituyó el primer entramado de caminos amplios en la península ibérica y en buena parte de Europa. Si se han hallado restos prehistóricos (dolmen de Lizara en los puertos de Aragüés, hacha de bronce en el puerto de Góriz y otros) en los pastos de altura, parece seguro que ya existió trashumancia pirenaica en la prehistoria, porque los pastores que dejaron sus huellas del primer o segundo milenio antes de Cristo en los puertos, eran trashumantes, ya que ni ahora ni entonces estos puertos permiten el pastoreo en invierno, cuando se encuentran cubiertos por más de un metro de nieve.

Si eran trashumantes, las vías que siguieron en sus desplazamientos fueron las mismas que han llegado hasta nuestros días. Un motivo fundamenta esta afirmación: las extraordinarias dificultades que, a lo largo de todos los períodos históricos documentados y de todos los territorios, ha presentado siempre cualquier pequeño cambio en estas rutas. Tal vez unas campañas arqueológicas sistemáticas, que se iniciaron con catas a lo largo de las cabañeras y prestaran atención especial a los abrevaderos y "mosqueras" (descansaderos) tradicionales, aportarían datos para sustentar la antigüedad de estas vías y para conocer la vida pastoril en los años oscuros de la Prehistoria y de la Edad Antigua y hasta en los años —nada claros tampoco— de la Edad Media.

Las vías pecuarias o cabañeras, unen los pastos veraniegos de los puertos de montaña con los pastos invernales del prepirineo y

Grupo pastoril con los "chotos" que encabezaban la marcha del rebaño trashumante (Archivo Compairé).

de la ribera o tierra baja. De 20 a 60 kilómetros separan los lugares prepirenaicos de los puertos altos del Pirineo, y de 100 a 200 kilómetros hay desde estos puertos hasta la tierra baja. Cuarenta pasos de anchura debían tener estos caminos, según decían los viejos pastores ribagorzanos (7). Ochenta y cuatro varas o setenta metros es la anchura tradicional de las cabañeras principales, según señalan los pastores del valle de Vio (8). Setenta y cinco metros de anchura marca la ley para las cañadas (9). En todo caso, se trata de grandes caminos, muy anchos, para permitir la marcha de enormes rebaños desparramados.

Ya se ha señalado que, en la trashumancia descendente de los valles altos, los lugares de invernada se sitúan en el sur de la provincia de Huesca, en el valle del Ebro, en los Monegros y en las Cinco Villas. No se puede señalar para cada valle pirenaico un lugar concreto de invernada, porque dos ganaderos de un mismo pueblo podían invernar en lugares muy alejados entre sí. Un ganadero de Ansó podía llevar su ganado al valle bajo del Cinca y otro a las Cinco villas, comarcas separadas entre sí por más de cien kilómetros. Pero esto no es todo, ya que al año siguiente el que

Los corderillos nacidos en los viajes trashumantes son transportados por el pastor. Si hay burro "cabañero", se cargan en el burro.

* Ver mapa, página 229.

estuvo en las Cinco Villas puede estar en el valle del Ebro, y el del valle del Cinca invernar en Monegros.

A pesar de esta movilidad, que nos impide señalar los lugares fijos de invernada para los ganados de cada valle, sí resulta posible hacer algunas generalizaciones sobre el tema. Los ganados del valle de Benasque solían, y aún lo hacen, invernar en la comarca de la Litera. Los de Gistaín, Bielsa, Vio y Broto bajaban al bajo Cinca, a los Monegros y al valle del Ebro. Los de Tena, Sobrepuerto y Sobremonte, a los Monegros y al valle del Ebro. Los de Canfranc, Aisa, Aragüés y Hecho, al valle bajo del Gállego y al valle del Ebro. Los de Ansó, invernaban también en los últimos lugares citados y en las Cinco Villas.

De todas formas, a estos lugares de invernada se les podrían señalar tantas excepciones que casi quedaría invalidada la generalización. Podía un ganadero invernar con su ganado treinta años seguidos en el mismo monte, y un año, por las causas que fueran —generalmente por no llegar a un acuerdo económico con los dueños de los pastos—, cambiar de lugar de invernada. No obstante, si no surgían problemas, se tendía a bajar todos los años al mismo monte. He hablado con ganaderos de Sobremonte que llevan más de treinta años invernando en los montes de Torralba. Por los papeles del Archivo de Casa Liró, de Aragüés, sabemos que los ganados de esta casa invernaron durante casi cien años seguidos en los términos de Marracos.

Esta relación entre los montañeses ganaderos y los pueblos ribereños ha producido un fenómeno migratorio, en las últimas décadas, que está por estudiar con detalle. Se trata de la instalación definitiva, en los pueblos de la tierra baja, de los ganaderos pirenaicos que invernaban en ellos. En la ribera del Cinca, en el valle del Ebro y en los Monegros, viven ahora muchos viejos ganaderos de Ansó y Tena, del valle de Vio o de Gistaín, que ante la decadencia de la trashumancia y el despoblamiento de sus valles han decidido instalarse en unas tierras que ya les eran conocidas porque pasaban en ellas la mitad del año.

Pasemos a una somera descripción de las principales cabañeras que conducen desde los Pirineos aragoneses hasta los lugares de invernada, comenzando por los valles más orientales*.

1) La más empleada (10) es la más oriental. Por ella circulan ganados de las provincias de Huesca y de Lérida que estivan en el valle de Arán. Esta cabañera pasa por Bonansa, cruza la sierra de Sis, sigue por Cajigar, Castigaleu y la sierra del Castillo de Laguarres. Después de atravesar el pasillo de Benabarre y las sierras Exteriores, se divide en dos brazos: uno hacia el Este (llanos de Urgel) y otro hacia el W. (Tamarite y Ribera del Cinca).

2) La que desciende del valle de Benasque (11) y Laspaules evita el desfiladero del Ventamillo (río Esera) dirigiéndose hacia el Este y elevándose por el macizo del Turbón, que atraviesa por el collado de Aras. Sigue por el valle del Isábena, pasando después a la depresión de Benabarre. Desde allí, un ramal se dirige hacia el Este para enlazar con la cabañera anterior. Otro, el principal, va hacia el W. y por la sierra de la Carrodilla se dirige a Monzón y la ribera del Cinca.

3) Los valles de Vio y Puértolas hacían descender sus ganados por una cabañera que, desde la desembocadura del río Bellos, marchaba hacia Ainsa. Sigue por Camporrotuno, cruza el río Susía cerca de la Mata, atraviesa la sierra de San Benito por las proximidades de la ermita de este Santo y entra en Naval. Luego, por el Collado de Hoz llega a Barbastro y sigue hacia la ribera del Cinca —un ramal— y hacia la Litera otro ramal (12).

4) Los valles de Bielsa y Gistaín, antiguamente, para evitar el Paso de las Devotas —desfiladero casi siempre intransitable— se dirigían hacia el macizo de Cotiella y, caminando por el interfluvio Esera Cinca, llegaban a Graus. Desde allí, enlazaban con la cabañera del valle de Benasque. Desde que se abrió la carretera hacia Bielsa (hace algunas décadas) emplean la cabañera del valle de Vio que acabamos de citar (13).

5) La cabañera que cruza por la sierra de Sevil es empleada por los ganados del valle de Broto y los del valle de Vio. Hace unos años —cuando aún había ganado— la empleaban también los del valle de Solana. Los del valle de Broto llegan hasta Lacort siguiendo el valle del río Ara. Los de Vio y Solana por Cambol. Por Lacort cruzan el río y comienzan a ascender. Pasan por Barrancofondo y la sierra de Capramote. Llegan al Mesón de Arcusa y siguen por Potenciana, Hospitaled, Colungo, Castillazuelo, el Pueyo de Barbastro, Monesma, Odina, Castelflorite y Ontiñena hasta el llano de Fraga o hasta Mequinenza. Otro ramal se dirige hacia los Monegros por Sariñena.

6) Cuando los ganados del valle de Broto y valle de Vio los querían dirigir hacia Huesca, seguían la cabañera antes citada hasta las cercanías de Arcusa. Desde allí se dirigían hacia el W. por Sarsa de Surta y la pardina de San Juan y cruzaban la sierra de Guara por el collado de Petreñales. Esta misma ruta seguían los ganados de Serrablo (valle alto del Guarga).

7) Los ganados del valle de Tena, Sobrepuerto, Sobremonte, Yésero y Gavín, seguían el valle del río Gállego hasta que éste se dirige hacia el W., cerca de la desembocadura del Guarga, que cruzaban por las cercanías de La Nave. Atravesaban la sierra por cuello Vail y llegaban a Huesca, desde donde un ramal se dirige hacia el valle del Ebro por Almudévar y Zuera y otro hacia los Monegros (14).

8) Los del valle del río Aragón bajan hasta Jaca. Luego, por Bernués, Anzánigo y Sarsamarcuello llegan hasta Ayerbe. Después siguen por los Corrales y Quinzano hasta Almudévar. De allí siguen hacia la ribera del Ebro o hacia el Este (ribera del Cinca o Litera).

9) Santa Cilia de Jaca es el gran núcleo central de las cabañeras occidentales. Allí confluyen los ganados de Ansó, Hecho y Aragüés. Desde Santa Cilia parten dos rutas principales. Una, más oriental, atraviesa algunos pueblos y muchas pardinas: Lardiés, Alastruey, Arbués, Paternoy, Bergosal, Lagé, Visús, Santa María, Murillo, Ardisa y valle bajo del Gállego, donde invernaban algunos rebaños (15).

La otra, más oriental, va por Santa Cruz de la Serós, pardina de Altasorbe, Anzánigo, Ayerbe (16).

Con estos nueve recorridos descritos, se señalan los ejes principales que desde los Pirineos conducen hacia la llanura. Debe tenerse en cuenta que estos ejes están comunicados entre sí, tanto al norte de las sierras Exteriores (por la depresión intrapirenaica, siguiendo por Nocito, Secorún y Sarsa de Surta), como —sobre todo— al sur de las mismas. Además, hay numerosas vías pecuarias que enlazan muchos pueblos con estas grandes cabañeras.

EL DESCENSO Y LA VIDA EN LA TIERRA BAJA

Oyendo hablar a los pastores trashumantes, se tiene la impresión de que los ganados poseen algún sentido, alguna fuerza, algo que les indica el final de cada etapa del ciclo pastoril y la necesidad de comenzar una nueva. En primavera, cuando han de abandonar los pastos invernales de la tierra baja para ascender hacia las montañas, las ovejas pasan unos días inquietas, como presintiendo y deseando el viaje, y cuando el pastor —una mañana de mayo— les abre el corral para partir a los valles altos, ellas marchan alegres.

En otoño, cuando van a dejar los puertos, las ovejas también parecen notar que han de marchar, que ya no se puede seguir en aquellas alturas. Jorge Puyó, atento observador de su rebaño, escribía: "En esta mañana serena de mediados de noviembre, no hay una sola nube en el cielo ansotano del valle de Zuriza. Soledad, mucha soledad. Una casa-cuartel, con sus correspondientes carabineros o guardias civiles de fronteras y, en sus alrededores, un rebaño de ganado que pasta, algo inquieto ya, esperando la presencia y la voz de su amo, para ponerse súbitamente firmes, a toda marcha hacia él. Esta actitud aleccionadora y sabia de nuestras ovejas, nos dice que ya no debían estar aquí, porque el corderillo crece en el vientre, y necesitan más pastos para su desarrollo. Y tiene razón. Pero nuestro ganado ignora lo que nosotros sabemos. Y es que en la Ribera, en la tierra de invernada, no hay hierba viva alguna, ni agua en las balsas. Esta es la causa fundamental de nuestra tardanza.

Pero nos vamos..., nos vamos porque aquí no se puede estar ya. A una llamada, muy particularmente nuestra, las ovejas acuden en masa, ocupando en su totalidad el estrecho camino que nos conduce a Ansó. No se queda ni una sola cabeza atrás; solamente yo, en las últimas, vuelvo la cara unos minutos para decirle a Zuriza y su dilatado e incomparable valle: ahí te quedas, muda y solitaria, para unos meses, llevándonos en nuestros ganados tus frutos generosos, transformados en lana, carne y sebo" (17).

Sobre las fechas de partida ya se ha señalado en estas páginas que había algunas diferencias entre unos valles y otros, según la altura de sus puertos, y aun dentro de un mismo valle entre unos años y otros, según el tiempo permitiera o no permanecer más días en las montañas. A veces, era la llegada de las primeras nieves la que imponía una partida obligada (y apresurada). En algunas ocasiones la marcha del ganado se va escalonando a lo largo del tiempo. Luis Gállego, que en 1965 relató su viaje trashumante junto a unos ganaderos de Ansó, señala cómo estos ganaderos bajaron las ovejas primerizas a la tierra baja a mediados de septiembre, y el resto descendieron en la segunda quincena de octubre (18).

En el valle del río Gállego, los pastores decían:

"Cuando los Fustes salen a la hora de cenar, fuera pastores a tierra ajena" (19).

Llaman en estas montañas "Fustes" o "Fustez" a una constelación que señalaba a los pastores los días de su marcha a la tierra baja (cuando aparecía al anochecer) y los de su regreso a las montañas (cuando aparecía al amanecer).

Los días anteriores a la partida, se habían preparado los badajos ("batallos") de las esquilas ("esquillas"). En estos días —que en los viejos libros de cuentas de ganados de Aragüés aparecen citados como los de "reparto de la badagería"— se reponían con huesos o palos (de abeto) los badajos y se revisaban los collares de madera ("canablas", "cañablas" o "canaulas") que sujetan las esquilas.

Los pequeños ganaderos buscaban un gran rebaño trashumante al que agregar sus animales para el viaje y para la invernada. Los ganaderos medianos (100 ó 200 ovejas) se ponían de acuerdo entre varios para juntar sus rebaños y formar una "cabaña" de 500 ó 600 animales para realizar unidos el viaje.

Se preparan las provisiones para el viaje y el pequeño ajuar de los pastores: los calderos y trébedes, las pieles, las alforjas y las botas para el vino. Se limpian las esquilas grandes que llevarán los chotos que encabezan el rebaño y los clavos brillantes que adornan el cuero de sus collares.

Coincidiendo con el día de Todos los Santos —y como preparación también del viaje trashumante— suelen "escodarse" (cortar las colas) las corderas.

Antes de partir, el ganadero se habrá provisto de la guía, documento que resulta imprescindible para el traslado de rebaños de unos términos a otros.

El día de partir, por la mañana, estará todo dispuesto. El ajuar de los pastores irá cargado en mulas o burros. Estos animales "cabañeros" que acompañaban a los rebaños trashumantes, solían ser en los valles occidentales tan numerosos como los pastores que guiaban el rebaño. En los valles orientales, y en tiempos recientes, llevaban menos caballerías, con frecuencia una sola por rebaño. Para dormir, llevan los pastores pieles y alguna manta, además de las "zamarras" o "cueras" que les sirven de abrigo y protección contra la lluvia.

Para guisar llevan un caldero de cobre y —a veces— un hierro ("craba") para colgar el caldero sobre el fuego. Las cucharas se llevan en un saquito de cuero. Gállego describe uno de estos "cucharateros" ansotanos: compuesto por dos saquitos de cuero —uno para las cucharas y otro para la sal— unidos por unas cuerdas, lleva también atado un pequeño cencerro para permitir su fácil localización entre los bultos amontonados [20].

En las caballerías también cargan sal y algo de grano para los animales y la comida de los pastores: pan, vino, tocino, patatas y, tal vez, un poco de arroz y bacalao o sardinas. Por si algún pastor pierde o rompe su vara por el camino llevan algunas de repuesto porque no se concibe un pastor sin su inseparable palo.

Una fresca mañana de noviembre, con las caballerías cargadas, las esquilas reparadas y bien sujetas, la guía en el bolsillo del mayoral y una mezcla de emociones —inquietud, tristeza— en los que se van y en los que se quedan, el rebaño emprende la marcha entre los ladridos de los perros, el ruido de las esquilas, los gritos de despedida, las voces con las últimas recomendaciones y las órdenes del mayoral.

Leyendo los libros de notas del poderoso ganadero Mariano Rocatallada, de Aragüés, que no acompañaba a su rebaño en el viaje trashumante, es fácil imaginarlo el día de la partida contando el ganado y dando las últimas indicaciones a su mayoral. Después, desde el pueblo, vería alejarse el enorme rebaño entre el polvo y los matorrales. Cuando los ladridos y las esquilas ya sólo fueran un ruido lejano y apenas perceptible, él volvería a su casa y anotaría en su "cuaderno de ganados": "Ganado que parte a la Ribera hoy 14 de noviembre de 1.86..., contado en el Portillo"; y debajo pondrá: tantas ovejas, tantos carneros, tantos machos y tantas cabras. Luego, más abajo, anotará el dinero que entrega a su mayoral para el viaje y el pan que ha cargado en los machos para alimento de los pastores.

Encabezando el rebaño iban los chotos que lo guiaban con sus enormes esquilas. Gustaban mucho los grandes ganaderos de cuidar el aspecto de los chotos como si su figura hubiera de reflejar la categoría del rebaño y el poder de su dueño. Ciertamente, estos animales de enormes cuernos suavemente retorcidos y pelo lustroso, mostraban una presencia magnífica, resaltada por los anchos collares claveteados, las esquilas y, a veces, las pinturas que adornaban sus lomos (21). Los grandes rebaños, llevaban —por delante de los otros chotos— un choto más adornado todavía, que portaba al cuello una "cimbalada" o collar cubierto de campanillas y cascabeles y coronado por un penacho rojo o una banderita. En casa de don Jorge, en Oto (valle de Broto), guardan una de estas "cimbaladas" que recuerda el viejo poderío ganadero de la casa.

Las grandes esquilas ("trucos", "cañones" y "cuartizos") con sus correspondientes badajos y collares debían fatigar los poderosos cuellos de los chotos, pero daban a los rebaños un empaque extraordinario y servían de guía para el resto de los animales.

Penachos, collares y bronce brillante, chotos lustrosos y ovejas magníficas, pastores y mayorales autoritarios, caballerías y mastines: todo constituía —avanzando entre una nube de polvo— la carta de presentación de los grandes ganaderos montañeses, de los orgullosos señores de los puertos y las cabañeras.

Las cabañas de los ganaderos medianos y pequeños no solían llevar un choto con "cimbalada", ni solían tener esquilas tan grandes, ni collares tan vistosos, pero procuraban cuidar —como los grandes ganaderos— el aspecto de los chotos que guiaban su rebaño. Todavía en el año 84, acompañando a un rebaño trashumante del valle alto del Gállego, tuve ocasión de comprobar el aprecio por los chotos de los ganaderos que lo conducían acompañados por un pastor asalariado. Cuando yo caminaba junto a un ganadero y el otro se encontraba lejos, el que iba a mi lado, señalando con su palo los dos mejores chotos de los cuatro que iban en cabeza, dijo: "¿Qué le parecen esos dos chotos? Son los mejores, ¿verdad?, pues son los míos".

Tal vez resulte de utilidad, para conocer los incidentes de un viaje trashumante, la descripción de uno de estos desplazamientos y los detalles minuciosos de una jornada. Entremos en ellos narrando un viaje que el autor realizó con un rebaño procedente del valle de Vio.

El rebaño está formado por unas dos mil setecientas ovejas. Las que faltan hasta las 3.000 que agrupaba el gran rebaño en el puerto, durante el verano, han marchado en camión. Se trataba de ovejas recién paridas o muy cojas que no hubieran resistido los ocho días de camino hasta los lugares de invernada.

Los que bajan caminando son animales magníficos que levantan a su paso exclamaciones de asombro entre los labradores y ganaderos de estas montañas. La mayoría son grandes ovejas de ojos enmarcados en un óvalo negro, de extremidades cortas y robustas, de cráneo ancho y cuerpo alargado. Hay unas cuarenta pertenecientes a un ganadero de Fanlo. Forman un grupo que destaca por su rusticidad: pequeñas y de largas lanas, esbeltas, con extremidades largas y finas. El resto pertenecen a cuatro propietarios de Almacellas (S.W. de la provincia de Lérida) y Altorricón (S.E. de la provincia de Huesca).

Arrendaron pastos en el puerto de Góriz, perteneciente a los valles de Vio y Solana. Salieron el 13 de junio de sus pueblos de origen. Entre los días de viaje y los que pasaron en los alrededores de Camporrotuno y Fanlo —donde arrendaron hierbas— alcanzaron el puerto el día 11 de julio. Allí pensaban permanecer hasta finales de septiembre o principios de octubre, pero la extraordinaria sequía del verano agotó todos los manantiales del puerto y obligó a los pastores a conducir prematuramente sus ovejas hacia la tierra baja.

Un miércoles —11 de septiembre—, a mediodía, dejaron el puerto, conducidas por los dos pastores, propietarios a su vez de parte del rebaño, que las han guardado todo el verano. Al

El pastor trashumante llega con su mulo a uno de los mesones que jalonaban las cabañeras (Archivo Compairé).

anochecer llegaron a la aldea de Nerín, donde pernoctaron. Al día siguiente, aún en tinieblas, comenzaron a caminar y el sol, cuando apareció, encontró al rebaño y a sus pastores caminando por el desfiladero del río Bellos, cuyas impresionantes paredes de calizas rojas y grises vieron avanzar el ganado trashumante durante toda la mañana y parte de la tarde. Debió ser una marcha angustiosa. Llevaban las ovejas dos días sin beber y podían ver y oír, en el fondo inalcanzable del desfiladero, las aguas frescas del río Bellos que corren entre peñascos y pulidas rocas.

Cuando —por fin— llegaron, a media tarde, a la aldea de Puyarruego, donde el valle se abre, el gran rebaño se abalanzó al galope, entre nubes de polvo, al agua. Colocadas una junto a otra frente al cauce, con sus bocas en las aguas, las ovejas formaban un muro lanudo de más de un kilómetro de longitud. Aguas abajo, el caudal, ya mermado en estas fechas, quedaba reducido a un hilo de agua.

Reconfortado tras abrevar, el rebaño continuó hasta Labuerda. Cerca del pueblo habían arrendado un campo donde durmieron. Junto al rebaño pernoctaron —como siempre— dos pastores y seis perros. En el mismo campo permanecieron dos días, mientras buscaban un camión y cargaban las ovejas paridas.

El sábado, día 14, reemprendieron la marcha y pasaron por Ainsa con los primeros rayos del sol. La villa se encontraba celebrando sus fiestas mayores en honor de la Santa Cruz. Cuando el inmenso rebaño cruzaba su calle principal, engalanada con banderitas de papel, los últimos noctámbulos —de inflamados ojos— miraban atónitos el mar de ovejas que invadía toda la calzada a lo largo de varios cientos de metros. En sus oídos, el sonido monótono de las grandes esquilas de los once chotos delanteros, se mezclaban con los ritmos —recién abandonados— de la música bailable. Mientras las últimas ovejas cruzaban el puente sobre el río Ara, los juerguistas recalcitrantes se retiraban caminando de puntillas sobre una alfombra de excrementos y orines de oveja.

El rebaño avanzó por carretera todo el día, hasta la aldea de Camporrotuno, donde pasaron la noche. Al día siguiente iban a emprender una jornada importante. Cruzarían las áridas soledades del corazón de Sobrarbe y traspasarían las sierras que limitan esta comarca por el Sur, hasta llegar a Naval.

A las siete de la mañana, cuando aún faltaba una hora para que el sol apareciera, el rebaño se puso en marcha. Durante cuatro ó cinco kilómetros —casi hasta Mediano— los animales debían caminar por la carretera, cuyo trazado sigue —en buena parte de este trayecto— el recorrido de la cabañera.

Un pastor con tres perros encabezaba la marcha y otro —con tres perros más— la cerraba. Este último, cuando las ovejas abandonaron el lugar de pernocta, lo recorrió detenidamente y lo mismo hizo con los matorrales cercanos. Esta inspección tenía como finalidad detectar posibles corderillos nacidos durante la noche u ovejas heridas o enfermas. Halló una oveja joven, cuyas lanas se habían trabado en unas zarzas que la aprisionaban. Después de liberarla se situó tras el rebaño. El mar de ovejas, extendido por la amplia calzada, marchaba a buen ritmo tras el pastor y los once chotos que abrían la marcha con el sonido acompasado y lúgubre de sus "trucos" y "cuartizos".

Había poco tránsito rodado y los conductores esperaban pacientes la orden —y la ayuda— del pastor para cruzar el rebaño. Todos preguntaron a los pastores cuántas ovejas conducían y se admiraban de la extensión ocupada por el ganado. No siempre los conductores habían tenido la misma paciencia. El día anterior, un pastor fue golpeado por el vehículo de un automovilista precipitado. En el viaje de subida riñeron con otro conductor de Barcelona. "Antes de que usted naciera ya pasaban rebaños por esta carretera", le dijo el pastor. Podría haber añadido que pasaban rebaños antes de que Barcelona existiera. En general, las riñas son frecuentes, llegándose a los insultos y —a veces— a las manos: tan grande es la incomprensión de los conductores, excitada por la prisa o la impaciencia.

Las ovejas se extendían por algunos rastrojos que lindan con la carretera. Si los campos estaban sembrados —esparceta generalmente— los perros impedían la entrada de las ovejas o hacían marchar a las que ya estaban en el campo. El pastor que cerraba la marcha —ribagorzano de origen y residente en la provincia de Lérida— hablaba con sus perros y les daba órdenes como a las personas. Cuando quería que ladraran les decía: "¡parla!" (¡habla!)

Algunas ovejas iban cojas y los pastores afirmaban que habían enfermado en el viaje, del puerto salieron sanas. Una caminaba penosamente sobre tres patas, ¿aguantaría el viaje? Conforme

Ganado "casalero" en Buerba (valle de Vio).

avanzaba la jornada se iba mejorando y pudo terminar felizmente el viaje.

Aunque las ovejas que iban a parir habían marchado en camión, probablemente algunas de las que bajaban caminando parirían durante el viaje. Estos partos constituían —junto a la escasez de agua— la principal preocupación de los pastores.

Sólo un río se atravesaría durante la jornada —el Susía— y se temía que el terrible estiaje hubiera agotado completamente su caudal. Para evitar los rigores de la sed en la larga jornada, los pastores se apartaron un poco de la cabañera y condujeron el rebaño hacia el pantano de Mediano. A las 9.30, las tres mil ovejas bebían en el gran lago artificial. Confundidos sus colores con las secas orillas, sólo algunos animales negros y los óvalos del mismo color de los ojos de casi todas las ovejas, destacaban entre los lodos resecos y blanquecinos que circundaban las aguas.

Las ovejas descansan tras abrevar y los pastores toman el primer alimento del día: pan, longaniza, torta y vino. Cuando reemprenden la marcha hay un nuevo acompañante: una oveja ha parido. Las ovejas, tan amorosas siempre con sus hijos, los desprecian cuando van de cabañera. El temor a quedar rezagadas del rebaño hace que abandonen el corderillo en muchos casos. El pastor marca a la madre con una mancha especial en el lomo y la obliga a permanecer junto al recién nacido. Durante la marcha será transportado por el pastor y en cada parada lo entregará a su madre para que lo lama. Pronto nacerá otro corderillo, y otro más tarde.

Cerca de Mediano, la cabañera deja la carretera y se dirige hacia el corazón de Sobrarde, hacia los campos de almendros y olivos, de cereal y viñas, que rodean Castejón, Olsón y sus aldeas respectivas. Sobre el rebaño vuelan docenas de aves insectívoras que lo seguirán casi todo el día: acuden a cazar los insectos que se levantan al paso de las ovejas.

La cabañera no atraviesa ningún pueblo hasta llegar a Naval. Caminando hacia el Sur quedan a la derecha Latorre, Lapardina y Castejón. Cerca de la aldea de Escapa, la ruta pecuaria cruza el río Susía. Los temores no han resultado ciertos: a pesar de la sequía, el cauce —extensísimo y plano— muestra varios canalillos de aguas muy claras. El rebaño se extiende por la glera blanca. Algunos animales beben, otros comen y todos se van por fin concentrando para comenzar el ascenso hacia los campos de Lamata, que forman el primer escalón de la sierra.

La cabañera está invadida por aliagas y otros matorrales. El piso es de tierra hasta que comienzan los conglomerados de la sierra. Nubes de polvo envuelven el rebaño, sobrevolado por las aves que cazan su comida en rápidas pasadas sobre las ovejas. El sonido recio de los "trucos" y el más suave de docenas de "esquillas" menores acompasan la marcha.

En algunos lugares la vía pecuaria —limitada por hileras de almendros— no tiene más de cuatro metros de anchura. La "arbitraria reja" del labrador ha dejado la cabañera convertida casi en una senda.

Bajo unos almendros, entre las aldeas de Javierre y Lamata, los pastores se detuvieron a comer. El rebaño se extendió por unos rastrojos cercanos, comiendo hierba y algunas espigas de cebada que habían quedado en los campos tras la última cosecha. Se ha elegido para comer un lugar donde la cabañera cruza la carretera porque un tercer ganadero, propietario también de parte del rebaño, traerá la comida en un coche y recogerá los corderillos que han nacido. Ahora casi ningún rebaño lleva caballerías en el viaje trashumante. Hasta hace pocos años los burros o machos "cabañeros" eran imprescindibles para llevar la comida, el equipaje de los pastores y los corderillos recién nacidos.

Los ancestrales enfrentamientos entre pastores y labradores siguen vivos y se manifiestan muchas veces en cada jornada de viaje. Las ovejas han de comer cada día y deben hacerlo en los campos que bordean la cabañera. Los pastores están en permanente alerta. Cualquiera que se acerque por alguna lejana senda puede ser el ofendido propietario de algún campo donde las ovejas han pastado.

Mientras comen los pastores se acerca un labrador, ¿será el propietario de los rastrojos invadidos? El pastor más viejo —tiene el pelo blanco y conduce ganado por esta cabañera desde los quince años— se dirige al labrador. Parece repetir algo ya estudiado. Con voz compungida habla de las largas jornadas de marcha. Presenta al labrador un panorama sombrío: las ovejas están sedientas, los pastores cansados, todos necesitan un poco de reposo y alimento..., no los obligará a marchar, ¿verdad? El labrador se apiada. De acuerdo. Se pueden quedar, pero sin entrar en un campo sembrado de esparceta.

Comen ensalada, sopa y carne. Mientras, planifican el final de la jornada. El ganadero del coche se adelantará a Naval con mantas y cena. Buscará un campo para pasar la noche.

Hablan de los robos de ganado. Hay pueblos por los que atraviesa la cabañera que han tenido siempre fama de tomar algunas ovejas de cada rebaño, como una especie de pícaro "carneraje" que actualiza el viejo tributo medieval. El sistema es simple. Las ovejas llenan las calles y los vecinos dejan abiertas las puertas de casas y corrales. Es fácil que alguna oveja entre. Los vecinos no roban, sólo cierran las puertas en el momento preciso. Estas historias están lejos de ser cuentos folclóricos para los pastores, que planifican estrategias para evitar la desaparición de ovejas. Cuando atraviesen el lugar temido buscarán más pastores y amigos para vigilar.

Mientras los pastores charlan, los chotos se encaraman para comer las ramas bajas de los almendros y otros árboles. Las enormes "esquillas" estorban, rozan en los troncos de los almendros y restan movilidad.

A las tres de la tarde la cabaña se pone de nuevo en marcha. Como siempre, un pastor recorre —antes de partir— los matorrales cercanos y cualquier vericueto donde pueda quedarse una oveja escondida o atrapada. Caminan un rato entre los campos de cereal más altos, inclinados ya sobre las laderas. Con frecuencia han usurpado terreno de la cabañera. Los pastores recuerdan pleitos entre labradores y ganaderos por estos temas. Cuentan uno reciente, sucedido en la comarca de Tamarite. Un labrador había ensanchado su campo tomando tierras de la cabañera en las que había sembrado "ordio" (cebada). Un pastor recorría diariamente aquel camino con su ganado y era con frecuenia amonestado por el dueño del "ordio". El pastor, cansado de la situación, amenazó un día al labrador usurpador: "De todo el ordio que no te pertenece no cogerás una espiga". El de las ovejas aguardó paciente hasta los últimos días de la primavera y, entonces, cuando las espigas ya empezaban a dorarse, midió los 75 metros de anchura legal de la cabañera y trazó una línea que marcaba su límite por medio del campo de "ordio". Después dejó que su rebaño se ensanchara por toda la amplitud de la cabañera destrozando la cebada ilegalmente sembrada. Acudió el labrador a los tribunales y consiguió lo contrario de lo que buscaba: la justicia dio la razón al pastor y

Ganado en sus pastos de invierno del Campo de Jaca. Al fondo la Peña Oroel.

ordenó la colocación de mojones para señalar los límites de la cabañera, impidiendo en años posteriores la siembra de las tierras usurpadas.

En general, no suelen acabar estos pleitos en los tribunales. Parece que todos son conscientes de actuar al margen de la ley: los labradores labran ilegalmente la cabañera y los pastores conducen ilegalmente sus rebaños por los rastrojos vecinos. Hay un pacto tácito: no habrá denuncia a los usurpadores si no cierran completamente la cabañera, y los pastores —si no causan algún daño grave en árboles jóvenes o en sembrados o si pagan el que han causado— tampoco serán denunciados. Siempre hay, en ambos bandos, intransigentes que no respetan este pacto no escrito, pero son los menos.

Cuando terminan los campos de cultivo la cabañera se adentra en la sierra entre pinos raquíticos, aliagas y enebros. Algo más arriba aparecerán las matas rastreras de gayuba. El camino es muy pendiente, formado —en algunos tramos— por verdaderos escalones en la roca. Se trata de un conglomerado de cantos rodados gruesos como el puño cimentados en una matriz bastante dura. El paso, durante miles de años, de los rebaños por el mismo sitio, ha pulido la roca y ha marcado en la misma escalones y acanaladuras.

Las ovejas forman una línea de más de tres kilómetros en algunos momentos. Al pasar cerca de la ermita de San Benito, en un punto donde el camino se estrecha entre grandes bloques de roca, transcurrió casi una hora desde que pasó la primera oveja hasta que llegó la última.

Hace algunos años, con un rebaño de este tamaño, hubieran realizado el viaje trashumante ocho o diez pastores. Ahora, los dos que lo guían están preocupados. Hace mucho calor y las ovejas son aficionadas a juntarse formando grupos numerosos en los que, apretadas unas contra otras y con las cabezas escondidas bajo los animales vecinos, resisten mejor las altas temperaturas. Cuando un cordón de ovejas que van caminando se rompe y comienzan los animales a pararse formando grupos, es muy difícil hacerlas volver a caminar. Dicen los pastores que con palos y perros no se consigue nada: sólo que los animales comiencen a dar vueltas sin que el grupo avance hacia ningún sitio. Esto puede evitarse con varios pastores que acompañen al inmenso rebaño, repartidos a lo largo del mismo, pero yendo dos, sólo queda confiar en la buena suerte.

En los altos puertos, el pastor sostiene un cordero en medio del rebaño. En los puertos no parían las ovejas. Al ascender a los pastos altos se destetaban los corderos (Archivo Compairé).

Nada ocurrió. Bajo la dirección del pastor más veterano, el rebaño, encabezado por los once "chotos esquilleros", coronó la sierra a las siete de la tarde. Desde la cima, el pastor volvió la mirada hacia los Pirineos que acababan de dejar y, especialmente, hacia los "Treserols" (Tres Sorores, Monte Perdido, 3.354 metros). ¡Cuántos días veraniegos han pasado en sus faldas!

En la reseca sierra abundan los escorpiones y las víboras. El ganado, a su paso, mueve las piedras y saca de sus guaridas a los ponzoñosos animales. En este viaje vieron un alacrán pisoteado por las ovejas. En el de ascenso dos ovejas resultaron "fizadas" (picadas). Una murió y otra logró recuperarse.

Desde la sierra, Sobrarbe aparece como una hoya amarillenta y seca, cuyos barbechos y margas parecen desprender fuego: es difícil imaginar en estas tierras otro paisaje que ofrezca mayor impresión de soledad y aspecto más desertizado. Hacia el W., en el fondo, la mole inmensa de la iglesia de Olsón y tras ella, en las sierras lejanas, Eripol y las cumbres, apenas visibles entre la calima, de montes y más montes. Por allí va otra cabañera que también siguen a veces los ganados que acuden al puerto del valle de Vio.

Se encuentran por la sierra muchas piedras agujereadas de las que hacen uso los pastores como amuleto protector. Los que conducen este rebaño han oído hablar de sus virtudes, pero no parecen creer demasiado en las mismas.

Cuando se está coronando la sierra, comienza a llover débilmente. Los pastores hablan de los rayos, que en los puertos son terribles. Cuentan numerosos casos de pastores muertos por el rayo. Recientemente, un rayo mató en el puerto de Góriz doscientas ovejas y el pastor quedó milagrosamente ileso.

Mientras llueve, una oveja inicia el parto. No quiere parar. Sigue el camino sin romper el cordón de ovejas. El corderillo está naciendo con grave riesgo. Cuelga medio cuerpo fuera de la madre y se balancea al ritmo de la marcha del ganado. Cuando el pastor se da cuenta, el cordero se arrastra por la cabañera en los momentos finales del parto. En el último instante recoge al recién nacido y lo salva de la segura muerte que le aguardaba si hubiera quedado abandonado en el camino. Es una hembra y las condiciones extraordinarias de su nacimiento y su salvación aconsejan dejarla para oveja de vientre. Poco después, en una parada, será señalada en la oreja. No saben los pastores que esta idea enlaza con las creencias prehistóricas sobre la fuerza que acompaña a todo lo raro, portentoso o único, pero lo hacen así porque así lo hicieron sus padres.

Los pastores apenas pueden hablar entre ellos en toda la jornada. Están separados por 3.000 ovejas y ninguno puede abandonar su puesto. Sólo para desayunar, comer, cenar y dormir se juntan. Mientras dura la marcha, si tienen que decirse algo, hablan a gritos y se entienden con dificultad: tánta es la distancia que los separa y tánto estorban para oír las "esquillas" del ganado que no paran de sonar.

No cuentan las ovejas cada día. Las contaron al salir del puerto y volverán a contarlas cuando lleguen a su destino. Es difícil contar tantas ovejas. Hay que buscar un sitio estrecho por donde pasen de una en una. El que esto escribe se situó en un lugar adecuado, sobre roca que limitaba un paso angosto cerca de la ermita de San Benito. Contó algo más de mil quinientas, pero luego no pudo continuar porque las cifras se agolpaban, las ovejas pasaban y se confundían..., un lío. Dicen los pastores: "no todos saben contar ovejas. Hay que tener la cabeza muy fija".

Los pastos altos de la sierra están poblados de encinas a cuyos pies se extienden —alfombrando los suelos— las matas de gayuba. Hacia el Este, abajo, destacan las masas azules de los pantanos de Mediano y el Grado.

Poco después de iniciar el descenso hacia Naval se encuentran las ruinas de un humilde corral y, algo más abajo, se alcanzan los muros ruinosos de un enorme redil con su caseta para los pastores, también derruida. Milenios de trasiego ovino por estos caminos... ¡Qué pocos restos de construcción han dejado!

Si ahora desapareciera la trashumancia y no quedaran documentos escritos sobre el recorrido de las cabañeras, dentro de un siglo nadie podría imaginar por dónde discurrían las vías pecuarias. Sólo algunos tramos de rocas pulidas, de escalones y acanaladuras labrados en la piedra por el paso de millones de ovejas, ofrecerían ciertas pistas para quien investigara el tema. Poco es, para dar cuenta e informar de los largos viajes trashumantes, de los milenarios desplazamientos estacionales.

Los montes de la vertiente sur de la sierra están cruzados por

Aborral de Cercito. Edificios de la pardina en los que se albergaban los pastores. Hoy, la pardina está deshabitada.

varias pistas construidas por los cazadores. En algunos kilómetros una de estas pistas coincide con la cabañera. Las laderas están abancaladas con gruesos muros que sujetaban viejos cultivos de subsistencia. Ahora, las aliagas y enebros cubren las tierras abandonadas, laboriosamente escalonadas.

Cerca de Naval los pastores se acercan a comprobar si han sobrevivido unos pequeños almendros que sus ganados destrozaron en junio, cuando subían. Si han muerto deberán pagarlos.

En Naval, como en casi todos los pueblos, ya no hay guarda que salga a recibir la "cabaña" y la acompañe mientras recorre el término del pueblo. Hasta hace poco se mantenía la costumbre y los pastores iban siempre con un guarda. Cuando salían de un término y entraban en otro, ya les esperaba el guarda, que recibía un pequeño pago por ir con el ganado. Hoy, sólo en un término hay un guarda que mantiene la tradición. Sale a recibir el rebaño, camina con él y recibe gustoso el dinero —bastante más que en el pasado— entregado por los pastores. Ellos también lo entregan contentos porque suele evitarles problemas con los propietarios agrícolas airados por los "aprecios" (destrozos) del ganado.

Ya oscurece cuando el rebaño se acerca a Naval. Está el pueblo celebrando sus fiestas y llegan —desde la villa de la sal, el barro y los arrieros— las notas de la música. El baile es en la plaza. Por la plaza pasa la cabañera. ¿Qué sucedería si, de momento, los que bailan alegres vieran la plaza invadida por tres mil ovejas? No las verán porque van a pernoctar sin entrar en el pueblo. A las nueve de la noche el rebaño se detiene en un campo previamente arrendado. Los pastores cenan y se acuestan en el suelo, sobre unas pieles, tapados con mantas. Llaman con humor a su vivac "posada de la estrella".

Al día siguiente caminarán entre viñas, olivos, campos de cereal y almendros. El terreno es aún montañoso, pero más suave que la sierra: están ya en el Somontano. Por la Collada de Hoz llegarán hasta Barbastro, inundarán con un mar de ovejas el principal paseo de la ciudad —el Coso— que es cabañera.

En la jornada siguiente caminarán hacia Monzón y luego, por Binaced, llegarán a Casasnovas. Dormirán allí y, después, en una jornada más, alcanzarán sus destinos de invernada en Almacellas y Altorricón.

Paisaje de aborral: montes de Bailo.

Ocho días invierten en el recorrido. Si bajaran hasta Fraga o Mequinenza necesitarían tres o cuatro días más. Y doce días también —pero por distinta cabañera— hubieran empleado para llegar hasta el valle medio del Ebro, en las cercanías de Zaragoza.

Los pastores cuyo viaje trashumante se ha descrito, viven en los pueblos de invernada. Su caso es un ejemplo de trashumancia ascendente que en nuestros días no resulta frecuente y antiguamente resultaba más raro todavía. Lo más abundante —la trashumancia descendente— desplaza a los pastores lejos de sus hogares durante ocho meses. En este tiempo viven en casetas del monte no mucho más cómodas que las de los puertos. Suelen tener muros de mampostería y tejado de teja árabe. Se aprovisionan en los pueblos cercanos y su régimen alimenticio, en el pasado, estaba basado en las patatas y las sopas o migas con sebo. Actualmente casi todos los pastores viven en algún pueblo, aunque para apacentar sus animales deban recorrer cada día varios kilómetros.

LA VIDA EN EL ABORRAL

De los aborrales ya se ha señalado su localización (sierras prepirenaicas), su estacionalidad (últimos meses otoñales) y la peculiar adscripción de su uso sólo a los valles occidentales. Debe añadirse que actualmente el aborral ha desaparecido como etapa estacional de la trashumancia ovina: las ovejas trashumantes ya no se detienen en los aborrales.

El pastor que cuidaba las ovejas de vientre en el aborral durante los meses de noviembre y diciembre o el "vacibo" (ovejas que no criaban) los meses señalados y otro más, solía organizar su vida en torno a la "pardina", cuyos montes recorría con el ganado. La pardina es un modelo de hábitat disperso, típico del pre-Pirineo del Alto Aragón occidental, constituido por una vivienda —y sus edificios agrícolas y ganaderos anejos— rodeada de algunos campos de cultivo y una gran extensión de pastos y bosques.

Cuando todo el ganado estaba en el aborral —noviembre y diciembre— se encargaban de su custodia varios pastores. Vivían en la pardina o en alguna caseta del monte, pero aprovisionados por el pardinero.

Ganado en una "cleta" de Bestué (valle de Puértolas). Los rebaños trashumantes, en su ascenso, pasaban unos días en el valle antes de subir al puerto. Estercolaban los campos y dormían —y duermen en algunos pocos lugares— en "cletas" (corrales móviles).

Al marchar las ovejas de vientre, quedaban en el aborral el "vacibo" y las yeguas (si las había) guardados por un solo pastor. Como siempre que un pastor se queda sólo en el monte, la vida del "vacibero" en el aborral era muy dura, sobre todo si no vivía en la pardina. Si residía en alguna caseta aislada pasaba mucho frío y se aprovisionaba con dificultad, porque debía abandonar el rebaño para ir en busca de comida. Cuando una nevada muy grande hacía imposible la vida en el aborral, llegaban el amo, el mayoral o una orden de estos traída por otro pastor, para dejar la sierra y descender a los pastos de invierno a juntarse con el resto del rebaño.

ASCENSO Y VIDA EN EL PUERTO

Sobre las fechas de ascenso hacia las montañas desde los lugares de invernada, ya se ha señalado cómo varían según los lugares y los años, pero, en general, pueden situarse en torno a los días últimos de mayo o primeros de junio.

Don Jorge Puyó —que durante tantos años ha conducido su rebaño de los puertos a la ribera y de ésta, otra vez, a los puertos— describe con la maestría que se funda en la observación y la experiencia, el ambiente pastoril que rodea el inicio del viaje de regreso a las montañas: "Siete meses y pico fuera de casa, haciendo vida de naturaleza, en labor cotidiana al lado de las ovejas, justifican nuestros deseos de regreso... Y también de nuestros ganados. Confesamos que entre ambos hay coincidencia de sentimientos. Y cuando llega cierto tiempo, más. En este caso, mayo es el punto de referencia.

Normalmente, en la primera quincena de dicho mes se hace la labor de esquileo. Para esta fecha hemos hecho los trashumantes ansotanos el recuento general del invierno, desde el principio hasta el fin. Viene a nuestra mente el ciclo de producción con la parizón por delante, que es ya un anticipo de año bueno o de año malo. El "venir" las ovejas bien y "seguidas" supone lo primero, el llegar mal y con abortos y bajas por tal causa, representa lo segundo.

Luego sale al camino el factor "pastos", motivo muy fundamental, porque de ello depende el que nos bastemos o no con el presupuesto inicial. Si en los campos hay "verde", contamos con buenos corderos; si, por el contrario, no tenemos tal elemento vital, hay que pensar en comederos y en piensos para sacarlos adelante. Esto supone ya un contratiempo para el ganadero, puesto que los corderos no llegan a ser nunca buenos y los gastos sobrepasan a toda normalidad. En esta situación, nunca halagadora, pasamos el invierno y parte de la primavera, pensando siempre en el buen tiempo que pocas veces llega y en el codiciado mayo, en que, por tradición, todas las cabras tienen leche.

Hemos esquilado el ganado y embalado su estimable ropa en sacas de 50 y 60 kilos. Por las mañanas, las ovejas permanecen unos cuantos días "erizadas" por la impresión del frío, al quedar desnudas. Quince días después, ya remozadas con el doble comer y semi-igualado el esquilo, se procede al marcaje. Esta circunstancia, aunque parezca extraño, la acogen con satisfacción y hasta con orgullo, porque aparte del ornato que supone para ellas, se dan cuenta, a la vez, que se enseñan pertenecientes a determinado amo. Algunas, inteligentes, vuelven toda su cabeza para verse su marca o sello y sentirse más ufanas.

Pasan unos días y se les echa la esquila al cuello. Desde esta fecha, cuentan ya los días, igual que los pastores. Por las mañanas, al soltarlas a pacer, se agolpan a las puertas del corral, cuya

Dos viejos pastores de los puertos de Góriz en los primeros años de nuestro siglo (L. Briet).

anchura resulta insuficiente: todas quieren salir a la vez, pensando en la marcha, en el puerto, en su tierra... Esto entusiasma, y casi emociona y enternece.

Son estos días ya finales de mayo o primeros de junio, en que el calor molesta, el bochorno sofoca, y todos miramos a la montaña. Sólo espera el mayoral que el tiempo se asegure, con una mañana de cierzo fino, para iniciar la marcha, que llega por fin, y, con ella, las grandes esquilas llamadas "cañones" se cuelgan a los machos cabríos, que, algunos de ellos, muy joviales, vienen solos a las manos del pastor. Y el ganado, en estos momentos expectante, se pone todo en pie, y en alegre algarabía de balidos, se inquieta, loco de contento. Se abren las puertas de par en par y el rebaño sale en masa, en actitud incontenible. Fuera, en la "facena" (pradera), hemos juntado todos los rebaños y se miran y se huelen y se llaman con extrañeza, la cría sobre todo. Pero las madres, más tranquilas y comprensivas, se dan cuenta de que son todas de la misma familia, y apenas contestan. Pero hay, desde luego, alegría general.

Agrupado todo el ganado ante la "paridera", el mayoral vuelve al corral para darse una vuelta, sin dejar rincón sin mirar, y se siente algo conmovido, impresionado, al recordar que no salen todas las ovejas que en diciembre entraron, también de los sinsabores sufridos durante el largo invierno y otras vicisitudes propias de nuestra nada envidiable profesión. Pero el ganado está ya en plan de marcha, y olvidando lo que nunca se puede tener presente en todo momento, hay general satisfacción. Decimos esto, porque los corderos, en masa, triscan alegres y revoltosos por delante y en derredor de toda la cabaña, y hasta algunas ovejas, las que no crían, les quieren acompañar. Los perros "semisos", nuestros fieles compañeros que saben de estas cosas tanto como nosotros, y, por lo tanto, disfrutan de la misma alegría, a petición nuestra, ladran y el ganado se pone todo en marcha. En este momento, con el "dolón, dolón" de las grandes esquilas puestas al cuello de los "chotos" se inicia el regreso a nuestra tierra, que ha de costar ocho, diez, doce días de largas jornadas.

Se trata de un viaje plagado de vicisitudes y de contratiempos de todo orden. Temporales tormentosos, poniendo en peligro nuestros ganados por falta de retiros, unas veces; cansancio, hambre y sed, otras; voces malsonantes, que con frecuencia se escuchan del individuo que sale a nuestro paso en actitud poco correcta, etc. En esta situación y con un bagaje de paciencia de benedictino podemos llegar a nuestra tierra, sin ganas de nada ni humor para nada. Antes de continuar la marcha hacia el puerto, descansamos un par de días en los montes bajos, y queremos hacer el acostumbrado recuento entre las que salieron y las que llegaron. ¿Muchas bajas? ¿Pocos corderos? ¿Podemos hablar ya de año bueno o año malo?...

Desde luego, suben seres nuevos, pero no vuelven, ni mucho menos, todos los que bajaron.

¡Qué pena! Unas quedaron en la ribera, depauperadas por el hambre; otras, aniquiladas por el frío; éstas, muertas por motivos microbianos; aquéllas, víctimas de partos prematuros... El pastor, ante este cúmulo de recuerdos, va cabizbajo, retrospectivo, meditabundo... soltándosele de vez en cuando algo que rueda por sus mejillas. Cunde un poco el pesimismo...

¡Pero qué le vamos a hacer! Si echamos la vista atrás, siempre verá el que lea notas tristes, reflejadas en la prensa diaria; y viceversa, acusadas en la notas de sociedad.

Es esa la vida. La vida de ayer, como la de hoy y como la de

La llegada de la "ropada". Cada diez o quince días subían desde el pueblo ropa y comida a las majadas de los pastores (Archivo Compairé).

mañana, siempre aleccionadora, que nos debe servir de base y orientación para andar con paso firme por su camino, con optimismo o sin él" (22).

El viaje de subida suele realizarse con más rapidez que el descenso, porque las ovejas no están preñadas y los días son más largos, permitiendo más horas de marcha. Veamos el viaje de subida de un rebaño del valle de Vio que sigue una ruta parecida a la que se ha descrito de bajada, pero más larga (23).

El rebaño trashumante se ha formado por la unión de tres rebaños familiares más pequeños. Entre los ganados de casa Francisco (de Nerín), de casa Patricio (de Vio) y de casa Juan (de Vio) suman unas mil seiscientas cabezas. Pasaron el invierno de 1968 y 1969 en el valle del Ebro, cerca de Mequinenza (Zaragoza). Allí vivían en un "mas" aislado en el monte. Cada semana caminaban una hora y media para ir a comprar pan a la estación de Fabara y otro tanto para regresar con una caballería cargada con el alimento fundamental de los pastores. Cada mes traían de Nonaspe el resto de la comida: patatas, bacalao, tocino, etcétera.

El día 20 de mayo se juntaron los tres rebaños para formar la gran cabaña trashumante que dirigían cinco pastores y siete perros. Junto a ellos caminaba un mulo, de nombre "Chaparro", en el que cargaron su escaso ajuar. Depués de poner en chotos y carneros las grandes "esquillas", tras almorzar pastores y perros y cargar el mulo, emprendieron la marcha.

En la primera jornada llegaron desde el "mas" hasta Mequinenza. Durmieron allí, en los desérticos páramos que custodian las aguas encerradas en la presa gigantesca.

Al día siguiente continuaron la marcha por la cabañera que asciende por el valle bajo del Segre y luego del Cinca. Durmieron en los montes de Fraga y continuaron por el valle del Cinca hasta el monte de Ballobar. Pernoctaron en una partida que llaman "La Portellada" y los pastores durmieron en una caseta del monte. Mejor suerte tuvieron al día siguiente, que pudieron descansar en la posada de Castelflorite, mientras el ganado pasaba la noche en un campo cercano.

Tras descansar en la posada de Castelflorite iniciaron la jornada

Grupo pastoril en un descanso del viaje trashumante (Archivo Compairé).

más larga. Caminaron todo el día y —tras cruzar Barbastro— llegaron a Hoz, donde pudieron también cenar y dormir en el mesón.

En la siguiente jornada llenaron con sus ovejas las estrechas calles de Naval, cruzaron la sierra, entraron en los desolados cerros de Sobrarbe y alcanzaron el río Susía, que los pastores siempre llaman barranco o río Lamata. Allí, cerca del río, encontraron un campo para "acubilar" el ganado y una pequeña caseta para dormir los pastores.

Al día siguiente llegaron a Escalona, al pie ya del valle de Vio, y también durmieron en posada.

En la última jornada, cruzaron el río Bellos por el puente de Puyarruego y tomaron el camino de Gallisué (esta es la verdadera vía pecuaria y no la que ahora suele emplearse siguiendo el curso del río). Por la tarde llegaron a sus destinos y los tres rebaños se separaron. Aún faltaban dos meses para la apertura del puerto: los pasaron por los pastos del valle, esperando —entre hierbas siempre escasas— la llegada de "la suelta" en los puertos, que garantizaba unos meses de pastos frescos y abundantes.

Vistos los Pirineos, en los meses de agosto o septiembre, desde las sierras Exteriores, ofrecen el aspecto de una cordillera desierta, solitaria y yerta. Los pastos verdes que llegan hasta los roquedos grises y las nieves cercanas a las cumbres, se muestran silenciosos, deshabitados, agrestes. Sin embargo, esta apariencia no es real: los pastos altos, los puertos que se extienden por vallecillos glaciares, entre canchales y escarpes, están llenos de vida. Miles de ovejas y vacas y docenas de pastores los habitan y recorren cada día.

Violant i Simorra describió admirablemente la vida de los pastores tradicionales en los puertos (24). Cuando a cargo de cada gran rebaño se encontraban media docena de pastores dirigidos por un mayoral, éste repartía cada día las tareas. Ordenaba a cada pastor el hato que debía guiar y le señalaba la dirección que seguiría aquel día. Un pastor, con una caballería, se encargaba del aprovisionamiento, y otro guisaba para el resto de los pastores.

Los grupos pastoriles amplios y jerarquizados han desaparecido en los Pirineos, ya hace algunos años. Ahora, las majadas o

El pastor —seguido por sus cuatro perros— se dirige, al amanecer, a vigilar el ganado que despierta. Es la Montaña de Sesa (1.700-2.500 metros), en el valle de Puértolas. Al fondo, Monte Perdido (3.355 metros).

"mallatas" de los puertos se encuentran habitadas por uno o dos pastores (25).

Veamos la vida que, en el verano de 1985, lleva un pastor en la mallata de Bachesango, situada en el puerto de Gavín, a unos mil ochocientos metros de altitud, al pie de los impresionantes escarpes de la cara sur de Tendeñera (2.853 metros).

Ramón Piedrafita tiene unos cincuenta años. Llegó al puerto a comienzos de julio, después de un viaje trashumante de cuatro días desde Larués, con un rebaño de unas novecientas ovejas que pertenecen —la gran mayoría— a él mismo y a un ganadero de Santa Cilia, que también suele permanecer en el puerto cuidando el ganado. Cuando llegaron al puerto no encontraron mallata alguna para cobijarse y decidieron construirse una. La levantaron entre dos barrancos: el principal —que baja de Tendeñera— y otro más pequeño, que viene del Sur. Eligieron un sitio cercano a dos fuentes permanentes y junto a la ladera donde pueden "acubilar" el ganado. En un solo día construyeron una caseta con muros de mampostería seca y forma casi cuadrada. La altura no supera los 120 centímetros, y la puerta —que se abre hacia el S.W.— obliga a entrar caminando a gatas. El tejado lo construyeron de una sola vertiente, poniendo sobre los maderos unos plásticos y encima "tasca" (césped con la tierra adherida a sus raíces). Para cerrar la puerta emplean una vieja chapa de cinc. En este refugio, de tres metros cuadrados, colocaron un delgado colchón de espuma para dormir.

Como la caseta era muy pequeña, construyeron —adosado a la misma— un habitáculo de fábrica similar, con forma casi circular, de un metro de diámetro y unos cuarenta centímetros de altura, que servía de despensa. Cerca, prepararon un tosco hogar con tres piedras para hacer fuego y cocinar. Las piedras que rodean la caseta sirvieron para guardar —ocultas bajo ellas— muchas cosas, sobre todo alimentos.

Preparada la que había de ser su residencia durante casi tres meses, comenzó la monotonía diaria de la que —con pequeñas variaciones— constituiría su actividad en todo este tiempo.

Por la mañana, el pastor se levanta cuando empieza a clarear, antes de que salga el sol. Delante de su majada el ganado también comienza a despertar. El lugar donde duerme el ganado forma una gran mancha oscura de "sirrio" (estiercol de oveja) que contrasta con el color verde de los pastos o el gris de las rocas. Mientras se dirige a la fuente, el pastor observa el rebaño, los perros le siguen y miran también —silenciosos— las ovejas y cabras. No hay novedad. El ganado está tranquilo.

Las dos fuentes, que manan entre el pasto, están tapadas con losas para evitar que los animales ensucien el agua. Emplea el agua de una fuente para lavarse y la otra para beber. Además, los huecos de las dos fuentes sirven para guardar los alimentos y las bebidas frescas. Tras el aseo, el pastor prepara la comida para el día: echa en su alforja fruta, algo de ensalada, agua y vino. Por último, pone una botella de vino dentro de una fuente para hallarla fresca cuando vuelva cansado al anochecer. Tapa con sus losas las dos fuentes y vuelve a la majada para prepararse el desayuno.

Se sienta en una piedra con un trapo en las rodillas y pasa un rato cortando pan para hacer migas. Cuando el pan está troceado envuelve en el trapo las finas sopas y enciende el fuego. Tiene preparado un montón de leña que ha traído del bosque, nada cercano —por cierto—. Corta sebo en la sartén y la pone al fuego. Añade algo de aceite de una botella que tiene escondida bajo una piedra. Echa el pan en la sartén, donde el sebo es ya todo líquido. Luego añade unas gotas de agua. Las migas están pronto preparadas y las come en seguida, antes de que se enfríen.

Cuando había varios pastores en cada majada, nadie comía hasta que el mayoral bendecía el caldero marcando sobre el mismo una cruz con su cuchara. Luego, si el mayoral bebía, nadie comía mientras él no acababa de beber.

Los perros también deben desayunar. Comen migas —si sobran— y, más generalmente, un trozo de pan.

Cerca de la majada está colgado el "salón". En un bloque errático de caliza que presenta un escarpe de tres o cuatro metros por una cara, permanece suspendido en su mitad un saco de malla atado con una cuerda. Después de acabar con las migas, el pastor sube a la roca por la parte posterior, tira de la cuerda y levanta el saco que contiene el "salón". Es la carne de una oveja que, tras morir o ser sacrificada, se deshuesó y mantuvo en sal veinticuatro horas. Luego se colgó al sol y adquirió el color negro que ahora presenta. El pastor corta algunos trozos y vuelve a descolgar el "salón" por el escarpe, donde permanece a salvo de los animales salvajes y perros a los que tienta su olor. Mientras se acerca a la majada come un poco de "salón" y pone el resto en la alforja, para comer durante la jornada.

Mientras tanto, el sol ha aparecido ya en las cumbres, iluminando las rocas de Tendeñera y las otras peñas de la misma sierra. El ganado está inquieto y sin esperar la orden del pastor comienza a caminar por la ladera. El pastor y sus perros siguen al rebaño que forma largas filas paralelas por la vertiente ("acordonar" llaman a este modo de ordenarse las ovejas).

El pastor dirige las ovejas hacia los pastos. Por la mañana, mientras el calor no apriete, comerán bien. Luego, cuando suba la temperatura, "acalurarán". Llaman "acalurar" a una reacción defensiva de las ovejas frente al calor: se juntan todas formando un bloque compacto, con las cabezas escondidas en la sombra que proyectan los animales vecinos. Mientras "acaluran", el pastor comerá y, si encuentra un lugar adecuado, tal vez duerma un rato.

Por la tarde, quizá las conduzca hacia el barranco, para que beban. Después, "acordonando", se dirigirán lentamente hacia la majada. Llegarán cuando comience a oscurecer. El pastor cenará

Las laderas de algunos puertos presentan fuertes pendientes. Puerto de Gavín.

Para contar el ganado, se hace pasar el rebaño por un paso estrecho. En la foto, el pastor del puerto de Bonés cuenta las ovejas de su rebaño.

Para facilitar el conteo, el pastor, con la navaja, hace una muesca en el extremo inferior de su palo por cada 50 ovejas contadas. En la foto, un ganadero muestra su palo con las muescas del conteo. Montaña de Sesa (valle de Puértolas).

algo, dará una última vuelta para comprobar que el rebaño está tranquilo, y se acostará. El lecho está formado por un colchón de espuma sobre unas tablas. Encima del colchón hay pieles de oveja. El pastor se acuesta vestido sobre ellas y se tapa con una manta.

Cada ocho o diez días le suben comida y ropa al refugio de forestales, que se encuentra a una hora de camino de su majada. El las baja a buscar y las lleva sobre sus espaldas hasta la caseta donde vive.

Antiguamente, estos suministros ("ropada") los subían con caballerías hasta la majada. Se encargaban de llevarlos los parientes del pastor o los propietarios del ganado. Si el grupo pastoril era numeroso, un pastor tenía como misión, casi exclusiva, el aprovisionamiento del grupo. Ahora, ya no hay grupos pastoriles que convivan en una majada, y apenas quedan caballerías. Allí donde la carencia de pistas no permite la llegada de vehículos hasta la majada, el pastor carga en sus hombros la comida, a veces durante horas.

Cada ocho o diez días da sal al ganado. En algunas piedras planas que ya tiene preparadas con este fin ("saleras" o "salineras") el pastor —bien pronto, antes de que el ganado se levante— echa sal. Luego conduce el rebaño hacia ellas: pocas veces es dado ver un rebaño que camine más alegre que en estas ocasiones. Después de tomar sal, las ovejas marchan al barranco o río, fuente, balsa o lago, donde acostumbran a abrevar.

Aparte de la llegada de la "ropada" o los días de dar sal, pocas novedades rompen la monotonía. Algunos días hay que buscar una oveja perdida o curar a las heridas o enfermas. Hay que salar alguna si se muere y se puede comer; o por lo menos quitarle la piel si no se puede comer. Alguna vez suben los propietarios de las ovejas para conocer la marcha de su ganado y llevarse las que hayan parido con sus crías.

Algunos pastores cuentan su rebaño todos los días, por la mañana y por la tarde. Suelen tener cerca de la majada un paso estrecho por el que obligan a pasar las ovejas casi de una en una, para facilitar el recuento.

En los rebaños muy grandes, actualmente —que hay pocos pastores— no se cuentan las ovejas desde que entran en el puerto hasta que salen.

Si no hay ninguna catástrofe, suele parecer normal que durante el verano mueran una o dos ovejas de cada cien por enfermedad o accidente. Por debajo de estas cifras se suele hablar de buena suerte y por encima, de catástrofe natural o de descuido del pastor.

Cada pastor sabe los rebaños que hay en el mismo puerto y conoce a los pastores o "buyeros" (boyeros, pastores de vacas) que los conducen. Pero con frecuencia pasan muchos días sin verse.

La vida en el puerto —monótona y solitaria— ha sido siempre dura. En nuestros días, esta dureza —por un lado— se ha mitigado. Por otro lado, nunca los puertos han sido tan terribles como ahora. En la medida en que, a veces, están comunicados por carretera, y las viviendas pastoriles son más amplias y cálidas, la vida en el puerto se ha mejorado. Pero relativamente ha empeorado. Hace un siglo, las condiciones de vida en una majada (temperatura, lecho, ropa, alimentación, etc.), tal vez no fueron muy distintas de las que el pastor tenía en su casa. En la actualidad, el ambiente de una majada —aun de las mejores— dista mucho de lo que suele ser habitual en los hogares montañeses. Luego está la soledad. Antes, los amplios grupos pastoriles ofrecían un marco solidario; ahora, lo más frecuente es encontrar un pastor solo en cada majada. Habrá quien no dé importancia a esta soledad al verla amortiguada por la costumbre y la rústica robustez de los pastores. Pero quien se despida de un pastor —aunque sea fuerte y no muy viejo— al oscurecer, después de haberlo acompañado todo el día junto al rebaño, oirá —con toda seguridad— algunos lamentos y quejas por las noches que una semana tras otra —y así todo el verano— debe pasar solo entre montañas y riscos.

Un pastor viejo y solo en una majada, a casi dos mil metros de altura y tres horas de camino hasta la majada habitada más cercana, enferma de pulmonía. Aguanta dos días mientras sigue a su rebaño entre sudores y espasmos febriles. Nadie llega. ¿Qué puede hacer? ¿Abandonar el rebaño? Al tercer día decide descender hacia la pista más cercana. Emplea casi un día en recorrer lo que normalmente camina en tres horas. Lo recogen en estado grave. Con medicación y reposo la salud vuelve lentamente. Durante un mes las ovejas están solas en el monte. Aún convaleciente, vuelve el pastor a la majada. Pocos cuadros se pueden imaginar tan tristes como la imagen real de este hombre cuando regresa a su rústica vivienda pastoril y se arrastra sobre el suelo para entrar en

Pastores comiendo en el puerto delante de su majada (Archivo Compairé).

una caseta cuya puerta tiene 80 centímetros de altura y el interior poco más; que se sienta en un lecho de ramas y comienza a mirar los muros ahumados y llenos de agujeros; que mira las cerillas guardadas sobre una piedra, las teas, en otra piedra, y el sebo atado del techo, y que vuelve su vista al agujero, llamado puerta, para ver, en el exterior, al perro, su único compañero en todas las noches de puerto que le quedan.

EL CICLO REPRODUCTOR

El ciclo reproductor del ganado, como el tránscurso de las estaciones y el traslado del rebaño de la montaña al llano y del llano a la montaña, contribuye a organizar estacionalmente las tareas pastoriles. El período de gestación en las ovejas dura cinco meses. Las modernas técnicas de manejo ganadero, la selección de razas, la estabulación y el suministro de piensos han logrado que en la actualidad muchos ganaderos obtengan dos crías anuales por cada oveja. Además, cada día resulta más frecuente que los ganaderos procuren repartir los partos de sus ovejas a lo largo de casi todo el año para disponer siempre de corderos para vender y aprovechar las alzas de precios en las épocas de buena demanda y oferta escasa. Sin embargo, tradicionalmente las cosas eran algo distintas. Cada oveja criaba un cordero al año y los partos se concentraban en algunos días invernales.

Los viejos pastores argumentan, razonadamente, el ciclo reproductor tradicional. Dicen que los partos debían realizarse en la tierra llana porque ofrece mejores condiciones climáticas que la montaña. Además, había que evitar que hubiera partos en los viajes trashumantes. Juntaban los machos con las ovejas a finales de julio. Las ovejas dejaban los puertos preñadas. En el "aborral" pasaban sus últimas semanas de gestación y parían en diciembre, ya en la tierra llana, en los pastos de invernada. Los corderos tetaban hasta junio. A mediados de este mes, se producía el destete y las ovejas eran ordeñadas durante un mes para producir queso. A finales de julio las ovejas se juntaban de nuevo con los machos y el ciclo comenzaba de nuevo.

Sin lugar a dudas, los días de "parizón" o de "aparizonar", cuando se producían la mayor parte de los partos, eran de intensa actividad para los pastores. La "parizón" se extendía a lo largo del mes de diciembre —sobre todo en su segunda quincena— y durante la primera quincena de enero. En los rebaños grandes, en los días de "parizón" se producían a veces hasta 40 o más partos diarios. Con frecuencia era necesario contratar un pastor más durante la época de "parizón". Este pastor, llamado "parizonero", se unía a los otros pastores cuando éstos dejaban el "aborral" —mediados de diciembre— para dirigirse a la tierra llana y permanecía con ellos hasta que tenían lugar los últimos partos, ya en febrero e incluso en marzo. En estas mismas páginas se reproduce el contrato —tomado de un cuaderno de salarios de Casa Liró, de Aragüés— de un "parizonero" en la temporada 1849-1850. Este "parizonero" estuvo con el rebaño más tiempo del que solía ser habitual. Se unió a los otros pastores el 21 de octubre y permaneció con ellos hasta el 21 de marzo, es decir, cinco meses.

Veamos cómo cuentan los viejos pastores el transcurso de un día de "parizón" en la "tierra baja". Cada mañana, en la majada, se levantaban temprano los pastores. El mayoral abría la puerta del corral y entraba a inspeccionar el ganado para ver cómo iban los partos. Los pastores le seguían esperando órdenes. Cuando encontraba una oveja parida encargaba a un pastor que sacara del corral

En los puertos de Gavín el pastor muestra un "salón" (oveja seca) del que corta cada mañana dos trozos para comer a lo largo de la jornada.

Un rebaño se aproxima al lago glaciar de Bucuesa (puerto de Acumuer) para beber.

El pastor camina con dos corderillos en sus manos, seguido por la oveja madre. Es el mes de enero, época de "parizón", en Acumuer.

Señales en las orejas del ganado. A) "forqueta", B) "osqueta", C) "espuntada", D) "resacada", E) "fendida", F) "agujerada".

"Afrontar", llaman los pastores al trabajo de juntar las ovejas con sus corderos cuando regresan por la tarde al corral.

a la oveja con su cría a un terreno llano que solía haber delante del corral al que llamaban "acampador". Si alguna oveja tenía muerto su cordero, se le hacía criar un cordero de otra oveja que tuviera dos. Casi siempre la oveja rechazaba su nueva cría. Para evitar este rechazo, el pastor cubría el cordero adoptado con la piel del cordero muerto. Para que la piel cubriera completamente al corderito, la habían sacado del otro cordero entera, sin romperla casi, con sólo un pequeño corte desde el morro hasta el pecho. Si seguía la oveja rechazando el cordero, la ataban en el "pedero". Consistía el "pedero" en una estaca de madera clavada en el suelo del "acampador". Allí se ataba, por la noche, de una pata, la oveja hasta que aceptaba al cordero. La ataban siempre de una pata delantera, cambiando cada noche de pata y comenzando por la izquierda.

Durante el día, en el monte, continuaban los partos, y los pastores, al anochecer, solían regresar a la majada cargados con dos o más corderos cada uno. En otro capítulo se explica con detalle cómo los pastores disponían de distintos remedios para que las ovejas se "limpiaran" (expulsaran bien la placenta) tras el parto. Asimismo, conocían productos que estimulaban y facilitaban la cubrición de las ovejas por el macho. También debían evitar todo lo que pudiera propiciar los abortos. En otro capítulo se reproduce la carta que un mayoral escribía a su amo desde el aborral de Cercito en los primeros días de diciembre de 1891. El mayoral, dando cuenta del estado del rebaño, escribe: "Por ahora el ganado sigue bien. Morir no ha muerto ninguna, sino las dos del lobo. Abortar han abortado tres, pero creo será de las escarchas y los yelos". En la misma carta el pastor le dice al amo que baje pronto para estar en la "parizón": "También podrán mirar de llegar aquí el día 18 para marchar el 19 porque se ven ovejas adelantadas y se cumplen el veintidós y tenemos que poner cuatro días (en la marcha a la ribera) que me figuro que aún parirá alguna".

"SEÑALAR"

Hacen distinción los pastores entre "señalar" y "marcar". La marca se hace con pez cada año en junio, y al año siguiente, si algún resto de la misma quedaba, desaparece con el esquileo. La señal se hace cortando unos trocitos de oreja en el animal joven y es imborrable por el paso del tiempo.

Cada casa tiene su señal y su marca. Las señales nos muestran un resto de un código antiquísimo. Probablemente, constituyen un fósil de sistemas prehistóricos anteriores a las numeraciones documentadas históricamente.

Hay seis modelos de cortes que pueden hacerse en una oreja y que se conocen con los nombres de: "forqueta", "osqueta", "fendida", "resacada", "espuntada" y "agujerada". Teniendo en cuenta que algunos de estos cortes como la "osqueta" y el "resaque" pueden hacerse en las dos orejas, aparecen numerosas posibilidades para que cada casa de un pueblo y aun de un valle, tuviera una señal distinta.

Si se le pregunta a un ganadero cuál es la señal de su casa, su respuesta será del tenor de las que siguen: "Forqueta y osqueta patrás en la oreja derecha" o "Espuntada y fendida en la derecha".

Se señalaban poco después de nacer los animales que iban a seguir en la casa y no se señalaban los que se iban a vender. Los cortes de las orejas se hacían —y se hacen— con navaja o con tijeras.

El pastor señala una cordera, con la señal de su casa, haciéndole cortes con una tijera en la oreja (Ara, Campo de Jaca).

"ESCODAR"

"Escodar" es el verbo que en estas montañas señala la acción de cortar la "coda" (cola) de las corderas. Se "escodan" las corderas que van a dejarse para madres con el fin de facilitar la cubrición. No se "escodan" los animales que van a ser vendidos ni los corderos que se reservan para padres. Tradicionalmente, se realizaba esta tarea en dos fechas que coincidían con celebraciones religiosas: Viernes Santo y el día de Todos los Santos. Todavía son muchos los pastores pirenaicos que respetan las fechas tradicionales y "escodan" durante los días citados. El día de Viernes Santo pierden su cola las corderas nacidas en diciembre o enero, fechas en las que se acumulan la mayoría de los partos. Para Todos los Santos se "escodan" las corderas que nacen en partos muy tardíos o proceden de la segunda cría. Estos primeros días de noviembre son los que preceden a la marcha del rebaño hacia la "ribera" o "tierra baja".

Los pastores que no "escodan" en los días señalados lo hacen en cualquier otra fecha cercana a los mismos. Suelen elegir un día frío y seco porque la hemorragia es menor y porque creen que en esos días resulta la tarea más fácil, ya que la piel está más quebradiza, menos correosa (26).

La tarea es simple y rápida. El pastor toma una cordera y la sujeta entre sus piernas. Arranca en la cola un círculo de lana señalando el lugar por el que desea cortar. Después retuerce con fuerza la cola del animal que de este modo ya queda quebrada. En algunos lugares (así lo observé en Arto) el pastor echa su aliento sobre la mutilada cola del animal y luego da en la misma un golpe con la palma de su mano. Me han dicho que siempre lo habían visto hacer así y creen que de este modo disminuye la hemorragia.

Las colas se guardan. Luego las pelarán y las guisarán. Son un bocado muy apreciado.

EL ESQUILEO

Se esquilan las ovejas en primavera, antes de ascender a los puertos. Sobre las fechas más adecuadas para esquilar no hay acuerdo. En la mayor parte del Pirineo y del pre-Pirineo, se esquilaba en mayo, antes de subir de la ribera. La lana se enviaba desde allí a Zaragoza u otros lugares, y las ovejas —ya esquiladas y marcadas— emprendían el camino de subida hacia las montañas. Sin embargo, en algunos lugares se esquilaba más tarde, en junio o incluso en los primeros días de julio. En San Juan de Plan dicen: "Entradas en mayo y esquilas en junio, líbrame dómine". Quieren explicar con este refrán que en junio es todavía demasiado pronto para esquilar. Las ovejas, que entraron en mayo en el valle, provenientes de la "tierra baja", no están todavía en junio en condiciones de ser esquiladas porque el tiempo es aún muy fresco. Habrá que esperar hasta los últimos días de junio o primeros de julio.

Entre los primeros días de mayo, cuando se esquilaban algunos rebaños en la ribera, y los primeros de julio —cuando los chistavinos consideraban que debían esquilarse las ovejas— se extendía la época del esquileo. Gran trascendencia tenían estas fechas porque la lana —aparte de satisfacer las necesidades textiles de las familias pirenaicas— proporcionaba, con su venta, un caudal monetario para el ganadero casi tan importante como la venta de animales.

Del esquileo se ocupaban los dueños de los rebaños o cuadrillas de esquiladores. Si el rebaño era pequeño, el dueño, ayudado por

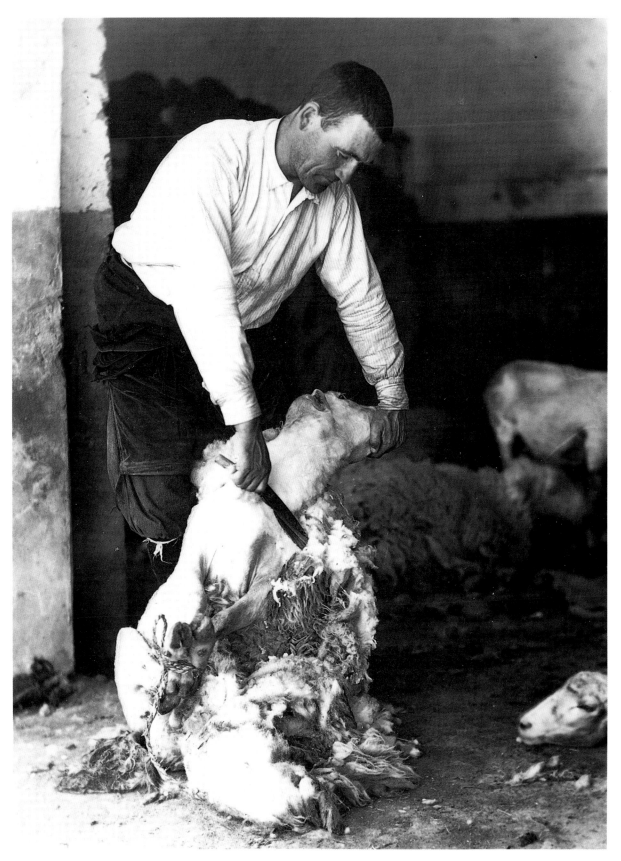

Esquilador realizando su trabajo (Archivo Compairé).

Tijeras empleadas en 1985 por un grupo de esquiladores en Orna de Gállego.

algunos parientes o amigos, se arreglaba para esquilar. Generalmente, esta actividad entraba dentro de las consideradas como de "ayuda recíproca" (27). Entre los pequeños propietarios se ayudaban cuando el trabajo apuraba más. Uno recibía la ayuda de tres o cuatro ganaderos y, a su vez, ofrecía ayuda a los mismos cuando esquilaban. Si el rebaño era muy grande, se contrataban los servicios de una cuadrilla de esquiladores. Estas cuadrillas podían ser de gente del país o de gente que venía de fuera, casi siempre castellanos de la provincia de Soria. Las cuadrillas, formadas por seis u ocho esquiladores, tenían ya apalabrados los esquileos de un año para otro. Eran unos jornaleros temporeros —como los segadores o vendimiadores— cuya temporada duraba los meses de mayo y junio. Estas cuadrillas —diezmadas y mecanizadas en sus tareas— siguen ofreciéndose en nuestros días a los ganaderos para esquilar. En el Alto Aragón occidental he visto trabajar una cuadrilla de sorianos y me han hablado de otra de esquiladores de Botaya (aldea cercana a San Juan de la Peña). Los esquiladores no empleaban ningún indumento especial en el desarrollo de su trabajo. Si acaso, se ponían alguna ropa vieja. No obstante, a un hombre de Boltaña le he oído decir que la lana limpiaba mucho, y que si tenía un traje muy manchado, se lo ponía para esquilar, y al acabar estaba limpio. No me han confirmado esto otros ganaderos, pero todos han estado de acuerdo en que la lana limpiaba y "afinaba" las manos.

Sólo en los últimos años se están empezando a introducir las modernas máquinas eléctricas para esquilar, pero su uso no está todavía generalizado ni siquiera entre las cuadrillas de profesionales que recorren las aldeas esquilando rebaños. Las tijeras han sido —y todavía son en buena medida— las herramientas únicas del esquilador. Hay numerosas variedades de tijeras para esquilar pero todas se resumen en dos modelos: las de anillo y las de muelle. Las de anillo son muy antiguas y han ido perdiendo utilidad. Entre ellas, las más viejas tenían el anillo de cuerno de vaca. Las tijeras solían ser obra de herreros locales, y en muchas de ellas se encuentran todavía las marcas de herreros que trabajaban en los pueblos de estos valles.

Las cuadrillas de esquiladores mantenían una rígida jerarquización. Había un jefe que contrataba los trabajos y los cobraba. El jefe designaba a los esquiladores delanteros y a los de detrás, entre los cuales se contaba él mismo, por requerir el esquileo de la parte trasera de las ovejas mayor experiencia y habilidad.

En el valle de Gistaín las jerarquías entre los esquiladores y los rituales del día del esquileo, llamaron la atención de don Ramón Violant y Simorra, y así lo hizo constar en sus trabajos etnográficos (28). En la actualidad todavía el día de esquilar conserva en este valle casi todo el ritual primitivo, y para reconstruir lo que se ha perdido está la excelente memoria de José de Parigüelo, viejo esquilador de San Juan (valle de Gistaín).

Como ya se ha dicho, en el valle de Gistaín esquilaban a finales de junio y comienzos de julio. Los primeros rebaños se esquilaban para los días de San Juan (25 de junio). Se trataba de rebaños pequeños que podían encerrarse con facilidad en cualquier corral del pueblo. Los rebaños grandes, que por estas fechas ya estaban en los pastos altos, se bajaban al pueblo, para esquilar, algo más tarde, en los primeros días de julio.

El día anterior a la jornada de esquileo, por la tarde, el pastor bajaba los corderos y corderas. Ponía delante del rebaño de animales jóvenes algunos chotos con grandes esquilas para que sirvieran de guías, como cuando iban de trashumancia, y se

El ajuar de los pastores trashumantes (Archivo Compairé).

encaminaban al pueblo. Encerraba los corderos y corderas en un corral y a la mañana siguiente, cuando salía el sol, comenzaban a esquilar. Trabajaban en el corral de la casa, formando los esquiladores un "rolde" (círculo). El pastor era el encargado de atar los animales, que permanecían atados durante todo el tiempo que duraba su esquileo (ahora acostumbran a desatarlos antes para esquilar la tripa. El esquileo completo sin desatar requiere mucha habilidad). Las comidas de los esquiladores —siempre las mismas, a las mismas horas y con las mismas viandas— merecen ser citadas. Antes de comenzar a esquilar habían echado un trago (pan y vino). A las ocho almorzaban: sopas, tortilla o hígado de oveja con salsa. Hay que señalar que el amo de la casa habrá matado una o dos ovejas para comer aquel día. A las diez, nuevo trago, esta vez con queso y vino.

Dejemos un momento las comidas y volvamos a la tarea de los esquiladores. Se calculaban unas cincuenta ovejas por cada esquilador y día, aunque casi siempre llegaban a esquilar 60 y, en casos extraordinarios, hasta 70. José de Parigüelo dice que ha llegado a esquilar 72, y su padre llegó a esquilar 80.

Esquilador que afila sus tijeras en una piedra. (Borrés, Campo de Jaca).

El pastor entregaba las ovejas atadas a los esquiladores "delanteros". Estos esquiladores —como su nombre señala— esquilaban la parte delantera del animal, hasta terminar la "pierna". Por cada tres esquiladores delanteros había uno "de atrás" o "trasero". El "de atrás" tenía que esquilar la tripa sin desatar el animal y terminar las orillas. Los de delante tenían que darse mucha prisa, para que siempre tuvieran los "traseros" ovejas dispuestas. ¡Ojo que el "de atrás" cogiera a los "delanteros"! Los "delanteros" tenían que afilar más veces sus tijeras porque entre la lana de la parte delantera de la oveja hallaban más piedrecitas y arena que en la parte trasera. Mientras que el "de atrás" afilaba su tijera cada ocho ovejas. Los "delanteros", debían afilar las suyas cada tres o cuatro ovejas.

Hacia las diez de la mañana ya estaban esquilando los corderos y corderas. Para esa hora ya habían llegado al pueblo las ovejas que habían comenzado a bajar del monte aquella mañana, temprano. El paso de unos animales a otros tenía sus rituales.

Por la mañana, al amanecer, se habían comenzado a esquilar las corderas y los corderos blancos, dejando para el final los pocos animales negros del rebaño. Cuando terminaban de esquilar el último cordero blanco y se iba a comenzar con los negros, los esquiladores cantaban:

*"De blanco a negro vamos,
de pelo no cambiamos".*

Al acabar con el último cordero negro, comenzaban con las ovejas (blancas). Entonces cantaban:

*"De negro a blanco vamos,
de pelo cambiamos.
Agua o vino,
el porrón con vino".*

Cantaba el primer esquilador que pasaba de un animal negro a otro blanco o de uno blanco a otro negro. A continuación bebían vino en el porrón. El primero en coger el porrón y beber era siempre el jefe. Si otro esquilador se adelantaba a coger el porrón o a beber, era castigado y debía pagar una botella de vino.

A mediodía comían. En la cabecera de la mesa, junto al amo de la casa, se sentaba el jefe de los esquiladores. Ambos eran los primeros en servirse. Comían, de primer plato, sopa; después judías secas y, por último, "carne de olla". Esta carne era de la oveja que habían matado para la ocasión. De entre la carne de la olla, separaban el rabo de la oveja y lo presentaban —con una rama de perejil— al jefe de los esquiladores. Si habían matado dos ovejas y había dos colas, una era para el jefe y la segunda se la repartían entre los esquiladores "de atrás". Después de comer volvían a esquilar.

Hacia las dos volvían a parar de nuevo para comer y beber. Era el "trago las dos". Servían "sopanvina" y podían comer cuanto querían. Llaman "sopanvina" al pan mojado con vino y cubierto de azúcar. Se servía el pan mojado y azucarado, en grandes tajadas, en una hortera de barro. Después continuaban esquilando hasta media tarde.

La lana esquilada ya no estaba a cargo del esquilador —no se encargaba él de recogerla—, sino de otras personas que se ocupaban de recogerla y guardarla. Antiguamente la lana de cada oveja se ataba formando lo que se llamaba un "velón" (vellón), ahora la lana se enrolla.

A media tarde paraban para merendar. Comían ensalada y

Tijeras de esquilar. Con trapos y caña se recubren los hierros para evitar las llagas en la mano del esquilador (Orna de Gállego).

carne estofada. Poco después de merendar, acababan de esquilar. Normalmente acababan siempre en un solo día. Al terminar se hacía "el trago el burro". Comen longaniza y queso y beben vino. Para acabar la jornada, se sientan todos a la mesa para cenar. Presiden la mesa —como en la comida de mediodía— el amo de la casa y el jefe de los esquiladores. Sirven sopa, ensalada y "menudo" o "frechura". El "menudo" es un guiso, parecido a los callos, en el que hay pulmón y tripa. En la "frechura" entraban como ingredientes fundamentales el hígado y la sangre de oveja.

El ritual del esquileo no obliga sólo a los esquiladores, sino también a los visitantes. Cuando alguien llega a un corral en el que están esquilando debe saludar con el saludo ritual si no quiere ser castigado. El visitante dirá:

> *"Buenos días, señores esquiladores,*
> *los miradores,*
> *y también los atadores".*

Cuentan casos de conflictos surgidos con visitantes que no usaron el saludo y no aceptaron de buen grado —con resignación o humor— el castigo. Cierta vez llegó a un corral de Gistaín, donde estaban esquilando, una pareja de la Guardia Civil. No saludaron con el saludo ritual y fueron increpados por el jefe de los esquiladores. Nadie ha sabido explicarme cómo terminó la tensa situación, pero el caso todavía se recuerda como prueba de que nadie puede escapar a la obligación del saludo en los términos señalados.

Sin lugar a dudas, la abundancia de tragos animaba a los esquiladores a ser crueles con los visitantes que no eran exactos en sus saludos. Cuentan que cierto día llegó al valle de Gistaín un tratante de ganado de Sahún. Entró en un corral donde esquilaban y no empleó el saludo adecuado. El jefe hizo un gesto a los esquiladores y éstos rodearon al forastero haciendo chasquear sus tijeras. Son las enormes tijeras armas terribles, y el tratante no pudo resistirse. Un esquilador remojó un "velón" (vellón) con el agua de afilar las tijeras y lo puso en la cabeza del visitante. Aunque el suceso tuvo lugar hace más de treinta años, el esquilador que me refirió el caso aún recuerda cómo el agua sucia resbalaba por la cara del tratante y manchaba su traje nuevo.

Si, esquilando, resultaba herida alguna oveja, la curaban. Si la herida era pequeña, la cubrían con ceniza o —sobre todo— con carbón molido que traían de la herrería. Si la herida era grande, ponían un pegado ("esterza"). Cuando terminaba la jornada de esquileo, el amo pagaba al jefe de los esquiladores en dinero y en queso. Acabada la temporada de esquilar, los esquiladores se repartían lo que habían obtenido, recibiendo cada uno según las jornadas que hubiera estado esquilando.

Ciertamente este ritual tan complejo no se encontraba —por lo menos en toda su pureza— en otros valles pirenaicos. Una oveja, acostumbraban a matarla el día del esquileo todos los ganaderos del Pirineo y con ella se guisaban platos parecidos a los citados del valle de Gistau o Gistaín. La "sopanvina" también la hemos hallado como plato de esquileo en varios pueblos. También la jerarquía entre los esquiladores y el lugar preferente del jefe en la mesa, se guardaban en todos los valles. En cambio, de las canciones al cambiar el color de la lana de los animales esquilados y de los saludos rituales, sólo en Gistaín hemos oído hablar.

Para estudiar la producción lanera de las ovejas altoaragonesas y los precios de la lana cuando la ganadería pirenaica estaba en su mayor apogeo —segunda mitad del siglo XIX— nos serán de gran utilidad las anotaciones contables de don Mariano Rocatallada, el ganadero de Aragüés del Puerto.

El año 1866, Mariano Rocatallada esquiló su rebaño —como todos los años— a comienzos de mayo, en Marracos (valle bajo del Gállego) que era donde invernaba. El día 18 de mayo tenía ya la lana embalada y pesada para enviarla a Zaragoza. De la lana obtenida se apartaba el añino, que correspondía a los corderos menores de un año. El añino era más apreciado y caro y parece que originaba un activo contrabando con Francia. La lana obtenida por el ganadero de Aragüés en 1866, pesaba 187 arrobas, que embaló en 32 sacas. De estas 187 arrobas sólo algo más de veinte, eran de añino. Se esquilaron 923 animales; luego, si pasamos las arrobas obtenidas a kilogramos y las dividimos por el número de animales esquilados, concluiremos que se obtenían unos 2,55 kilogramos de lana por cabeza. La lana se vendía a 96 reales cada arroba y eran comerciantes zaragozanos y —sobre todo— catalanes quienes la compraban.

En el valle de Ansó, que por aquellas fechas (1866) tenía una cabaña lanar que rondaba las treinta mil cabezas, podemos calcular una producción de 76.500 kilogramos de lana, con un valor de 582.857 reales. Este dinero equivalía en aquella época al salario anual de unos mil pastores o al valor de unas diez mil ovejas

También sabemos, por las cuentas de don Mariano Rocatallada, lo que cobraban los esquiladores de la época. En 1866, recibían 31 reales por cada 100 ovejas esquiladas. Teniendo en cuenta que esquilaría cada uno algo más de cincuenta ovejas diarias, su jornal rondaría los dieciséis reales. Se trata de un buen jornal, sobre todo si se compara con los tres o cuatro reales que ganaba cualquier jornalero agrícola o con los dos reales que cobraban las mujeres jornaleras.

Las detalladas cuentas del ganadero que citamos nos permiten conocer más datos. Los 10 esquiladores de la cuadrilla, tardaron cinco días en esquilar 2.556 ovejas, entre las que estaban las 923 de Mariano Rocatallada. Consumieron cuatro arrobas y media de pan, lo que supone un consumo de 1,100 kilogramos de pan por esquilador y día. Bebieron 12 cántaros de vino, es decir, cada esquilador bebió cada día 2,3 litros de vino.

No toda la lana se vendía. Parte de la misma se guardaba para los usos domésticos. La lana se lavaba, cardaba e hilaba. Una parte del hilo se tejía en casa para hacer jerséis, chaquetas, vestidos, calcetines, medias y "pealetas". Otra parte del hilo se llevaba al tejedor para que lo tiñera y tejiera colchas, mantas y alforjas. Con hilo sin teñir el tejedor tejía sacos, mantas y espuertas, esportones, sábanas o mandiles para cargar las caballerías. Algunos tejidos, tras salir de casa del tejedor, se llevaban al batán para lograr un tejido más tupido, resistente y cálido.

"MARCAR"

Suelen los ganados de estas montañas —para dar a conocer quién es su propietario— llevar una marca y una señal. La señal se hace en las orejas del animal, cortando algunos trozos de las mismas. La marca va grabada con pez o pintura en el lomo o los costados de las ovejas.

Se marca el ganado cada año antes de subir a las montañas. Las fechas de marcar son las que van desde el esquileo hasta la subida a los puertos. Después de esquilar se espera unos días para que crezca un poco la lana antes de poner la marca sobre los animales. De este modo, si se esquiló a comienzos de junio y marcha el

Distintas marcas de ganado empleadas en los Pirineos aragoneses.

El ganadero, ayudado por su mujer, marca las ovejas antes de subir al puerto (Ara).

ganado a los puertos a principios de julio, se marcará durante los últimos días de junio.

La marca se estampa mediante un hierro que tiene la forma del signo propio de cada casa. Esta marca se sitúa en el extremo de una barra de hierro de unos cuarenta centímetros. El día de marcar, de madrugada, se prepara el fuego —en la cocina o en el propio corral— para calentar el caldero de la pez. Bastante rato después la pez está bien derretida ("corre bien" dicen) y lista para emplearse. Un pastor sostiene la oveja y otro hunde el hierro en la pez y luego lo coloca sobre el lomo o el costado del animal.

Con frecuencia suelen poner dos marcas en cada animal: una corresponde al pueblo y otra a la casa. La marca del pueblo se la van pasando de casa en casa porque sólo suele haber una para cada lugar. Si la oveja es negra, sobre la pez echan —antes de que se seque— un poco de ceniza, quedando de este modo la marca de color gris bien visible sobre el animal negro. Los machos, para distinguirlos con facilidad, son marcados de modo especial: se les colocan las marcas en lugares distintos que a las hembras o se les ponen marcas dobles.

En cuanto a las formas de las marcas, cada vez es más frecuente el uso de letras que coinciden con las iniciales del nombre del propietario, pero aún se conservan numerosas marcas como cruces, aspas, líneas paralelas y otros signos de origen remoto que aparecen por todo el Pirineo en sus dos vertientes, según se puede observar en los dibujos de Violant (34) o comparando las que se encuentran expuestas en los distintos museos etnográficos pirenaicos (35).

La pez sufrió hace unos años una crisis en su uso para estos menesteres porque parece que creaba ciertos problemas en el lavado y posterior tratamiento de las lanas. Estos problemas condujeron a la prohibición de su uso y venta. Se intentó sustituir por otros productos de más fácil tratamiento limpiador, pero que alcanzaron poco éxito entre los ganaderos (36). En la actualidad, es la pez el producto de más amplia difusión entre los ganaderos altoaragoneses para marcar las ovejas.

Hasta hace pocos años había "peceros" o "pegunteros" que recorrían los pueblos vendiendo pez y aceite de enebro. La mayoría eran castellanos, pero también había algunos del país. En Laspuña fabricaban pez de gran calidad y aún hay una casa a la que llaman "Casa Peguntero".

En los lomos de los machos ponen dos marcas en lugar de una, para distinguirlos con facilidad en medio del rebaño.

Oveja recién marcada con la marca de su propietario y la del pueblo (Ara).

"Caballé" y "forrada" para ordeñar ovejas.

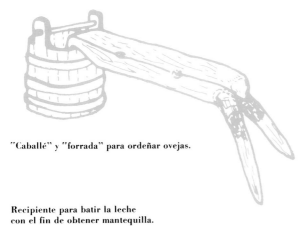

Recipiente para batir la leche con el fin de obtener mantequilla.

EL QUESO

El Sobrepuerto es una pequeña comarca pirenaica que agrupa a media docena de aldeas —deshabitadas desde hace quince o veinte años— situadas en los pastos más altos y desoladas del interfluvio de los ríos Ara y Gállego. Los habitantes del valle de Basa decían para burlarse de sus vecinos del Sobrepuerto:

> "Si no por a xiricuata,
> o requesón y o prieto
> ya se habrían muerto
> todos os de Sobrepuerto".

"Xiricuata", "requesón" y "prieto" son derivados lácteos. Parece que en estas montañas, pobres para los cereales, frías para las hortalizas y secas para los pastos, la leche y sus derivados eran parte esencial de la dieta.

Tenía cada pueblo un mote con el que los habitantes de las aldeas cercanas se burlaban de sus vecinos, bien ingénuamente por cierto, ya que ellos eran, a su vez motejados por los de las otras aldeas. El origen de estos motes es difícil de precisar casi siempre, pero en algunos casos es manifiesto: a los del lugar de Escartín, en el Sobrepuerto, los llaman come-quesos.

Los versos y el mote citados inciden en lo mismo: la importancia de la leche y el queso en la alimentación. Como en el Sobrepuerto, en todos los valles pirenaicos el queso obtenido de la leche de vaca y —sobre todo— de las cabras y de las ovejas ha constituido una importante fuente alimenticia para los montañeses.

Ninguna industria pastoril ha decaído tanto como la quesera, hasta el punto de que en la actualidad es difícil encontrar en el Pirineo aragonés algún pastor que fabrique queso, aunque son muchos los que recuerdan cómo lo fabricaban hasta hace 15 ó 20 años. Sólo en el valle de Vio y en el de Gistaín he tenido oportunidad de probar en los últimos años quesos autóctonos, ofrecidos como manjar exótico por los mismos pastores que hace unos años lo tenían por alimento habitual.

De las viejas técnicas queseras quedan los recuerdos y los utensilios empleados. Pero las magníficas fotos de Compairé o de Foradada, que fueron tomadas en los puertos de Hecho o Ansó mientras los pastores se afanaban en las tareas del ordeño y la elaboración del queso, nunca más podrán repetirse.

El queso no se elaboraba en cualquier época del año. Los días más adecuados eran los que seguían al destete de los corderos, es decir, la segunda quincena de junio y la primera de julio, cuando las ovejas acababan de ascender a los puertos. En el esquema que se incluye en estas páginas sobre la producción quesera en Aragüés del Puerto entre 1877 y 1888 se observa cómo la campaña quesera se realizaba entre el 10 ó 17 de junio y el 15 ó 17 de julio, a lo largo de unos treinta y cinco días.

Los datos de este esquema se han extraído de los cuadernos de cuentas ganaderas de casa Liró, de Aragüés del Puerto. Las hojas dedicadas a las cuentas del queso ofrecen una información más amplia que la resumida en el esquema. Sabemos, por ejemplo, que la campaña quesera se iniciaba cuando un criado de la casa partía hacia Jaca, con una caballería, a buscar al "quesero" francés de Urdos que cada año dirigía los trabajos de fabricación del queso. Junto al "quesero" francés ascendían al puerto dos o tres "muidoras" o "muidores" (ordeñadores) que se encargaban del ordeño dos veces al día, por la mañana y por la tarde. La campaña se cerraba un mes después con la partida del quesero francés hacia su tierra.

Pastores haciendo queso en su majada de los puertos de Ansó durante algún mes de junio o julio del primer tercio de nuestro siglo (Archivo Compairé).

"Formachera" del valle de Gistau.

"Tajadera" y "zarciellos" del Valle de Gistau.

Sin embargo, no he obtenido confirmación en otros valles sobre la presencia de expertos galos en la fabricación del queso. Parece que el caso de Aragüés era una excepción, aunque tampoco se puede estar seguro de esa excepcionalidad. En Aragüés nadie recuerda al quesero francés que trabajó allí hace un siglo, sin embargo los documentos demuestran su presencia. En otros valles nadie recuerda haber oído hablar de queseros franceses, pero..., ¿los hubo? ¿fueron ellos quienes introdujeron las más modernas técnicas queseras? ¿era habitual su presencia en nuestros puertos? Quizá nunca se sepa con certeza.

En todo caso, los pastores ansotanos fabricaban su propio queso hasta hace pocos años. Jorge Puyó, el pastor-escritor de Ansó narra con la maestría que le caracteriza y que se fundamenta en su experiencia, los trabajos queseros en los puertos de Ansó:

"A muy poca distancia de nuestro lindo puerto de Zuriza, parajes incomparables, según frase de mi querido amigo don José María Albareda Herrera, todo brisas salutíferas y pleno de virtudes terapéuticas, se alza una meseta de no muy elevada altura, en cuya pradera, rodeada de hayas gigantescas, se ve la construcción de un "muidero" destinado al encierro y ordeño de las ovejas. Consiste éste en dos pasillos de unos cuarenta metros de longitud por tres de anchura, capaces para unas seiscientas ovejas, a cargo de tres operarios. Su construcción está basada en una fuerte estacada de madera procedente de árboles derribados por los huracanados vientos del invierno. El ganado, como se ve en la fotografía, y por acostumbrado que esté, como el del que suscribe, que lo viene haciendo todos los años, siempre se muestra reacio a la entrada, y gracias al auxilio de los perros "semisos" los pastores pueden dominarlo y conseguir su fin.

Por estas latitudes es costumbre darle a cada pastor, operario u ordeñador la ración de 200 ovejas, que deberá dejarlas listas en menos de una hora y media. El ordeño, siempre a campo libre, se verifica dos veces al día: a las cuatro de la mañana y a las dos de la tarde, llueva o deje de llover, haga calor o deje de hacerlo. Hay extremado pundonor en esto. La operación no se repite simultáneamente o no se le da la segunda vuelta, como dice el Pastor

LA PRODUCCION QUESERA TRADICIONAL, EN UN VALLE PIRENAICO. ARAGÜES DEL PUERTO ENTRE 1878 y 1888

(Datos tomados de un cuaderno del Archivo de Casa Liró de Aragüés del Puerto)

AÑOS	Fecha del comienzo de la campaña quesera	Fecha del final	Nº de ovejas ordeñadas cada día	Nº de cabras	Nº total de cabezas ordeñadas cada día	Nº total de quesos obtenidos	Requesones	Peso total de los quesos
1879	9 junio	17 julio	600	43	643	295	168	59 arrobas y 1 libra
1879	—	—	466	44	510	184	92	39 arrobas y 7 libras
1880	12 junio	16 julio	649	51	700	314	142	68 arrobas y 10 libras
1881	—	—	507	29	526	232	107	52 arrobas y 18 libras
1882	13 junio	16 julio	—	—	611	233	113	55 arrobas y 5 libras
1883	10 junio	17 julio	—	—	736	312	151	72 arrobas y 15 libras
1884	11 junio	15 julio	—	—	604	236	124	57 arrobas y 32 libras
1885	—	—	—	—	627	—	105	55 arrobas y 18 libras
1886	—	—	—	—	602	241	133	55 arrobas y 2 libras
1887	—	—	—	—	551	252	114	53 arrobas y 9 libras
1888	—	—	—	—	589	297	123	69 arrobas y 18 libras

Poeta hacen en su tierra, por considerarse innecesaria y no económica. Además, lo que se hace bien una vez no tiene necesidad de repetirse. Corrientemente, la temporada del ordeño se verifica en los meses de junio y julio, siendo su duración de unos cincuenta días.

La leche que vienen a dar estas 600 ovejas es de unos noventa a cien litros diarios, de la que se obtiene unos ocho quesos de 2,500 kilogramos, aproximadamente, con un total de 20 kilos. Su clase, tipo ansotano, es buena, ya demostrada por el señor Albareda en sus publicaciones con mucha anterioridad a todo esto. Es superior al Roncal, por ser los pastos del vecino valle más bastos que los nuestros y su ganado de inferior calidad.

La tarea del ordeño en estas montañas, a 1.500 metros de altura, es pesada y muy costosa. Quieras que no, tenemos que ser insensibles a los grandes temporales de lluvias, frecuentes en estas alturas, y también a las nieves, porque de todo hay y de todo toca. El refugio es pésimo. Consiste en una chabola de unos ocho metros de longitud por tres de anchura y dos escasos de altitud. Basado en esto, es muy incómodo e incapaz, porque apenas puede incorporarse uno. Su armazón la componen unas vigas de madera de haya apoyadas en el puente principal, descansando sobre el santo suelo. Un tabique de tierra incrustada entre estacas situadas verticalmente divide el edificio en dos partes iguales: la primera, para el trabajo de elaboración y descanso: la segunda, para la salazón, fermentación y curación del queso. Sobre tablas suspendidas se pone el queso, que no ve luz alguna si no es el día que hace aire cierzo. Y en esta situación permanece todo su proceso, hasta que se pone en condiciones de transporte y consumo.

Terminado el ordeño, y depositada la leche en la herrada, vasija cilindrica de metal de unos cien litros, de acuerdo con la temperatura que nos da el limpio índice de la mano derecha, se procede a echar el cuajo en la proporción indicada por su autor, es

Vida en el puerto. Colgando el requesón (Archivo Compairé).

Recipientes lecheros, "tajador" y "zarciellos", para el queso. (Museo de San Juan, valle de Gistau).

Pastor ansotano haciendo queso en los puertos (Archivo Compairé).

decir, una cucharada sopera por cada 50 litros y a unos 28 ó 30 grados. Este cuajado del "Barroso" excelente como el "Ada", tiene una duración de cuarenta y cinco a cincuenta minutos, y cuando el suero empieza a verse, señal inequívoca de que la cuajada está en su punto, se practica el desmenuzamiento, sirviendo de lira los dedos de la mano derecha abierta. Recogida la masa cuidadosamente con ambas manos, función que dura unos treinta minutos, con una larga cuchilla de madera se divide en partes iguales esta parte que aquí llamamos en este punto "matón", y se echa a los moldes colocados sobre especies de bandejas circulares, con sus correspondientes laterales, que sirven de contención, moldes muy flexibles, por cierto, de escogida madera de haya o de olmo. Se tritura bien, a base de manos limpias (es la técnica fundamental de este trabajo), hasta dejar la pasta menuda como cabezas de alfileres. En seguida, apretando el molde llamado aro con un cordel que le circunda, rematado en cuñita de madera que sirve de broche, le damos el tamaño que se desea. Hecho esto, siéntanse ambas manos con todo cuidado sobre el queso en embrión, y una vez hecha la "cara", se procede al pinchado circular y concéntrico con unas largas agujas semejantes a ballenas de sombrillas, llamabas brocas. Se repite la operación por el lado opuesto, a fin de que expulse el suero que nos ha de dar el requesón, e inmediatamente constituido el cuerpo, se saca del molde, y con un afilado cuchillo, se hace el raspado por todo el contorno, raspado que se adhiere sobre la pared lateral, a fin de que alisándolo forme lo que aquí llamamos ligera corteza o fina piel.

Ahora tenemos una tabla de unos setenta centímetros de longitud por treinta de anchura, preparada ante el fuego, para calentar el queso por los costados y por ambas caras. Ha tomado el color ligeramente amarillento, el deseado, y otra vez a los moldes. Nuevamente unos ligeros y claros pinchazos, hasta que no quede más que el jugo deseado, y a la sal. Aquí permanece, comiendo toda la que quiere y sujeto a los aros, de dos a tres días. Quítanse aquéllos y pasa a la fermentación. Unos veinte o veinticinco días en este estado, y listo, camino del comercio. Tal es la práctica empleada en la fabricación de queso en el valle de Ansó.

La leche y el queso tienen cosas algo raras, no muy al alcance de todos los peritos o especialistas en la materia. Sobre los primeros diremos que pastando la misma cantidad de ganado en el mismo terreno herbáceo, con iguales días, ya lluviosos, ya de calma, nos traen unas veces las ovejas a la majada distinta cantidad de leche. En el cuajado, siguiendo la misma técnica, sucede algo parecido; es decir, que con la misma cantidad de leche y temperatura y el mismo cuajo nos cuesta quince y hasta veinte minutos más. ¿A qué puede obedecer esto? Indudablemente, a fenómenos atmosféricos ajenos a nuestro alcance.

El queso, en su pleno estado de fermentación, tiene también sus particularidades, la mar de sabrosas. Unas veces, en su natural proceso, y sin causa a la vista que lo justifique, se anormaliza, abombándose un poco y algo más, hasta llegar a agrietarse alguna pieza; otras, con ambiente desfavorable (calor excesivo, aire bochorno, tormentas, etc.), sigue su marcha normal sin alteración alguna. ¿Qué puede haber por medio, señor Barroso?

Decididamente, el amigo más íntimo del queso es el aire cierzo (Norte) y el lavado a los quince días de su elaboración con agua nacida a los 1.500 metros de altura. Y su contrario furibundo, el aire bochorno, el calor y las lluvias tormentosas.

Pero si a todas las contrariedades de orden natural o atmosférico que puedan presentarse en su natural desarrollo se antepone la pericia del quesero, tratándolo con la inteligencia debida, a los veinticinco o treinta días de su elaboración, se puede presentar un manjar de tipo ansotano exquisito a los paladares más delicados de los catalanes, de los zaragozanos, de los oscenses y de los profesores y alumnos de la Universidad de verano en Jaca" (29).

(Las líneas transcritas de don Jorge Puyó están avaladas por una vida entera dedicada al pastoreo y a la defensa de los intereses pastoriles en numerosos artículos publicados en distintos medios).

La época de ordeño y actividad quesera era en Ansó algo más larga que en Aragüés del Puerto en el pasado siglo. En Aragüés duraba unos treinta y cinco días y en Ansó cincuenta. Sin embargo, comparando las cifras de producción ofrecidas por Puyó y las relativas a Aragüés que se muestran en el cuadro adjunto, se observa que son idénticas haciendo referencia a oveja y día. De sus 600 ovejas ansotanas, don Jorge Puyó obtenía cada día de ordeño —hasta hace pocos años— 20 kilos de queso. Don Mariano Rocatallada, obtenía en la segunda mitad del pasado siglo, en Aragüés del Puerto, 20 kilos diarios de queso de sus 600 ovejas.

En todo el Pirineo era bastante parecido el proceso de producción quesera. El cuajo ("cuacho" en Ansó, "callo" en Vio y Gistaín) sólo desde mediados del siglo actual ha comenzado a comprarse en las farmacias, aunque en el valle de Gistaín siguen empleando el que procede de un cordero recién nacido. La forma de preparar el cuajo en un pueblo de este valle —San Juan— es la siguiente: toman el "buche" de un cordero recién nacido y lo cuelgan para que se seque durante tres días. A continuación lo pasan por la ceniza y el rescoldo del hogar y lo cuelgan, atado con un hilo, bajo la gran campana de la chimenea. Pasado un año, el cuajo está en condiciones de ser empleado. Entonces envuelven un trocito en tela y lo atan con un hilo. La bolsita de tela con el cuajo es sumergida en una jarrita de agua caliente, donde se oprime para que ceda su contenido al agua. Esta agua tibia se echará en la leche tibia para hacer el queso. La bolsita con el cuajo se guardará para utilizarla dos días más.

En el valle de Vio preparaban también el queso con "callo" (cuajo) de un ternasco que sólo se hubiera alimentado con la leche materna, sin haber comido nunca nada sólido. La víspera de fabricar el queso ponían el "callo" en una cazuela pequeña con poca agua y al día siguiente lo picaban bien en un almirez.

Después lo pasaban por un colador a la cazuela llena de la leche fría que pensaban convertir en queso.

En el valle de Vio y en otras aldeas cercanas (Morillo de Sampietro) también conocían y empleaban los cardos para la producción de queso. De estos cardos ("calleras") utilizaban unos pelillos azules que mezclaban con el cuajo de cordero para hacer queso (30).

Con el suero que se obtiene de producir el queso fabricaban los requesones ("chiricuata" en el valle de Vio), que se consumían frescos o salados. A veces este suero no se aprovechaba para producir requesón, sino que se bajaba en botos hasta el pueblo para que, mezclado con salvado, lo consumieran los cerdos.

El ajuar pastoril necesario para realizar estas tareas es muy similar en todos los valles. El pastor ordeña sentado en un tosco banco de madera ("caballé") que se sostiene amparado en dos patas de madera y en el propio recipiente de ordeño ("herrada", "forrada", "ferrada"). Los moldes redondos de madera que dan forma al queso, se atan con cuerdas o con alambres. Los llaman "aros" (Ansó), "canablas de queso" (Morillo de Sampietro) o "zarciellos" (valle de Gistau). Las tablas sobre las que se colocan estos "aros" o "zarciellos" mientras se aprietan los coágulos de leche se llaman "escurrideras" (en Ansó) o "formacheras" (valle de Gistau).

El queso solía consumirse pronto. Se conservaba en algún lugar fresco y se vigilaba la aparición de "verdete" para lavarlo. En Ansó, a veces, daban al queso un color dorado rociándolo con una infusión de hollín (31).

En el valle de Vio los quesos que se quieren conservar se guardan en un recipiente con aceite, donde pueden permanecer hasta dos años.

Sobre el destino del queso producido en los Pirineos aragoneses se ha dicho poco y no siempre con acierto. En un trabajo sobre la ganadería ansotana se afirma: "Los quesos en dichos valles nunca han pasado de una industria familiar y, en general, se utilizaban para nutrición de los pastores en verano" (32). Esta afirmación ha podido resultar cierta en los últimos años de producción quesera (1960-1975) cuando ya la decadencia de esta industria era agonía en los Pirineos aragoneses, pero de ningún modo resultaba cierta en el pasado. Un ganadero que ordeñara 600 ovejas y produjera cada verano entre 700 y 1.000 kilos de queso, ¿cómo podía consumirlo todo en su familia o entre sus pastores?

Don Jorge Puyó, ansotano, ganadero y pastor, escribió —ya hace años— unas líneas en defensa del queso ansotano frente al roncalés. Se quejaba Puyó de que en los comercios se vendiera el queso de Ansó bajo la denominación de queso roncalés. El artículo comenzaba así: "Me consta, pues motivos tengo para afirmarlo, de que todo el queso que se hace en el valle de Ansó, salvo alguna pequeña reserva que se hace para el consumo de la casa y salvar algún compromiso, se vende y consume en las plazas de Zaragoza, Huesca y Jaca". En estas líneas aparece explicado con toda claridad el destino comercial de la mayor parte de la producción quesera ansotana en la primera mitad de nuestro siglo (33).

Para conocer el destino del queso de Aragüés en la segunda mitad del pasado siglo, disponemos de fuentes bien detalladas en los libros de cuentas del ganadero don Mariano Rocatallada. Tomemos un año cualquiera, 1879 por ejemplo, que fue el de menor producción en Aragüés, según los datos que disponemos. Se produjeron en Aragüés 184 quesos con un peso de 39 arrobas y 7 libras. De ellos, 125 correspondieron a don Mariano Rocatallada. Consumió en su casa, entre la familia, los pastores y los criados, 12

NOTAS

(1) PUIGDEFABREGAS, J. y BALCELLS, E. "Resumen sobre el régimen de explotación ovina trashumante en el Alto Aragón, especialmente en el valle de Ansó". Publicación del Centro de Biología Experimental, Jaca, 1966. El trabajo de Berezowky que citan es "Problemy geograficzne pasterstwa wedrownego", Pasterstwo Tatr Polskich i Podhala 1,77-146, Wroclaw-Kraków-Warszava.

(2) DAUMAS, Max. "La vie rurale dans le Haut Aragon Oriental". Ed. CSIC, Madrid, 1976, p. 372.

(3) El régimen trashumante ansotano ha sido estudiado detenidamente por J. Puigdefábregas y E. Balcells, en la publicación ya citada.

(4) Max Daumas, en su trabajo citado antes, estudia la trashumancia en los valles orientales y ofrece unos gráficos de los traslados anuales de los ganados en distintos valles.

(5) José María García Ruiz en su libro "Modos de vida y niveles de renta en el prepirineo del Alto Aragón occidental", Monografías del Instituto de Estudios Pirenaicos, núm. 106, Jaca, 1976, incluye un mapa de los pastos veraniegos prepirenaicos.

(6) PUYO, Jorge. "Notas de la vida de un pastor". Ansó, 1967. El libro recoge distintos artículos del autor, publicados desde 1928. El que referimos debió escribirlo al comenzar la década de los cincuenta.

(7) Así lo señala Ramón Violant i Simorra en su trabajo *Notas de etnografía pastoril pirenaica. La trashumancia*, en "Obra Oberta 2", ed. Alta Fulla, Barcelona, 1979.

(8) Así lo señala Isabel Buisán Pelay en *Historia breve de una cabañera del valle de Vio* en "Sobrarbe y as Balles", núm. 6, Ainsa, invierno 1980-81.

(9) Según cuenta Jorge Puyó en "Notas de la vida de un pastor", Ansó, 1967, citando la norma legal que regula la anchura de las cabañeras y el "Boletín Oficial de la Provincia" en el que aparecen las normas.

(10) Según Max Daumas, que la describe en su obra "La vie rurale dans le Haut Aragon oriental". El C.S.I.C., Madrid, 1976.

(11) También descrita por M. Daumas en la obra citada.

(12) Parte de esta cabañera es descrita por Isabel Buisán Pelay en *Historia breve de una cabañera del valle de Vio*, "Sobrarbe y as Balles", núm. 6, Ainsa, invierno 1980-81.

(13) Citada por Ramón Violant y Simorra en *Notas de etnografía pastoril pirenaica. La trashumancia*, "Obra Oberta 2", Barcelona, 1979.

Los datos —numerosísimos— que ofrece en este trabajo, no siempre son exactos al enumerar los recorridos trashumantes.

(14) La describe Enrique Satué Oliván en *Hacia tierra baja*, "Serrablo", núm. 42, Sabiñánigo, diciembre 1981.

(15) Datos tomados del Archivo de Casa Liró, de Aragüés del Puerto.

(16) *Ejemplo de trashumancia descendente desde Ansó a Barbués*, "Publicaciones del Centro Pirenaico de Biología Experimental", 1, Jaca, 1966.

(17) PUYO, Jorge, op. cit. p. 59.

(18) GALLEGO, Luis. *Ejemplo de trashumancia descendente desde Ansó a Barbués*, "Publicaciones del Centro Pirenaico de Biología Experimental" 1 (7), Jaca, 1966.

(19) Citado por Enrique Satué Oliván, *Hacia tierra baja*, en "Serrablo", núm. 42, Sabiñánigo, diciembre 1981. (Y en otras varias publicaciones del mismo autor).

(20) GALLEGO, Luis, op. cit. p. 6.

(21) Sobre esto, véase el trabajo de R. Violant i Simorra *Posible origen y significado de los principales motivos decorativos y de los signos de propiedad usados por los pastores pirenaicos*, en "Obra Oberta", núm. 4, Barcelona, 1981.

(22) PUYO, Jorge. "Notas de la vida de un pastor", Ansó, 1967.

(23) Isabel Buisán Pelay, en su artículo *Historia breve de una cabañera del valle de Vió*, "Sobrarbe y as Balles", núm. 6, Ainsa, 1980-81, describe este viaje de ascenso.

(24) VIOLANT I SIMORRA, Ramón. "El Pirineo Español", Ed. Plus Ultra, Madrid, 1949.

(25) Quienes recientemente han escrito sobre el tema, como J. Luis Acín y E. Satué, *Vida pastoril en una mallata de Sobremonte*, "Temas de Antropología Aragonesa", núm. 2, Zaragoza, 1983, sólo hacen referencia a un pastor aislado, porque es imposible hallar ahora amplios grupos pastoriles en los puertos.

(26) Luis Gallego señala que opinan así algunos ganaderos ansotanos. Vid. "Ejemplo de trashumancia descendente desde Ansó a Barbués". Ed. Centro Pirenaico de Biología Experimental. Jaca, 1966.

(27) Vid. C. Esteva Fabregat: *"Para una teoría..."*

(28) VIOLANT I SIMORRA, Ramón. "El pirineo Español..."

(29) Jorge Puyó. Publicado por primera vez en la revista "Ganadería", Madrid, septiembre de 1949. Tomado del libro "Notas de la vida de un pastor", Huesca, 1967.

(30) J. Puigdefábregas y E. Balcells, en "Resumen sobre el régimen de explotación ovina trashumante en el Alto Aragón, especialmente en el valle de Ansó", Ed. Centro Pirenaico de Biología Experimental, Jaca, 1966, explican cómo elaboran el queso los ansotanos y hablando del empleo de los cardos en este proceso ignoran su uso en los Pirineos y sí lo adscriben el Macizo Ibérico, donde dicen que los cultivan con este fin.

(31) Así lo señalan Puigdefábregas y Balcells en el trabajo citado.

(32) Del trabajo ya citado de Puigdefábregas y Balcells.

(33) PUYO, Jorge. "Notas de la vida de un pastor", Huesca, 1967.

(34) Ramón Violant en "El Pirineo Español".

(35) Así lo señala también en distintos artículos E. SATUE. Jorge Puyó en "Notas de la vida de un pastor", Ansó, 1967, defiende el uso de la pez frente a otros productos.

quesos que pesaron 2 arrobas y 14 libras. Regaló 13 quesos que pesaron 2 arrobas y 6 libras. Vendió 100 quesos, con un peso de 19 arrobas y 25 libras, por los que cobró 1.796 reales.

En las notas de cuentas de este ganadero aparece cada año un cálculo curioso: señala el dinero perdido por el ganadero cuanto más tarde vende el queso, por la pérdida de peso del producto con el paso de los días. Así, en 1878 señala: "Resultó una arroba de mermas hasta que lo vendí en fines de julio, y desde esta fecha hasta que lo llevaron en 21 de septiembre se mermó el mío y el de Juan José, de las 53 arrobas que pesaba en julio, cuatro arrobas 22 libras el 20 de septiembre".

Desde una fecha difícil de precisar pero anterior sin duda a la segunda mitad del siglo XIX y hasta mediados del presente siglo, el queso producido por los ganaderos medianos y grandes de los valles de Ansó, Hecho y Aragüés tenía en su mayor parte (80-90 %) un destino comercial.

No parece que ocurriera lo mismo con el queso producido por los pequeños ganaderos de estos valles y por todos los de los valles centrales y orientales, que dedicaban casi toda su producción al autoconsumo. Los datos que he podido conseguir señalan un comercio quesero muy reducido en los valles de Vio, Puértolas y Gistau: se refiere a cantidades de queso muy pequeñas, que se vendían en el mismo pueblo o en otros pueblos de la comarca.

4. La circulación del dinero

Muchos autores han hablado de autarquía al referirse a la sociedad tradicional pirenaica. Recientemente, este carácter autárquico de la sociedad pastoril de los valles pirenaicos ha sido puesto en duda por algún estudioso de los temas ganaderos (1). Sin embargo, tanto los que se fijan en el autoconsumo, como quienes defienden la orientación mercantil de la producción ganadera pirenaica en siglos pasados, no ofrecen pruebas, textos, datos, balances o cifras en los que apoyar sus afirmaciones.

En este sentido, conviene aclarar —con algún fundamento— varias preguntas:

A) Sobre el destino de la producción ganadera: ¿Qué y cuánto se consumía en los valles pirenaicos? ¿Qué, cuánto y dónde se vendía? ¿Cuáles eran las vías de comercialización de la producción?

B) Sobre los pastores: ¿Cuánto cobraban? ¿En qué gastaban su dinero?

C) De los ganaderos: ¿Qué gastos tenían para mantener su rebaño? ¿Qué beneficios obtenían? ¿En qué invertían su dinero?

D) De las haciendas locales: ¿Qué parte correspondía a la ganadería en el origen y en el destino del dinero público local de los valles pirenaicos?

En resumen: se trata de saber, en primer lugar, si circulaba dinero en las sociedades pastoriles pirenaicas y, en segundo término, si se comprueba que sí circulaba, conocer cómo era esa circulación monetaria.

NECESIDAD DEL DINERO

En los Pirineos aragoneses, la figura del pastor asalariado carente de otros bienes que no fueran los obtenidos como fruto de la venta de su fuerza de trabajo, apenas existía. De igual modo, los jornaleros agrícolas sin tierra, tampoco existían. No significa esto que se pueda hablar de igualitarismo en la sociedad tradicional pirenaica. Ciertamente, como señala Dolores Comas, se puede hablar de diferencias sociales en las aldeas pirenaicas, de casas "con más tierras y más ganado y de otras con menos"; de "unas que emplearán pastores y otras que los suministrarán"; de casas "ricas", "medianas" y "pobres" (2). Pero hasta las casas más pobres disponían de algunas tierras para cultivar cereales, hortalizas y cáñamo. Tenían un edificio donde vivir, alguna bestia de labor —aunque sólo fuera un asno—, un corral y un pequeño hato de ganado, además de aves de corral y conejos.

En una sociedad de este estilo, sí tiene sentido preguntarse por la utilidad del dinero. Cubiertas con los recursos propios las necesidades más perentorias de vivienda, alimentación y vestido, ¿para qué necesitaban de forma indispensable el dinero los habi-

Contrabandistas. El contrabando constituyó un aporte monetario, difícil de cuantificar y, tal vez, importante, para las economías ganaderas de algunos valles (Archivo Compairé).

Anexo nº 1. METROLOGIA
En este capítulo se ofrecen numerosas cifras que cuantifican dinero, medidas o pesos de productos ganaderos. Se emplean —en muchos casos— medidas aragonesas. Resultará interesante conocer las equivalencias. Ofrecemos a continuación las medidas de peso y de volumen que aparecen en el presente capítulo. En otra página se hallarán las equivalencias monetarias.

Volumen:

Vino
1 cántaro = 16 cuartillos u 8 jarros = 9,9 litros.

Cereales
1 cahíz = 8 fanegas = 202,08 litros.
1 fanega = 12 almudes = 25,2 litros.
1 almud = 2,1 litros.

Peso:
1 arroba = 36 libras = 12,6 kg.
1 libra = 12 onzas = 350,8 gramos.
1 carnicera = 1,05 kg.

Anexo nº 2. EL DINERO
La complejidad de las medidas monetarias es enorme por la permanencia en las cuentas —todavía en el siglo XIX— de una moneda que ya no existía: la libra jaquesa.
Si la cuenta se presenta en libras, se tendrá en cuenta que:
1 real de a 32 dineros = 1 real de vellón + 30 maravedises.
1 libra jaquesa = 18 reales de vellón + 28 maravedises.
1 libra jaquesa = 1 duro menos 20 dineros.
De todas formas, aunque con las equivalencias citadas ya pueden comprenderse las cuentas que aparecen en estas páginas, en las contabilidades ganaderas del pasado siglo la confusión monetaria es mayor, porque aparecen —junto a las monedas citadas— el escudo (20 sueldos), la "dobleta vieja" (21 reales 8 maravedises) e incluso moneda francesa, como el "napoleón" (1 duro 18 reales).

tantes de los valles pirenaicos? Los gastos que todas las casas, en un momento u otro, deberían realizar, eran los siguientes:

— Pago de dotes para los hijos o hijas de la casa no herederos. La dote suponía, generalmente, un gasto muy elevado que debía pagar el amo de la casa, ya fuera éste el padre de el/la contrayente, el hermano o —más raramente— otro pariente (primo, tío, etc.). Este pago solía hacerse en varios plazos que a veces se demoraban diez, veinte o más años.

— Pago de impuestos, tanto locales como estatales.

— Compra de ciertos productos que no se dan por estas montañas y se consideraban indispensables, como la sal y el vino.

— Pago de los servicios de ciertos profesionales como médicos, curas, abogados, herreros, tejedores, carpinteros, etcétera.

— Compra de animales de labor y pago por el apareamiento de las hembras si no se disponía de machos.

EL GANADO COMO DINERO

Los gastos citados, se solían valorar en dinero, pero no siempre se pagaban con moneda porque ésta era muy escasa. Resultaba frecuente que se pagaran con ganado.

Los antiguos cronistas que narraban los inicios fabulosos del reino de Aragón en las montañas pirenaicas, explicaban que tras la ocupación musulmana, sólo los Pirineos habían quedado libres del dominio sarraceno. Decían que en estos montes las necesidades eran grandes y la economía muy pobre. A tal grado de penuria se llegó, que desapareció la moneda completamente y la oveja se convirtió en unidad de cambio mercantil.

Sin llegar a esta situación, la historia moderna, desde el siglo XVI, nos ofrece en los Pirineos aragoneses un generalizado uso del ganado como moneda para cubrir todo tipo de gastos o transacciones mercantiles.

Los enormes gastos que suponía el pago de una dote se solían pactar en dinero, aunque después se abonaran —en su totalidad o en parte— en ganado.

Consultando las capitulaciones matrimoniales, que suelen constituir el legajo más importante de los que se encuentran en los archivos privados de las casas altoaragonesas, se observa, que casi todas las dotes incluían una parte de ganado. Se encuentran pocas dotes formadas exclusivamente por ganado, y, a la vez, se encuentran muy pocas en las que el ganado no aparezca. Siempre, del ganado aportado, se expresa su valor en dinero por si en el futuro tuviera que ser devuelta la dote, por fallecimiento sin descendencia, a la casa troncal del cónyuge que la aportó. Veamos algunos ejemplos, extraídos, de entre los muchos que se hallan en todos los archivos, sin otro criterio que mostrar casos de distintos tipos, lugares y siglos:

— En 1671 se casaron, en el lugar de Moriello de Sampietro, Isabel Campodarve —a la que su padre nombraba heredada de la casa— y Antonio Santiesteban, que aportó la siguiente dote:

"Mil doscientos y veinte sueldos dineros jaqueses a saver es en ganado ovejas quarenta y una cabezas tasadas a veinte sueldos cada una, en borregos ocho cabeças a raçon de doce sueldos cada uno, dos primales a veinte sueldos cada uno, siette borregas a treçe sueldos, lana quatro arrobas a quinçe reales arroba, paño quatro baras a doce sueldos la bara, mestura ocho quartales a raçon de seis sueldos quartal" (3).

— En 1729 se casaron en Laspuña (valle alto del Cinca) Teresa Buil y Pedro de Puértolas. Este aportó una dote compuesta sólo

Anexo nº 3. LOS PRECIOS GANADEROS ENTRE 1860/1870

La mayor parte de los datos que aquí se presentan para explicar las contabilidades de ganaderos y pastores, hacen referencia a la segunda mitad del siglo XIX. Para una mejor comprensión del valor real de estas cifras, ofrecemos los precios de algunos productos ganaderos —en el Alto Aragón— en la década 1860/1870.

Un choto: 100-105 reales
Un ternasco: 30-35 reales
Una cabra: 50-55 reales
Un carnero: 110-115 reales
Un cabrito: 20 reales
Una oveja buena: 50-70 reales
Una oveja "modorra" (enferma): 15-30 reales
Una carnicera de sebo: 5 reales
"Una lana" (de una oveja): 16 reales
Una arroba de lana: 96 reales
Una arroba de sal: 13 reales
Una libra de aceite de enebro: 2 reales
Una arroba de pez: 20 reales
Un boto: 21 reales
Un caldero para guisar: 16 reales
Un cañón (esquila grande): 24 reales
Una "cimbalada" (collar con campanillas): 48 reales
Un collar para los chotos: 20 reales

por ganado: *"veinte y nueve carneros concertados en cinquenta y ocho libras jaquesas, veinte primales concertados en veinte y siete libras jaquesas, setenta y tres obejas concertadas en ochenta y tres libras diez y nueve sueldos jaqueses, borregos y borregas quarenta y quatro concertados en treinta y tres libras, dos bacas con sus crías concertadas en catorce libras que en todo suman doscientas y quince libras diez y nueve sueldos"* (4).

— En 1822, cuando Félix Rocatallada —de Hecho— casó con Benita Berges —de Aragüés del Puerto—, llevó una dote muy rica compuesta por campos, ropas, dinero en metálico y los semovientes siguientes: *"Doscientas cincuenta y dos cavezas de ganado lanar, entre ovejas y Padres valoradas una con otra a nueve pesetas por cada caveza; nueve Chotos y Boques, al mismo precio; veinte y cinco cabras a igual tanto; nueve segallos y segallas, a ocho reales plata por cada una; setenta y dos Borregas, a seis pesetas y media; quince borregos reuses, a ocho reales plata; dos bueyes valorados en quarenta y dos libras, diez sueldos jaqueses; dos yeguas, una de ellas con su potro, valoradas en sesenta y ocho libras, de la misma moneda; un mulo, en veinte y una libras, cinco sueldos; y un Burro en diez y siete libras también jaquesas"* (5).

Tratantes de ganado en una feria (Archivo Compairé).

LOS GASTOS DEL GANADERO
Se representan en este gráfico los gastos que el dueño de un gran rebaño trashumante tenía a lo largo de un año. Los datos se han tomado de los "Cuadernos de ganado", pertenecientes a la segunda mitad del siglo XIX, que se conservan en el Archivo de Casa Liró, de Aragüés del Puerto.

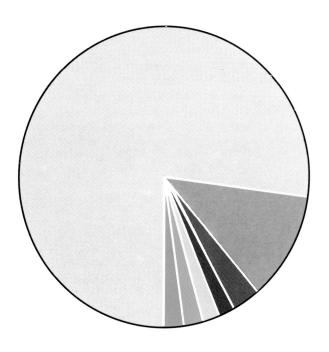

- Yerbas de la invernada.
- Pastores.
- Pastos de verano.
- Contribución.
- Sal.
- Perros.
- Otros.

A veces, el importe de la dote se pactaba en dinero y la primera tanda se pagaba en metálico, pero en los plazos siguientes, si no había dinero se pagaba con ganado. Así se hacía constar en los recibos de pago de dote. En uno de ellos, firmado en Laspuña en 1858, Joaquín Zamora afirma haber recibido por una tanda de la dote de su mujer *"una oveja, la que doy por recibida a toda mi satisfacción, más un quayz de trigo y una cabra"* (6).

Los impuestos o contribuciones, no podían pagarse con ganado, pero era bastante frecuente— como veremos con detalle más adelante— que los pastores que cuidaban un pequeño hato propio no dispusieran del dinero necesario para pagar y tuvieran que recurrir al préstamo con este fin. El dinero prestado, era difícil que lo devolvieran en metálico, así que saldaban su cuenta entregando algún animal al ganadero o tratante que les adelantó el dinero para pagar la contribución.

Otro tanto ocurría con las compras de artículos indispensables como sal o vino. Los pequeños ganaderos debían acudir al prestamista local— generalmente un tratante o rico ganadero— para que les diera el dinero que necesitaban. Después, pagaban con ganado o con jornales estas deudas. De este modo, el ganado actuaba —de forma indirecta— como dinero.

Con el pago de los artesanos se actuaba de la misma forma: si se podía pagar con cereales, porque se disponía de los mismos, se pagaba en especie, sino, se buscaba el dinero a cambio de algún animal.

Sin embargo, todo esto es difícil de cuantificar. Es indudable que el uso de ganado como dinero estuvo, hasta el primer tercio de nuestro siglo, muy extendido en las aldeas del Alto Aragón, pero no se pueden hacer cálculos generales sobre el porcentaje de tratos pagados con ganado. Parece que en los valles más pobres, de economía fundamentalmente ganadera, como Vio, Puértolas o Tella, el uso del ganado como moneda tuvo gran importancia y —como consecuencia— la circulación de dinero fue muy escasa. Los más ricos valles ganaderos —como Ansó, Hecho o Broto— contaban con grandes propietarios que mantenían numerosos pastores asalariados, lo que trajo una mayor circulación monetaria. En el sur de Ribagorza y Sobrarbe y en el Campo de Jaca, se resolvían muchos tratos con pagos en especie, pero empleando más el trigo, el cáñamo, las guijas o el vino que el ganado.

Los dos primeros ejemplos de dotes pagadas en ganado que hemos citado se referían al valle de Puértolas y a las montañas que cierran por el Sur el valle de Vio. Si descendemos un poco más hacia el Sur, en tierras de menor carga ganadera y mayor peso agrícola, encontramos una muestra bien distinta en los pagos de dotes. Veamos un ejemplo: el marido de una joven del lugar de Buil (sur de Sobrarbe) casada en Guaso en 1740, estuvo cobrando la dote hasta 1755. A lo largo de esos quince años recibió "una anega de guissas", "dos almudes de jodias", "dos almudes de mijo", "un trillo", "tres yugos", "un almud de calso", "dos quartales de ordio", "un arca", "una arado", "cinco quartales de ordio", "dos quartales de trigo", "un cántaro de vino", "tres cargas de paja", "tres quartales de mijo", "tres almudes de simiente de cañimo", "una orca de cebollas" y "tres arreses que llevó por el mes de octubre de 1746 que fueron valuadas a onze riales cada una". Como vemos en este caso, aún pagándose la dote en especie, el ganado supone en ella una parte mínima, como corresponde a una zona más cerealista que ganadera (7).

En cuanto a la variación del uso del ganado como dinero a lo largo de los tiempos, los documentos que hemos podido consultar,

CAUSAS DE LAS BAJAS EN UN REBAÑO
Se representan en este gráfico las causas más importantes de las bajas de ganado en un gran rebaño trashumante. Los datos se han tomado de los libros de don Mariano Rocatallada, de Aragüés del Puerto. Hacen referencia a los años que van desde 1863 hasta 1867. El rebaño del que se han extraído los datos contaba en 1863 con 1452 cabezas.

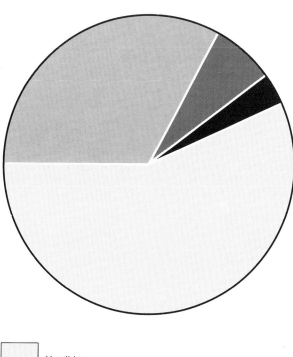

☐ Vendidas.

▨ Muertas por enfermedad o accidente.

▨ Desaparecidas.

■ Muertas por el lobo.

pertenecientes a distintas casas, no ofrecen cambios desde el siglo XVI hasta el XIX. Igual de numerosos parecen los tratos pagados con ganado en el siglo XVI, que en el XVII, el XVIII o el XIX, e incluso en los primeros años de nuestro siglo.

LAS CUENTAS DEL GANADERO

No formaban —ya se ha dicho— los ganaderos pirenaicos un grupo homogéneo. Entre el rico propietario de un gran rebaño trashumante, que poseía más de mil cabezas y contrataba cada año media docena de pastores, y el pobre propietario de un hatillo de 20 ovejas a las que mantenía todo el año en el pueblo o las hacía trashumar agregadas a otro rebaño, hay muchos escalones sociales marcados por el número de cabezas que se poseían. Hablar con cifras ciertas de la economía de cada uno de estos escalones es difícil porque no disponemos de datos exactos. Estos datos sólo pueden tomarse de las contabilidades de los ganaderos. Los más pobres no llevaban contabilidad alguna y los medianos y grandes —que sí la llevaban— no era fácil que la sistematizaran en libros y menos todavía que conservaran sus libros viejos. Consecuencia de todo esto es la dificultad que se nos presenta cuando queremos dar cifras sobre las cuentas de los ganaderos.

Para el gran rebaño trashumante, este escollo lo hemos superado con facilidad gracias a la consulta del excelente archivo de "Casa Liró", de Aragüés del Puerto. Fue —hasta el primer tercio de nuestro siglo— la de esta casa una de las más poderosas ganaderías trashumantes de los valles del Alto Aragón occidental. Mariano Rocatallada, que gobernó la casa de Liró durante casi todo el siglo XIX y los primeros años del veinte, además de rico ganadero y recto amo de su casa, fue un cuidadoso anotador de todo lo relacionado con sus rebaños, tierras, negocios y pastores. Gracias a sus numerosos libros de anotaciones, bien conservados por sus herederos, podemos hoy conocer, con todo detalle, la economía de una gran cabaña trashumante durante un tiempo en que la trashumancia pirenaica conservaba todo el vigor.

La selección del material que debe presentarse para comprender bien la economía del gran rebaño trashumante ofrece ciertas dificultades dada la complejidad contable de una "empresa" que ocupaba anualmente, de forma permanente, a siete personas; que se trasladaba de unos territorios a otros, pagando alquiler de pastos en todos ellos; que vendía productos distintos a compradores diversos y adquiría también muchos productos a varios proveedores. Tal vez lo más conveniente sea proceder a partir de las distintas partidas —detalladas— de gastos e ingresos, para continuar con el balance anual y terminar con un balance que muestre los resultados globales de un período largo de años.

Don Mariano Rocatallada, el ganadero de Aragüés ya citado, hacía un primer apunte de sus gastos e ingresos en un pequeño cuaderno, en octava y forrado con piel, que podía llevar con facilidad en un bolsillo. Este cuaderno lo titulaba "Cuaderno de Ganados". Cada año pasaba un resumen de las distintas partidas de este cuaderno a otro que llamaba "Cuaderno de la cuenta general de ingresos productos y gastos ocurridos".

Aquí, transcribiremos las anotaciones del "Cuaderno de Ganados" correspondientes a un año, que engloba todo un ciclo pastoril, desde que el ganado emprende su camino hacia las tierras bajas —a mediados de noviembre— hasta las mismas fechas del año siguiente, cuando tras haber estado en el "aborral" y en los pastos de invernada, han vuelto a subir, han pasado una temporada en el valle y han pastado en los puertos.

Veamos con detalle los gastos correspondientes a la temporada 1863-1864, tomados del "Cuaderno de Ganados". Para facilitar su comentario dividiremos estas anotaciones en 11 apartados.

Apartado 1. En la primera anotación se señalan los ganados que marchan a la ribera. La fecha de partida se sitúa siempre en torno a mediados de noviembre. Excepcionalmente, en años de fríos tempranos (como debió ser 1863), se adelantaba la partida unos días.

Con el gran rebaño del propietario mayor, descienden a la ribera los animales de otros pequeños propietarios, que por sí solos no pueden organizar la trashumancia. De un total de 1.452 cabezas que van en el rebaño, 1.185 pertenecen al gran ganadero, que contrata al mayoral y los pastores y arrienda las tierras para la invernada. Se lee en la primera hoja de ese año:

"1863. Ganado que marcha a la Ribera en 5 de noviembre de 1863, contado en el Portillo.

Dueños	Ovejas	Borregas	Borregos	Padres	Carn.	Pelo	Total
Mariano	792	206	33	56	37	61	*1.185*
Manuel		50					*50*
D. Pedro	108	32	7	11	2	4	*164*
Albeitar	13	5					*18*
Ambrosio	6	3					*9*
Pintes	2	3					*5*
Luis	6	4					*10*
Miguel	3	2	2			3	*10*
Toribio	1						*1*
Totales	*931*	*305*	*42*	*67*	*39*	*68*	*1.452*

Resultan de lana 1.384
Yd. de pelo 68
Total general .... 1.452"

Apartado 2. "Razón del ganado que va saliendo desde el 5 de noviembre que se encabañó".

Se anotan aquí los animales que por una u otra razón van saliendo del rebaño a lo largo de la temporada. A la vez, se señalan los motivos de salida de cada animal: unos mueren por enfermedad, otros por accidente, algunos son devorados por los lobos y otros se venden. Al final de la invernada, cuando se regresa a la montaña, el número de cabezas que partieron, menos las que han ido saliendo, tiene que ser igual a la cifra de las que quedan. Si no sucede así, las que faltan se dan por perdidas y se anotan también. De las 1.452 cabezas que partieron, han ido saliendo durante la invernada 78. Otras cinco se perdieron.

"1.863 al 1.864. Razón del ganado que va saliendo desde el 5 de noviembre que se encabañó.

	OVEJAS	BORREGAS	BORREGOS	PADRES	CARNEROS	PELO
Borregas muertas en la cabañera		2				
Yd. en la pardina yd.		1				
Oveja vendida a Luis	2					
Yd. muerta en la Pardina	1					
Del lobo en yd.		3		2		
Al Frago vendidas	20					
A Pedrosas carneros y ovejas	4				7	
A Pedrosas borrega vendida		1				
Muertas en Carrión	2					
Yd. en Marracos	5					
Al cirujano	1					
Borregos muertos			2			
Borrega muerta		1				
En las pardinas muertas	4					
Borrega muerta		1				
En el bacibo modorras		1				
Borrega muerta en el ta°		1				
Yd. al podador de la Casta		1				
Mardano muerto				3		
Borrega ahogada		1				
Yd. muerta		1				
Yd. muertas		4				
Muerta bajando el Sordo		1				
Modorra esquilando		1				
Muerto el día del conteo		1				
A Esteban vendida	1					
Cabra vendida						1
Yd. muertas						2
Suma	40	21	2	5	7	3
Resultaron en gasto (las borregas se suman a las ovejas)	933		31	50	30	58
Total	994		33	55	37	61
Salieron de casa	998		33	56	37	61
Faltan del invierno sin señal"	4		0	1	0	0

Mercado de corderos en la feria de Huesca (Archivo Compairé).

Apartado 3. "Gastos que se originan con el ganado desde el 5 de noviembre de 1863 al mayo de 1864".

Se anotaban aquí todos los gastos (menores) que la vida ordinaria del rebaño y los pastores iba generando durante la invernada. La partida contiene gastos muy variados, de todo tipo. Aparece comida para caballerías o perros ("ordio") y para pastores (aceite, sebo); también se anotan medicinas para el ganado (aceite de enebro), gastos del esquileo (en especie: carne, anís, vino y cordel), gastos de viajes, de transportes, de compra de pez... etcétera.

La suma total de gastos, incluido el pago de las hierbas, ascendía a 28.369 reales vellón, que divididos por el número de cabezas, suponían 15 reales y cuartillo por cabeza. Cada propietario pagará según las cabezas que bajó a la invernada. A continuación se transcriben las hojas de estos gastos.

"1863 al 1864. Gastos que se originan con el ganado del 5 de noviembre al mayo de dicho año.

Por medio cántaro de vino para la marcha 7 r. Por tres fanegas de ordio en harina 30 r. Por una arroba 19 libras sebo al aborral 110 r. Por 5 libras y media aceite enebro 11 r. Por media arroba queso a Pedrosa y un queso a Agüero 70 r. Gasto mío cuando bajó el ganado al aborral 32 r. Id. pinos que pague en la temporada de parizón con inclusión de 19 reales al chico de Luis por los días que estuvo 46 r. A los monteros por las manadas 40 r. Por cuatro arrobas tres libras de sebo de Zaragoza y gasto de subirlo Francisco 280 r. Por 8 cántaros de vino de Mariano para el parizón que le abono en cuenta 51 r. Por 26 cántaros de vino de Ardisa para el esquilo 136 r. Anís para id. y cordel que faltó 24 r. 20 m. Atador por 3 días y pico 20 r. Por 4 carniceras sebo para encabañar en mayo 20 r. 12 m. Gasto nuestro del viaje de Zaragoza y caball. 140 r. Pago de esquiladores 769 r. 26 m. Importe de 52 sacas a 7 reales y medio 390 r. Por dos arrobas pan y capazo 55 r. Por 2 libras de chocolate a la posada 18 r. Por estrenar en id. 53 r. Por media arroba lana para id., consabida 48 r. Por la oveja consabida (buena que se la dará en la otoñada) 60 r. Por otra al cirujano por el ajuste 68 r. Por los fogarajes de este año y el pasado 25 r. Abono de posada 200 r. Por 650 manadas 162 r. 17 m. Tocino para el carnaval 76 r. Por 13 libras aceite dulce en todo el tiempo 24 r. 17 m. Por 11 cántaros vino suplido por Luis 66 r. Por 16 f. 5 a. trigo gastado en Marracos a 18 r. fanega 2394 r. Por 11 c. 5 f. 2 a. ordio a 9 r. 838 r. 17 m. Por 2 ovejas para el esquilo 100 r. Por un ternasco al cura y otro en la posada 32 r. Por 9 arrobas 4 libras pan suplido de casa 146 r. Por gastos satisfechos por Manuel según su cuenta 3384 r. Por el tiempo que estuvo el chico de Vicenton 144 r. Importan las yerbas 17.837 r. Por una oveja al cirujano el año anterior que llevó por el ajuste y que por olvido no lleve en cuenta 64 r. Portes de subir sacas y pez 13 r. Gasto mío en junio cuando baje al arriendo con inclusión del anís para la gente 81 r. Al dulero por guardar los corderiles 20 r. Suma 28.088 reales".

Apartado 4. "Cuenta con Miguel el Mayoral desde que marchó a la Ribera en 6 de noviembre de 1863".

Todo el dinero que el mayoral —como jefe del rebaño y administrador del mismo— manejaba, quedaba reflejado en esta cuenta. El mayoral, cuando partía y después, en sucesivas tandas, recibía del amo unas cantidades de dinero en metálico para hacer frente a los gastos que el rebaño y los pastores originaban. Además, el mayoral vendía animales que cobraba, sumándose estas cantidades a las que recibía del amo para sufragar los gastos que se ocasionaran. Tenía que hacer frente a los gastos del viaje trashumante, como los pagos de guardas, posadas y posibles daños en los montes; gastos de sal, de medicinas, etc. Por todos estos conceptos el mayoral manejó en la temporada 1863-1864, 4.755 reales y 22 maravedíes, según se señala en la cuenta que transcribimos a continuación.

"Cuenta con Miguel el Mayoral desde que marchó a la Ribera en 6 de noviembre de 1863.
Le mandé con Pintes para la cabañera: 240 r.
Le di al subirme de la parizón: 400 r.
Por una cartera que le compré: 5 r.
Por el trozo de pardina que le cedí: 280 r.
Por un pañuelo en mayo en Zaragoza: 16 r.
Por un paño para chaqueta en id.: 37 r.
Le di en mayo para encabañar: 280 r.
Le di para subir a Lacasta: 400 r.
Por una cabra vendida: 52 r.
Por 20 ovejas vendidas: 1.280 r.
Por seis carneros id.: 672 r.
Por 2 ovejas id.: 128 r.
Por 2 id.: 136 r.

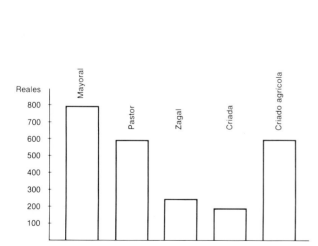

LOS SUELDOS DE LOS ASALARIADOS
En el gráfico se comparan los sueldos de distintos asalariados en los Pirineos, en la segunda mitad del siglo XIX. Los datos se han tomado del Archivo de Casa Liró (A.C.L.), de Aragüés del Puerto

Por un carnero: 108 r.
Por 8 cabritos: 160 r.
Por una borrega a Piedratajada: 3 r.
Por un cañón vendido: 24 r.
Por cuenta del tío Pepe recibió: 533 r. 22 m.
Guarda de Embún: 5 r.
Somanes y Fosato: 8 r.
Santa Cilia guarda y puente: 40 r.
Gasto en id.: 14 r.
Alastuey y pardina: 12 r.
Vino y ordio en el cuello: 16 r.
Argüés guarda: 4 r.
Paternoy: 4 r.
Bergosal y ordio: 24 r.
A los monteros: 20 r.
Santa María guarda: 4 r.
Lapeña: 12 r.
Murillo gasto y guarda: 24 r.
En id. cruza id.: 34 r.
Subien vino y ordio: 26 r.
Guarda Agüero: 20 r.
Cruza id. y manifiesto: 30 r.
Gasto de ir al molino: 9 r.
Al guarda forestal: 80 r.
Fogaraje y salida: 9 r.
Sal 13 arrobas: 172 r.
Por tres faneg. id.: 51 r.
Gasto de ayerbe por sal: 12 r.
Pólvora: 10 r.
Por una carga de teda: 10 r.
Paso de carbonera: 20 r.
Vino y ordio en Piedratajada: 14 r.
6 faneg. sal: 108 r.
32 cántaros vino: 200 r.
8 cántaros id. Francisco: 56 r.
Por marcar los perros: 4 r.
1 arroba sebo: 72 r.
8 cant. vino: 44 r.
9 cant. id.: 54 r.
24 Cant. id.: 144 r.
1 Cant. id.: 4 r.
2 id. id.: 16 r.
2 libras aceite: 3 r. 26 m.
Por aceite enebro: 40 r.
Por arreglar la cerraja de la caseta: 3 r.
Por compra de un boto: 21 r.
9 C. vino de Puendeluna: 58 r. 16 m.
Gasto id.: 40 r.
Gasto de Jueves Santo: 9 r.
9 Cant. vino de Valpalma: 54 r.
9 Cant. id. de Piedratajada: 57 r.
Salida del bacivo: 4 r.
Paso de la Carbonera: 16 r.
Vino en id.: 4 r.
Vino de Lacesper: 6 r.
Guarda de Luna: 12 r.
Pan en Lacasta 77 A. y media: 904 r.
Ordio 19 A.: 171 r.
Por lavar las camisas: 60 r.

Por dos carniceras tocino por Carnaval: 16 r.
2 libras aceite: 4 r.
5 arrobas sal: 66 r. 16 m.
9 Cant. vino de Piedratajada: 58 r. 16 m.
Por un rallo: 2 r.
8 Cant. vino de Puendeluna: 49 r.
Gasto id.: 4 r.
Guardas de Luna por el común: 100 r.
Al chico de Vicentón: 64 r.
Aprecio de los mulos: 9 r.
Guarda de Piedratajada: 4 r.
Espelungueta: 4 r.
Puendeluna: 4 r.
Miramonte: 4 r.
Lasierra: 4 r.
Ardisa: 4 r.
En id. vino: 5 r.
Guarda en Santa Eulalia: 8 r.
En id. vino: 24 r.
murillo guarda: 12 r.
En id. gasto: 8 r.
Santa María guarda: 4 r.
A los monteros: 40 r.
En Bergosal: 16 r.
Paternoy guarda: 4 r.
Arbués guarda: 4 r.
Gasto en el Cuello: 6 r.
Guarda y Pardina: 8 r.
Santa Cilia y puente: 52 r.
Vino y gasto: 14 r.
Fosato: 2 r.
Somanes: 5 r.
Embún: 4 r.
Por 3 carniceras sebo: 21 r.
Suman las datas: 3.447r. 32 m."

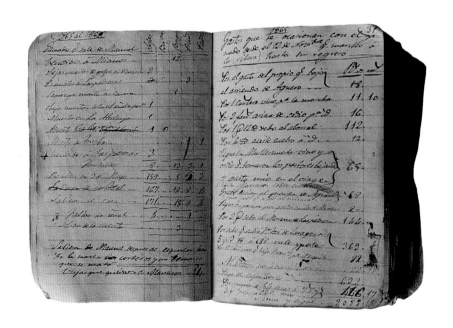

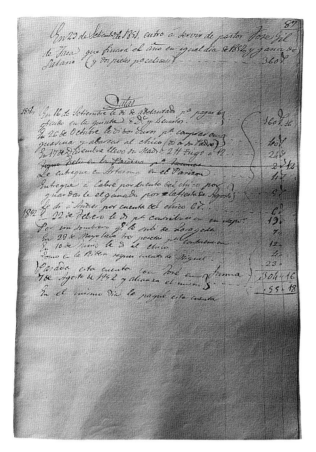

Hoja de un "Cuaderno de salarios", de 1851, correspondiente a un pastor. Junto al salario, en dinero, se acuerda la entrega de "dos pieles para calzones".
(A.C.L.)

Páginas del "Cuaderno de Ganados" de don Mariano Rocatallada correspondientes al año 1865.

Apartado 5. "Pan que se baja para el consumo de los pastores desde el 6 de noviembre de dicho año".

Se anota aquí tan sólo el pan consumido en el viaje de descenso, en el aborral y en una parte del viaje de subida, porque éste era el pan que el ganadero aportaba de su casa. El resto entraba en la cuenta de lo gastado por los pastores en la invernada o en el puerto. La cuenta del pan dice:

"*1863 al 1864. Pan que se baja para el consumo de los pastores desde el 6 de noviembre de dicho año.*

Con los ateros llevaron: 2 arrobas 18 libras
Con los mulos en 8 de noviembre: 4 arrobas 33 libras
Para subir con el ganado: 1 arroba 25 libras
Suma: 9 arrobas 4 libras"

Apartado 6. "Importe de las yerbas de invierno del 1863 al 64".

Estas "yerbas" o pastos situados en el valle bajo del Gállego, al SW. de la provincia de Huesca, pertenecían a varios propietarios a los que se pagaba una cantidad estipulada por el arriendo de los mismos. Los propietarios eran ayuntamientos, particulares o sociedades de vecinos. El pago de estas yerbas era uno de los desembolsos más fuertes que debía realizar el ganadero. En el caso que citamos ascendía a 17.837 reales, como se ve en la anotación siguiente:

"*Importe de las yerbas de invierno de 1863 al 64.*

Por 2 cuartos de Marracos: 1.978 r.

Por la Torrebosa y Carreon: 7.400 r.

Por 38 cahices de tierra de Alonso de la Atalaya y Cierbos, rebajados 7 cahices sembrados: 800 r.

Por 190 cahices de tierra mía rebajado lo sembrado que son 7 cahices: 4.750 r.

Por la pardina de Guarnaba: 3.180 r.

Total de yerbas: 18.118 r."

Apartado 7. "Peso de la lana en Marracos en 1864".

Marracos era el lugar de invernada. Allí se esquilaban las ovejas poco antes de partir hacia la montaña, a finales de primavera. La lana se pesaba por sacas, en arrobas y libras, separando la de cada propietario. No merece la pena transcribir las largas anotaciones con el peso de cada saca numerada. En el año citado, Mariano Rocatallada obtuvo un total de 276 arrobas y 8 libras de lana.

Apartado 8. "Ganado en gasto en Marracos en Mayo del 64".

Este era el censo del ganado que había invernado en Marracos. Realizado a finales de primavera, poco antes de ascender de nuevo a la montaña, servía de base para repartir los gastos de yerbas y esquilo. Era importante por dos motivos: primero porque tenía en cuenta las bajas sufridas durante la invernada y también las altas por nacimientos de nuevos corderos. Segundo, porque contaba todo el ganado que invernaba y no sólo el que bajó en un mismo rebaño (el contado en el apartado 1) ya que podían unirse otros rebaños menores que bajaron por su cuenta, como en el presente caso es el rebaño que se señala como perteneciente al "Tío Pepe", que por su número de cabezas (553) era de tamaño medio.

"*Ganado en gasto en Marracos en Mayo del 64.*
De Mariano
Ovejas: 933
Padres con 8 castrones: 50
Borregos: 31
Carneros: 30
De pelo: 58
Total: 1.102

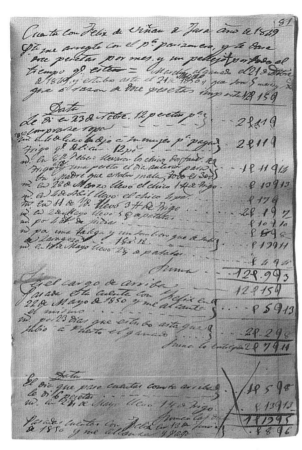

Hoja de un "Cuaderno de salarios", de 1849, correspondiente a un parizonero (pastor temporal para la época de "parizón", cuando parían las ovejas).
(A.C.L.)

Del albeitar: 18
De Pintes: 5
De ambrosio con una de pelo: 6
Total: 29
Del Tío Pepe con la de J. Gil: 524
Id. de pelo 29
Total: 553
De D. Pedro: 148
Id. de pelo: 3
Total: 151
  Resumen
A cargo de Mariano: 1.131
Id. del Tío Pepe: 553
Id. de Francisco: 151
Id. borregas de Manuel: 45
Total ganado en gasto: 1.880

Apartado 9. "Reses que salen después de puestas en gasto en 1864".

Se refiere esta cuenta a los animales que mueren, se venden o desaparecen desde que en mayo se contaban para pasar cuentas de la invernada, hasta que llegaban al puerto en junio.

Se contabilizaron en esta cuenta, entre muertas por el lobo, perdidas, vendidas y accidentadas, un total de 26, entre animales mayores y crías.

Apartado 10. "Cantidades que debe percibir Mariano en Zaragoza por su lana y la de sus agregados".

El gran ganadero negociaba ante el comprador lanero de Zaragoza (un catalán llamado Marquet), no sólo su lana, sino la de todos los ganaderos cuyos rebaños invernaban juntos. La venta de toda esta lana ascendía a 33.562 reales, de los cuales 27.962 correspondían a Mariano Rocatallada.

Apartado 11. "Ganado que sube al puerto de Espelungueta en el año 1864".

Espelungueta es uno de los puertos de Aragüés. Allí subieron los animales en dos tandas: los primeros el día 9 de junio y los otros más tarde, también en junio, pero sin que se anote la fecha exacta. Entre el puerto de Espelungueta y otros de Aragüés (Remondón y Matoyas), Mariano Rocatallada subió 1.824 cabezas, de las cuales 1.735 eran de lana y 89 de pelo.

Todas estas anotaciones detalladas que aparecen año por año en el "Cuaderno de Ganados" se trasladaban después, de forma resumida, al "Cuaderno de la cuenta general de ingresos productos y gastos ocurridos". Desgraciadamente, a pesar de la excelente conservación del Archivo de Casa Liró, de Aragüés, algunos cuadernos se han debido perder, y no tenemos para ninguna época los dos tipos de cuadernos. Así, para los años de los que se conserva el "Cuaderno de cuenta general...", no se conserva el "Cuaderno de Ganados" y viceversa. Pero para nuestros fines el inconveniente es pequeño, ya que mediante la transcripción de las anotaciones de un año del "Cuaderno de Ganados" hemos podido mostrar con todo detalle un modelo contable del funcionamiento del gran rebaño trashumante durante un año. El resumen de un solo año, aunque sea otro año distinto, nos ofrecerá un modelo globalizado también de interés. Veamos el resumen de la temporada 1867-1868, cuando Mariano Rocatallada, en sociedad con su hermano Manuel, llevaban un rebaño de 1.577 cabezas.

"Cuaderno de la cuenta general de ingresos productos y gastos ocurridos y ocasionados desde el 18 de noviembre de 1867.

El transporte de corderos se realizaba a lomos de mulas o asnos (Archivo Compairé).

Cuenta desde el 18 de noviembre de 1867

	Gastos	Ingresos
Producto de 38 ovejas vendidas inclusas algunas modorras y canales de carne durante la invernada de 1867 a 1868, según cuenta de Miguel el Mayoral		1.742
Producto 10 carneros en dicha invernada id.		952
Producto de 7 chotos y cabras en id. id.		608
Producto de 224 borregos en id. id. a 40 reales los superiores y a 36 los reuses a Grañén y Tardienta encclusos 4 a Piedratajada		8.500
Producto de pieles vendidas a Esposa en 12 de julio		152

Hoja de un "Cuaderno de salarios", del año 1839, correspondiente a un boyero o pastor de vacas y bueyes.
(A.C.L.)

Por 30 a. sal comprada hasta 9 de agosto	420	
Por esquilas renovadas en Urdués	60	
Por 15 fan. y media de sal de pasa en fines de agosto	293	
Por importe de 180 arrobas de lana vendida en junio de 78 al S. Loutet a 74 r.		13.124
Por 6 arrobas de lana al Sr. Barrieta a 74 r.		444
Por importe de 147 ovejas viejas a Ignacio Barco en 25 de agosto del 68 a 42 r. una valen		6.174
Por la contribución del ganado año económico 67-68	698	
Por el puerto del ganado en el verano del 68	1.101	
Por las yerbas del invierno del 67-68 hasta el mayo	26.459	
Por los salarios de pastores año completo deducido lo perteneciente a los que ocupo en casa la temporada de verano y los de la labor	2.400	
Por gasto de 4 pastores 5 meses y medio en casa a 2 r. y medio diarios; dos más en primavera un mes y uno en la otoñada dos meses	750	
Por gasto de 3 perros 5 meses y medio en casa a razón de 3 al. ordio diarios	616	
Producto de 4 ovejas vendidas para la fiesta, 1 al sastrón y tres carnericos a M. Agustín		410
Producto de 3 a. 81 de pieles vendida a Esposa en noviembre y sobre una media a. a particulares		186
Producto de 26 borregos reuses vendidos a Manuel de Segador en noviembre inclusos 4 a Taustano y María de Agustined a 23 r.		598
Id. por seis reuses a Ramón de Monica y los debe		100
Por tres ovejas a Joaquín y 2 al Blanquín, viejas		200
Suma	32.797	33.190
Resumen		
Ascienden los gastos: 32.797 reales.		
Id. los ingresos: 33.190 reales.		
Líquido producto: 393 reales".		

En la cuenta que acabamos de transcribir hay que señalar un error en el dinero gastado para dar de comer a los pastores. En la cuenta del año siguiente aparece una anotación que dice: *"Por equívoco en el gasto de los pastores el año anterior que puse sólo 750 reales debiendo ser 1.950, es decir una diferencia de 1.200 reales".*

De este modo, el balance el año anterior no ofrece beneficio alguno, sino unas pérdidas de 807 reales.

Un somero análisis de esta cuenta permite extraer varias conclusiones, cuyo cotejo con otras cuentas les ofrece cierta validez.

— En el capítulo de gastos, el pago por las yerbas de invierno supone una cifra elevadísima que representa el 77,8 % del total de gastos. En cambio, el gasto de los pastores, sumando salarios y manutención y subsanando el error de la cuenta ya indicado, no es sino el 12,7 % del total. Los pastos de verano consumen el 3,2 % de los gastos, es decir, una parte muy pequeña. En cambio, los perros mastines, cuya utilidad sólo se evidenciaba frente a los ataques de lobos y osos, consumían un 1,8 % de los gastos anuales, casi el mismo porcentaje que la contribución y algo menos que la sal.

Estos porcentajes en la partida de gastos se mantienen, con pequeñas variaciones, todos los años. Siempre los gastos por las yerbas de la invernada rondan el 80 % del total y suponen el verdadero desembolso que hace tambalear las economías ganaderas. Los arriendos se hacían para varios años, y un mal paso en este terreno (pactar arriendos muy altos o más pastos de los necesarios) hipotecaba durante varios años los posibles beneficios. Analizando los malos resultados contables de 1871, don Mariano Rocatallada anotaba en su cuaderno: *"La causa de los perjuicios que se observan consisten en los arriendos caros o disparatados que teníamos de las pardinas del Marqués, y que afortunadamente han concluido este año"*.

La carestía de los pastos invernales movió a los ganaderos a buscar la propiedad de tierras en el pre-Pirineo y en el llano, como se verá más adelante.

— En cuanto a los ingresos, provenían —a partes casi iguales— de la venta de animales y de la venta de lana. El porcentaje representado en el total de ingresos por uno u otro concepto, varía mucho de unos años a otros. Mientras las cifras de venta de lana se mantienen en términos parecidos, las de ganado varían mucho, dependiendo de las crías o de los deseos del ganadero y la oportunidad para desprenderse del ganado viejo o enfermo.

— Sobre los beneficios parece concluirse del examen de los balances de varios años que no eran elevados en términos de liquidez monetaria. Además, los balances resultan —a veces— engañosos, porque una venta masiva de ganado incrementa el capítulo de ingresos, pero reduce el rebaño.

Normalmente, el capítulo de ingresos y el capítulo de gastos se mantienen bastante equilibrados. Hay años especialmente malos, sobre todo cuando por una u otra causa mueren muchos animales o crían poco. Así, 1871 fue un año desastroso que hizo escribir al ganadero: *"La baja en número de cabezas resulta de no haber criado apenas nada en el año último y haber muerto en la Ribera más de 150 mayores"*. En 1872 escribía: *"Hemos tenido trastorno por causa de la viruela que perecieron bastantes corderos y ovejas a causa del mal resultado de la inoculación que verificaron en la cola como novicios los albeitares de Gurrea y Valpalmas"*.

Vistas con detalle las cuentas de un año y examinado el resumen económico de otro año, pasemos ahora a un balance global. Sólo un balance de estas características aparece entre los papeles de don Mariano Rocatallada. Corresponde al período comprendido entre 1867 y 1877, y dice lo siguiente:

"Resumen de utilidades y gastos en los 11 años.

Años	Utilidades	Pérdidas
1867	131	—
1868	—	5.421
1869	3.688	—
1870	—	1.459
1871	—	523
1872	3.097	—
1873	1.920	—
1874	616	—
1875	3.120	—
1876	—	1.547
1877	—	821
Por reses utilizadas en casa para cecina y demás durante los 11 años, a razón de 900 r. cada año	9.900	—
Resultado de 11 años	22.472	9.771
Resumen		
Utilidades en 11 años		22.472
Perjuicios o pérdidas en id.		9.771
Utilidades líquidas en dicho período		12.701 r."

Este balance hace meditar al ganadero que, después de concluirlo, continúa escribiendo en la página siguiente:

"*Ahora bien, resulta que siendo el número de cabezas que existía en 1867, 1.577 cabezas y las que resultan el último de los 11 años son 954, hay una baja de 623 cabezas, que a razón de 50 r. y 45 céntimos que valen una con otra al establecerla, importan 31.430 reales.*

Si se tiene además en cuenta que nada pongo por gastos de viajes ni otras incomodidades que son consiguientes para arriendos de yerbas, parizones, esquileos y demás, queda bien demostrado que el ganado de por sí es un mal negocio, si no va unido a la agricultura, pues la única ganancia que puede dar es el abono a los campos con el estiércol que deja, que por cierto, en este país es bien pequeño recurso. No he continuado en llevar cuenta por ver el resultado desastroso que da el ganado, y de aquí se comprende que los ganaderos en general abominan de él y unos se lo quitan por no arruinarse, y otros que no lo hacen se arruinarán por fuerza, si no cuentan con otros medios para sostenerlo".

Sin embargo, el panorama real no parece tan desolador en términos monetarios. Debe tenerse en cuenta que las cifras de ingresos, anotadas en dinero, se cobraban siempre en dinero, pero no sucedía lo mismo con los gastos. Estos, se anotaban en dinero, pero algunos de ellos no costaban dinero al ganadero. Por ejemplo, la comida de los perros: el "ordio" (cebada) que se les daba provenía de la cosecha del ganadero. Otro tanto sucedía con la comida de los pastores mientras permanecían en el puerto y hasta con el salario de los mismos, que en buena parte era pagado en especie. Esta aclaración es importante, porque aunque, a efectos contables no sea necesaria, sí tiene una decisiva importancia en la circulación monetaria. Si no fuera así, con balances tan poco sustanciosos, ¿cómo pueden comprenderse las importantes inversiones monetarias del ganadero, de las que trataremos luego?

El momento de pasar las cuentas era siempre memorable. Tanto los ganaderos que llevaban un rebaño en sociedad, como el gran ganadero que confiaba la administración de su rebaño a un mayoral, pasaban cuentas a comienzos de otoño, cuando las ovejas bajaban de los puertos y se contrataban los pastores. "Pasacuentas" llamaban al día de sentarse ante sus anotaciones para cerrar balances, cobrar y pagar. En este día, los grandes ganaderos solían matar una oveja que se comían con los pastores y con sus socios.

La ventaja de poder presentar las cuentas de un gran ganadero, radica en que hallamos en ellas todos los gastos e ingresos posibles en un rebaño tradicional. La contabilidad de cualquier otro ganadero más pequeño reproduce las partidas ya citadas pero con cifras menores. Los ganaderos trashumantes que conducían sus propios rebaños contando con los miembros de su familia, sin necesitar ningún pastor asalariado, tenían los mismos gastos que el gran ganadero descontando los salarios que éste debía pagar a los pastores. El que tenía pocos animales y para la trashumancia debía unir su rebaño a otro más grande, pagaba al propietario del mismo en proporción a los gastos habidos y a los animales que aportaba. El pequeño ganadero que no bajaba sus animales al llano, ni los subía al puerto, no tenía más gastos que la sal consumida por su ganado, pero también obtenía unos ingresos muy escasos por su cabaña, ya que apenas podía vender ninguna res y la lana la precisaba para su autoconsumo. Si no bajaban a la ribera, pero sí subían al puerto, aportaban una pequeña cantidad por cada cabeza, como se indica en otro capítulo al hablar de la organización social del pastoreo.

Los pequeños ganaderos-pastores constituían la mayoría de la población activa pirenaica. Aunque el número total de cabezas que estaban en manos de estos ganaderos era porcentualmente escaso frente a los grandes rebaños, de estos pequeños hatos dependía la vida de buena parte de los habitantes del Pirineo.

En Tella y sus aldeas, en 1878, había 50 ganaderos (tantos como casas). De ellos, ninguno poseía más de quinientas cabezas; seis ganaderos tenían entre 200 y 500 cabezas; siete ganaderos tenían entre 50 y 200 cabezas de ganado. El resto —37— tenían menos de cincuenta animales (8). Esta proporción se mantenía en términos parecidos en los valles ganaderos más pobres o secos, como Puértolas, Vio, Solana, Sobrepuerto, Sobremonte, Acumuer o Garcipollera. En los valles más ricos, como Ansó, Hecho, Tena o Bielsa, la proporción de ganaderos grandes o medianos podía ser algo mayor.

En Ansó, en 1862, los rebaños de más de setecientas cabezas agrupaban a más de la mitad del ganado ansotano (53 %). El 14 % formaba parte de rebaños de 400 a 700 cabezas y sólo el 5 % del ganado se agrupaba en rebaños menores de 100 cabezas. Sin embargo, de este 5 % último vivían el 34 % de los propietarios. En 1922, el 73 % de los ganaderos ansotanos tenían rebaños menores de 200 cabezas (9).

Teniendo en cuenta que los dos casos detallados —Tella y Ansó— representan los dos extremos, uno de pobreza y otro de riqueza ganadera, en el Pirineo, se comprende la gran importancia, la abundancia cuantitativa, de los pequeños ganaderos.

El cuaderno de cuentas que perteneció a un ganadero y tratante de la aldea de Morillo de Sampietro (Boltaña), en el que hay anotaciones de los últimos años del pasado siglo y primeros de éste, nos muestra el débil flujo de dinero que estas reducidas explotaciones ofrecían. El tratante-ganadero citado compraba animales en las aldeas de Buerba, Vio, Gallisué, Nerín y Sercué (valle de Vio) y en otras del municipio de Boltaña. Su papel era el de proporcionar a los pobres ganaderos el escaso dinero que necesita-

Un tratante de ganado selecciona animales en la "cleta" (Archivo Compairé).

ban o el trigo que les hacía falta para comer en mayo y en junio, antes de recoger la cosecha. A cambio, el ganadero pobre iba entregando —cuando podía— algún ganado. Transcribimos una cuenta cualquiera, elegida al azar: *"En Gallisué el 18 de octubre de 1904 me resta Beturian Dueso 2 ptas. 75 ctmos. mas día 20 entregué 3 ptas., más 2 de noviembre entregué 5 ptas. Año 1905, día 9 de mayo, recibí un choto en 13 ptas. 75 ctmos., junio, día 24, entregué 3 fanegas de trigo, día 10 de julio, entregué 4 fanegas. Octubre, día 18, entregué 125 ptas. recibí 4 carneros a 18 ptas. 25 ctmos., más 4 primales a 13 ptas. 15 ctmos. más 4 ovejas a 12'75, más 5 machos a 16 ptas., día 31 recibí una oveja en 12 ptas. 75 ctmos. Día 21 diciembre entregué 59 ptas. 25 ctmos."* (10).

En los cuadernos de este labrador, ganadero, tratante y prestamista se encuentran cientos de cuentas parecidas. Hacia su casa, en la aldea serrana de Morillo, acudían la mayoría de los habitantes del valle de Vio, que eran a la vez labradores, ganaderos y pastores de los que mantenían con estrecheces pequeños rebaños. José Campo, el tratante de cuyo cuaderno hablamos, revendía los animales a otros tratantes o a un carnicero de Boltaña, los bajaba a las ferias de las ciudades del centro y sur de la provincia de Huesca o los añadía a su propio rebaño.

LAS CUENTAS DEL PASTOR ASALARIADO

Ya se ha explicado cómo los contratos de los pastores duraban desde San Miguel de septiembre hasta la misma fecha del año siguiente. Cuando se "afirmaban" (contrataban) quedaba pactado su salario, que cobrarían cuando transcurriera el año. Junto a una cantidad en metálico, solían pactarse otros pagos en especie. Lo más frecuente era recibir del ganadero —junto al dinero— alguna piel. A veces se acordaba que recibiría "un par de pellejos para calzones" (11). En algunos casos hasta se llegaba a especificar la calidad de las pieles: "un pellejo lanudo y dos rasos" o "una piel rasa".

Podía haber muchos más acuerdos pagaderos en especie o en servicios, como eran: abarcas, ovejas, que la yunta del amo labrara algunos campos de la casa del pastor, etc. Si en el acuerdo entraba la entrega de alguna oveja, había que dejar clara la calidad de la misma. Así, por ejemplo, en 1850, Mariano Rocatallada contrató un pastor con el que pactó, junto al salario, la entrega de una oveja "ruin". El pastor, olvidando el acuerdo, se cogió una "regular". Cuando se enteró el amo obligó al pastor a pagar la diferencia de valor entre la oveja "ruin" pactada y la "regular" tomada.

Los salarios iban de acuerdo con la categoría del pastor. El mayoral cobraba siempre más que el resto de los pastores, ocupando el último lugar de la escala salarial el zagal o aprendiz, que cobraba algo menos de la mitad que el mayoral. El 29 de septiembre de 1866, Mariano Rocatallada "afirmó" a los seis pastores que habían de cuidar su rebaño hasta San Miguel del año próximo. De estos pastores, algunos llevaban ya varios años trabajando para el mismo amo. Había tres hermanos naturales de Aragüés. El mayor era mayoral y cobraba 800 reales al año; el segundo era pastor y cobraba 520 reales; el tercero era un niño —contratado como zagal— y cobraba 360 reales. Otro pastor cobraba 680 reales y los otros dos 640 reales.

Los salarios no experimentaban apenas variaciones con el paso de los años. Un mayoral cobraba veinticinco años antes (en 1841) 40 libras jaquesas, que son 38 duros o 740 reales. En 1866 cobraba 800 reales y lo mismo recibía en 1884.

Los zagales o aprendices no recibían su salario directamente, sino que lo pactaba y lo cobraba su padre. A veces, un padre y un hijo o un hermano mayor y otro pequeño, se "afirmaban" por una cifra global. Todavía en nuestros días se dan casos de este estilo. En 1984 he conocido el caso de un hombre y su hijo que han sido contratados como pastor y "chulé" (aprendiz), en el valle de Gistau, por una cantidad que engloba los salarios de ambos.

La manutención del pastor corría por cuenta del amo, pero esto no significaba que el salario estipulado lo recibiera íntegro el pastor al acabar el año. Los gastos eran muy escasos, pero el dinero también lo era. Cualquier cosa que necesitara el pastor se la compraba el amo, que la anotaba cuidadosamente en un cuaderno. Al acabar el año, el amo restaba del salario acordado el valor de lo que había entregado al pastor y éste recibía en metálico lo que restaba de su salario, si es que todavía quedaba algo.

A lo largo del año, el pastor debía comprar ropa y calzado; de vez en cuando tenía que renovar su sombrero o su navaja; si se ponía enfermo, necesitaba medicinas; en casa del pastor tal vez no tuvieran suficiente trigo y necesitaran comprarlo; a sus padres y hermanos les haría falta dinero para marchar a trabajar a Francia. Todos estos gastos, como se ve en documentos de este capítulo, eran pagados por el amo, que los iba restando del salario del pastor. Cuando llegaba San Miguel, en muchos casos, el pastor debía dinero a su amo. En los documentos reproducidos, elegidos al azar del libro de salarios de Mariano Rocatallada, sin otro cuidado que el de mostrar uno de cada grado de la jerarquía pastoril (mayoral, pastor, rebadán y zagal), se muestra cómo el mayoral, ajustado en 1.200 reales, recibió al acabar el año 16 reales. El pastor, ajustado en 440 reales, al terminar el año aún debía cinco reales al amo. El "rebadán", cuyo salario era de 28 libras, sólo recibió al acabar la temporada una libra y 18 sueldos.

Al pastor se le restaban también de su salario los costes de los "aprecios" (daños causados por el ganado) que por negligencia o descuido en la guarda del rebaño se hubieran producido en los campos de otros propietarios.

Si enfermaba el pastor y no podía trabajar durante algunos días, la parte de salario correspondiente a los mismos le era descontada. Por eso resultaba frecuente que cuando un pastor enfermaba, algún miembro de su familia lo sustituyera hasta que se encontrara respuesto.

En los rebaños de las casas de la montañas prepirenaicas, que contrataban un solo pastor, ocurría lo mismo que en los grandes rebaños trashumantes: el salario acordado se consumía casi en su totalidad a lo largo del año y cuando llegaba la hora de cobrar, el pastor apenas recibía unos céntimos. El documento que se transcribe referente al contrato de un pastor en la aldea de Escapa (sur de Sobrarbe) en la temporada 1899-1900, presenta una característica también muy extendida: junto al salario —en dinero— se pactaba que el amo entregaría "un par de alpargatas y calzado de madera". En las anotaciones del cuaderno de salarios de esta casa siempre aparecen —cuando se trata de contratar pastores— acuerdos para entregar calzado y ropas. Así, con el pastor que "afirmaban" para 1900-1901 acordaron como salario "en dinero 11 duros, dos camisas, un par de pantalones de terciopelo, dos pares de peazos, un ceñidor y calcero". Lo mismo entregaron al pastor que tuvieron un año después. Al de 1902-1903, además de dinero, se comprometieron a darle "vestido de terciopelo y calcero, que se compone de pantalones, ceñidor, chaleco, chaqueta, camisa y pañuelo" (12).

En las casas del centro y sur de Sobrarbe eran frecuentes los pastores provenientes de Puértolas o Bestué y de las aldeas de los valles de Vio y Solana, lugares que por su extrema pobreza no eran capaces de mantener a todos sus hijos. Estos pastores solían marchar a servir siendo niños menores de diez años. Me han hablado de algunos hombres de estas aldeas que, a mediados del presente siglo, tenían varios hijos cuidando los ganados de distintas casas ricas en los lugares situados al sur de Ainsa. Cada cierto tiempo, estos hombres, con un burro, recorrían las casas en las que servían sus hijos recogiendo en especie el salario de los niños.

En general, puede decirse que el pastor "veía" muy poco dinero. Su manutención estaba garantizada por el amo y el vestido, o se lo entregaba el amo o se lo compraba descontándolo del salario acordado. Buena parte del salario era entregada en especie —lana, trigo, vino, etc.— que recibían el pastor o su familia. También recibía como adelanto para algún gasto extraordinario pequeñas cantidades de dinero en metálico.

En este apartado —como en los restantes del presente capítulo— es difícil presentar unas cuentas globales que representen a la mayoría de los pueblos del Alto Aragón. Se trata de saber qué representaba el dinero ganadero dentro de los presupuestos necesarios para hacer funcionar los servicios colectivos de una comunidad pirenaica.

En la sociedad tradicional pirenaica, por escasos que fueran los gastos comunales, estos existían. Hay que saber a cuánto ascendían los citados gastos y averiguar en qué proporción se pagaban con dinero de origen ganadero o pastoril, teniendo en cuenta que estos dos términos —como ya se ha explicado— significan lo mismo para la mayoría de los que conducían o conducen ganados por estos montes.

El lugar de Tella, de economía fundamentalmente ganadera, nos puede servir de ejemplo para el estudio de las cuestiones que acabamos de citar. El hecho de que las cuentas que con más claridad nos ayudarán en este terreno se encuentren en un libro del siglo XVIII, no parece un contratiempo importante, ya que, tanto la vida y la economía de los pastores, como las de las comunidades locales o de valle, en los Pirineos, no sufrieron modificaciones importantes ni en ese siglo, ni en el siguiente, ni en el primer cuarto del presente siglo. Para la época que vamos a estudiar, el lugar de Tella —junto con sus aldeas de Lamiana, Arinzué, Cortalaviña, Hospital y Lafortunada— contaba con 37 casas y el número de habitantes podemos situarlo entre 150 y 200.

A mediados del siglo XVIII, los gastos comunales de Tella eran escasos. Para pagar al alcalde, a los regidores, al escribano, al alguacil, al campanero, al médico y al cirujano, y para mantener la acequia del molino y reparar el camino real, necesitaban 45 libras. Las cargas de viejos préstamos, representadas por las pensiones de los censos, y las celebraciones religiosas —muy abundantes, como se observa en un documento que se transcribe en este mismo capítulo— costaban 25 libras, porque en ellas se repartía a todos los vecinos, pan, vino y queso. En total, el presupuesto anual rondaba las 146 libras, aunque algunos años podía ser menor si no se reparaba el camino. Para conseguir este dinero, disponía Tella de pocos medios. Del arriendo de un molino, un mesón y una taberna, sólo obtenían 33 libras al año, que representaban poco menos de una cuarta parte del dinero necesario para cubrir el presupuesto. Las otras tres cuartas partes tenían un origen ganadero. Este dinero procedía de lo que se cobraba al ganado francés que pasaba por los términos de Tella y de lo que se cargaba a cada vecino por las cabezas que tuviera.

Algunos ganaderos de los Pirineos franceses bajaban, para invernar, con sus ganados a la ribera del Ebro o a los llanos del sur de la provincia de Huesca. Como cualquier rebaño trashumante debían —los franceses— pagar algún dinero en cada término que atravesaban. Cuando los habitantes de la "Vallée d'Aure" se dirigieron al rey Felipe V de España, protestando por un impuesto que se les quiso gravar por su entrada en España y argumentando que desde tiempo inmemorial "los habitantes de la Vallée d'Aure han conducido sus rebaños hacia Aragón para hacerlos invernar sin pagar más derecho que el herbaje a los propietarios de las montañas donde pastan sus rebaños que vuelven a traer cuando se acaba el invierno" (13), no tenían toda la razón. No parece fundada la argumentación cuando se sabe que, además de los derechos de herbaje, debían pagar derechos de paso.

EL DINERO GANADERO EN LOS GASTOS DE UNA COMUNIDAD LOCAL PIRENAICA
Este gráfico se ha elaborado a partir de los datos del "Cuaderno de cuentas del Ayuntamiento de Tella". El cuaderno citado recoge las cuentas de la mayor parte del siglo XVIII en esta comunidad local.

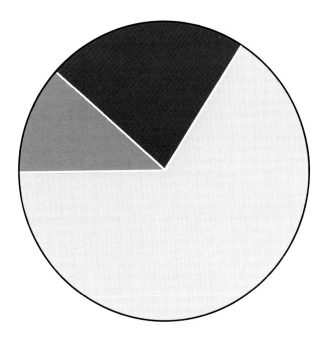

Paso ganado francés, 17 libras.

Molino taberna Mesón, 33 libras.

Pechas sobre los ganados locales, 96 libras.

En Tella y en la época citada los franceses pagaban por dos conceptos: por los guardias que debían acompañarlos mientras transitaban por su término y por el paso de un puente sobre el río Yaga. Se pagaba un tanto por cabeza, y según las que pasaban variaba la recaudación de unos años a otros, aunque, en general, venía a ser de unas 17 libras anuales (véase documento que se adjunta). Estas 17 libras, unidas a las 33 de los arriendos ya citados, suman 50 libras. Las casi 100 que aún faltan para completar el presupuesto se obtenían con impuestos sobre el ganado de los vecinos.

Los habitantes de Tella, como los de otros valles, habían acordado, para hacer frente a los gastos comunales, "pecharse por ganados gruessos y menudos en lo que se necesite". Cada año, según las necesidades, se cobraba un tanto por cabeza a cada ganadero. Los ganados se dividían en "gruessos" (caballos, vacas), "menudos" (cabras, ovejas) y de los "cabaleros" (mozos solteros no herederos, que tenían su propio hato, generalmente pequeño). Los ganados de estos últimos pagaban como si fueran forasteros que vinieran a las montañas de Tella.

Las pechas en los ganados venían a cubrir dos terceras partes del presupuesto municipal. Si tenemos en cuenta que la mayor parte de las casas disponían de rebaños inferiores a las 50 cabezas, nos podemos preguntar de dónde obtenían el dinero necesario para pagar las pechas, ya que apenas podían vender lana y no entraban en el comercio ganadero que tenía lugar en los centros comerciales de la tierra llana. Con toda probabilidad el dinero les llegaba por dos vías: por un lado, de los salarios de los hijos de la casa empleados como pastores para los rebaños de los grandes ganaderos; por otro, por la venta de algún animal al ganadero poderoso, que solía ser —a la vez— tratante y prestamista.

De lo dicho, puede concluirse que el dinero procedente del ganado —directa o indirectamente— constituía la base fundamental de los presupuestos de una comunidad pirenaica.

Esta conclusión no resulta sólo cierta para un valle pequeño y escaso de recursos como el de Tella, sino que parece desprenderse también de las cuentas de los valles más grandes y poderosos, como el de Ansó (14).

LA INVERSION DEL DINERO GANADERO

A pesar de las quejas del gran ganadero —que hemos visto expresadas en líneas anteriores— se puede afirmar que el dinero procedente de la ganadería constituía el caudal más importante, y casi el único, del flujo monetario pirenaico. Este flujo monetario mostraba sus resultados en las inversiones realizadas por los ganaderos.

Existía un primer destino para el dinero obtenido en la ganadería: la reinversión en la misma. Esta reinversión se verificaba, sobre todo, mediante los pagos que toda explotación ganadera necesitaba realizar y que hemos visto ya. Hay que pagar hierbas, contribuciones, sal, perros y pastores. Por medio de estos últimos, el dinero llega a numerosas casas que de este modo pueden hacer frente a los gastos monetarios indispensables.

El gran ganadero, además de pagar a los pastores, pagaba también otros jornales. Don Mariano Rocatallada, el ganadero de Aragüés de quien venimos hablando, contrataba cada año dos "criados de mulas" encargados de las faenas agrícolas y dos criadas para el servicio doméstico. Además, necesitaba pagar a numerosos jornaleros en las épocas de mayor trabajo, como los días de la siega o de la trilla, en los días de sembrar los huertos o de recoger las patatas. Entre 1850 y 1890, pagaba unos doscientos jornales eventuales anuales, variando de unos años a otros —según lo requirieran las tareas— entre un mínimo de 80 en 1862 y un máximo de 407 en 1866 (15). Estos jornales eran el único camino que permitía la llegada a ciertas casas de algún dinero en metálico.

Además de los salarios de pastores, criados o jornaleros, hay otra vía de redistribución en la sociedad pirenaica del dinero ganadero: es el préstamo. El prestamista rural pirenaico —que era siempre un ganadero— es una figura de la que ningún estudioso se ha ocupado y que, sin embargo, resulta tan importante para el funcionamiento y la existencia de esta sociedad como cualquiera de sus instituciones. Trataremos de ofrecer algunos datos para probar esta aseveración que muchos considerarán exagerada.

Retratar la figura del tradicional prestamista rural pirenaico es difícil. Hay que decir —para comenzar— que no se trataba exactamente de un prestamista. Prestaba dinero y cobraba intereses, pero no era esa su actividad principal. Había uno o varios en los pueblos mayores y en las aldeas más pequeñas se encontraba un personaje de este tipo para varias de ellas. Solía ser el amo de una casa con cierta tradición de poder económico, generalmente con base ganadera. Estas casas establecían con las otras más necesitadas de su mismo pueblo, o de las aldeas cercanas, una relación con ribetes de clientelismo cercanos al vasallaje. Estas relaciones aparecen bien descritas en la novela costumbrista de Luis López Allué, "Capuletos y Montescos", que narra el enfrentamiento entre dos casas poderosas del Somontano oscense (16). También parecen adivinarse estas relaciones en el sistema de "reciprocidad social" del que habla Esteva Fabregat cuando estudia la decadencia de la sociedad tradicional pirenaica (17). Pero la vertiente económica de estas relaciones nunca se ha estudiado documentalmente.

La gran mayoría de las casas de cada pueblo no disponían de medios para vivir completamente aisladas de las otras. Algunas tenían tan poca tierra que no podían mantener una yunta de bueyes para labrarla. Otras necesitaban ayuda para transportar la yerba o la paja desde los campos más alejados hasta el pueblo. Algunas tenían muy pocas ovejas y debían conducirlas a la "tierra baja" o al puerto agregadas a un gran rebaño. Además, estaba la necesidad de dinero que siempre escaseaba: surgía la urgencia de algún viaje a Jaca o a Francia; había que pagar contribución o comprar sal; tenían que conseguir trigo en los difíciles meses de mayo y junio o necesitaban pagar al tejedor. Para solucionar todos estos problemas se acudía a una casa poderosa, siempre a la misma. La casa poderosa prestaba los animales de labor, entregaba trigo o dejaba dinero.

Todo lo que se iban llevando las distintas casas se iba anotando. Cada casa de las que buscaban protección en la casa poderosa tenía una cuenta abierta donde se apuntaban el trigo o las patatas que se llevaban, los días que utilizaban bueyes para labrar o machos para acarrear y el dinero que se les prestaba. En otra hoja —cercana— se anotaban los jornales de trabajo personal que iba aportando el deudor como única forma de pagar su deuda. Estas cuentas se extendían durante años. Veamos una cuenta cualquiera de este estilo, entresacada al azar de un libro de cuentas de casa "Liró", de Aragüés del Puerto. Bajo el nombre del dueño de la casa deudora se lee:

Debe:	Pts.
"1911. El 21 de junio le presté para comprar cerdos	60
Por una yunta para trillar	4
Por un menudo de oveja que llevó	1
Por otra yunta de trillar sin criado ni pienso	2
El 17 de octubre le presté para comprar según dijo en Jaca un vacuno	30
1913. El 7 de junio le di a Francisco para trigo	25
Por una soga nueva que le cedí	3
Por un día que llevó los bueyes a Lasiés	2
El 25 de julio al pasar cuentas le doy	50
Total	177

Le debo:	
1911. Por 17 días que estuvo para hacer la trilla en Marracos en julio, inclusos subida y bajada a 1,50 pts. por día le importa	25,50
Por 20 días que estuvo su hijo Manuel de pastor ajustado a 9 pesetas por mes, le importa	6
Por 18 días que estuvo el mismo en fin de octubre para estar a la vista de las yeguas	5
1913. Por 18 días que estuvo Francisco para la trilla de Marracos a 1,50 pesetas	27
Por un mes que Felipe cuidó las yeguas de casa y de Sancho ajustado en 4 duros le abono yo	13,50
Por un año de cuidar los bueyes en la boyería	5
Por 30 jornales a 5 reales y 23 a pta. que tiene hasta hoy 25 de julio	60,50
Total	143
Pasadas cuentas hoy 25 de julio de 1913 le alcanzo a Francisco 34".	

El pastor ordeñaba sus ovejas en un corral estrecho llamado "muidero". Luego, producía queso que solía comercializar (Archivo Compairé).

Parecido aspecto muestran las que aparecen en los cuadernos de José Campo, de Morillo de Sampietro, de las que ya se ha transcrito una referente a un vecino de Gallisué. En este cuaderno, el dinero prestado se devuelve pocas veces en jornales y casi siempre en ganado.

Para las pequeñas deudas de dinero o de trigo no se dejaba otra constancia documental sino la anotación del prestamista en su cuaderno. Pero si el préstamo era elevado, se fijaba un interés, se acordaba el aval y se firmaba un pagaré o un documento notarial. También eran frecuentes las ventas "a carta de gracia". En estas ventas el prestamista compraba un campo o una casa y entregaba el precio convenido, con el acuerdo de que si en un plazo de años determinado le era devuelto el dinero entregado, el vendedor recuperaría su casa o su campo.

Para los grandes préstamos, el campo de acción de los ganaderos pirenaicos era más amplio que para los pequeños préstamos ordinarios. Entre los papeles de casa "Liró", de Aragüés, se encuentran cartas de los labradores de los lugares cercanos a Marracos —donde invernaban los ganados— en los que piden dinero prestado para poder sembrar. Una de estas cartas —de un labrador de Piedratajada— es interesante porque dice que también podría pedir dinero a los ganaderos de Hecho, pero que prefiere no hacerlo. Aquí parece señalarse un cierto papel prestamista desempeñado en la tierra llana por los ganaderos montañeses. Entre los papeles del prestamista de Morillo de Sampietro que hemos citado aparecen préstamos elevados a varios labradores del sur de Sobrarbe e incluso a uno de Alquézar, en el Somontano barbastrense, que refuerzan la idea ya señalada de que los ganaderos montañeses llegaban con sus préstamos hasta la "tierra baja".

De este modo, vemos cómo hacia los Pirineos llegaban flujos de dinero provenientes del exterior, que eran traídos por los ganaderos poderosos. A partir de los ganaderos, el dinero se iba distribuyendo por las casas de los pueblos y aldeas por medio de jornales para cuidar ganado o trabajar en los campos, así como por la compra de animales y por los préstamos.

Al citar más arriba las ventas "a carta de gracia" hemos introducido ya otro de los grandes capítulos de inversión del dinero ganadero: la compra de tierras. Con frecuencia, estando la sociedad altoaragonesa formada por pequeños y medianos propietarios, y por haber mantenido una gran estabilidad durante siglos, se tiene una imagen de inmovilidad unida a la propiedad de la tierra. Parece que las tierras de una casa hayan pertenecido siempre a la misma. La realidad no ha sido exactamente así. Es cierto, que el mercado de la tierra ha estado muy paralizado y que el amo de cada casa procuraba no vender nunca los bienes que recibió de sus antepasados. Pero no es menos cierto que los ganaderos estaban ávidos de tierras, tanto en el valle donde residían como en las sierras o llanos a los que llevaban sus ganados en invierno.

Disponiendo de medios, no faltaban oportunidades de comprar las tierras de labradores necesitados con urgencia de dinero. Era fácil que para solucionar un problema recurrieran al préstamo y pusieran sus tierras por aval, que las vendieran a "carta de gracia" o que, simplemente, las vendieran. Sólo los ricos ganaderos estaban en condiciones de comprar o de prestar dinero.

Al sur del Campo de Jaca se extienden diversas sierras de mediana altitud, en las que es frecuente un tipo de hábitat disperso formado por "pardinas". La "pardina" es una explotación agro-silvo-pastoril de gran extensión (casi siempre más de 200 hectáreas) formada por bosques, montes y campos de cultivo, en el centro de los cuales se encuentra la vivienda para el "pardinero" —que se encarga de la finca— y los corrales para el ganado. Estas "pardinas" siempre fueron ambicionadas por los ganaderos de Ansó, Hecho, Aragüés y los otros valles pirenaicos, que las empleaban como "aborral" o pastos intermedios entre la montaña y el llano. La mayor parte de las "pardinas" —afectadas muchas de ellas por la desamortización— fueron compradas por los ganaderos citados y aún hoy continúan en poder de sus herederos.

Don Mariano Rocatallada —el ganadero al que citamos repetidamente— adquirió las "pardinas" de Samper de Asabón y Mullermuerta (hoy Villamuerta, en el término de Bailo). Las "pardinas", además de ofrecer pastos en otoño para los ganados trashumantes, ofrecían otros beneficios por la producción cerealista y el aprovechamiento de leñas.

Los altos precios de los pastos invernales despertaron el interés de los ganaderos por conseguir la propiedad de los mismos, para ahorrarse unos gastos que anualmente hacían tambalear sus economías. Numerosas fincas del valle del Ebro, de los valles bajos del Cinca y del Gállego y de los Monegros fueron a parar a manos de los ganaderos pirenaicos. Así sucedió con dos montes del pueblo de Marracos, denominados Cuarto Ciervos y Cuarto Bajo —de unas seiscientas treinta hectáreas— que pasaron a propiedad de Mariano Rocatallada, de Aragüés del Puerto, en la segunda mitad del siglo XIX. La habilidad, paciencia y tenacidad desplegadas por este ganadero para ir, poco a poco, adquiriendo la propiedad de los montes de invernada, es una buena muestra de la política de compra de tierras desarrollada en el pre-Pirineo y en el llano por los ganaderos montañeses.

Para concluir este apartado sobre las inversiones ganaderas —que sin ser ajeno a lo pastoril, tampoco entra de lleno en el tema— habremos de citar el origen ganadero de buena parte de los profesionales liberales de Huesca y Zaragoza y, también, el papel del dinero ganadero en los inicios del capitalismo pirenaico.

Sobre lo primero, simplemente, hay que señalar que los grandes ganaderos de los valles del Alto Aragón occidental disponían de dinero suficiente para enviar a los hijos que no iban a heredar el patrimonio a estudiar en Huesca y Zaragoza. Numerosos abogados, banqueros, médicos y —sobre todo— curas de las ciudades citadas eran —en los pasados siglos— hijos de los ganaderos más poderosos de Ansó, Hecho y otros valles.

La llegada del capitalismo al Pirineo aragonés tuvo lugar de la mano de la hidroelectricidad. Desde finales del pasado siglo se fueron instalando numerosas centrales hidroeléctricas por todo el Pirineo, siempre promovidas por gentes nacidas muy lejos de estas montañas y financiadas —en muchos casos— con dinero de origen ganadero local. Este capitalismo local sucumbió cuando llegaron las grandes compañías eléctricas que levantaron centrales enormes, cuya financiación resultaba imposible para los capitales locales. Junto a las primitivas centrales eléctricas, las compañías de transportes y —más recientemente— las industrias turísticas, han captado unos capitales ganaderos que antaño fueron poderosos, pero que frente a las costosas inversiones de la técnica moderna nada han podido. A fomentar esta impotencia para invertir en las nuevas fuentes de riqueza ha contribuido la crisis que para la sociedad tradicional supuso la llegada del trabajo asalariado industrial, que destruyó las bases del mundo pastoril, privando a los ganaderos de pastores baratos y sumisos.

CONCLUSIONES

Tras lo expuesto, parece que nos encontramos en condiciones de responder a los interrogantes planteados al comenzar el capítulo.

Ciertamente, no se puede hablar de autarquía plena al referirse a la tradicional sociedad pastoril pirenaica. Los grandes ganaderos vendían en la "tierra baja" algunos animales y la lana que cada año obtenían de sus rebaños. El dinero así logrado llegaba al Pirineo y se constituía en la gran arteria transportadora de todo el caudal monetario con que se contaba en estas montañas. Como en el cuerpo humano las grandes arterias se van ramificando hasta terminar en multitud de vasos capilares que llevan la sangre a los más pequeños tejidos, así la gran arteria monetaria ganadera se extendía hasta llegar a todas las casas pirenaicas.

Junto a las casas de los grandes ganaderos que mantenían una economía de notable movimiento monetario, convivían las de pequeños ganaderos, que eran a la vez pastores de sus propios rebaños y agricultores de autoconsumo. Estos últimos formaban la mayor parte de la población pirenaica, dentro de la cual la autarquía estaba bastante generalizada. La distribución del dinero de los grandes ganaderos entre sus numerosos vecinos más pobres, tenía lugar por vías complejas que giraban en torno al trabajo asalariado, la compra de animales y la entrega de productos de primera necesidad, todo ello dentro de un marco social caracterizado por lazos de ayuda mutua, asistencia recíproca (aunque asimétrica) y fidelidad. En este marco, la importancia del trueque y el uso de ganado como dinero ha mantenido una validez notable hasta tiempos recientes, ya bien entrado nuestro siglo.

El origen de la mayor parte del dinero que circulaba por el Alto Aragón era ganadero. Esta afirmación resulta también cierta para los presupuestos de las comunidades locales, que encontraban en las contribuciones ganaderas su más importante fuente de ingresos.

Los capitales ganaderos jugaron un papel importante en los cambios sobre la propiedad de la tierra, no sólo en las zonas más montañosas, sino también en los llanos y valles del centro de Aragón, donde los ganaderos pirenaicos compraron importantes extensiones de tierra.

La crisis de la sociedad y de la ganadería tradicionales llegó cuando se comenzaba a invertir en empresas capitalistas modernas el dinero ganadero y frustraron unos posibles proyectos de industrialización pirenaica a partir de los capitales locales.

NOTAS

(1) Federico Fillat, en su tesis doctoral —aún inédita— titulada "De la trashumancia a las nuevas formas de ganadería extensiva. Estudio de los valles de Ansó, Hecho y Benasque", leída en Madrid en 1980, afirma que siempre hubo una ganadería pirenaica dirigida al mercado y que el autoconsumo fue sólo característico de algunas cortas etapas, muy concretas, a lo largo de la historia.

(2) COMAS DE ARGEMIR, Dolores. *Ganaderos, boyeros, pastores, obreros... estrategias económicas en el Pirineo de Aragón*, en "Temas de Antropología Aragonesa", núm. 1, Zaragoza, 1983.

(3) Se encuentra la citada capitulación en el archivo de "Casa Berná", de Morillo de Sampietro.

(4) Esta capitulación pertenece al archivo de la casa de Escapa (aldea de Castejón de Sobrarbe).

(5) Esta capitulación se guarda en el archivo de "Casa Liró", de Aragüés del Puerto.

(6) Se halla este recibo en el archivo de "Casa Berná", de Morillo de Sampietro.

(7) Se toman estos datos de un cuaderno de "Casa Salinas", de Guaso.

(8) Datos tomados de una "Alberación de ganado menudo", del "Cuaderno municipal de cuentas de Tella".

(9) Datos ofrecidos por Jorge Puyó en "Ansó, sus montes y su ganadería", Ansó, 1944.

(10) Extraído del "Cuaderno de cuentas" de José Campo Lanau, que se encuentra en el archivo de "Casa Berná", de Morillo de Sampietro.

(11) Contrato de Andrés Larraz, de Jasa, 15 octubre 1849. Archivo "Casa Liró", Aragüés del Puerto.

(12) Tomando del "Cuaderno de salarios 1899-1920", que se encuentra en el archivo de la casa de Escapa (Castejón de Sobrarbe).

(13) Citado por Max Aubadie-Ladrix, *Etude historique de la trashumance dans les Pyrénées françaises et espagnoles*, en "Pyrénées", núm. 133, enero-marzo 1983.

(14) Jorge Puyó así lo señala en el trabajo antes citado.

(15) Datos extraídos de los cuadernos de salarios de "Casa Liró", de Aragüés del Puerto.

(16) LOPEZ ALLUE, Luis. "Capuletos y Montescos", Ed. Ayto. de Huesca, Huesca, 1972.

(17) ESTEVA FABREGAT, Claudio. *Para una teoría de la aculturación en el Alto Aragón*, en "Ethnica", núm. 2 Barcelona, 1971.

5. Construcciones y Artesanía

El término construcción —de gran amplitud semántica— que da nombre a este capítulo, se ha preferido a los de vivienda o arquitectura porque estos últimos no nos hubieran permitido abarcar todo el variado campo de obras que los pastores pirenaicos han realizado para albergue de sus ganados y de ellos mismos.

Las construcciones pastoriles pueden calificarse según criterios muy diversos. Podemos fijarnos en su utilidad, diferenciando las que sirven de vivienda para el pastor y las que albergan a los animales, y dentro de estas últimas, separando las de cada especie de ganado.

Se pueden ordenar según los materiales empleados en su construcción y fijándonos también en los modelos constructivos empleados. Esta clasificación nos haría hablar de tejados de losa, de teja, de paja, de madera y de pizarra. Nos diferenciaría edificios de planta rectangular y circular. Nos llevaría a separar los edificios de una cubierta y de dos. Nos separaría también las falsas bóvedas y los entablamentos. Haría grupos con edificios de madera, de barro o de piedra.

Otra posible clasificación puede intentarse por el camino de la evolución histórica. Comenzando por las construcciones de aspecto más primitivo por sus materiales (ramas), por su forma (circular) o por su emplazamiento (cuevas), se continuaría por las bordas con tejado de paja o madera y se acabaría con las bordas más complejas. (1).

Los criterios citados, que destacan, respectivamente, las características geográficas, arquitectónicas o históricas, siendo útiles para conocer la vida pastoril, no se fundamentan en ésta. Aquí se propone una clasificación basada en los ciclos ganaderos, que nos lleva a formar tres grandes grupos de construcciones:

1. Construcciones pastoriles en los núcleos de población.
2. Construcciones pastoriles en los montes (pero no en los puertos).
3. Construcciones pastoriles en los puertos.

En estos tres grupos no aparece sólo un criterio de ubicación geográfica, sino que unido al mismo hay un criterio de tiempo, de época, de etapa del ciclo pastoril y de uso. El ganado pasa unos meses en el puerto, otros en las sierras o campos alejados del pueblo y otros en las cercanías del pueblo (aparte —claro está— de los que pasan en el llano). Cada grupo de construcciones pastoriles se relaciona con un tiempo, un tipo de ganado y un aprovechamiento del suelo distintos.

Al tratar cada uno de estos grupos se estudiarán las utilidades, los materiales o la evolución histórica que se han citado como posibles bases para otros tantos tipos de clasificación.

En el Pirineo, por la variedad de paisajes y de poblamientos, por la abundancia de modelos distintos de explotaciones ganaderas

Pastores haciendo queso en los puertos (Archivo Compairé).

Corral para ovejas en los montes de Bailo con caseta para el pastor adosada. Planta del mismo corral: a) caseta para el pastor; b) corral cubierto para el ganado; c) corral descubierto.

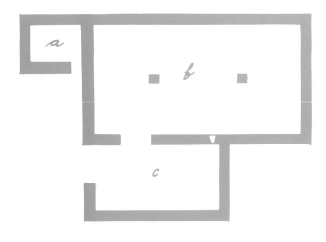

Al fondo, a la derecha, ruinas de un corral de ovejas en los montes de Bailo. Se aprecian los pilares que soportaban el peso de las vigas centrales.

y por el mantenimiento de formas arcaicas de hábitat, frente a otras más evolucionadas, conviven un elevado número de construcciones pastoriles, que aunque reducibles —en lo esencial— a las tres categorías citadas, presentan una gran variedad de aspectos y nombres.

En 1917, Otto Quelle, tratando de los distintos tipos de poblamientos en las regiones españolas, escribía sobre los Pirineos: *"El tipo pirenaico de poblamiento se caracteriza por las pequeñas entidades de población, que, además, se encuentran muy alejadas unas de otras en los valles transversales y longitudinales del sur de los Pirineos; se caracteriza también este tipo porque las viviendas existentes en los más altos valles son de ocupación temporal, pues sus habitantes descienden en otoño con el ganado a las poblaciones más bajas de las llanuras aragonesas"* (2). Esta afirmación —que se inscribe dentro del interés por clasificar, encuadrar y dividir todas las actividades humanas en modelos-tipo, verdadera obsesión de los geógrafos de comienzos de siglo— es una generalización confusa que exige numerosas matizaciones. Varios autores —que se irán citando— se han ocupado de aspectos concretos del hábitat pastoril pirenaico, pero, globalmente, el tema no ha sido hasta ahora abordado como tal.

EN LOS MONTES

Se tratará en este apartado de las construcciones pastoriles que se encuentran por los montes, es decir, todas las que no están dentro de los núcleos de población ni en los puertos. Encontramos aquí una gran variedad de construcciones, como corresponde a la variedad climática, florística, de hábitat humano y de tipos de ganadería que se dan en los Pirineos.

Esta variedad nos obligará —para una más ordenada explicación— a subdividir las construcciones de este apartado en dos grandes grupos: por un lado, las que tienen una finalidad exclusivamente pastoril; por otro lado, las que tienen una utilidad agro-pastoril.

CONSTRUCCIONES DE USO EXCLUSIVAMENTE PASTORIL

Se engloban en este subgrupo las que sólo sirven para ofrecer albergue a los pastores o a sus ganados, sin que en ellas se almacene yerba o paja, ni sirvan para guardar útiles de labranza o instrumentos de trilla. En este grupo están los diversos tipos de corrales, parideras o tiñas que se encuentran dispersos por las sierras de lo que algunos llaman pre-Pirineo, es decir, las sierras que se encuentran al sur de los altos valles pirenaicos, en las que se da una ganadería que no practica la trashumancia completa porque, aunque suben en verano a los puertos, no descienden en invierno al llano, sino que permanecen en torno a los pueblos prepirenaicos, en sierras de mediana altura.

Corrales en las sierras prepirenaicas

Un corral de este tipo es el que aparece en las fotos y en el gráfico de esta página. Se trata de uno de los numerosos corrales que se encuentran en la sierra de Bailo. Desde la carretera que cruza el puerto de Santa Bárbara pueden verse varios: algunos todavía se usan para guardar ganado, otros ya han perdido su función ganadera, muchos están en ruinas y alguno se ha transformado en granja porcina.

El que nos ocupa es un conjunto formado por tres unidades

Ruinas de un corral en las cercanías de Pintano con los arcos centrales —que abundan en la zona— para apoyar las vigas de la techumbre a dos aguas.

(vid. planta). La mayor es un edificio de 200 metros cuadrados, con muros de mampostería y cubierta a dos aguas de teja árabe fabricada en el país. Las tejas se encuentran fijadas con barro sobre tablas o ramas. Estas descansan en los maderos que van desde los muros laterales hasta la gran viga central. La viga se ampara en los muros y en dos pilares. La puerta —de dos hojas— es muy amplia y se abre hacia el Sur. Pequeñas ventanas abocinadas permiten la ventilación del amplio interior, que tiene una altura de 4,5 metros en la parte central y 2,5 en las laterales. El suelo es de tierra y cuando lo visité se encontraba cubierto con una gruesa capa de "sirrio" (estiércol de oveja).

La puerta del edificio citado se abre a un corral descubierto, rodeado por una tapia de mampostería seca de 1,5 metros de altura ("barrera"). Este corral descubierto tiene una superficie de 50 metros cuadrados y se cierra mediante una "cleta" o "barana" formada por tablas horizontales que se ensamblan en otras verticales.

Adosada al edificio principal hay una caseta que servía de habitación para el pastor. Tiene una superficie interior de 6,3 metros cuadrados. A ella se penetra por una puerta estrecha y baja. Dentro hay aliagas para encender fuego y algunas bolsitas con sal. Antiguamente, cuando era usada para pernoctar, tendría también unas ramas secas de boj en el suelo que servirían de lecho. El fuego se enciende cerca de la pared de la entrada y el humo sale por la puerta, por las grietas de las paredes y por el techo. La cubierta de la caseta —como la del edificio mayor— es de teja árabe.

Por el sur del corral discurre un estrecho camino, limitado por el muro del corral descubierto y la tapia marginal de un campo. Este camino resultaba idóneo para hacer pasar las ovejas de una en una mientras se contaban y se marcaban. Junto al muro del corral, en el inicio del camino citado, están las piedras sobre las que se apoya el caldero para la pez de marcar, y, entre ellas, los restos del fuego que sirvió para calentar la pez. Muy cerca del corral hay unas cuantas grandes piedras planas: son las "saleras" que sirven para dar sal al ganado.

En estos corrales, el ganado de Bailo permanecía algunos meses en otoño, cuando bajaban del puerto, y otros meses en primavera. Se trataba de rebaños de ovino, con algunas cabras. Antiguamente los pastores dormían en la caseta ya citada y les suministraban la comida cada varios días. Parece que no es habitual, desde hace algunos años, que los pastores pernocten en estas casetas.

Todos los corrales visitados por la sierra, desde Bailo hasta Paternoy, muestran características similares a las del corral descrito. La gran mayoría cuentan con las tres unidades citadas —"barrera", corral cubierto y caseta para pastor— y muestran parecidas proporciones. Siempre el corral cubierto es muy grande, el descubierto, menor y la caseta del pastor, minúscula.

En las sierras que se extienden al oeste de Bailo, hacía Longás o hacia Los Pintanos, abundan las construcciones de parecido modelo, pero se dan algunas características constructivas distintas, entre las que destaca el uso de los arcos. En la foto, se muestra uno de estos corrales —próximo a Pintano— en estado ruinoso. Al haber perdido su cubierta, deja ver los arcos que ocupan la parte central de la antigua edificación, que servían de apoyo a los maderos sustituyendo a las poderosas vigas de madera empleadas en otras zonas. Estos arcos no son ninguna excepcionalidad en los montes cercanos a Longás, Undués y Pintano, sino que constituyen un elemento constructivo generalizado en todos los corrales.

Corral cuadrado para ovejas, sin cubierta, en las cercanías del Latre.

Caseta pastoril en los montes de Aso de Sobremonte.

Parideras o corrales llaman a las construcciones que hemos citado, situadas en las laderas de las sierras que limitan por el Sur la llamada "Canal de Berdún", con alturas que casi nunca llegan a los 900 metros. Siguiendo hacia el Este por las estribaciones prepirenaicas, en torno al valle medio del Gállego, llaman "tiñas" a estas construcciones, que allí suelen ser algo menores. Las cubiertas son de losas de arenisca calcárea y se encuentran con menor frecuencia las casetas para pastores cerca del corral.

Ya en la cuenca del Cinca, los que he podido observar en la sierra que desde el pico de Navaín se dirige hacia Labuerda, con alturas algo superiores a los 1.000 metros, son un poco distintos al de Bailo que se ha descrito. Se trata de construcciones de mampostería, cubiertas con tejado de losas de arenisca calcárea. Constan de una parte cubierta y otra descubierta, siendo esta última —contrariamente a lo que ocurría en Bailo— casi siempre mayor. Se suele entrar a la parte descubierta desde la cubierta, no habiendo entre ambas puerta alguna, sino comunicación abierta, por ampararse el tejado en dos muros frontales y uno lateral, habiendo sustituido el otro lateral por pilares para facilitar la comunicación con el corral descubierto.

Muy parecidos son los numerosos corrales que se encuentran al sur de Arcusa, cerca del pueblo. Hay también una entrada única para el recinto cubierto y a través de él se pasa al descubierto, siendo éste muy amplio.

En los dos últimos tipos de corrales citados, se albergaba —generalmente—, tanto ganado caprino como ovino. No había en estos corrales caseta para el pastor.

Corrales trogloditas

Un tipo raro de corral representan los apriscos trogloditas que se encuentran en las agrestes paredes del valle del río Bellos, en una zona que tras la ampliación del Parque Nacional de Ordesa y Monte Perdido, ha entrado a formar parte del Parque Nacional.

En las verticales paredes de caliza que forman las vertientes del desfiladero, se encuentran repisas estrechas que en el país llaman "faixas" o "faixanas", cuyos pobres pastos han sido tradicionalmente aprovechados por las cabras y ovejas del pueblo de Vio que no bajaban en invierno a la "tierra baja". Actualmente, en estas "faixanas" pastan libremente algunas cabras de Puyarruego y Bestué. En varias "faixanas", al pie de los escarpes calizos, se encuentran cuevas alargadas y poco profundas, a las que llaman "esplugas", que han servido hasta tiempos recientes para albergue de ganados y pastores.

El primitivismo de estos refugios ya lo hemos señalado en otro trabajo al estudiar el hábitat medieval en la comarca de Sobrarbe (3).

En la parte alta de un pequeño prado alargado, que tiene un precipicio por delante y otro por detrás, se abre —mirando al Sur— la alargada cueva. En ella hay varios recintos circulares formados por muros de un metro de altura, de mampuestos secos. Cada recinto tiene unos tres metros de diámetro y una puerta de un metro, que se cerraba con ramas cuando había ganado dentro. En cada aprisco circular se encerraba el ganado de un propietario o servía para separar ovejas de corderos y ganado ovino de caprino. La vivienda del pastor se encuentra pegada a la roca. Tiene forma irregular y una superficie de dos metros cuadrados. Unos troncos delgados unen el muro exterior con el techo de la cueva. Se puede

Caseta pastoril en los montes de Bestué (valle de Puértolas). Apoyada en la misma hay una "barana" para formar corrales móviles de ovejas.

cerrar el tosco refugio del pastor mediante una puerta pequeñísima, por la que resulta difícil penetrar aun arrastrándose por el suelo.

En estas cuevas pasaban algunos pastores de Vio los meses de otoño y primavera e incluso —a veces— los de invierno, con sus rebaños formados por cabras y pocas ovejas.

Todas las construcciones pastoriles —en general— tienen un aspecto primitivo, pero ningún conjunto he visto en los Pirineos que iguale a éste en primitivismo. Bajo las calizas de tonos grises, rojizos y negros, estos círculos de torpe construcción, alfombrados de estiércol, nos ponen ante la prehistoria. El minúsculo refugio —casi madriguera puede llamarse— del pastor, habitado hasta hace pocos años, muestra un hilo de ininterrumpido enlace entre los pastores del siglo XX y los del neolítico.

También en el valle de Vio —y con parecido aspecto— el "Forato de Arpió" constituye un interesante ejemplo de corral rupestre. Esta cueva ya llamó, en 1910, la atención del viajero y espeleólogo francés Lucien Briet, que la describió en un artículo (4).

Se trata de una cueva estrecha, larga y elevada, cuya entrada Este se encuentra tabicada con un muro de piedra de 2,70 metros de altura y 5 metros de longitud, que deja libre en su parte superior una ventana alargada.

Muchas otras cuevas se emplean como corrales en las sierras prepirenaicas. Las que he podido ver (Pano, Campodarve, Sercué y otras) se cierran con paredes rectas, formando un solo compartimento, o varios separados también por paredes rectas.

Casetas para pastor

Los pueblos más típicamente ganaderos de los altos valles pirenaicos se encuentran rodeados de edificios pastoriles. Cuando los ganados trashumantes subían —en el mes de mayo— de las tierras llanas, debían pasar un mes o algo más en los campos y montes del fondo del valle o en las laderas de mediana altura (entre 1.000 y 1.500 metros), antes de subir a los puertos. Mientras se encontraban en esta zona, los ganados iban de un lugar a otro, durmiendo cada noche en un campo distinto para estercolarlo. Los ganados se encerraban en los "cletaus", unas cercas móviles de las que se hablará más adelante. En los campos donde los animales pernoctaban solía haber una pequeña caseta para que durmiera el pastor.

En la foto aparece una de estas casetas, que se encuentra a un kilómetro —aproximadamente— de Aso de Sobremonte, aguas arriba del pueblo, en un campo que llaman "Los Betrales", en la vertiente del valle que mira al Norte. Se trata de una pequeña construcción de mampuesto seco, cubierta con losas de arenisca a dos vertientes. El espacio interior es muy reducido (1,80 metros x 1,50 metros) y apenas permite la estancia de una persona acostada. La puerta es estrecha y baja. Hacia el Norte y el Sur se abren en los muros dos ventanucos abocinados por los que sale el humo cuando se hace fuego en el interior, ya que carece de chimenea.

Cerca de esta caseta —y sobre todo en la otra vertiente del valle, la que mira al Sur— se encuentran más de una docena de casetas de este tipo. En ellas pernoctaban los pastores mientras "rodiaban" (guardaban por la noche) el ganado desde que llegaban del llano hasta que subían al puerto. La proximidad de la aldea permitía, en ciertos casos, subir algún viejo jergón o colchón para mayor comodidad del pastor. Si no había colchón, el pastor se acostaba en un lecho de ramas secas. El pastor dormía pocas noches en cada caseta, porque tenía que llevar su ganado de un campo a otro.

Casetas de aspecto parecido se encuentran en las proximidades de todos los pueblos de los valles altos, aunque en ninguno he visto una densidad tan elevada como la de Aso de Sobremonte.

La que se muestra en la foto de esta página, pertenece a Bestué (valle de Puértolas). Es más grande que la de Aso descrita, y permite guardar en su interior las "baranas" de los "cletaus".

Casetas de falsa cúpula

También en las cercanías del lugar de Aso de Sobremonte y mezcladas con las casetas de tejados de dos vertientes ya citadas, se hallan algunas con cubierta de falsa bóveda, como la que se muestra en la foto y en el gráfico adjuntos. Se trata de un edificio de dimensiones muy reducidas, con una superficie útil de 2,25 metros cuadrados, y una altura interior de 1,20 metros. Está construida con mampuesto seco y presenta planta cuadrada. La finalidad y el uso de esta caseta son similares a los de las casetas cercanas con cubierta de dos vertientes, de las que ya se ha hablado.

La novedad que presentan las casetas de falsa cúpula es meramente constructiva: en lugar de tener cubiertas planas de losas sostenidas por maderos, tienen una cubierta de losas que descansan en una falsa cúpula. Esta se ha conseguido por medio de una aproximación de hiladas. Sobre los muros han dispuesto, en primer lugar, cuatro losas en las esquinas, que actúan a modo de rudimentarias pechinas y sirven para pasar de un espacio cuadrado a otro octogonal. Después, continúan colocando encima losas, formando un círculo; sobre ellas, otras que forman otro círculo más pequeño y otras que hacen un círculo todavía menor. Por fin, una gran losa cierra la más alta abertura circular. Sobre esta falsa cúpula se pone una capa de "tasca" (tierra con césped) que servirá de asiento a las losas exteriores que forman el tejado visible desde el exterior. Este —como puede observarse en la fotografía— muestra un curioso aspecto, como de tosca punta de diamante.

Las casetas de falsa cúpula se encuentran extendidas por todo el Pirineo. Las zonas del valle de Tena, Aquilué y Almazorre-Erípol, que algún autor da como características de este tipo de construcción, deben entenderse más bien como lugares en los que se halla una mayor densidad de las construcciones citadas (junto a ciertas peculiaridades), que como exclusivos emplazamientos de las mismas (5).

Entre las casetas de falsa cúpula cabría también señalar dos diferencias morfológicas: las de planta cuadrada, como la citada de Aso o la que aparece en la foto inferior de la página siguiente (que es un magnífico ejemplar con chimenea central situado cerca de Esposa, valle de Aisa) y las de planta redonda, abundantes en el valle de Tena.

Entre las casetas redondas con falsa cúpula del valle de Tena, unas se sitúan en los puertos, y otras, están situadas más abajo, cerca de los núcleos de población. La mostrada aquí se encuentra en el término de Hoz de Jaca. Su utilidad estaba vinculada al pastoreo en otoño y primavera, como en el caso de las casetas ya citadas de Aso. Las casetas redondas presentan sobre las cuadradas la novedad de que las mismas losas que forman la falsa cúpula, forman a la vez el tejado, sin que haya sobre ellas otras losas, como ocurre en las casetas de planta cuadrada. El aspecto de las casetas redondas es más primitivo. Desde lejos se asemejan a un montón de piedras desordenadas y sólo al acercarse la puerta parece concederles algún signo de habitabilidad.

Caseta de falsa cúpula en los montes de Aso de Sobremonte. Planta y sección de la misma.

Caseta de falsa cúpula en los montes de Hoz (valle de Tena).

Caseta de falsa cúpula en los montes de Esposa (valle de Aisa).

"Cletaus"

Designamos con este nombre —que parece el más extendido por los Pirineos aragoneses— a las cercas móviles que los pastores emplean para encerrar sus rebaños durante la noche. Se usan en los meses que el ganado permanece en los campos o prados cultivados, inmediatamente antes de ascender a los puertos.

Sirven no sólo para garantizar la custodia de los animales, sino para permitir un estercolado uniforme y bien distribuido por todos los campos, ya que los "cletaus" se van trasladando de unas fincas a otras.

El "cletau" ("musar" en Ceresuela, valle de Vio) está compuesto por varios elementos iguales que se unen entre sí para formar un recinto. Estos elementos se llaman "cletas" o "baranas". Cada "barana" está formada por tres o cuatro tablas horizontales ("latas" o "raustras") ensambladas en dos verticales. Las horizontales suelen tener unos tres metros y las verticales alrededor de un metro.

Las "baranas" se colocan unas junto a otras formando un recinto que puede ser circular, cuadrado o adaptarse a la forma del campo si se trata de una parcela pequeña. Si se hace cuadrado, cada día se trasladan sólo tres lados del cuadro, dejando el cuarto en el mismo lugar. De este modo se va recorriendo todo el campo que se desea estercolar.

Los sistemas para sujetar las "baranas" varían de unos lugares a otros. En casi todo el Pirineo aragonés los palos verticales de las "baranas" (llamados "pezones" o "percullos") se clavan en el suelo. Para ello, se hace previamente un agujero en el suelo y luego se afianza allí el "percullo" golpeando con una piedra o maza en su extremo. Luego se unen unas "baranas" con otras mediante una anillas que antes eran de mimbre u otras plantas que se pudieran trenzar; después se usaron los aros de latón u hojalata que se extraían de cubos viejos y, en la actualidad, se emplean anillos de alambre. Las anillas que sirven para unir unas "baranas" con otras las llaman "armillas" (en casi todos los valles), "armillón" (Gistaín) o "villuarta" (Bailo). Este último nombre recuerda el material que antes se empleaba para atar las "baranas", que en Bailo era la "petiquera" (planta trepadora parásita que en otros lugares llaman "villuarta").

En el valle de Gistaín, no clavaban en el suelo los "percullos", sino que, entre "barana" y "barana" clavaban un palo ("pal") de boj o quejigo al que ataban —mediante el citado "armillón"— las dos "baranas".

El tamaño del "cletau" resultante estaba en relación con el número de "cletas" o "baranas" que se pusieran. Dependía del ganado que se quisiera guardar en ella y del tamaño del campo que se quisiera estercolar.

CONSTRUCCIONES AGROPASTORILES

Englobaremos en este subgrupo, a las diversas construcciones que tienen utilidad mixta: por un lado, sirven para albergar ganados y pastores y por otro lado, para guardar hierba, paja u otros productos agrícolas.

Las bordas

Las "bordas" o "buerdas" son construcciones agropastoriles que se encuentran por todo el Pirineo, tanto español como francés. En esencia, se trata de edificios de dos pisos, destinados uno —el inferior— a cuadra de ganado (casi siempre vacas) y otro —el superior— a almacén de pasto para el ganado (6).

151

Refugio pastoril en el tronco de un árbol en los montes de Isún (valle de Basa).

Esta combinación de cuadra y almacén de hierba aparece en todas las bordas pirenaicas, cambiando algo, de un valle a otro, las características constructivas, las distancias desde el pueblo al que pertenecen, los meses de permanencia del ganado en las mismas y la proximidad o lejanía entre las diversas bordas.

En una foto de la página 154 aparece una borda de la partida llamada San Mamés, en los montes de San Juan, del valle de Gistaín, a 1.400 metros de altura. Se trata de un edificio amplio, construido con mampostería de granito unida con cemento. El hastial es de tablas para permitir la ventilación del interior. La cubierta, de dos aguas, presenta una inclinación muy fuerte. Está formada por haces de paja de centeno trabados a un armazón de madera. El grosor de la capa de paja es de unos veinte centímetros. Tiene la borda dos pisos. El inferior, con una altura de 2,5 metros, sirve de cuadra para las vacas. Adosados a las paredes laterales hay un pesebre y sobre él una "rastillera" formada por barrotes verticales de madera tras los que se echa la hierba para que coman las vacas. Atadas al pesebre con cadenas hay unas "canaulas" de madera que sirven "ta ligá vetiellos" (para atar becerros). El suelo del piso superior está formado por tablas sostenidas por maderos. Unos agujeros en el suelo, llamados "trapas", que se sitúan junto a las paredes laterales, permiten la comunicación entre el piso superior y el inferior. Por las "trapas" se echa el pasto en las "rastilleras" para que coman los animales. En el piso superior, llamado "pallé", se almacena la hierba, que se introduce por una puerta a la que se accede desde el campo, por presentar el terreno un desnivel que se aprovecha para evitar escaleras.

La borda descrita se encuentra emplazada, junto a otras muchas que forman un verdadero poblado de bordas, en torno a la ermita de San Mamés, en una ladera de fuerte pendiente, orientada hacia el Sur y cubierta de praderas de siega.

Las otras bordas de San Mamés y de los otros montes del valle de Gistaín, son parecidas a la descrita. En la mayoría, el tejado de paja ha sido sustituido por otro de chapas de uralita. En algunas, una vertiente del tejado permanece de paja y la otra ha sido renovada con otro material.

La paja, que muestra un rasgo de primitivismo constructivo, parece tener su límite occidental, como material para los tejados pirenaicos, en el valle de Bielsa.

Hacia el Este se extiende por el valle de Benasque y por los Pirineos catalanes. Violant publicó en 1949 el dibujo de una borda de San Juan similar a la descrita aquí. Del mismo modo, una fotografía de las bordas de Les Artiguetes (Lérida), muestra una construcción similar a las del valle de Gistaín, que son también iguales que las de Benasque (7). En el valle de Bielsa eran frecuentes hace unos años, como demuestra un dibujo de Krüger realizado en la década de los años treinta.

En el piso superior de la borda se guarda el heno, recogido en los prados cercanos durante los meses veraniegos, sobre todo julio. La hierba, una vez cortada y seca, se transporta con unos arcaicos carros, que se deslizan sin ruedas, tirados por caballerías. Estos carros primitivos se llaman "estirazos" y en el valle de Gistaín se siguen empleando y construyendo. A veces el transporte de heno se hace mediante la fuerza humana, usando un curioso instrumento llamado "xaumetas", formado por una horquilla con un palo vertical en el extremo.

El heno garantiza la alimentación del ganado vacuno en invierno. Cuando el frío obliga a las vacas a dejar el puerto, descienden a los pastos inferiores y cuando éstos se acaban o las nieves llegan, se

Tosco refugio pastoril en los montes de Bestué (valle de Puértolas).

encierran en la borda. Cada día, desde el pueblo, situado a más de una hora de camino, sube cada ganadero a su borda para dar comida a los animales.

La justificación de la existencia de las bordas está en la lejanía de las praderas de siega, que no hacen rentable el traslado del heno hasta el pueblo. La hierba se almacena allí donde se siega, por eso las bordas se encuentran siempre entre prados.

De todas formas, el ahorro de tiempo que las bordas suponen, debe ser visto en relación con una época —el verano— cargada de tareas para el ganadero. Efectivamente, la borda evita los costosos viajes necesarios para trasladar hasta el pueblo la hierba a lomos de caballería. Pero los viajes que ahorra en julio, se ven multiplicados en invierno, cuando el ganadero debe subir cada día para dar pasto a sus vacas. Sin embargo, el tiempo, en invierno, tiene menos importancia porque no hay tareas urgentes que agobien al ganadero. Si la capacidad del "pallé" de la borda era escasa para el heno y la paja, se colocaban en torno a un madero vertical formando "niedas" con la paja encima y la hierba debajo. De allí se iba sacando durante el invierno pasto para el ganado.

Asociada a la borda se encuentra la "cabana", que es una pequeña casita de piedra que sirve de refugio al ganadero. En ella se enciende fuego para cocinar y en ocasiones se pernocta. Sobre estas "cabanas" volveremos más adelante; de momento, basta con señalar que ofrecían un albergue donde comer y dormir los pastores que cuidaban del ganado.

El geógrafo Max Daumas, que ha estudiado en profundidad desde el campo geográfico las comarcas de Sobrarbe y Ribagorza y se ha preocupado especialmente por este tipo de hábitat temporal, señala que en algunos lugares de la Alta Ribagorza se instala permanentemente un criado, llamado "bordero" o "bordelero", para cuidar los animales de la borda. A veces, el criado vive allí todo el año, acompañado por su familia (8). En este caso, nos hallamos ante un modelo de "borda" similar al que Caro Baroja describe para Navarra y País Vasco, que no es solo pajar y establo, sino también pequeña vivienda humana (9).

La vida y las actividades en estas bordas siguen un ritmo estacional marcado por el ciclo de la hierba, de los cereales y del ganado. Para el mes de julio los ganados ya están en el puerto. Hay que segar los prados y almacenar el pasto. En torno a las bordas hay una gran actividad de personas y animales que siegan la hierba, le dan vuelta para que se seque y la transportan a los "pallés". Antiguamente, cuando se sembraban más cereales, durante el mes de agosto continuaba una actividad febril para segar, "mallar", almacenar la paja y transportar el grano. Ahora, en la segunda quincena de agosto los "pallés" están llenos y no se ve actividad alguna en las bordas. En otoño regresan los animales, que durante algunos días pueden pastar un poco por las praderas que rodean las bordas. El invierno en las bordas es duro. La nieve cubre los prados y cada día hay que subir para dar pasto al ganado. No es frecuente que el pastor pernocte en las bordas de San Juan. Sin embargo, en la Alta Ribagorza, parece que en las bordas del circo de Basibé —muy alejadas de Castanesa, pueblo al que pertenecen— los pastores pasan el invierno junto a sus animales. Max Daumas (1976) contaba de este modo la vida pastoral, durante el invierno, en las bordas: "Cada uno se ocupa de sus propias bestias, vive en su borda, frecuentemente en una pequeña construcción anexa, a veces en un rincón del mismo establo donde se sitúa, alrededor de un hogar rudimentario, un lecho de paja y un cofre de provisiones que sirve de banco: si la atmósfera allí es más

Refugio pastoril de falsa cúpula en el muro que sostiene un bancal en los montes de Espierre.

Borda con tejado de paja, pizarra y uralita en el poblado borderil de San Mamés (San Juan, valle de Gistau).

maloliente que en la cabaña cercana, para compensar reina allí permanentemente un suave calorcillo. Para atenuar la monotonía, la dureza y los peligros de esta existencia pasada en las soledades glaciares de este inmenso circo, blanco y silencioso en esta estación, lejos de todo confort, de toda civilización, de toda asistencia médica, se ha agrupado la mayor parte de las bordas en tres barrios, el Llano de Obarra, la Plana y el Posinqueso, lo que permite cocinar en común, encontrarse para una velada y, a veces, confiar al vecino —por un día— la vigilancia de los animales" (10).

Cuando la primavera llega, brota la hierba de nuevo y pueden sacarse los animales algunas horas al día a pastar. La hierba del "pallé" se va terminando, pero también hay que echar cada día menos a los animales, que ya la encuentran por los prados.

En el valle de Gistaín, en la partida de San Mamés, junto a las "bordas" —destinadas a ganado vacuno—, cada propietario suele tener una borda más pequeña, que llaman "bordeta", reservada para las ovejas. Las "bordetas" son similares a las "bordas". Tienen en el piso superior el "pallé" y en el inferior el establo para las ovejas. Se diferencian de las "bordas" porque el piso inferior tiene menos altura y se encuentra dividido en dos partes para separar los corderos o las ovejas con cría, de las ovejas sin cría. En algunos casos estas "bordetas" tienen un corral exterior descubierto.

Las características constructivas de las bordas pirenaicas varían algo de unos a otros valles, manteniéndose en todas la división en dos pisos y la utilidad de los mismos ya señalada. Los muros son por todas partes de mampostería unida con argamasa. Los tejados forman el más típico elemento diferenciador. En la Ribagorza más oriental (Castanesa) son de losa, de dos vertientes —como en todas partes— y no muy inclinados (forman un ángulo de unos 120º). Todos los tejados pirenaicos que se cubren con losas tienen una inclinación parecida, porque el gran peso de las losas y su material de sujeción —barro o "tasca"— apenas les permite mantenerse estables en pendientes mayores.

En los valles de Benasque y Gistaín aparecen bordas como la descrita, con tejados de paja, frontales de madera y hastial de tablas. Las vertientes, muy pendientes, forman un ángulo de 60º.

En el valle de Bielsa, la variedad de modelos de tejados es grande. Junto a la paja, aparece como material más usado la tablilla de abeto y en ciertas ocasiones la pizarra. Las vertientes mantienen una pendiente muy fuerte, formando un ángulo similar a los tejados del valle de Gistaín.

A partir de Bielsa, hacia Occidente y comenzando ya en el inmediato valle de Escuaín, las bordas presentan el mismo aspecto en casi todos los valles del Pirineo aragonés. Tienen tejados de losa un poco más pendientes que los citados de Castanesa, pero sin alcanzar nunca las pendientes de Gistau o Bielsa. No hay hastiales de tablas, siendo de mampostería toda la construcción.

La borda es una construcción que sólo aparece en los altos valles pirenaicos y no se encuentra en el pre-Pirineo. Las causas de esta ausencia radican en la carencia de prados de siega alejados de los pueblos en los lugares prepirenaicos, y en la carencia tradicional de ganado vacuno.

El reparto de bordas en el Pirineo es muy desigual. Para el Alto Aragón oriental, Max Daumas ha elaborado una representación cartográfica de la densidad de bordas por cada municipio, relacionándolas con el número de habitantes. Destacan los municipios de San Juan y Gistaín (valle de Gistau) con más de 30 bordas por cada 100 habitantes. Bielsa se encuentra también entre los municipios con más bordas, contando por cada 100 habitantes con un número

Detalle del tejado de paja de una borda en el poblado borderil de San Mamés (San Juan, valle de Gistau).

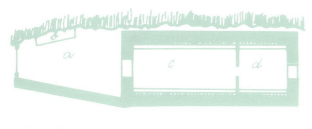

Planta de una "bordeta" en el poblado borderil de San Mamés (San Juan, valle de Gistau).

"Cabana" del Sonal y tras ella una borda en los montes de San Mamés (San Juan, valle de Gistau).

de bordas que se sitúa entre 15 y 29. Limitado por el Este con Bielsa se encuentra el municipio de Fanlo, donde sólo hay de dos a cuatro bordas por cada 100 habitantes. Esta misma proporción se da en Benasque, cuyo municipio limita con el de más densidad, el ya citado de San Juan. En el centro de los Pirineos aragoneses se encuentran los valles de Fanlo y Broto, cuya densidad de bordas es muy escasa. En el valle de Tena no existen. Continuando hacia el W. está el valle de Acumuer, que cuenta con numerosas bordas. Son también muy abundantes en los valles de Aisa, Aragüés y Hecho, escaseando en Ansó (11).

Las causas de la mayor o menor concentración de bordas están vinculadas a la existencia de abundantes prados de siega alejados de los pueblos. Si estos prados existen, aparecen las bordas. También parece que pueden vincularse a un determinado tipo de hábitat. Veamos un par de ejemplos para explicar la teoría que después enunciaremos.

El valle de Gistau es un valle amplio, con numerosos pastos que mantienen una cabaña ganadera abundante. La población de la parte alta del valle se agrupa en tres núcleos —Plan, San Juan y Gistaín— de tamaño medio, rondando —entre los tres— 1.000 habitantes. En este valle hay un verdadero poblado de bordas —San Mamés— y muchos parajes que, sin presentar una concentración tan grande, tienen bastantes bordas (La Poma, San Fabián, La Ribera, Viadós, etcétera).

Pasemos al valle de Vio, uno de los que presentan menor densidad de bordas. Sus 100 habitantes se reparten entre media docena de aldeas. Sin lugar a dudas, las cifras demográficas actuales nada tienen que ver con el pasado, porque este valle es uno de los que mayor despoblación ha sufrido, pero los datos anteriores a la crisis actual, nos plantean la misma dispersión: en 1900, había 780 habitantes repartidos en nueve núcleos de población que, salvo Fanlo, eran muy pequeños. Significa esto que en el valle de Vio se dio un poblamiento que condujo a la construcción de numerosas pequeñas aldeas, cada una de las cuales se instaló allí donde había algunos prados o campos de cultivo.

En el valle de Gistau se había dado un tipo de poblamiento distinto: la población se concentró en tres grandes núcleos y explotó los pastos alejados por medio de bordas.

Si el tipo de poblamiento del valle de Vio se hubiera seguido en el valle de Gistau, hubieran aparecido numerosas aldeas, tal vez siete u ocho, una en cada una de las partidas donde abundan las bordas. Si, por el contrario, el sistema de poblamiento del valle de Gistau se hubiera dado en el valle de Vio, sólo hubieran existido cuatro núcleos: desde Fanlo se hubieran podido explotar mediante bordas las tierras de Buisán; desde Nerín, las de Sercué; desde Buerba, las de Vio y Gallisué; desde Yeba, las de Ceresuela.

Estas especulaciones sobre lo que podría haber sido y no fue, tienen como único interés mostrar la relación existente entre la abundancia de bordas y un tipo de poblamiento en el que la población se concentra en pueblos bastante grandes (en relación con lo que suele ser habitual por los Pirineos), que controlan prados y campos muy alejados. La ausencia de bordas se relacionaría con un poblamiento formado por aldeas más pequeñas que se instalaron allí donde había unos cuantos prados o campos; los habitantes de estas aldeas no controlan tierras de labor muy alejadas de sus viviendas.

Los trabajos de los hombres y mujeres del Pirineo aragonés para la explotación de las bordas han sido siempre muy duros. La descripción de Daumas —ya citada— sobre la vida en las bordas de

Borda con su caseta para el pastor en el conjunto borderil de Lavati (Aragüés del Puerto)

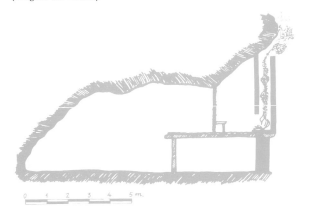

Borda troglodita de Saliellas (Cerésola, valle del Guarga) y sección de la misma.

Castanesa es un ejemplo de esta dureza, pero no es el único. Vivencias parecidas pueden contar los pastores de casi todos los valles. A una mujer de Acumuer, que abandonó su pueblo hace más de treinta años, aún le he oído —recientemente— contar que soñaba con desasosiego sobre las pesadas horas de camino que al amanecer y al oscurecer debía realizar —muchas veces de noche— para llegar hasta la borda. Hay que señalar que en este valle, algunas bordas están separadas del pueblo por tres horas de marcha.

Una borda troglodita

En el valle del río Guarga, en su ladera septentrional y a una hora de camino de Cerésola, se encuentra la cueva de Saliellas. Se trata de una oquedad, abierta hacia el Sur en el cauce de un barranco, formada por un conglomerado bastante compacto asentado sobre caliza. La cueva, en la que según se cuenta vivió Urbez, el Santo Pastor, da cobijo a una pequeña ermita dedicada al culto de este santo y a una curiosa borda que pertenece a la casa que llaman "Juan Domingo", de Cerésola.

La borda fue construida —probablemente— en la segunda mitad del pasado siglo, por las mismas fechas (1889) en las que se reconstruyó la ermita. Tanto un edificio como otro parecen construidos sobre las ruinas de otros anteriores.

El edificio ganadero está formado por un muro de 19 metros de longitud que alcanza 4,5 metros de altura en los tramos de más desarrollo. El muro cierra la cueva dejando en su interior un espacio de unos ciento cincuenta metros cuadrados con dos pisos. El piso inferior está dividido en dos recintos para separar el ganado ovino (ovejas y corderos). El piso superior ocupa sólo una parte de la cueva, apoyándose en el muro exterior y en unos troncos clavados en el suelo. Una parte de este piso superior es destinado a vivienda para los pastores. La vivienda pastoril consta de dos pequeñas estancias: una de cuatro metros cuadrados que tiene un hogar para encender fuego con su correspondiente chimenea y un banco ("cadiera") adosado a la pared. Otra, de similar tamaño, se empleaba para dormir. Unos tabiques construidos con un entramado de ramas enlucido con yeso separan el albergue pastoril del resto de la misma planta, utilizada para almacenar pasto. El piso es de tablas sostenidas por maderos, y el acceso se realiza por una escalera de madera muy simple.

Esta borda constituye el más evolucionado estadio del hábitat pastoril y troglodita en los Pirineos. Dentro de esta evolución, los corrales trogloditas del valle del Bellos —ya citados— con muros circulares, representan el escalón más primitivo. Las cuevas cerradas con muros rectos pertenecen a un estadio más evolucionado. Esta de Saliellas, con dos pisos, habitación pastoril separada y chimenea, muestra la etapa última y más moderna de este hábitat: es una borda cubierta por una roca.

Las cabanas

En el valle de Gistaín llaman "cabana" a una casita pequeña (de unos seis u ocho metros cuadrados), de planta cuadrada y un solo piso que sirve para refugio de pastores. A diferencia de las bordas, la "cabana" —además de ser mucho más pequeña y tener un solo piso— se cubre con enormes losas. En las "cabanas" se penetra por una puerta de escasa altura (1,20 metros) que puede mantenerse cerrada: todas las que he visitado tienen cerradura y llave. En el muro frontal, cerca del tejado, hay una abertura para que salga el humo. Dentro de la "cabana" se guardan útiles de siega, el caldero para guisar, el "caballé" para sentarse cuando ordeñan ovejas y el cubo para la leche. También suele encontrarse en ellas todo lo necesario para fabricar queso y otras cosas que el pastor necesita: la "cabana" es el almacén del pastor, donde éste guarda su "ajuar".

En cuanto a la utilidad de las "cabanas" como refugio, ésta es distinta según donde se encuentre cada cabana. Algunas —las más bajas— sólo sirven para guarecerse en caso de tormenta los que están trabajando en los campos cercanos, y otras —las más altas— son la vivienda permanente del pastor durante su estancia en el puerto.

Desde el Pueblo (San Juan, 1.120 metros), hasta los 1.700 metros, la "cabana" aparece ligada a la "borda". La "borda" es para los animales y la "cabana" para las personas, es la casita anexa a la "borda" que citaba Max Daumas como vivienda de los "borderos" o "bordeleros" de Castejón de Sos. A veces, la "cabana" está un poco alejada de la "borda" y también hay "bordas" que no tienen "cabana". Parece que la necesidad de las "cabanas" viene justificada por ofrecer al pastor un lugar de pernocta más aseado que la cuadra de los animales. Además, el fuego es muy peligroso en la "borda" donde se almacenan la hierba y la paja, por eso es necesario un lugar como la "cabana" para encenderlo sin riesgo.

Con el nombre de "casetas" aparecen edificaciones similares a la "cabana" por todo el Pirineo. En el corral ya descrito de Bailo, hay una caseta para el pastor. En los gráficos se muestra una "borda" del valle de Acumuer que tiene —a corta distancia— una caseta para el pastor. En el valle de Acumuer se comprueba cómo las "bordas" más cercanas al pueblo (a una hora de camino) carecen de estas casetas, en tanto que las más alejadas (a tres horas de marcha) presentan casi todas la caseta del pastor junto a la "borda" (como la mostrada en el gráfico). En la "masada" de Morillo de Sampietro que se representa en el otro gráfico, también la caseta para el pastor se encuentra asociada a la "borda".

En todos los casos —"cabanas" o casetas— se trata de edificios muy simples y pequeños. Carecen de chimenea y el humo debe salir por agujeros de las paredes o por el techo, donde se deja alguna losa un poco levantada para facilitar la salida del humo. El pastor cuando pernoctaba en ellas lo hacía en lechos de ramas de boj.

"Las masadas" (12)

Las "masas" o "masadas" son explotaciones agro-silvo-pastoriles formadas por tierras de labor, pastos y bosques, con una extensión media que ronda las 10 ó 12 hectáreas. El término "masada" como las palabras "mas" o "masía", deriva del latino "mansus". Con bastante frecuencia se emplea para designar a los edificios que se encuentran en las citadas explotaciones y no a la explotación completa. Las "masadas"' se encuentran en un área muy reducida, sobre todo en las sierras que partiendo del monte Navaín se dirigen hacia el Norte, Este, y Oeste. Son particularmente abundantes en la sierra que separa el valle del río Yesa del valle del río Ara. En esta sierra, cuyas alturas máximas rondan los 1.300 metros, se encuentran —a unos 900 ó 1.000 metros de altitud— numerosas "masadas" cuyos propietarios residen en Boltaña o en la aldea de Morillo de Sampietro.

La "masada" se distingue de la borda por ubicarse en territorios más bajos y secos, por vincularse más al cultivo del cereal, al pasto seco y no al prado de siega y por encontrarse unida a una explotación más extensa territorialmente que la borda. Reúne la

Borda en los montes de Biescas.

Tejado de una "cabana" del valle de Gistau.

Borda, era y caseta de una "masada" en los montes de Morillo de Sampietro (Boltaña).

"Masadas" de Sampietro. Se trata de un poblado medieval abandonado y usado como poblado pastoril de forma temporal.

"masada" todas las características del "mas" catalán, incluido el origen etimológico del nombre que alcanza con las "masadas" su extensión más occidental.

Fue en sus orígenes —medievales, tal vez— un tipo de hábitat permanente que a lo largo de los siglos perdió este carácter y quedó convertido en habitación temporal de los pastores y sus ganados.

En el dibujo de esta página se muestran los edificios de una masada. Se ve en primer término una pequeña casa con cubierta de losa, una sola planta y superficie reducida (ocho metros cuadrados). Es la caseta donde se guardan los útiles de labranza y se preparan las comidas. Sirve de albergue al pastor para pernoctar o refugiarse en caso de tormenta. Es una caseta similar a las que por todo el Pirineo suelen acompañar a las bordas. Delante de esta caseta está la era para trillar los cereales, y al otro lado de la misma hay una "borda" —con escalera exterior y dos plantas—, a la que se encuentra adosado un corral descubiero para encerrar el ganado.

En las "masadas" pasta un ganado fundamentalmente caprino, que es el mejor adaptado a las condiciones de estas sierras, secas y quebradas. Pasan en las "masadas", sobre todo, los meses de primavera y otoño, prefiriendo en los días más crudos del invierno refugiarse en la aldea.

Algunas de estas "masadas" permanecían habitadas de forma permanente hace quince o veinte años (Labarona, San Fertús). Otras disponían de diversas construcciones, contando, junto a la borda y al corral, con pajares y casa para vivienda con dos pisos y horno. Varias sólo cuentan con una pequeña caseta que es a la vez corral, pajar y vivienda para el pastor cuando permanece en ella.

Seguramente son las masadas el "hábitat" agropastoril más abandonado. Sólo una "masada" —la que hemos reproducido en el gráfico— sigue siendo utilizada por sus dueños como albergue para ellos y sus ganados. El resto, están hundiéndose mientras los bancales que escalonan las laderas se cubren de aliagas y zarzas.

CONSTRUCCIONES PASTORILES EN LOS PUERTOS

Cabañas, "mallatas", casetas, majadas, chozas..., con todos estos nombres se señalan en el Alto Aragón las viviendas pastoriles de los puertos, que —a pesar de presentar aspectos, materiales y formas distintas— tienen una caractarística común: son habitáculos pequeños, verdaderas guaridas estrechas y frías en las que han vivido los pastores desde tiempo inmemorial. Constituyen un símbolo de todas las miserias y privaciones de la vida pastoril.

A comienzos del presente siglo, el viajero francés Lucien Briet recorrió los Pirineos aragoneses y narró sus viajes en numerosos artículos. Cierto día se refugió en una majada pastoril emplazada en las abruptas vertientes del valle de Ordesa: "En el ángulo izquierdo del circo de Soaso, y al pie de una eminencia del terreno que se reconoce sin esfuerzo, se ha arreglado muy hábilmente una majada bajo un enorme fragmento de roca. Esta guarida, cerrada por un muro de mediana altura y por cima del cual penetra la luz, nos proporcionó un servicio inolvidable cierto día que hubimos de secarnos de un aguacero que durante dos horas nos cayó encima. Delante de la majada se extendía un espacio ensuciado de estiércol, y junto a su entrada se acumulaban leñas traídas con gran trabajo desde los linderos del bosque cercano. El interior se hallaba cuidado con un esmero sorprendente. Sus moradores estaban ausentes; esto no obstante entramos, y para calentar nuestros pies

Majada en el puerto (Archivo Compairé).

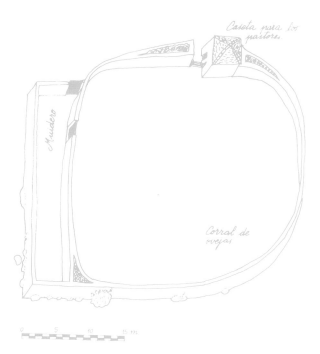

Gran corral de la "Plana de Liró", en Aragüés del Puerto. El dibujo lo muestra antes de su ruina. La fotografía muestra las ruinas actuales de sus muros.

ateridos reavivamos el fuego, oculto bajo un montón de cenizas. Una marmita colgada de una clavija de madera estaba llena de sopas de leche, que sólo aguardaban ser puestas a la lumbre para ser comidas; la leche de cabras y el pan constituyen con el agua del río el alimento de los pastores aragoneses, que jamás comen carne. Tras unos sacos de paja había una ratonera, y no por imprevisión ciertamente, pues cuando regresamos dos días después vimos los cadáveres de dos roedores" (13).

La "majada" o "mallata" descrita por Briet aprovecha la oquedad de una roca para construir un refugio, cerrando con un muro la pequeña cueva. Este tipo de refugio es muy abundante en los altos pastos que se sitúan por encima de los 1.500 metros de altitud. En los puertos de todos los valles se encuentra alguna majada de esta clase. En el valle de Aragüés hay un puerto llamado "Espelungueta" que parece deber el origen de su nombre a la majada principal del mismo, que se halla bajo una gran roca. En el valle de Ansó hay un puerto al que llaman "Espelunguera".

Majada troglodita de la "Espelungueta", en los puertos de Aragüés.

Planta de la majada "Carduso".

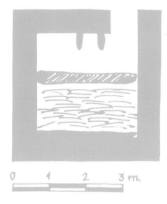

Majada del "Corral de las Vacas", en la montaña de Sesa (valle de Puértolas).

También he visitado majadas trogloditas en los valles de Tena, Vio y Puértolas.

Son muy resistentes estas majadas por tener como tejado una roca y aunque los muros que cierran la cueva se hayan ido renovando con el paso de los años, probablemente estos refugios son los de más remoto origen de cuantos han llegado hasta nuestros días.

Las "mallatas" más abundantes son edificios pequeños, rectangulares, de unos seis u ocho metros cuadrados, con muros de mampuestos secos —sin argamasa— de caliza o pizarra. Los tejados —de dos vertientes no muy pendientes— son de losa de arenisca con matriz calcárea. Las losas se sostienen sobre una capa de barro que descansa en ramas de boj ("rechas") apoyadas sobre los maderos. Los muros tienen un grosor de 60 centímetros y su altura alcanza de 1 a 1,5 metros en los laterales y casi nunca el vértice del hastial se levanta a más de dos metros del suelo. Las puertas son pequeñas —de unos ochenta centímetros de anchura y un metro de altura— y se cierran con losas de piedra o con ramas, rara vez disponen de puerta de madera y con mucha frecuencia no se cierran con nada. En el interior hay un montón de ramas secas de boj, que sirven de lecho al pastor. Un madero —algo incrustado en el piso de tierra— impide que las ramas se extiendan por toda la majada y se aproximen al fuego. Este se dispone entre dos piedras, junto a la entrada. No hay chimenea. El humo sale por la puerta y por las grietas de las paredes. Cuando nos acercamos a una "mallata" que tiene el fuego encendido parece que todo su interior arda: por la puerta, por las paredes y hasta por el techo salen humaredas que —si no hace viento— envuelven la caseta pastoril.

En el interior, el espacio está bien aprovechado. De los maderos cuelgan —atados con cuerdas— sacos, botellas y botes con productos que el pastor quiere proteger de los ratones. Por los muros —entre las piedras— hay bolsitas con sal, cerillas, badajos de esquilas, "canablas" rotas, huesecillos, agujas e hilos y un sinfín de pequeños objetos.

Donde no existen losas areniscas o pizarrosas para cubrir las majadas, se usa la "tasca". En el puerto de Acumuer, muy cerca del lago de Bucuesa, hay una majada cuyo tejado está formado por "tasca" (tierra con raíces de plantas). Sobre los maderos hay tablas, sobre éstas se han colocado algunas planchas de zinc y —recientemente— trozos de plástico. Cubriéndolo todo hay planchas de "tasca". Se han arrancado en las cercanías procurando que en las raíces del césped quede adherida abundante tierra.

En algunas fotografías que don Ricardo Compairé tomó en los puertos del valle de Ansó en la década de 1930, aparecen majadas con tejados de "tasca" y —en algunos casos— son grandes planchas de corteza de abeto. Los actuales pastores de Ansó confirman el uso de estos materiales y también del "sirrio" (estiércol de oveja) para cubrir las majadas e incluso para algunos muros de las mismas.

En los acuerdos entre el valle de Ansó y el pueblo francés de Borce consta que lo ansotanos podrán —en la zona francesa limítrofe con sus puertos— "proveerse de las leñas y maderas que necesitan los pastores para hacer sus cabañas" (14).

Por lo demás, estas majadas ansotanas presentaban en su interior el mismo pobre ajuar que las descritas anteriormente.

Las majadas tensinas son distintas a todas las otras del Pirineo aragonés. Estas majadas son circulares (15). Se trata de edificaciones de mampostería sin argamasa, con un diámetro interior de 2 ó 2,5 metros y una altura máxima en su interior que ronda los 2,5

Majada de Bucuesa (valle de Acumuer) y planta de la misma.

metros. La puerta sólo tiene unos ochenta centímetros de altura y los pastores debían casi arrastrarse por el suelo para entrar en ellas. La cubierta está formada por una falsa cúpula de piedras similares a las de los muros, sobre las que el viento ha ido acumulando tierra y semillas que han hecho aparecer —en algunos casos— una abundante vegetación herbácea.

Fernando Biarge señala la existencia de más de cien casetas circulares en los montes tensinos, de las cuales 43 se encuentran en los montes de la villa de Sallent, que ofrece la densidad más elevada.

El término majada hace referencia a la caseta del pastor y a los pastos que la rodean. Las majadas eran de propiedad comunal y se sorteaban anualmente entre los ganaderos de Sallent y de Lanuza, en un lugar situado entre ambos pueblos. Cada año, los pastores, antes de ocupar la majada que les hubiera correspondido, solían darle un repaso para arreglar los desperfectos que hubieran podido causar las nieves invernales.

Las "cabanas" del valle de Gistaín representan un tipo de vivienda pastoril en los puertos bastante similar al resto de las casetas o majadas de planta rectangular ya citadas. Si acaso se diferencian por una construcción más robusta y un cuidado más esmerado. Las que he visitado tenían sus muros de mampostería sólidamente construidos con argamasa y disponían de puerta de madera con sus correspondientes cerraduras y llaves. Algunas características de su construcción pueden dar pie a especulaciones de carácter etnográfico, histórico y constructivo. Veamos. En todo el valle de Gistaín se emplea para cubrir las viviendas y las bordas la pizarra y —en menor medida— la paja de centeno. Los tejados de estos materiales presentan inclinaciones muy notables. La arquitectura de este valle, junto a la de los valles de Benasque, Bielsa y Tena presenta la pizarra, la inclinación de los tejados y otros detalles constructivos que aquí no vienen al caso, como peculiaridades que la caracterizan y la diferencian de la del resto de los valles pirenaicos españoles, acercándola mucho a los franceses. Sin embargo, las "cabanas" chistavinas tienen tejados cubiertos por losas muy gruesas y las vertientes son poco pendientes. El modelo constructivo de estas "cabanas" es similar a toda la construcción de la parte meridional de los Pirineos españoles o a los valles de Broto, Acumuer, Garcipollera, Vio y otros en los que se cubren con losas los edificios. Sin embargo, las "cabanas" no se parecen a las "bordas" o casas de su propio valle. Teniendo en cuenta el arcaísmo que suele acompañar a las construcciones pastoriles, tal vez estas "cabanas" chistavinas nos estén mostrando el tipo de construcción que había en el valle antes de que llegaran los actuales modelos de indudable influencia francesa. ¿Son las "cabanas" fósiles constructivos que nos conducen hasta una primitiva arquitectura chistavina, anterior al uso de la pizarra y las fuertes pendientes en los tejados, muy parecida a la arquitectura de otros valles pirenaicos? No lo sé. Tal vez sí. Aquí queda la pregunta, que es, a la vez, una hipótesis.

Las casetas que se han descrito han servido como albergue para los pastores en los meses de verano desde tiempo inmemorial. Algunas siguen todavía cumpliendo este cometido. Otras —la mayoría— se han abandonado y presentan un estado ruinoso. El abandono tiene dos motivos: uno, la decadencia del pastoreo, la merma en el número de pastores que guardan los rebaños en los puertos durante el estío. Otro, el más importante, la construcción de nuevos refugios más cómodos, amplios, seguros y confortables. Estas nuevas construcciones promovidas por los ayuntamientos, el

Moderna majada de "Sanvicienda", en la montaña de Sesa (valle de Puértolas).

Majada circular de falsa cúpula en los montes de Sallent (valle de Tena).

ICONA y los propios ganaderos, ya no responden a ningún modelo. Algunas —como las de la montaña de Sesa, en Puértolas— se han levantado con los materiales que brinda el medio y no desentonan con el entorno. Son como las majadas tradicionales, pero amplias y sólidas. Otras —como la de Plano Tripals, en el puerto bajo de Góriz, valle de Vio— son túneles de hormigón, como bunkers. También las hay con aspecto de chalet alpino, con cubiertas de chapas grises, como la del puerto de Biescas, al pie de la vertiente norte de Burrambalo.

Las casetas que se han descrito, y que tienen por finalidad servir de albergue a los pastores, son las construcciones más importantes y abundantes que se encuentran en los puertos pirenaicos, pero no las únicas.

Existen algunos largos muros de poca altura —un metro, aproximadamente— formados por lajas de calizas. Estos muros pueden tener distintas finalidades. En el Sobrepuerto hay uno muy largo para separar las montañas de distintos pueblos y evitar que los ganados de un lugar pasen a los pastos de otro. En la montaña de Sesa (Puértolas), en la partida que llaman "Corral de las vacas", hay un muro —cerca de una "mallata"— que sigue la línea de los precipicios que caen hacia el valle de Añisclo. Probablemente, este muro tenía por finalidad evitar que los animales se despeñaran.

Algunas "mallatas" —como las de Aso y Betés, en el Sobremonte— tienen cerca de la caseta del pastor amplios corrales descubiertos, formados por muros de mampuesto seco, que sirven para encerrar al ganado por la noche. En algunos casos, estos corrales se muestran compartimentados, para separar el ganado ovino del ganado grueso o para separar el ganado de distintos pueblos, como ocurre en el puerto del Soaso, de Linás, donde hay una parte para el ganado de Linás, otra parte para el de Broto y otra parte para el de Fragen.

Ciertas "mallatas", junto a la caseta del pastor, también tienen adosada una pequeña construcción ("aguilón") que sirve para guardar durante el día los corderos recién nacidos (16).

Entre los papeles contables de don Mariano Rocatallada —ganadero de Aragüés que vivió durante el siglo XIX— aparecen, con frecuencia casi anual, gastos para "la reparación del muidero". El "muidero" o "muidor" era un estrecho pasillo que se empleaba para "muir" u ordeñar los animales. Tenía mucha importancia en los puertos en los que se fabricaba queso. En los "muideros", aparte de los pastores, trabajaban en los días de mayor actividad quesera (primera quincena de julio) varios jornaleros o —como era el caso de Aragüés— jornaleras, pues en este valle se contrataban, sobre todo, mujeres para ordeñar. Los "muideros" tenían —en ocasiones— muros de piedra, pero en el valle con más tradición quesera —Ansó— eran corrales estrechos y muy largos formados por estacas de madera clavadas en el suelo.

CONSTRUCCIONES PASTORILES EN LOS POBLADOS

Para comenzar, hay que señalar un detalle que no escapará a la atenta observación del viajero curioso que recorra los pueblos y aldeas de los Pirineos: en el interior de los núcleos de población de los valles con más tradición ganadera hay menos construcciones de carácter ganadero que en los pueblos con menos tradición ganadera. Así, por ejemplo, quien recorra las calles de Ansó verá vías flanqueadas por numerosas casas, por viviendas entre las que resulta difícil encontrar ningún corral de ovejas y cabras. Tienen,

Puerta de un corral de ganado en Latrás y detalle de su cerradura con llave de madera.

sí, las cuadras que ocupan la planta baja de las casas, pero no hay grandes corrales descubiertos. Quien —en cambio— recorra algunas aldeas del valle de Vio, todas las del valle de Solana, la Fueva, el viejo Sobrarbe o Serrablo, encontrará, junto a las casas, grandes recintos murados que sirven —o han servido— para guardar rebaños de ovejas y cabras.

Esta aparente contradicción se funda, razonadamente, en el tipo de ganadería que se daba en unos u otros pueblos. En Ansó, como en Hecho, Aragüés, o Bielsa, el ganado agrupado en grandes rebaños, no permanecía, no pernoctaba, nunca en el pueblo. En el invierno estaba en la "ribera"; durante el verano estaba en el puerto, y en los pocos días de primavera y alguno de otoño que estaba en el valle cambiaba sus lugares de pernocta de campo en campo, para estercolarlos todos. En cambio, en los valles menos ganaderos, o en las sierras que se extienden por el sur de las cumbres pirenaicas, hasta las sierras Exteriores, el ganado, aun siendo menos numeroso, como no bajaba a la "ribera" en invierno sino que permanecía en los pueblos, necesitaba corrales para su albergue y custodia en el interior de los poblados. Encontraremos, por lo tanto, los mejores ejemplares de este tipo de construcciones en los valles medios del Cinca y del Gállego, y en su extenso interfluvio con los numerosos valles menores que lo surcan.

Entre las construcciones pastoriles que se encuentran en el interior de los poblados, distinguiremos dos tipos: las que se encuentran adosadas a las viviendas y las exentas.

Las primeras están formadas por grandes cercados de piedra, con muros de una altura que ronda los dos metros y con un gran portalón de entrada. En algún extremo de este cercado es posible que haya un cobertizo que permita el refugio de los animales en caso de lluvias o nevadas muy intensas. En el gráfico de la página siguiente se muestra la planta de una casa de Ceresuela (valle de Vio). En la misma, se observa el gran corral descubierto (b), al que se accede por un portalón (a), cubierto con un tejadillo de losas y con dos grandes puertas de madera. Desde el corral descubierto se accede a las cuadras (d), a los corrales para corderos y cabritos (c) y a la vivienda (f).

Este corral —por el que se accede a la puerta principal de la vivienda— es uno de los modelos de corrales anexos a la vivienda. Otro modelo —igualmente extendido— es el representado por los corrales que se sitúan junto a la casa, pero sin que desde ellos haya acceso directo a la vivienda o, por lo menos, no lo hay por la puerta principal, sino por una secundaria, que conduce a la vivienda atravesando cuadras y "zolles" (pocilgas).

En cuanto a los corrales exentos, son similares a los ya descritos existentes en los despoblados. Se trata de construcciones compuestas por una parte cubierta y otra descubierta. El acceso de una parte a otra se realiza por medio de una puerta o de grandes arcadas. Suelen situarse estos corrales exentos en las afueras de los pueblos, siendo particularmente abundantes en las sierras prepirenaicas. En Layés —valle bajo del Guarga— hay dos enormes corrales de este tipo en el camino que parte del pueblo hacia el Sur. En Arcusa (Sobrarbe), al sur del núcleo de población, hay también un notable conjunto de corrales.

EL HABITAT PASTORIL EN LA HISTORIA GENERAL DEL HABITAT PIRENAICO

Está extendida la teoría de que en el hábitat pastoril han permanecido fosilizadas las distintas formas de construcción que han marcado —a lo largo de la historia— las sucesivas etapas de la

Portalón de entrada a un corral en Lanuza (valle de Tena).

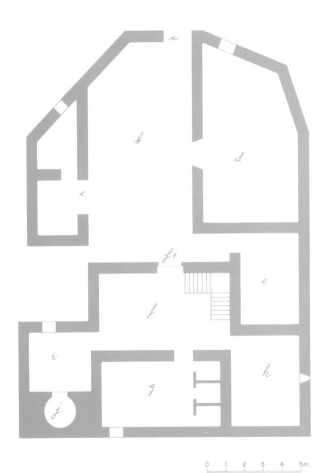

Planta de casa "Quilez" (Ceresuela, valle de Vio) (explicación en el texto).

evolución de la vivienda pirenaica (17). No parece carente de fundamentos la hipótesis. Ciertamente, el arcaísmo se extiende no sólo al campo de la construcción, sino a todos los de la cultura pastoril en sus vertientes material y espiritual. La marginación, el aislamiento y la escasez de medios entre los que se movía la vida pastoril situaban a los pastores frente a un entorno hostil ante el cual sólo podían enfrentarse con los mismos rudimentarios medios que sus antepasados prehistóricos.

Los diversos ejemplos de construcciones pastoriles citados en este capítulo nos ofrecen materiales para ilustrar la historia de la vivienda pirenaica. Las cuevas constituirían el primer estadio de esta evolución. Empleadas al principio sin ninguna protección suplementaria, pronto comenzarían a cerrarse con muros, que serían rectos (como las cuevas pastoriles —ya citadas— de Arpió o Campodarve) o circulares (como los refugios pastoriles de Añisclo ya descritos). Tal vez en la misma época comenzasen a emplearse las chozas de ramas cubiertas de barro o estiércol, similares a los refugios pastoriles de los puertos de Ansó que se han descrito.

Las primeras viviendas duraderas construidas por el hombre pirenaico en épocas prehistóricas, tal vez se parecieran bastante a las casetas pastoriles de falsa cúpula del valle de Tena. Serían habitáculos pequeños con un fuego central. Después comenzarían a edificarse pequeñas construcciones de forma rectangular, con una sola planta. En ellas habría un fuego central y el humo escaparía por la puerta, el tejado y las grietas de las paredes. Serían construcciones similares a la mayoría de las "mallatas" que han llegado hasta nuestros días.

Más tarde —probablemente ya en la Edad Media— se añadió un nuevo piso y un corral descubierto. La vivienda seguiría siendo muy reducida. El piso alto, al que se accedería por una escalera exterior, tendría unos ocho metros cuadrados. Allí dormirían, sobre la paja, todos los miembros de la familia, y el fuego se encendería en una esquina. Todavía no había chimeneas. En la planta baja dormirían los animales. Este último tipo de vivienda es igual que las que todavía se conservan en el poblado pastoril de Sampietro (valle de Vio).

La última evolución notable de la vivienda pirenaica, que tuvo lugar en los siglos XVII y XVIII, cuando se generalizaron el uso de las chimeneas y la construcción de grandes edificios con salas y alcobas, ya no encontró reflejo en el hábitat pastoril, que permaneció fosilizado en las formas anteriores, como resumen histórico de toda una evolución que unía la prehistoria con la Edad Contemporánea.

ARTESANIA PASTORIL

Aun entrando las tareas artesanas dentro del amplio campo de lo que podríamos llamar "actividades pastoriles marginales" —porque su realización o su dominio no constituían la esencia de la vida de los pastores—, han despertado siempre la atención de los que han estudiado el mundo pastoril. Probablemente, este interés esté relacionado con la herencia prehistórica que las obras de artesanía pastoril nos muestran y la pervivencia en las mismas de signos y técnicas enlazados con las etapas más antiguas de la humanidad y con sus creencias más remotas (18).

Dentro de los trabajos artesanos relacionados con el mundo pastoril, cabría diferenciar tres tipos de productos: los realizados por los pastores, los realizados para los pastores y los que tienen destinatarios muy variados, pero encuentran en productos pastoriles las materias primas que emplean (lana).

"Canablas" (Museo de Artes Populares del Serrablo, Sabiñánigo).

Canablas (Museo de Artes Populares del Serrablo. Sabiñánigo).

ARTESANIA DE LOS PASTORES

El pastor tradicional, como todos los montañeses que durante siglos han poblado el Alto Aragón, obtenía del entorno casi todo lo que necesitaba para comer, para vestirse y para alojarse. Ajeno a una economía de mercado, inmersos en un mundo autárquico, aprovechaba las maderas y las pieles, la lana y el pelo, los huesos y los cuernos para procurarse utensilios, ropas y cobijo. La artesanía pastoril, dedicada al consumo propio, poco tenía que ver con las obras de los artesanos profesionales que dirigían su producción al mercado. Aquélla es hija de la necesidad, emplea los materiales del entorno, es funcional y cuando admite formas decorativas emplea las aprendidas por tradición, heredadas de la prehistoria. Esta —la profesional— es hija del mercado, emplea materiales más específicos y técnicas que dominan sólo unos pocos, sus modelos han sufrido cambios históricos vinculados a las modas y constituye el medio de vida de quienes la practican.

El pastor empleaba el cuero para calzones y zamarras, para abarcas y mochilas. Con madera hacía cucharas y escudillas, collares para el ganado y bastones, palos y ruecas para tejer e hilar, cajas, calderos, moldes y un sinfín más de objetos. Con cuernos hacia vasos y recipientes para contener pólvora, medicamentos y líquidos de cualquier tipo. Es decir, que empleaba lo que el medio le brindaba para satisfacer sus necesidades.

El aprendizaje artesanal se llevaba a cabo a la vez que se aprendía todo el oficio de pastor. Los niños, cuando comenzaban a ocuparse del rebaño junto a otros pastores, veían cómo éstos solucionaban sus problemas pastoriles y los imitaban. Veían cómo curaban a los animales enfermos y cómo trataban a los corderos recién nacidos. Cómo levantaban una choza para albergarse y cómo curtían una piel para una zamarra. Aprendían copiando lo que veían y todos —en más o menos tiempo— sabían resolver sus problemas recurriendo a los pobres materiales que su entorno ofrecía. Después, algunos destacaban en ciertos trabajos para los que tenían más aptitudes o por los que sentían más afición. Había quien curtía las pieles con más finura, quien cosía las mochilas con más destreza o quien decoraba los collares o bastones con más arte. Generalmente, las obras de estos hábiles tallistas de la madera son las piezas que han coleccionado los museos y que suelen ilustrar las publicaciones sobre temas pastoriles. Pero estas piezas de boj, con primorosas incisiones geométricas, son sólo la muestra más vistosa y curiosa de la impresionante tarea pastoril de proveerse de lo necesario para vivir con los pobres medios que los montes y su rebaño les ofrecían.

Tratado ya con cierta amplitud el tema de las construcciones pastoriles, entraremos en otra gran necesidad que el pastor debía resolver: el vestido. El pastor tradicional era un hombre cubierto de pieles. La afirmación puede parecer exagerada, pero es cierta y razonable. Razonable, porque las pieles eran el material más abundante con el que contaba para cubrirse. Cierta, porque numerosos testimonios gráficos y escritos nos muestran a los viejos pastores cubiertos de pieles.

En los libros de cuentas —del pasado siglo— del ganadero de Aragüés don Mariano Rocatallada, las anotaciones de lo que entregaba cada año a sus pastores señalan con mucha frecuencia la entrega de "pellejos" para "calzones" y para "zamarras". Estas dos prendas han sido las fundamentales para el abrigo del pastor tradicional. Los calzones eran de piel de oveja, con la lana hacia el exterior. Se cosían formando una especie de amplio pantalón, cuya

165

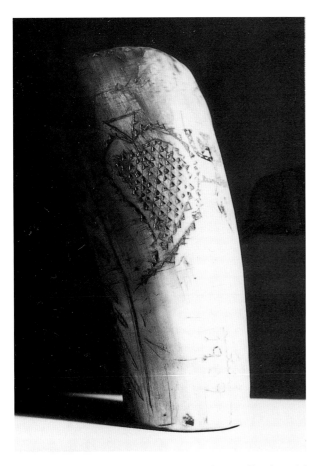

Vaso realizado en un cuerno de vaca (Museo de Artes Populares del Serrablo, Sabiñánigo).

parte superior subía más arriba de la cintura, hasta mitad del pecho. Por abajo llegaban hasta la pantorrilla y se ajustaban atados o cerrados con la parte superior de las medias.

La "zamarra" (valles occidentales) o "cuera" (valles orientales) era de piel de "choto" o de cabra y cubría la espalda del pastor, los hombros y los brazos en su parte superior. La "cuera" se ata mediante unas correas que cruzan el pecho. A partir de este modelo general de "zamarra" o "cuera" hay numerosas variaciones, según los valles y según la inventiva de los pastores. Algunas veces con la piel del cuello de la cabra o "choto" de la que se hizo la "cuera", se hace un peto. El peto puede hacerse independiente de la "cuera" o unido a la misma. Si se hace unido, tiene que tener una grieta para que el pastor pase la cabeza. Además, si se hace unido, el pelo del peto queda hacia arriba y en caso de lluvia —como dicen los pastores— "no escupe el agua sino que la recoge". Si se hace independiente se pone con el pelo dirigido hacia el suelo y se ata a la "cuera" con unas correas. A veces, se hacía un peto tan grande como la "cuera", que se cosía a ésta dejando agujeros para los brazos y la cabeza. En ocasiones, el peto, largo como un delantal, llegaba más abajo de la cintura.

Las pieles también se empleaban para hacer bolsos o mochilas. Solía usarse la piel de oveja —con la lana hacia afuera— o la de cabra y en ocasiones excepcionales la de "sarrio" (rebeco). La mochila se cerraba atando dos tiras de piel o anudando una tira en un botón de boj, en cuya confección solían poner gran interés para decorarlo.

Con piel confeccionaban bolsas para llevar pan o para llevar cucharas ("cucharatero") en los viajes trashumantes. Sobre pieles de oveja dormían —y con pieles de oveja se tapaban— los pastores en sus majadas.

Ahora, casi ningún pastor curte pieles y, aunque las "cueras" siguen siendo muy usadas —no así los calzones—, los que quieren emplear alguna piel de oveja o cabra la llevan a curtir a un

"Canablas" (Museo de Artes Populares del Serrablo, Sabiñánigo).

Vaso en asta de buey (Museo de Artes Populares del Serrablo Sabiñánigo).

especialista de Barbastro, Huesca, Ayerbe, Sabiñánigo o Jaca que emplea procedimientos industriales. Pero hasta hace pocos años, las técnicas de curtir pieles eran conocidas y empleadas por todos los pastores. Curtían raspando las pieles para quitarles la grasa y enrollando la piel varios días con sal. Si podían encontrar alumbre la piel quedaba mucho mejor.

El calzado tradicional eran las abarcas. Estaban hechas con piel de vaca, muy gruesa. Se ataban con dos tiras cruzadas sobre el pie en torno a la pierna. Si se secaban eran un calzado extraordinariamente áspero. Bajo las abarcas el pastor llevaba calcetines o medias de lana, que se hilaron y tejieron en su casa. Cubrían la cabeza con boina —en este siglo— o sombrero, en el siglo pasado. Bajo la "cuera" llevaban, en el pasado, camisa de cáñamo, como toda la gente del país.

El aspecto exterior del pastor pirenaico de comienzos del siglo XX, no difería en nada del que presentaba el pastor medieval. En el claustro románico de la colegiata de Alquézar (sur de Sobrarbe) aparece, en un capitel, un pastor que guía su rebaño de ovejas. Con abarcas y calzones de piel, podría perfectamente ser un pastor de nuestro siglo.

Los pastores también empleaban —a veces— mantas para cubrirse. Eran más utilizadas en los valles orientales. Estaban tejidas con lana por los tejedores del país, formando unos cuadros blancos y negros. Terminaban en un capuchón con el que se cubrían la cabeza.

Por lo dicho sobre el vestido, se comprenderá que el curtido, cortado y cosido de las pieles eran trabajos conocidos y practicados por todos los pastores.

Con madera, los pastores realizaban numerosas obras. Entre los trabajos pastoriles en madera, cabría diferenciar dos grandes grupos: los que el pastor realizaba para su rebaño o para ayudarse en sus tareas y los que realizaba para regalar, cuya utilidad está desvinculada de las tareas pastoriles.

Entre los del primer grupo, los más importantes son la elaboración de "canablas" o collares para el ganado y la fabricación de utensilios empleados en la producción de queso. En el segundo grupo había un sinfín de objetos entre los que destacarían las cucharas y los saleros; y las ruecas, husos y "palicos" empleados para hilar y tejer.

Un estudioso de los temas pirenaicos —Enrique Satué— ha calificado la "canabla" como "obra cumbre de la artesanía pastoril".

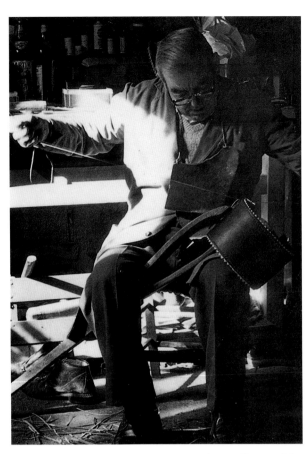

Artesano guarnicionero de Sabiñánigo cosiendo un collar para "chotos".

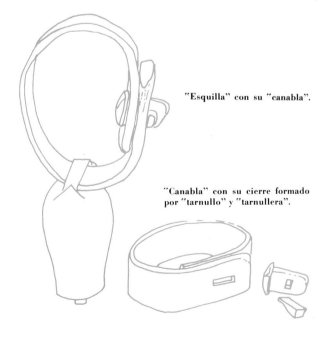

"Esquilla" con su "canabla".

"Canabla" con su cierre formado por "tarnullo" y "tarnullera".

Cucharas de madera (Archivo Compairé).

Acostumbrados —como estamos— a oír calificar de "obra cumbre" sólo lo más destacado en el terreno de las ciencias, las letras y las artes, emplear el calificativo para el modesto collar de madera de una oveja, parece un poco sorprendente. Pero al margen de la sorpresa, sí debemos constatar que en estas obras han volcado tradicionalmente los pastores todo su saber artístico y toda su paciencia.

La "cañabla" (valle del Gállego), "canabla" (valles centrales) o "canaula" (valle de Gistaín), es un collar de madera que sirve para sujetar la esquila al cuello de cabras, "chotos", ovejas y vacas. Su anchura depende de la esquila que deban sujetar y oscila entre tres y veinte centímetros. La "canabla", a veces, se ata con unos alambres; pero en otras ocasiones lleva un cierre de madera compuesto de dos piezas que llaman "tarnullo" y "tarnullera". En principio, casi todas las maderas sirven para hacer canablas, pero las más empleadas son el fresno y el pino. La madera tiene que recogerse cuando "no suda", es decir, en invierno, cuando la savia no circula. Esto opinan casi todos los pastores, pero alguno —que emplea pino— dice que recoge la madera a finales de abril y comienzos de mayo. Con la madera hay que hacer unas tiras de la anchura que tendrá la canabla y de un grosor que suele rondar los cinco milímetros. Para hacer estas tiras emplean la navaja o un instrumento cortante, con un mango a cada lado, que llaman "soliador". Una vez hechas las tiras hay que darles la forma (redonda, parabólica u ovoidal) definitiva. Para darle la forma el pastor trabaja con las manos y la rodilla, que emplea como molde. Algunos, para facilitar esta tarea, sumergen las tablas en agua caliente. Solían hacerse las "canablas" en las largas noches invernales. El pastor llegaba a casa y —tras encerrar el ganado— se sentaba en la amplia "cadiera" (banco) que rodeaba el hogar. En el centro, colgado con una cadena, hervía sobre el fuego el caldero con la pastura para los cerdos. Allí sumergían las tablas para doblarlas mejor. Cuando la madera ha tomado la forma que se desea, hay que mantenerla en esta posición algún tiempo, hasta

Piel y esquilas en el desván de una casa ganadera (Archivo Compairé).

que se seca. Para esta finalidad emplean una tablita con una hendidura que llaman "gato". Cuando está seca, ya puede ponerse al cuello de un animal, para que sujete la esquila, y mantenerse cerrada —como ya se ha indicado— con unos alambres o con el "tarnullo" y la "tarnullera".

Algunas de estas "canablas", sobre todo las más anchas, que irán al cuello de los grandes "chotos" que dirigen el rebaño, se decorarán con cuidado. Para decorarlas se empleará la navaja, que manejada con habilidad y paciencia irá cubriendo la madera con relieves similares a los que los pastores emplean como motivos decorativos en todas sus obras. Violant ha dividido estos motivos en cinco grandes grupos (19). En el primero están los motivos geométricos, que son los más abundantes. Se trata de "puntos, rayitas, líneas quebradas en zigzag, diente de sierra, triangulitos, meandros, cruces diversas, círculos, espirales, etc., dentro del estilo tradicional arcaico; rosetones de varias rosas o radios, hélices (o esvásticas curvilíneas multirrayadas), estrellas, etc." Hay también muchos motivos derivados del compás. Estos motivos tienen un origen prehistórico y algunos de ellos se encuentran ya en huesos paleolíticos y en las primeras cerámicas neolíticas.

En el segundo grupo están los temas florales. Son relieves inspirados en plantas, flores y árboles.

En el tercer grupo están las figuras de personas y animales. No son muy abundantes en las "canablas" y se encuentran más en ruecas, bastones y cucharas. Se trata de figuras muy toscas de perros y cabras o figuras estilizadas, de hombres y mujeres, formadas por multitud de rayas paralelas. También es muy abundante la representación de la serpiente.

En el grupo cuarto se incluyen los motivos religiosos (vírgenes, cruces, santos, custodias) que no son demasiado abundantes.

En el grupo quinto, engloba Violant gran número de motivos que por su excepcionalidad o variedad no permiten su inclusión en los grupos anteriores: nombres, fechas, cartas de la baraja, instrumentos agrícolas, etcétera.

"Esquillas" (esquilas) con "canablas" (collares) de madera y cuero (Archivo Compairé).

Satué insiste con frecuencia en el carácter mágico y protector de estos motivos decorativos. Tal vez en sus orígenes lo tuvieron, pero en la actualidad habría que buscar su origen en el gusto de un pastor por decorar la madera, y si alguna motivación se quiere hallar por encima de las aptitudes artísticas de un pastor determinado, habría que buscarla en el orgullo del ganadero que quiere dar mayor prestancia a los "chotos" que encabezan su rebaño (20).

En el valle de Gistau llaman también "canaulas" a unos collares que sirven para atar al pesebre —o a otro lugar— a vacas, becerros o cabras. Se hacen también con madera de fresno, pero su forma —como puede verse en las ilustraciones— no tiene nada que ver con las otras canablas. Llevan una estaca que al girarse permite abrir la canabla y soltar al animal amarrado. Entre estas "canaulas" no hemos hallado ninguna decorada.

El segundo grupo de trabajos en madera, que el pastor debe realizar para completar su ajuar pastoril, está relacionado con las tareas queseras. La producción de queso se inicia —como se explica con más detenimiento en otro capítulo— con el ordeño. Para ordeñar se emplea un cubo de madera con aros de hierro. Este cubo ("forrada", "ferrada", "herrada"), probablemente, sería obra de artesanos especializados o de toneleros, porque para hacer los aros y para cortar y cepillar las tablas con el ángulo y la curvatura necesarios para que ajusten hacen falta herramientas de las que no disponía el pastor.

Para ordeñar, el pastor se sentaba en el "caballé", tosco banco de madera que se apoyaba en el cubo de la leche y en dos patas. El "caballé" era una obra pastoril que se obtenía desbastando con un hacha un tronco de pino —u otro árbol— que presentara dos ramas adecuadas para servir de patas.

Los moldes del queso eran de madera. Se empleaba el pino —en las zonas prepirenaicas— y el abedul y otros árboles en los valles altos. Su proceso de fabricación era similar al de la "canabla", pero con la diferencia de que los moldes ("aros", "zarciellos") no debían ser rígidos. Tenían que permitir su graduación para adaptarse a una masa que podía ser más grande o más pequeña. Para permitir este ajuste llevaban unas cuerdas atadas en un borde que sobresalía en uno de sus extremos.

Las tablas sobre las que se apretaba el coágulo en los moldes, eran también obra de los propios pastores. Estas tablas ("fasiellas" en Ansó, "formacheras" en Gistaín), solían —sobre todo en Gistaín y los valles cercanos— estar decoradas. Los canalillos que presentaban para facilitar el drenaje del líquido se realizaban formando dibujos geométricos o vegetales.

En cuanto a los recipientes de madera excavados en troncos de "illón", que en Ansó se utilizaban para calentar leche introduciendo en los mismas piedras calientes, hay que señalar su similitud con los empleados en el norte de Navarra y el País Vasco. Parecen obra de artesanos que necesitan herramientas muy especializadas (21).

Los trabajos en madera que el pastor realizaba sin que tuvieran como destino su empleo en actividades ganaderas, abarcan un campo muy amplio. Unos, como las cucharas, servían para uso del pastor y para la venta. Otros, como ruecas, husos y "palicos", servían para regalar o eran solicitados por las mujeres de la casa del pastor.

Las cucharas solían ser de boj, madera dura que permite obras de mucha calidad y precisión en los motivos decorativos. Las cucharas se dibujaban sobre un trozo de boj y luego, con la navaja, el pastor comenzaba a darle forma. A veces terminaba la obra,

Busto de pastor. Se observa el delantal de piel que le sirve como peto (Archivo Compairé).

pero a veces preparaba docenas y docenas de cucharas sin terminar, sólo desbastadas, que vendía a un "cucharero" profesional para que las terminara. Los "cuchareros" solían proceder de lugares prepirenaicos bastantes pobres. En estos pueblos la escasez de recursos impulsaba a sus hijos a tomar oficios diversos —como alfarero, arriero o cucharero— que les permitían sobrevivir sin disponer de ningún capital agrario o pecuario. En los cuadernos (tantas veces citados) de don Mariano Rocatallada, de Aragüés del Puerto, aparecen algunas notas de suministro de alimentos a los "cuchareros" que trabajaban por los montes de Aragüés. Casi siempre provenían de la villa prepirenaica de Luesia. Subían a los montes de Aragüés en primavera y pasaban allí dos o tres meses haciendo cucharas. Comían judías, patatas, tocino y pan y vivían en chozas que ellos mismos se construían. Después, con sus asnos cargados de cucharas, marchaban por las ferias a vender la mercancía (22).

En las cucharas —que ofrecen, en los mangos planos, amplias posibilidades decorativas— pueden hallarse algunas de las más primorosas, detalladas y perfectas obras pastoriles. Los motivos

Pastor de Bailo cubierto con la zamarra que usan actualmente gran parte de los pastores altoaragoneses.

empleados son los ya citados, pero, tal vez, en las cucharas tengan más presencia los del grupo quinto (varios) que en ninguna otra obra pastoril. Desde reproducción de pesetas y cartas de la baraja, hasta retratos y relojes, pasando por las más complejas filigranas geométricas, todo tiene cabida en los mangos de las cucharas, que eran de dos tipos: uno ancho y corto, que parece más rústico y primitivo; otro estrecho y alargado, que parece más moderno.

Las ruecas se hacían de caña, de avellano o de otras maderas. Algunas ruecas —sobre todo las del valle del Guarga— presentan una riquísima decoración con 20 ó 30 figuras humanas realizadas a base de pequeñas incisiones paralelas.

Los husos —de "cerollera", cerezo u otras maderas— no permitían mucho espacio para la decoración. En cambio, los "palicos" (para sujetar las agujas de hacer media) —de boj u otras maderas— tienen un extremo aguzado y el otro, donde se clava la aguja, parece preparado para ser decorado. Los "palicos" presentan toda la gama de motivos decorativos ya citados, con una variedad y originalidad compositiva que es difícil hallar en otras piezas.

El hueso se empleaba, sobre todo, para "embatajar" (poner badajo) las esquilas. Se empleaban huesos de oveja para las esquilas pequeñas, mientras que para las mayores se usaban huesos de caballerías que solían recoger los pastores en los muladares de la tierra baja.

Con los cuernos de vacas y bueyes hacían vasos y recipientes para guardar aceite de enebro o pólvora. Estos recipientes estaban decorados con los motivos tradicionales, tanto en las paredes como en la madera de la base.

Poniendo una lengüeta de caña a estos cuernos, se lograba una trompa cuyo sonido se oía a largas distancias. Empleaban estos cuernos para llamarse entre sí y, sobre todo, para cazar. Los llevaban los cazadores "multiadores" (encargados de hacer salir los animales) y los hacían sonar para asustar las presas.

Con crines de caballo y pelos de buey, aparte de preparar unas ingeniosas trampas para pájaros ("arciellos") y lazos para capturar perdices, hacían correas y cadenas para el reloj.

ARTESANIA PARA LOS PASTORES

El retrato que se ha esbozado del pastor, como persona autosuficiente, ya conduce a pensar que su relación con los artesanos profesionales era escasa. Muy pocos productos, de los que eran imprescindibles en la vida pastoril, tenían su origen fuera del mundo pastoril. Entre ellos, cabría destacar las esquilas o "esquillas".

Las "esquillas" son necesarias para localizar con facilidad el rebaño, en caso de perderse, o a un animal del mismo. Las más grandes sirven para guiar la marcha de los rebaños trashumantes. Nada suele sorprender tanto al profano en estos temas como la constatación del conocimiento que los pastores tienen de cada animal de su rebaño por el ruido de su "esquilla". Recientemente, desde que la escasez de pastores se ha hecho más notoria, han empezado a abundar los pequeños y medianos ganaderos que dejan, en verano, sus ovejas en el puerto sin pastor. Suben cada semana para darles sal y vigilar la marcha del rebaño. Estas ovejas llevan todas "esquilla" y los ganaderos, situados en el puerto, localizan e identifican todas las ovejas por el sonido de su "esquilla".

Intentar una clasificación de las "esquillas" por formas y tamaños no es tarea fácil, porque los valles han vivido bastante aislados unos de otros y han dado a cada tipo de "esquillas" nombres distintos en cada lugar. En general, puede hablarse de "esquillas" grandes y de "esquillas" pequeñas. Las pequeñas son más apropiadas para el ganado lanar, y las grandes las llevan los animales de pelo que guían el rebaño.

El "esquilón" —aunque su nombre parezca indicar lo contrario— es la más pequeña de las "esquillas". La llevan en invierno (cuando tienen poca fuerza) las ovejas. En primavera les ponen las "esquillas realeras", que son algo mayores. Los carneros —más fuertes— llevan "esquillas" mayores, que llaman "carnaleras", e incluso otras mayores, que llaman "cuartizos". Con el "cuartizo" se inicia ya la serie de las esquillas grandes, apropiadas para el ganado de pelo que dirige el rebaño trashumante. Los "chotos", que encabezan el gran rebaño, llevan también "cañones" y "trucos". Estos últimos, con forma de pera —abombados por arriba y estrechos por abajo—, eran más escasos. Un rebaño trashumante, de 1.500 cabezas, acostumbraba a llevar seis o siete "cañones", un "truco" y la "cimbalada". Consistía la "cimbalada" en un collar ancho con numerosas campanillas, coronado por un vistoso fleco.

Niño pastor con una mochila de piel de oveja (Archivo Compairé).

Niños pastores con "esquillas" de los "chotos" (Archivo Compairé).

Mujeres hilando (Archivo Compairé).

Dentro de cada tipo de "esquillas" las había de distintos tamaños. Cada tamaño se designaba con un número y, así, se hablaba de "cañones del 10" o de "cañones del 12".

Las "esquillas" pequeñas se cuelgan siempre mediante "canablas" de madera. Las "esquillas" grandes se acostumbran a colgar con "canablas" de madera o con collares de cuero. Los collares de cuero —profusamente decorados— se emplean más en los valles occidentales y centrales que en los orientales.

El nombre —completo o simplemente las inciales— del dueño del rebaño se graba en las grandes "canablas", en los collares y —en ocasiones— en las "esquillas" mayores.

Las "esquillas" de los rebaños altoaragoneses han llegado, tradicionalmente, de Navarra o de Francia. Las "esquillas" navarras eran algo más pesadas y gozaban entre los pastores altoaragoneses de menos reputación que las francesas. Estas, fabricadas en la localidad de Nay —donde sigue viva la manufactura de "esquillas"— entraban por los pasos pirenaicos hacia España, traídas muchas de ellas de contrabando.

Estos pastores de Benasque llevan "ganchetas" para coger las ovejas (Archivo Compairé).

NOTAS

(1) Don Ramón Violant i Simorra, en su libro "El Pirineo español", editorial Plus Ultra, Madrid, 1944, parece optar por una clasificación de este tipo cuando en el capítulo titulado "La vivienda", habla del proceso evolutivo de la vivienda pirenaica.

(2) La edición más reciente del trabajo de Otto Quelle, titulado *Densidad de población y tipos de poblamiento de distintas regiones españolas*, se publicó en 1952, en la revista "Estudios Geográficos", núm. 49.

(3) Nuestro trabajo titulado *Sobrarbe en la Edad Media: hábitat y vivienda* se encuentra incluido en el libro "Pueblos deshabitados del Alto Aragón. Estudio de la comarca de Sobrarbe", Editorial Colegio Oficial de Arquitectos de Aragón, Zaragoza, 1972.

(4) Lucien Briet describió esta cueva con un croquis detallado en un artículo titulado *Barrancos et cuevas*, que publicó en el "Butlletin et Memories de la Societe de Spéléogie", 1911.

(5) BIARGE, Fernando. *Las casetas pastoriles de falsa bóveda del valle de Tena*, en "Temas de Antropología Aragonesa", núm. 2, Zaragoza, 1983.

(6) VIOLANT I SIMORRA, Ramón. "El Pirineo español", Editorial Plus Ultra, Madrid, 1949, páginas 161-163.

Aparte de las "esquillas", pocos eran los productos que el pastor adquiría a los artesanos. Los collares, que a veces se empleaban en lugar de las "canablas", eran obra de los guarnicioneros locales. Realizados con cuero grueso, en ocasiones con piezas sobrecosidas de colores distintos y formas caprichosas, claveteados con tachuelas de latón brillante que formaban dibujos geométricos o componían el nombre del ganadero, y abrochados mediante dos o tres hebillas, los collares constituían el orgullo del ganadero y, sobre el cuello de poderosos "chotos", eran una manifestación del poder de sus amos.

ARTESANIAS DE ORIGEN PASTORIL

Entre las artesanías cuyas materias primas proceden del mundo pastoril, ninguna ha tenido la importancia de la lanera. No parece éste el lugar más oportuno para el estudio detenido de la industria lanera tradicional en el Alto Aragón, pero sí, por su vinculación con los pastores, podemos decir algunas cosas sobre la misma.

(7) Federico Fillat Estaqué, en su tesis —todavía inédita— titulada "De la trashumancia a las nuevas formas de ganadería extensiva. Estudio de los valles de Ansó, Hecho y Benasque", muestra una borda similar a la descrita de San Juan. Reproducido por Violant, op. cit., p. 161.

La necesidad de este tipo de construcciones para la alimentación invernal del ganado la analiza —de modo general— Pierre Deffontaines, *Contribution a une géographie humaine de la montgne*, en Revista "Pirineros", 1949, núms. 11-12, páginas 99-168.

El papel de las "bordas" dentro de la organización general del hábitat en el Alto Aragón es analizado —brevemente— por P. Barrère en *Types d'organisation des terroirs en Haut Aragon*, en "Actas del I Congreso Internacional de Estudios Pirenaicos", San Sebastian, 1952.

(8) Max Daumas ha escrito sobre las bordas en repetidas ocasiones. Los textos de este geógrafo —que hacen referencia a las bordas— que hemos podido consultar son los siguientes: *La maison rurale dans les hautes vallées de l'Esera et de L'Isabena*, en "Actas del III Congreso Internacional de Estudios Pirenaicos, Gerona, 1958". Zaragoza, 1963. *La "borda" dans la zone pastorale du Haut-Aragon Oriental*, en "Revue Géographique des Pyrénées et du Sud Ouest", T. XX, Fasc. 1, Toulouse, 1949, pp. 23-40. "La vie rurale dans le Haut Aragon Oriental", Ed. C.S.I.C., Madrid, 1976, pp. 366-367, 684-689.

(9) CARO BAROJA, Julio. "Etnografía histórica de Navarra", Ed. Caja de Ahorros de Navarra, p. 155.

(10) Max Daumas en "La vie rurale dans le Haut Aragon Oriental", Ed. C.S.I.C., Madrid, 1976, p. 367.

(11) Las bordas aparecen, tanto en el Pirineo aragonés oriental com en el occidental. En la obra "Ensayo de planificación ganadera en Aragón", de la que son autores los miembros de un equipo dirigido por Manuel Ocaña García, Ed. Institución "Fernando el Católico" (C.S.I.C.), Zaragoza, 1978, se afirma (p. 21): "La borda también tiene existencia en los Pirineos occidentales aunque en mucha menor cuantía. Podría decirse que la pardina es la repetición en el Pirineo y Prepirineo occidental de lo que la borda es en el oriental". Estas afirmaciones sólo sirven si se establece la comparación entre los valles occidentales de Canfranc y Tena y los orientales de Bielsa y Gistau, que representan las densidades extremas —en los dos sentidos— de bordas en el Pirineo Aragonés. En términos generales, la afirmación primera es inexacta, porque las concentraciones de bordas de los valles de Acumuer, Aisa o Aragüés (Lavati) son muy notables y ofrecen densidades comparables a las del Pirineo oriental. En cuanto a la afirmación de que la "pardina" es la "borda" del Pirineo occidental, carece de todo fundamento. La pardina es un hábitat disperso similar a los "masos" del Prepirineo oriental y nada tiene que ver con el aprovechamiento agropastoril de unos campos alejados del pueblo al que pertenecen.

(12) Este tema lo hemos tratado en *Las masadas de Sobrarbe (I)*, en "Temas de Antropología Aragonesa", núm. 1, Zaragoza, 1983, pp. 96-103.

(13) BRIET, Lucien. "Bellezas del Alto Aragón", Ed. Diputación Provincial, Huesca, 1913.

(14) Jorge Puyó, en "Ansó, sus montes y su ganadería", Ansó, 1944.

(15) BIARGE, Fernando. *Las casetas pastoriles de falsa bóveda del valle de Tena*, en "Temas de Antropología Aragonesa", núm. 2, Zaragoza, 1983.

(16) Enrique Satué y José Luis Acín en *Vida pastoril en una mallata de Sobremonte*, en "Temas de Antropología Aragonesa", núm. 2, Zaragoza, 1983.

(17) Así lo señalan numerosos autores. En *Sobrarbe en la Edad Media: hábitat y vivienda* (vid. nota 3) reconstruimos las viviendas medievales sobrarbesas a partir de las actuales construcciones pastoriles. Ramón Violant i Simorra, en "El Pirineo español", Ed. Plus Ultra, Madrid, 1949, hace la misma consideración generalizada para toda la historia y todo el Pirineo.

(18) La artesanía pastoril cuenta con numerosos y documentados estudios. La artesanía de los pastores altoaragoneses se encuentra descrita, sobre todo, en dos trabajos:
VIOLANT I SIMORRA, Ramón. *Posible origen y significado de los principales motivos decorativos y de los signos de propiedad usados por los pastores pirenaicos*. en "Obra Oberta", 4, Ed. Alta Fulla, Barcelona, 1981.
GARCES ROMEO, GAVIN MOYA, SATUE OLIVAN. "Artesanía de Serrablo", Sabiñánigo, 1983.

(19) VIOLANT I SIMORRA, Ramón. Op. cit. pp. 291 y siguientes.

(20) SATUE, Enrique. Op. cit. y también en *La cañabla*, "Serrablo", núm. 44, Sabiñánigo, 1982.

(21) Jacques Blot, en "Artzainak", Ed. Elkar, San Sebastián, 1984, muestra una fotografía de un artesano vasco realizando uno de estos recipientes.

(22) Sobre los cuchareros, vid. *El cucharero de Paciniás*, "Sobrarbe y as balles", núm. 3, Ainsa, 1979.

La abundancia de lana en estas montañas dio origen, en los pasados siglos, a la aparición de incipientes manufacturas laneras, que rara vez traspasaron en sus ventas los límites regionales, pero que merecen citarse por ser las únicas manufacturas que conoció el Alto Aragón. En Biescas y en Boltaña adquirieron los trabajos laneros alguna notoriedad y de la misma viene el mote —"pelaires"— con el que son conocidos los vecinos de ambas villas.

Telares había muchos repartidos por numerosos pueblos del Pirineo y pre-Pirineo. Eran los más famosos los de Javierre de Ara, que han trabajado casi hasta hoy, y pervive todavía el viejo telar de Guaso, que instalado en Sabiñánigo, sigue produciendo telas con las formas y motivos tradicionales.

En los telares se tejía, sobre todo, el cáñamo y la lana. Al tejedor le llegaban ya hilados el cáñamo y la lana. Las mujeres de cada casa eran las encargadas de esta faena, que realizaban en los carasoles, durante las tardes de invierno, o en las "cadieras", junto al hogar, por la noche.

El proceso de la lana es simple. Tras esquilar, se aparta la lana que ha de guardarse para la casa y se vende el resto. Las mujeres lavan la lana en el río y después la tienden. Cuando está seca la cardan y después la hilan. Han pervivido en el Pirineo las formas más arcaicas de hilar, de modo que, aún hoy, las montañesas de esta tierra hilan como lo hacía Eva, según aparece en los frescos románicos de la sala capitular del monasterio de Sigena. Las ruecas —de "varillas" o de "manzaneta"— son sólo un palo en cuyo extremo se coloca el copo de lana para conducirlo hacia el huso —un palito con la parte inferior pesada y gruesa y la superior fina y acanalada— que gira y gira.

Todavía en nuestros días se encuentran mujeres hilando, mientras cuidan algunas ovejas en las tardes invernales o en las "cadieras". El hilo que ahora producen lo usan sólo para tricotar calcetines.

Antes, cuando los telares locales funcionaban, se llevaban los ovillos al tejedor para que hiciera piezas de tela con las que fabricar mantas, sacos o colchas. Para las mantas más sencillas y para los sacos se empleaban lanas blancas y negras, sin teñir, que formaban dibujos geométricos. Para las mantas mejores y —sobre todo— para las colchas, el tejedor teñía la lana con colores muy vivos y obtenía, al tejerlos, complicados dibujos geométricos.

Las piezas de lana blanca podían llevarse después al batán. Hasta hace poco tiempo funcionó uno de estos batanes en Lacort, movido por las aguas del río Ara. Las piezas abatanadas disminuían de tamaño, pero se volvían más tupidas y resistentes.

6. Mitos, ritos y creencias

En la sociedad tradicional pirenaica, que conservaba como supersticiones los restos fosilizados de complejas cosmogonías de origen remoto, que teñía los cultos religiosos con tradiciones precristianas y que buscaba por cualquier camino la protección frente a una naturaleza hostil, resulta difícil hablar de mitos o ritos exclusivamente pastoriles. Los pastores participaban de una visión del mundo y de la naturaleza que era común en todos los montañeses. Para ceñir al ámbito de los pastores el amplio mundo de creencias populares pirenaicas, buscaremos los mitos, ritos y creencias que tienen que ver con el ganado y aquellos cuyos protagonistas son pastores.

LA PROTECCION DEL GANADO (1)

Era deber fundamental de los pastores velar por el rebaño, evitar accidentes, curar a los animales enfermos o heridos, defenderlos de las fieras, evitar que se perdieran, proteger los corrales y garantizar el incremento de su rebaño procurando la fertilidad del mismo. Para lograr todos estos fines, el pastor empleaba los conocimientos aprendidos de sus antepasados; en los cuales, la magia aparecía con frecuencia y lo sagrado impregnaba la mayor parte de precauciones y remedios.

La montaña es un medio hostil en el que los agentes naturales —tormentas de agua y nieve, riadas, vendavales— ponen, con frecuencia, en peligro la vida de animales y personas. Acerca de los rayos que —sobre todo en los puertos— han matado muchas ovejas y pastores, estos últimos mantienen creencias curiosas. Por todo el Pirineo he oído decir a los que cuidan el ganado que el rayo hiere, mata y destruye porque lleva en su extremo un objeto duro y punzante que algunos dicen que es de hierro y otros de piedra. Todos los viejos pastores afirman haber visto numerosas "puntas de rayo" halladas sobre la tierra tras alguna tormenta veraniega. A uno le oí afirmar que tras una de estas tempestades veraniegas que él soportó con su rebaño en la montaña, un árbol quedó ardiendo, encendido por el rayo. Cuando se apagó acudió el pastor y halló una punta de hierro como "a rella de un aladro" (la reja de un arado) clavada en el corazón del árbol.

Con cierta frecuencia se hallan en estos montes hachas pulimentadas neolíticas. Estas piedras siempre han sido llamadas "piedras de rayo". Los pastores del valle de Vio dicen que las encontraban en abundancia, tras las tormentas, en un camino que descendía de una cueva del valle. Tal vez esta creencia se encuentre relacionada con las creencias germánicas que consideraban las tormentas como grandes enfados del dios Thor y creían que los rayos eran los mazos de guerra que Thor lanzaba sobre los hombres.

Pastor. Se cubre con calzones y peto de piel de oveja y zamarra de piel de cabra sobre la espalda. Calza albarcas de piel de vaca (Archivo Compairé).

Piedra empleada por los pastores prepirenaicos para proteger sus rebaños contra los rayos. Se trata de un hacha neolítica (Museo de Artes Populares de Serrablo, Sabiñánigo).

Estas "piedras de rayo" eran recogidas por los pastores que las colgaban tras las puertas de sus corrales o "mallatas" para protegerse ellos y sus rebaños de los rayos. El carácter sagrado de estas piedras —que les proporcionaba su fuerza frente a los rayos— provenía de su origen celeste.

Otra protección contra las tormentas era el animal negro. En varios lugares, cuando nacía una oveja negra (que en Gistaín, según Violant, llamaban "marta") (2) no la señalaban en la oreja, ni le cortaban la cola para que no derramara sangre. Este animal se guardaba porque su presencia libraba de los rayos a todo el rebaño. Probablemente, el atributo protector de estos animales negros provenga de su carácter de raro, de insólito. La oveja negra es una excepción en el rebaño, es una rareza. Se sabe que todas las culturas primitivas han atribuido a los fenómenos naturales raros, únicos, excepcionales o deformes un carácter sagrado como manifestación de poderosas fuerzas naturales (3). Los actuales pastores chistavinos no parecen creer demasiado en los poderes protectores de la oveja negra. Un viejo pastor de San Juan me ha contado —como argumento para su escepticismo— que recientemente, en Gistaín, un rayo ha matado varias ovejas de un rebaño y también al pastor. En aquel rebaño había una "marta", pero sirvió de poco.

Otros poderes se atribuían también a las ovejas negras. En Guaso (centro de Sobrarbe) dicen que si uno tiene un accidente del que resulta contusionado —como una caída desde una ventana— le irá bien cubrirse con la piel de una oveja negra.

Las ramas de abeto, "bucheta" u olivo que se bendecían el Domingo de Ramos se colocaban en la puerta de las cuadras y corrales para protegerlos de las tormentas.

Junto a estas protecciones permanentes, cuando la tormenta llegaba, los pastores desarrollaban todos los rituales que en los lugares de estos montes se empleaban contra las tormentas. Invocaban a Santa Bárbara con la famosa oración:

> *"Santa Bárbara bendita*
> *que en el cielo estás escrita*
> *con papel y agua bendita.*
> *Jesucristo está enclavado*
> *en el árbol de la cruz*
> *paternoste amén Jesús".*

o con esta otra

> *"Bárbara me llamo,*
> *de buen padecer,*
> *tormenta que viene*
> *la hago volver".*

A la vez, ponían en la puerta de sus casetas o "mallatas" los cuchillos y navajas, con el filo mirando al cielo, para ahuyentar la tormenta.

Dicen muchos pastores que delante de cada tormenta volaba un pájaro de gran tamaño que en realidad era una bruja transfigurada que dirigía la tormenta hacia donde quería. Cada bola de granizo dicen que contiene en su interior un pelo de bruja.

No convenía al pastor en estas circunstancias refugiarse bajo un árbol porque se creía que éstos atraían los rayos. Un solo arbusto estaba libre de este peligro. Era el "arto" (Prunus spinosa). Bajo él se refugiaban, si podían, los pastores, porque según cuentan en Sobrarbe, en este arbusto tendió la Virgen los pañales de Cristo, quedando de esta forma santificado.

Cuando las ovejas estaban recién esquiladas, la lluvia era

Piedra horadada empleada como amuleto protector para evitar que las ovejas se vuelvan "modorras". Sigue utilizándose esta piedra en un corral del valle del río Guarga.

peligrosísima si las sorprendía a la intemperie. Si llegaban a mojarse morían con rapidez. En casi todos los pueblos del Pirineo he oído contar catástrofes —algunas muy recientes— por este motivo. A un pastor de Bailo (Campo de Jaca) le oí decir que las tormentas de granizo resultaban especialmente peligrosas en los puertos, porque tras la tormenta, la hierba quedaba "maleficiada" y podía provocar abortos en las ovejas.

En los libros de cuentas del Ayuntamiento de Tella (valle de su nombre), aparecía el siglo pasado una partida anual destinada al pago del "campanero de los malos nublados", cuya misión es fácil imaginar.

Las tormentas eran sólo uno de los grandes peligros naturales que acechaban al pastor y su ganado. Las enfermedades constituían otro gran peligro. Frente a ellas, el pastor intentaba, por un lado, la prevención y, si ésta fracasaba, la curación.

Para prevenir la llegada de enfermedades en el ganado, ningún ritual ha estado tan extendido como los que se relacionan con la noche de San Juan. No hace falta insistir de nuevo en la importancia que a este solsticio han concedido todas las culturas. En los Pirineos, los rebaños son conducidos antes de que salga el sol hacia ríos, fuentes y barrancos para que tomen el baño que ha de guardarles de las enfermedades —sobre todo de las de piel— durante un año. Esta costumbre ha dado incluso origen a ciertos topónimos. En las proximidades de la aldea de Morillo de Sampietro (Boltaña) hay un barranco que llaman "del Infierno". En este barranco hay una "badina" (balsa, poza) que llaman "de as Crabas" (de las cabras) por ser el lugar donde cada año bañan a estos animales en la noche de San Juan.

Gran valor fertilizante y profiláctico daban los montañeses al agua recogida esta noche en siete fuentes distintas. Servía para curar la esterilidad y el bocio. En Escarrilla (valle de Tena) rociaban los corrales y cuadras con las aguas de siete fuentes con fines protectores.

Del "ramo de San Juan" se habla también en todo el Pirineo (4). Este ramo se recogía durante la noche y estaba compuesto por flores diversas, entre las que solían abundar las rosas y las toronginas. Debía permanecer en la ventana durante la noche, y al día siguiente se llevaba a bendecir a la iglesia. En algunos lugares la iglesia se llenaba de ramos hasta tal extremo que en Acumuer (valle del río Aurín) he oído contar que la intensidad del aroma impedía la entrada de algunas personas, que llegaban a marearse. A este ramo de San Juan, empleado de distintas formas, se le atribuían numerosas propiedades curativas. En Cortillas (Sobrepuerto) era empleado con función protectora; las flores secas se echaban en el fuego cuando había una tormenta para que el humo protegiera las casas y cuadras de los rayos.

En casi todo el Pirineo a las piedras agujereadas se les atribuyen propiedades protectoras y curativas. La utilidad más extendida está relacionada con una enfermedad que vuelve "modorras" a las ovejas. Este mal ataca el cerebro del ganado ovino, destruyéndolo. Sus síntomas comienzan cuando una oveja se niega a comer y camina dando vueltas y más vueltas. Para prevenir esta enfermedad, los pastores guardaban en sus corrales una piedra agujereada atada con una cuerda. En el Museo de Artes Populares de Serrablo, en Sabiñánigo, se conserva una de estas piedras. Sobre estas piedras agujereadas y las "piedras de rayo", ya citadas, se puede decir que han dejado de ser simples piedras, son otra cosa, han perdido su condición normal de objeto. Se han sacralizado. Un objeto se sacraliza cuando incorpora "otra cosa" que no es él mismo. Parece

Ermita de San Hipólito, patrón de los animales en las montañas de Sobrarbe. A ella acudían los ganaderos con sus animales enfermos para suplicar al santo su curación.

que la esencia de lo sagrado es, por lo tanto, la elección entre otros objetos aparentemente similares (5)

Estas piedras —que han de hallarse ya perforadas en la naturaleza— parece que toman su carácter sagrado del simbolismo sexual o lunar que su forma muestra. (6)

Sobre la influencia de los pastos y las aguas en la salud del ganado existían algunas creencias en las que aparece la presencia de lo sagrado como única explicación. Así, se consideraba que la hierba de ciertos prados cercanos a ermitas o cuevas donde vivieron santos engordaban el ganado con más rapidez. La misma virtud tenían las hojas del fresno de la plaza Mayor de Buerba (valle del Vio). Este "fraichín" (fresno) tiene un carácter sagrado que lo emparenta con el Igdrasil de la mitología germánica. En torno al mismo bailaban cada año los vecinos del pueblo, el día de la fiesta mayor, su danza local "o cascabillo", que tiene todo el aspecto de un ritual xenófobo. Después, las ramas del fresno se subastaban entre los vecinos para hacer "trosetas", que es un pienso invernal para el ganado. Por las hojas del fresno se pagaban precios muy elevados que superaban el valor aparente de aquel pasto. El origen de estos precios estaba en la creencia que atribuía al citado fresno unas propiedades benefactoras para el ganado.

Si a pesar de poner el pastor todas las precauciones citadas y otras generalizadas por todo el país —como la bendición el día de San Antón de enero— los animales enfermaban o sufrían un accidente, había que intentar salvarlos poniendo en práctica los conocimientos que para ese fin tenían todos los pastores.

Un mal muy frecuente, tanto en el ganado mayor como en el menor, y dentro de éste en las cabras sobre todo, eran los torzones. Cuando un animal estaba "atorzonau" su vientre se hinchaba y podía llegar a morir con rapidez. Los pastores pirenaicos suelen atribuir este mal a que "se cierran todos los agujeros del cuerpo del animal". He oído varios remedios para este mal, pero ninguno resulta tan sorprendente —por la carga mágica que encierra— como el que emplean los pastores de Ayerbe para curar las cabras "atorzonadas". Cuando el pastor observa algún animal de esta especie con el vientre inflamado por la enfermedad, le da, en primer lugar, friegas de vinagre caliente y, después, cubre el cuerpo del animal enfermo con las enaguas de una mujer que tenga una hermana gemela. Nos encontramos ante una kratofanía que tiene su origen en el carácter excepcional que en la especie humana presentan los hermanos gemelos y ante un ritual mágico.

En efecto, estas creencias sobre la fuerza curativa de los mellizos se extienden por otros lugares del Pirineo. Así, en la aldea de Arasanz (valle medio del Cinca) he oído contar a una mujer de algo más de cincuenta años, que en su juventud ella y su hermano gemelo eran llamados con frecuencia a las aldeas cercanas para curar mulas "atorzonadas". En esta comarca, el ritual era distinto: debían montar, los hermanos gemelos, sobre el animal enfermo.

En Ayerbe, basta con colocar sobre la cabra "atorzonada" las enaguas de una hermana gemela. Sin saberlo, el pastor está confiando la curación de su cabra a uno de los principios más antiguos y generalizados de la magia, según el cual un objeto puesto en contacto con una persona adquiere las fuerzas de dicha persona.

En las ásperas tierras meridionales de la comarca de Sobrarbe, cerca de la aldea de Escapa, se encuentra la ermita de San Hipólito. Este santo tenía especiales atributos para curar animales. Cuando un pastor o un labrador de las aldeas cercanas tenían algún animal enfermo, invocaba al santo y prometía alguna ofrenda si el animal sanaba. El día que se celebraba la romería a esta ermita —13 de

Receta para curar la "picueta" del ganado lanar. Ha sido recogida en casa Berná, de Morillo de Sampietro (Boltaña).

"Año 1924. Medecina para curar la picueta para el ganado de lana pacada 100 cabez cuatro guardafuentes y medio que sean de la tripa roya estar bivos seponen en un puchero con una libra de aceite fría se tapa que no pueda salir bapor y se pone hacer erbir asta que se comprende que estan turrados y despues se ponen en un almud de sal bien molida se rebuelven los guardafuentes con la sal y se le da una cucharada a cada una y si son corderetes una cucharada de tomar cafe si se puede se ponen en un puesto que esten bien calientes se les da un pienso o hacerlas comer y a las horas que se les a dado la sal se abreban".

agosto— acudían a la misma los pastores y labradores, agradecidos, para ofrecer sus donativos, estos consistían —generalmente— en velas o cereales. También se veían animales que giraban y giraban —con sus amos— en torno a la iglesia: estaban dando tantas vueltas como el amo hubiera prometido al santo si el animal sanaba. Todavía quedan —clavadas en la puerta de esta solitaria ermita— varias herraduras dejadas como exvotos o "presentallas" por los dueños de animales curados.

Además de los remedios en los que el aspecto sagrado o mágico de los objetos o ritos empleados destacan desde el primer momento, incluso para el profano en estos temas, otros muchos remedios en los que entran como fundamentales componentes las plantas, la ceniza, el agua o el aceite, mostraban sus virtudes —según los pastores— no por ellos mismos, sino por la fecha en que fueran recogidos, por el número de sus componentes o por lo que se dijo mientras se mezclaban. Se confirman de este modo las palabras del doctor Charles Coury cuando al hablar de las mentalidades primitivas dice "La medicina es indisociable de diversas considcraciones espirituales, mágicas y sociológicas que constituyen el fundamento y el armazón. Apenas se distingue de la religión y de la superstición" (7).

Esta concepción acientífica se extiende no sólo a los remedios, sino también a las causas de las enfermedades. He oído con frecuencia a los pastores pirenaicos hablar de "las sangres" y sus enfermedades. Se refieren a remedios para "rebajar las sangres" (incluso hablan de una planta a la que llaman "mermasangres") y a remedios para "aumentar las sangres": nadie ha sabido explicarme si se referían a cantidad, densidad, velocidad u otro concepto. Otro tanto ocurre con la hiel. Numerosas dolencias de ovejas y otros animales se deben —según dicen— a que están "enfieleradas", es decir, que tienen problemas con la hiel. Nadie ha logrado explicarme en qué consisten estos problemas, aunque sí citan varios remedios para curar la dolencia. Igual ocurre con las cabras "encocoladas" a las que se trataba con una infusión de hiedra y "hierba griseta".

Sin lugar a dudas, en este terreno, junto a la labor etnográfica, es necesario el trabajo de investigación desde los campos de la medicina y la farmacopea veterinaria (8).

En Lanuza (valle de Tena), Larrés (valle del Aurín) y Paternoy he oído decir que a las ovejas "enfieleradas" les hacían tragar lana impregnada de aceite y ceniza (9). En Paternoy, también ponían cenizas en las heridas que se producían a las ovejas al esquilar. Cuando una oveja o una cabra se rompían una pata, el pastor entablillaba el miembro roto mediante tres cañas y un trapo con pez que ataba en torno a la pata rota.

Otro mal muy frecuente era la "patera" que atacaba las extremidades de ovejas y cabras. En algunos lugares (Cillas) los pastores trataban de curarla con zotal, pero lo más empleado contra este mal era el vitrolo, que se empleaba solo (Yebra de Basa) o mezclado con manteca, con lejía o con sal (Acumuer). En todos los valles practicaban sangrías a las ovejas y cabras con una incisión en la oreja o en un ojo. En Murillo de Sampietro he oído decir que las ovejas o cabras que sufrían un golpe muy fuerte como consecuencia de una caída o por una pedrada del pastor, debían sangrarse. Una mujer, que fue pastora muchos años, cuenta que en cierta ocasión necesitó sangrar una cabra para salvarla tras una caída; no disponiendo de navaja y siendo urgente la necesidad, tuvo que morderle en una oreja. Estas sangrías tenían diversas finalidades, pero se empleaban, sobre todo, si los animales "ganaban muy aprisa" (crecían muy deprisa). Este mal era conocido en los valles más occidentales del Pirineo aragonés con el nombre de "vasquilla" o "vazquilla" y se manifiesta —según cuentan los pastores— además de por un crecimiento demasiado rápido, por temblores en las patas. En todas partes sangran a los animales enfermos de "vasquilla" con cortes en la oreja, la lengua o el ojo; aunque, según afirman, el remedio es poco eficaz y los animales enfermos suelen morir. Para las heridas en las ubres solían poner una cataplasma con salvado y vinagre, a la vez que hacían perfumes con flor de saúco quemada (Ainielle, en el Sobrepuerto). La sarna la trataban con aceite y azufre.

En las heridas y en las partes más delicadas del ganado podían —en verano— las moscas depositar sus huevos y pronto aparecían gusanos. Se decía del animal afectado por esta plaga, que estaba "cucau".

Para impedir que las moscas acudieran a las heridas del ganado, el pastor las untaba con "aceite de chinibro" (aceite de enebro). Este aceite es un líquido muy espeso, de color negro y agradable olor penetrante, del que disponían todos los pastores. En algunos lugares lo guardaban dentro de un cuerno, con una pluma para extenderlo sobre la herida. Uno de estos cuernos para aceite de enebro se expone en el Museo de Artes Populares de Serrablo, en Sabiñánigo. En Sobrarbe solían usar para este fin unos pequeños cántaros de boca estrecha que fabricaban en Naval. El aceite de enebro era comercializado por vendedores ambulantes que recorrían los lugares con caballerías cargadas de cántaros llenos del oloroso y negro aceite. Todos los pastores coinciden en señalar que estos vendedores no eran del país, sino, que provenían —la mayoría— de Castilla. En Sobrarbe, además de los castellanos, vendía aceite de enebro el "peguntero" (fabricante de pez) de Laspuña, que fabricaba en los montes sobrarbeses pez y aceite de enebro excelentes, al decir de los pastores que probaron sus productos. En el valle de Gistau, lavan las heridas de las ovejas con agua de hoja de nogal o de "pericón" (Ipericum sp.) que, según dicen, hacen "retorná" (volver) la carne. Con bastante frecuencia en el ganado menor y —sobre todo— en el mayor, aparecían infecciones de boca. Estas infecciones eran conocidas por los pastores con el nombre de "riscleros" o "liestreros" porque casi siempre estaban producidas por una "riscla" o "liestra" (espina, trozo de hierba o paja) clavada en la boca. Para curar esta infección tenían los pastores un aguzado cuerno de "sarrio" (rebeco) con el que pinchaban la herida para que supurara. Cuernos afilados para este uso he hallado varios en Ceresuela (valle de Vio). Otros han sido recogidos en las aldeas del Sobrepuerto. Tras pinchar la herida el pastor lavaba la boca del animal con sal, vinagre y miel.

En Puyarruego (Sobrarbe), para curar las cabras que tenían "mal de boca" les hacían beber agua de culebra, que se conseguía haciendo hervir en agua la canal de una "culebra blanca".

Las vacas, poco numerosas antaño en los Pirineos, son animales muy delicados, según los viejos pastores que alaban la resistencia de cabras y ovejas frente al ganado vacuno. Cuando sufrían una indigestión les daban una infusión de una hierba que llaman "crujidera". Para purgarlas solían emplear otra infusión de tomillo y malvavisco caliente. En Gavín lavaban los ojos enfermos de estos animales con sal. Para lavar los ojos empleaban en muchos lugares agua de pétalos de rosa cogidos la noche de San Juan. En Biescas, a las vacas que sufren un empacho (al igual que hacía un pastor de Belsierre —valle de Puértolas— con las ovejas) les dan vino caliente.

"Receta eficaz para ganado picado". Estas recetas proceden del Archivo de Casa Liró, de Aragüés del Puerto, y fueron escritas en los últimos años del siglo XVIII o primeros del XIX.

Transcripción del documento

"Receta eficaz para ganado picado. Para cien cavezas un almud de sal, Triaca Magna seis onzas, Cominos amargos una libra, Pimienta longa media onza y si no de la otra Azufre dos onzas Polbora dos onzas Azufre dulce una onza Vinagre fuerte medio jarro, yerba bancera la que se pueda bien picada.

Hecho todo lo preescrito se revolvera bien la sal con salvado se dejara en agua un poco y se le dara al ganado y se le tendrá después de haberla comido dos horas sin comer ni beber, luego se le dara Agua.

Si se pueden lograr los altramuces y el escordio seara un cocimiento aparte y se rociara la sal".

"Sigue otra receta más eficaz. Para mil cavezas de ganado Triaca del Poncil cinco onzas escordio dos libras Altramuces medio almud.

El escordio y altramuces se cuecen en un caldero de un cantaro de agua asta que sea mermado y quedado en una cuarta. Hecho esto se quitan los Altramuces y el Escordio. Se disuelve la triaca y el Agua que quedo, luego se hecha en el salvado que se empape bien, y empapado bien el salvado, se revuelbe bien con la sal necesaria para el Ganado que debera comerla en ayunas y se tendra despues dos horas sin comer ni bever, y pasadas se llebara al Agua".

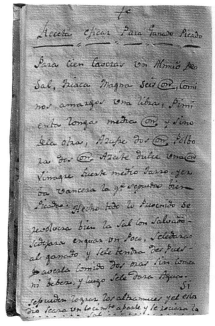

La lista de remedios empleados por los pastores era interminable. En cada valle, en cada pueblo y aun en cada casa, se conservaban fórmulas propias para curar distintas enfermedades. Algunas, por su complicación, se guardaban escritas. Probablemente, estas recetas escritas eran abudantes, pero hoy resultan difíciles de hallar. En estas páginas se reproducen tres: una de Morillo de Sampietro (aldea de Boltaña) escrita en 1924, que sirve para curar la "picueta" de las ovejas a base de "guardafuentes" (salamandras) con sal. Dos de Aragüés del Puerto, escritas a finales del siglo XVIII o comienzos del XIX, que sirven para curar "ganado picado" y son bastantes complejas.

La mayoría de los remedios que aquí se han expuesto se han recopilado mediante 50 entrevistas realizadas en 46 lugares del Alto Aragón, pero convendría llevar a cabo una investigación exhaustiva del tema, tanto por interés etnográfico como por el interés veterinario que en estos milenarios remedios pueda hallarse.

En la mayor parte del Pirineo abundan las víboras y en las zonas más secas aparece el escorpión o alacrán. Con frecuencia, algún animal resultaba víctima de las picaduras de la víbora o el alacrán. Los pastores, si lograban capturar el escorpión o la venenosa serpiente, los freían en aceite y aplicaban el aceite y el animal frito sobre la picadura, "fizadura" (Sobrarbe) o "cizadura" (Serrablo). Varios pastores me han asegurado que de esta forma el animal atacado sanaba. Un pastor de Aso (Sobremonte) hace una cruz con su navaja en el "braguero" de la oveja que ha sido mordida por la víbora. El mismo remedio emplean en Guaso (centro de Sobrarbe).

El más curioso y ancestral remedio contra las "fizaduras" y contra los envenenamientos de cualquier tipo está constituido por la llamada "piedra de Ordovés" (10). Todo causa asombro en torno a esta piedra: la pervivencia entre los pastores de la comarca de la fe en las virtudes de la piedra, la simplicidad de su ritual y el recuerdo —casi milagroso— de la leyenda de su origen. El interés de esta piedra merece cierto detenimiento.

La aldea de Ordovés está situada en la vertiente norte del valle medio del río Guarga. En la actualidad cuenta con una sola casa

Oración o responso de San Antonio. Los pastores que lo conocían lo rezaban para encontrar el ganado perdido o para evitar que las zorras u otras fieras devoraran los corderillos que quedaban en el monte.

"Si quaeris miracula,
mors, error, calamitas
Demon, lepra fugiunt
aegri sugunt sani,
caedunt mare vincula
membra rescue perditas
petunt et accipunt
juvenes et cane
gloria Patris et Filio
et Spiritu Sancto
caedunt mare vincula
membre resque perditas
pedtunt et accipunt
juvenes et cane"

(Tomado de Nuria Sese, "Tóz", número 2, Barbastro, 1979).

La piedra de Ordovés es una de las llamadas "piedras de serpiente". El ritual de su uso es simple: basta con sumergirla en el agua para que ésta adquiera propiedades prodigiosas. En la fotografía, la piedra entrando en la jarra del agua.

habitada. En esta casa conservan la milagrosa y misteriosa piedra. Se trata de una canto de unos diez centímetros de longitud que tiene forma de pezuña de cabra. Cuentan que existe otra piedra gemela —que junto a la citada formarían una pata de cabra— con paradero incierto. Conservan sus propietarios con extremo cuidado la portentosa piedra, rodeada de alambres para evitar su rotura y protegida por una cajita de madera.

A la piedra —como ya se ha dicho— se le atribuye la virtud de sanar animales que han ingerido veneno o han sufrido una mordedura venenosa. Para que actúe el portentoso poder de la piedra hay que hacer beber al animal envenenado agua en la que previamente se ha sumergido la piedra.

Muchos pastores de la comarca guardan en sus casas botellas con agua en la que se sumergió la piedra de Ordovés. Los efectos milagrosos que estas aguas obtuvieron de la piedra no prescriben —según dicen los pastores— con el paso de los años. Hasta más de veinte años aseguran algunos haber conservado estas aguas sin que perdieran su poder.

En Javierrelatre (lugar del valle del Gállego) hace pocos años se envenenó con un producto químico un rebaño entero. Acudió el pastor con rapidez al agua de Ordovés y asegura que las ovejas que lograron beber agua de la piedra no murieron.

Sobre el origen de la piedra, sus dueños señalan —casi avergonzados de que sus antepasados creyeran estas cosas— que siempre oyeron decir que la piedra había salido de la cabeza de una serpiente. No saben que ahí está precisamente la explicación del origen de su poder. Nos encontramos —probablemente— ante la última "piedra de serpiente" de Europa en cuyos poderes todavía se confía. Desde China hasta Africa, las "piedras de serpiente" estuvieron muy difundidas en la Antigüedad. Su poder venía de proceder de la cabeza de la serpiente, animal que junto al dragón guardaba el árbol de la vida, de la inmortalidad y de la eterna juventud. Generalmente, las piedras consideradas "de serpiente" eran piedras preciosas. Ya los romanos se burlaron de estas piedras. ¿Cómo ha llegado hasta nuestros días, entera y efectiva esta creencia, entre los pastores del Serrablo? No sabemos de qué asombrarnos más: si de la permanencia del remedio para curar los animales o de que aún se conserve en el recuerdo la explicación de su origen ofídico (11).

El pastor no sólo debía saber proteger y cuidar a su rebaño, sino que estaba obligado a aumentarlo procurando la fertilidad de sus animales y garantizando los pastos en buenas condiciones. Papel fundamental jugaban para este fin algunas plantas. Entre éstas destacaban la "tuca" (Bryonia dioica) y la "chonzana" (Gentiana lutea). En el valle de Plan, los pastores hacían beber al ganado, tras el pasto, un cocimiento de las plantas citadas para "purificarles la sangre y limpiarlos bien". Decían: "si quieres conservar la vaca sana, dale tuca y chonzana" (12). Con la misma finalidad, en casi todos los pueblos de Sobrarbe empleaban la "ruta" (ruda). En Biescas les hacen agua cocida con orégano, tomillo y manzanilla. La ruda no sólo se empleaba para limpiar, sino también para facilitar el parto (13). En Aso de Sobremonte, para ayudar a limpiar la oveja recién parida, para que expulsara la "esparria" (placenta), le ponían atada al lomo una rama de boj. En Guaso, la rama atada al lomo debía ser de ruda.

En Puyarruego (Sobrarbe), y otros lugares de la misma comarca, empleaban con esta finalidad una piel de serpiente. No sólo en los partos de animales sino también en los humanos, cuando el alumbramiento del nuevo ser resultaba difícil se ponía en torno a la cintura de la madre una piel de serpiente. Aquí la serpiente

Culebra desollada y colgada en la casa de un ganadero de Morillo de Sampietro (Boltaña). La guardan para facilitar el parto de los animales.

conserva el carácter fertilizante que las más remotas culturas ya le dieron (recuérdese Creta y sus diosas fertilizantes con serpiente). La serpiente era una representación de la inmortalidad y de la fertilidad porque tiene 28 anillos, como días el ciclo humano femenino; porque como la luna aparece y desaparece; porque cada año se renueva (cambia la piel) y parece inmortal. Representa el ciclo de la vida: nace, crece y muere (desaparece) para volver a nacer (14).

El pastor trataba de controlar las épocas de celo de las hembras de su rebaño para que los partos se produjeran cuando le convenía. Hay productos que los pastores creían que favorecían la llegada de los días de celo. Entre éstos, el más destacado es una planta que en Sobrarbe llaman "comino" (no tiene nada que ver con la especie del mismo nombre).

Se encontraba esta planta muy localizada, creciendo, sobre todo, en las laderas del monte que llaman Castillo Mayor (valle de Puértolas). Los vecinos del pueblo de Bestué las recogían y recorrían luego las aldeas de todo Sobrarbe y aun del Somontano, vendiendo los "cominos" que aceleraban el celo en los ganados. Los cominos se daban al ganado mezclados con la sal.

También en Sobrarbe, para evitar que las hembras quedaran preñadas se les daba un cocimiento de agua con mimbres. Esta infusión se usaba con mucha precaución dado su poder letal.

Muchas eran las plantas silvestres con poder abortivo. Los pastores trataban de evitar que sus animales las comieran y perdieran las crías. Entre estas plantas destaca la que llaman "gallo" (Saxifraga longifolia). Además de las plantas abortivas, otras venenosas debían ser evitadas por los pastores, que no sólo se preocupaban por las plantas que comían sus animales, sino también por las horas de pastar. Así, por ejemplo, las primeras horas de la mañana, cuando las plantas están cubiertas por el rocío, no son aconsejables. Si las ovejas comen hierba húmeda se les hace en el hígado lo que algunos pastores llaman "bichargüelo" (15), aunque con este mismo nombre he oído designar en Bailo (Campo de Jaca) una hierba que crece en pocos lugares y resulta muy peligrosa para el ganado.

Debían los pastores cuidar de que la oveja no rechazara al cordero recién nacido. Para esto era fundamental que si el pastor trasladaba algún trecho al corderillo, no lo tocara con su ropa o su mochila para que no se "embayara" y fuera luego rechazado por la madre. Esta palabra "embayar" muestra un concepto muy extendido entre todos los pastores pirenaicos. ¿Qué es el "bayo"? De las numerosas respuestas que a esta pregunta he recibido, he podido concluir lo siguiente: el "bayo" es como el rastro, la huella, "algo" que todos los seres vivos dejan a su paso. El "bayo" tiene muchas manifestaciones. Una, la ya citada del corderillo rechazado por su madre porque la oveja nota el "bayo" que dejó el pastor. Otra: si un pastor toca una "teña" (oruga), sapo, culebra, salamanquesa, o cualquier otro animal temido en estas montañas, luego no comerá sin lavarse las manos porque las considera envenenadas por el "bayo" del animal. Si unos montañeses van cazando en busca de jabalíes, es fácil que uno pregunte a otro ¿"has trovau bayo d'o chavalin"? (¿has encontrado "bayo" de jabalí?)

Si un cordero muere, es difícil que su madre acepte alimentar un nuevo cordero. A veces, para evitar este rechazo, se cubre un cordero con la piel del que ha muerto para que la madre crea que es su hijo el que teta.

Si algún animal se perdía, los pastores solían rezar el responso de San Antonio. Casi todos se lo sabían en castellano, pero algunos eran capaces de recitarlo en un latín bastante macarrónico. Tras el

Oración para combatir las lombrices.

"*Profetas Dei Patris, + Sapienta Dei Filii virus Spiritus Sancti te sanet et te liberet te de infinitate lumbricorum et statim excant de corpore per intercessionen Sancti Antoni Padua confesoris tui dum apropia super te nocenter ut edant carnes tuas? Ipsi infinita sunt et ceciderunt Fiat + Fiat + Fiat Jesus, Maria, Joseph*".

(Tomado de Nuria Sese, "Tóz", número 2, Barbastro, 1979).

Oración para protegerse contra rayos y centellas.

"*Jesus Christus Rex Gloriae venit in pace Deus Homo factus est Christus de Maria Virgini natus est, Christus per medium illorum ibat in pace Christus crucifixus est, Christus mortus est, Christus sepultos ascendit in caelum; Christus vincit, Christus imperat, Christus regnat, Christus ab omni fulgere nos defendat, Deus nobis cum est*".

(Tomado de Nuria Sese, "Tóz", número 2, Barbastro, 1979).

rezo de este responso, los animales no tardaban (dicen algunos pastores) en aparecer (16).

En el valle de Lierp, una anciana contaba que un día de invierno quedó en el monte una oveja con un cordero. Para proteger a éste del ataque de la "rabosa", rezaron la oración de San Antonio. Cuando al día siguiente por la mañana hallaron a la oveja y al cordero, observaron en la nieve huellas de zorra en torno a ellos, pero la fiera no se atrevió a devorar el cordero (17).

Algunos pastores también conocían una oración para librar de lombrices a las personas y a los animales y librar de plagas los huertos. En esta oración se invocaba al Padre, al Hijo y al Espíritu Santo para que libraran a la persona o al animal enfermo de "Infinitate lumbricorum" (18).

Tal vez sea el citado responso de San Antonio la oración a la que se refería un pastor de Morillo de Sampietro (aldea de Boltaña) que me habló de "la oración d'as rabosas", que decía haber oído nombrar a otros pastores, aunque él no la conocía. Contaba que la oración se rezaba cuando por la noche alguna oveja o cabra se quedaba abandonada en el monte con su cría, para evitar que ésta fuera devorada por una zorra. Según el pastor nombrado, al terminar la oración quedaban paralizadas las mandíbulas de todas las zorras del término del pueblo, hasta que saliera el sol. La que era sorprendida con la boca abierta, no la podía cerrar hasta el amanecer y la que al concluir la oración tenía la boca cerrada, no la podía abrir.

Los animales salvajes constituyen otra fuente de peligros para el rebaño. En el pasado eran osos y lobos los principales enemigos del ganado. Tras la desaparición de estas fieras a comienzos del presente siglo, las zorras y las águilas reales ("águilas crabiteras") han ocupado el lugar de protagonistas en los ataques contra los corderos o cabritos.

Cuando había osos ("onsos") el cuidado y defensa del rebaño se encargaba a grandes mastines. El mastín de los Pirineos —que estuvo a punto de desaparecer cuando perdió su utilidad, pero que conoce en la actualidad una fase de crecimiento numérico— es un perro enorme y de gran fuerza, tranquilo y pacífico normalmente, pero capaz de hacer frente al oso si se presentaba la ocasión. Para proteger al mastín de los ataques de su enemigo, el pastor ponía en el cuello de sus perros unos collares de hierro llamados "carnaleras". De estas "carnaleras" se conservan algunos ejemplares en el Museo de Artes Populares de Serrablo, en Sabiñánigo. Son unos collares articulados, con largas púas de hierro que protegen el cuello del mastín del mortal bocado del oso.

No faltan historias de pastores que se enfrentaron con osos. Curiosamente, estas luchas entre hombre y oso son narradas con los mismos elementos que cualquier historia mítica de las que se cuentan en estos montes: aparentemente ocurrieron en una época pasada indeterminada, pero no muy lejana, tal vez a mediados del pasado siglo. Pero luego, si se indaga con detenimiento en los personajes que las protagonizaron, se comprueba que su existencia en los últimos siglos no es demostrable.

En Gallisué (valle de Vio) cuentan una de estas historias, protagonizada por un pastor de la aldea, al que afirman algunos que sus abuelos o bisabuelos conocieron. Tenía el pastor sus cabras sueltas por las abruptas paredes del tajo que forma el río Bellos, en la ladera que se sitúa frente a Gallisué. Cada tarde, cuando el ganado se retiraba a dormir a su cueva o refugio, el pastor contaba desde lejos —teniendo por medio el desfiladero— su ganado y observaba que cada día perdía un animal. Decidió —por fin—

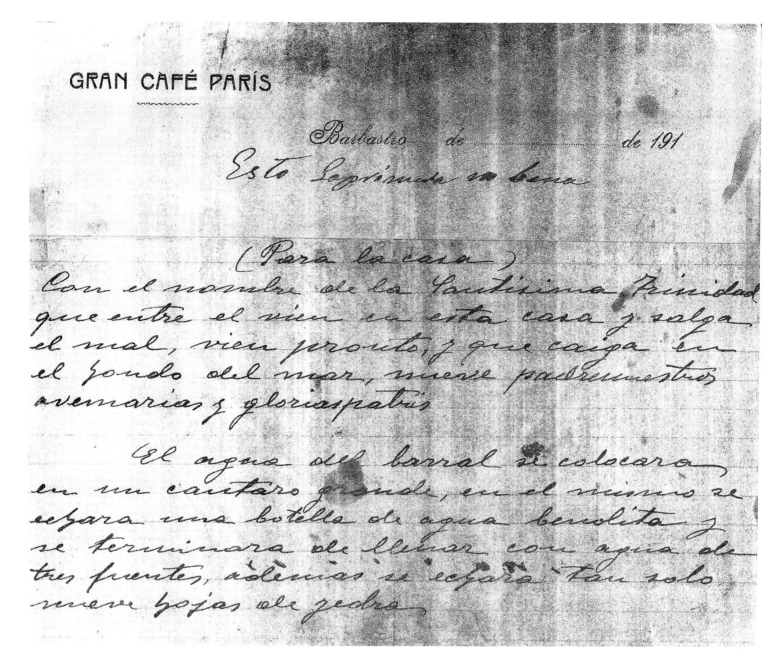

Receta de un "saludador" de Barbastro escrita en 1911. Ofrece el remedio para sacar de una casa las brujas que atacaban a las personas y a los animales.

Transcripción del documento:

"*Con el nombre de la Santísima Trinidad que entre el bien en esta casa y salga el mal, vien pronto, y que caiga en el fondo del mar, nueve padrenuestros avemarías y gloriaspatris.*

El agua del barral se colocará en un cántaro grande, en el mismo se hechara una botella de agua bendita y se terminara de llenar con agua de tres fuentes, ademas se hechara tan solo nueve hojas de yedra".

(Tomado del Archivo de la Casa de Escapa).

averiguar las causas de las mermas en su rebaño y cruzó —armado de una "estraleta" (hacha pequeña)— el desfiladero, ascendiendo después por la vertiente opuesta hasta la "faixana" (franja estrecha de pasto entre dos precipicios) donde estaba el rebaño. Pronto se encontró con la "onsa" (osa) que devoraba cada día una cabra. Enfrentados en combate la fiera y el pastor, éste adelantó el brazo que fue atrapado por la osa entre sus fauces. De esta forma, con el brazo aplastado entre los dientes del animal, el pastor fue empujando, empujando, al diezmador de su rebaño, hasta el precipicio. Cuando se vio perdida, la osa aún tuvo tiempo de soltar al hombre y agarrarse con las patas delanteras en el borde del abismo hacia el que ya colgaba su cuerpo. Presto, el pastor, con su hacha quebró las patas del animal que se despeñó.

En los valles donde los osos eran abundantes se organizaban batidas para cazarlos. Los ganaderos más importantes destinaban sumas de dinero para pagar la persecución de estos animales que diezmaban sus rebaños. En los cuadernos de cuentas de don Mariano Rocatallada aparecen varias partidas para la "cazata del oso" a mediados del pasado siglo.

Otro tanto sucedía con los lobos, que causaban —según aparece en los libros del citado ganadero de Aragüés del Puerto— muchas más víctimas que los osos. Por eso, las cacerías de lobos eran más sistemáticas. En los libros de cuentas aparecen numerosos jornales pagados para "cazar lobos". Entre lo que pagó en 1862 a un tal Juan Arigüel, figura "un jornal de cazar lobos". Gastó el ganadero en 1876, 13 sueldos y tres dineros en la "cazata de los lobos". A cuatro pastores que capturaron "cuatro lobeznos" en 1866, dio como premio 58 sueldos.

Había otros peligros para los animales, tan reales e importantes como los ataques de lobos y osos, pero de causas menos conocidas. Cuando algún animal era vendido, separado del rebaño y llevado a otro valle o a otro pueblo, con frecuencia enfermaba, no resistía el cambio, perdía peso y —a veces— llegaba a morir. Este mal, derivado del traslado de un lugar a otro, se conocía con el nombre de "fer prebo" (hacer "prebo"). Tras comprar un animal en otro pueblo, el ganadero pasaba unos días inquieto ante la posibilidad de que hiciese "prebo".

No se conocía ningún remedio para este mal, ni he logrado encontrar ningún ritual que sirviera para adscribir el animal comprado a su nuevo rebaño. Estos rituales, muy usados con los gatos (a los que daban tres vueltas sobre el fuego, en torno al "cremallo" de su nuevo hogar, para que no huyeran), parece que no se realizaban con el ganado.

BRUJAS

Hace algo más de veinte años un ganadero zaragozano compró un amplio patrimonio en el sur de Sobrarbe, construyó modernas naves e instaló una explotación de ganado ovino. No tuvo mucha fortuna con sus ovejas. Una mañana el pastor fue a soltar el ganado y encontró gran número de corderos muertos. Estaban amontonados en un extremo de la extensa nave, hacinados, unos sobre otros, como si se hubieran agolpado allí huyendo de algo que les infundía terror y hubieran muerto por asfixia.

Pocos días después de estas misteriosas muertes, de nuevo una mañana, cuando el pastor acudió a soltar el ganado, encontró la misma terrible escena de muerte en su rebaño, sin que se hallara explicación razonable alguna sobre sus causas.

Otros pastores de la comarca hallaron pronto explicaciones para todos los gustos. Dos teorías se comentaron mucho. Según unos, se trataba de la venganza de un santo, cuya ermita se encuentra en los terrenos adquiridos por el nuevo propietario. Este había roto las tradiciones rituales para honrar al santo y había obtenido una contundente respuesta sobre sus animales.

Otros, veían en aquellas muertes la mano de alguna bruja. Sorprende oír hablar de una bruja actuando sobre naves de hormigón, cristal y uralita, pero el temor ancestral a las acciones brujeriles, aunque muy amortiguado, ha llegado hasta nuestros días. El anciano que me contó la historia atribuía a una bruja la responsabilidad de lo sucedido. El mismo vivía preocupado porque sus conejos morían atacados por el mal que les daba una vecina bruja.

Hace catorce años, en una aldea del centro de Sobrarbe, oí a un ganadero lamentarse sobre su vaca muerta. El animal, con el vientre hinchado, yacía en el suelo de una era mientras el ganadero, con grandes gritos, juraba venganza sobre la "mala bruja" que le había matado la vaca.

En estas montañas, la brujería ha estado íntimamente ligada al mundo pastoril, aunque su influencia ha trascendido a toda la sociedad pirenaica.

Desde las primeras noticias documentadas que se tienen sobre brujas en los Pirineos, aparecen tres constantes que han permanecido casi hasta nuestros días. Una: brujos cuya profesión era la de pastor. Dos: brujos y brujas que con sus malas artes dañaban a los animales. Tres: íntima conexión de todos los fenómenos de brujería ocurridos en ambas vertientes (española y francesa) de los Pirineos.

Comencemos por los brujos-pastores. En el siglo XVII, un pastor llamado Pedro de Isabal, natural de Biescas, actuó como mago en Zaragoza, por lo que fue juzgado. De un valle fundamentalmente ganadero, como es el de Tena, era el más famoso brujo aragonés juzgado por la Inquisición en el siglo XVII: Pedro de Arruebo (19). En nuestros días podemos reunir testimonios que nos muestran la existencia de pastores-brujos hasta hace muy pocos años. Hay una diferencia muy clara para todos los informantes entre curandero y brujo o "brujón" (así llamaban a los brujos). El curandero actuaba empleando su habilidad manual para componer huesos o su conocimiento de las hierbas para sanar: a él sólo se le atribuían acciones positivas. El "brujón" empleaba artes ocultas para fines siempre dañinos o para beneficio propio.

He conseguido informaciones sobre varios brujos que vivieron a comienzos de siglo en el Pirineo aragonés. Su densidad parece extraordinariamente mayor en la comarca de Sobrarbe, que es la más incomunicada de todo el Alto Aragón. Ninguno de ellos era pastor de ganados trashumantes, dos de ellos sí compaginaban el cuidado de su pequeño rebaño con el cultivo de una hacienda mediana. Sobre uno de ellos, su hija, muerta ya anciana hace pocos años, afirmaba haber visto una noche a su padre convertido en "buco" (macho cabrío) en la "falsa" (desván en la planta más alta) de su casa, rodeado de otros machos cabríos. Estas visiones horribles de "bucos" de brillantes ojos o bueyes terroríficos, también parecen una constante en la brujería pirenaica. Cuando en 1583 y 1588 son juzgados dos brujos que vivían en el valle de Nocito, a uno de ellos se le acusa de haber intentado persuadir y atraer hacia sus malas artes a dos clérigos. El brujo decía a los clérigos que cuando practicaran los ritos que les aconsejaban, no debían asustarse "aunque viesen los demonios en figura de bueyes y otros animales feroces" (20).

De todas formas, el número de brujos parece reducido frente al de brujas ("bruxas", "bruixas", "broixas"), que eran muy abundantes. Tanto los brujos como las brujas, entre sus muchos poderes contaban el de dar mal (enfermar o matar) al ganado.

Cuando en 1623 fue juzgado en Zaragoza, por el Tribunal de la Inquisición, Francisco Caravona, el cura y el jurado de Yésero testificaron que como falso "saludador" actuó sobre hombres, mujeres y ganado.

Cuando estaba siendo juzgado por la Inquisición murió en Zaragoza, a mediados del siglo XVII, Domingo Marín, brujo cuyas actividades se habían desarrollado en Ipiés (valle medio del Gállego). Se le acusaba de tener pacto con el demonio, de meter demonios en el cuerpo y de haber matado con malas artes un macho y un rocín (21).

Angel Garí, que ha estudiado con detenimiento la brujería en

Receta enviada en 1820 a un ganadero de Aragüés por un "saludador" francés. Es una prueba de la confianza que los ganaderos pirenaicos depositaron, durante los pasados siglos, en los adivinos y curanderos franceses.
(A.C.L.)

los Pirineos aragoneses durante el siglo XVII, señala como uno de los fines más comunes de la actividad brujeril el de matar animales (22).

De las entrevistas mantenidas con varios pastores se desprende también la incidencia grave que sobre el ganado se ha atribuido, hasta épocas muy recientes, a la actividad de brujas y brujones. Cuentan numerosos casos por todo el Pirineo.

En Puyarruego (a la entrada del valle de Añisclo) me han contado que fueron embrujados todos los animales de una casa. Cerdos, cabras, ovejas, bueyes y burros comenzaron a dar vueltas y más vueltas, sin comer, hasta que murieron la mayoría.

En los Pirineos cuentan una historia que con pocas variantes se repite en numerosos pueblos de los valles altoaragoneses. En una casa (generalmente la más rica de la aldea) cada año moría para Nochebuena la mejor caballería de la casa. Cansado el amo de las constantes desgracias, un año, mientras todos acudían a la misa del gallo, dejó apostado un criado en la cuadra. Poco después de medianoche el sirviente vio una rata (en otros lugares es un gato negro) que trepaba hasta el lomo de la mejor caballería y avanzaba hacia el cuello para morderle. Golpeó con un palo el criado a la rata y ésta logró huir con una pata rota. Al día siguiente, una mujer vieja, que vivía en la casa que cada año perdía una mula, apareció con una pierna rota. Ella era la que, convertida en rata, mataba cada año una caballería.

Una mujer de una aldea cercana a Jaca contaba que en casa de sus padres se morían muchas ovejas. No encontrando explicación para tantas muertes acudieron a una "adivinadora". Esta mujer entró sola en el corral de las ovejas y luego salió. Dijo a los afligidos ganaderos que la primera mujer que hallaran en el pueblo, volviendo del corral, era la culpable de las muertes. Efectivamente, la primera mujer que hallaron era una que tenía fama de bruja.

En un pueblo del valle de Tena un ganadero veía morir muchos de sus terneros sin motivo aparente. Acudió a un "devinaire" (adivino) francés al que contó el caso. Le dijo el adivino que cuando se le muriera otro ternero, el primero que le preguntara sobre el caso era el culpable. Poco después, perdió un nuevo ternero y a nadie dijo nada de lo sucedido. Subía caminando hacia el monte Albarosa cuando un pastor se le acercó y le dijo: "¿De dónde vienes? Me han dicho que se te ha muerto un ternero. ¿Quieres que te ayude a enterrarlo?" Aquel pastor era el culpable de la muerte de sus terneros. Casos relativamente recientes (ocurridos en el presente siglo) de animales de los que se cuenta que sufrieron —de una u otra forma— el ataque de brujos o brujas, existen muchos. Prácticamente no hay aldea donde no se cuenten historias de este tipo.

En algunas se trata de caminos embrujados por los que al pasar una caballería cargada, su carga cae al suelo (Berroy). En otras, las caballerías se niegan a parar ante la casa de una bruja (Acumuer). Otras brujas vengan los desaires matando los cerdos o las vacas de una casa (Escuer, Fanlillo, Morillo) (23).

En general, cualquier fenómeno sorprendente, raro o poco habitual tendía a ser atribuido a las brujas. Si el ganado se mostraba demasiado inquieto; si no comía; si morían más animales de los habituales; si se perdían; si venían mal las crías: siempre se buscaba, en primer lugar, la mano de una bruja como causa de la concentración de acontecimientos sorprendentes. Y esto solía ocurrir así hasta con los detalles menores. Una mujer de una aldea cercana a Boltaña me contaba que su padre —viejo pastor que murió hace pocos años— siempre vivió asustado frente a las brujas. Un día comían ambos sentados en la "cadiera" (amplio banco de madera en torno al hogar). De repente ella vio a su padre agitado y sorprendido. Le preguntó la causa y obtuvo la siguiente respuesta: "Me estaba comiendo una pizca (trozo) de carne cuando sin saber cómo me ha desaparecido de las manos. Una bruja se me la ha llevado".

En los remedios para librarse de las brujas jugaban un papel importante los vecinos franceses del otro lado de los Pirineos. Esta relación de los bearneses con la brujería, en el Alto Aragón, ya era antigua.

En la Edad Media llegaron a Aragón numerosos bearneses para tomar parte en las luchas de la Reconquista. En los ejércitos de Alfonso el Batallador señala Lacarra la presencia de franceses que "usaban de maleficios e incautaciones e adevinacas e estudiaban en el arte mortal de nigromancia". También dice: "Estas tropas colaboradoras de Alfonso procedían del Bearne y, en general, del Mediodía de Francia, donde la superstición estuvo más arraigada" (24).

Entre estos nigromantes medievales del Bearne y los pastores montañeses de nuestro siglo parece haber existido una continuidad en los temas brujeriles y mágicos. De gran fama han gozado, hasta casi nuestros días, los adivinos ("devinaires" "devinadors") franceses entre los montañeses del Pirineo aragonés. Cuando uno se sentía atacado por una bruja acudía a cualquier adivino francés para que le descubriera la personalidad de la causante de sus males.

Estos contactos con los adivinos franceses no se localizaban en un valle o en un pueblo, sino que eran generales. El ganadero del valle de Tena —antes citado—, cuyos terneros morían por el mal que les daba un brujo, acudió a un adivino francés. En los valles del Alto Cinca tuvo mucha fama hasta la década de los cuarenta un "devinador" de la villa francesa de Arreau. Era hombre de pocas palabras que resolvía sus consultas a veces sin hablar. Un hombre del pueblo de Puyarruego que fue a preguntarle por la salud de su hija, recibió como respuesta una botella tapada. Le dijo el adivino que la destapara y mirara en su interior. Así lo hizo y vio en el fondo de la botella a una mujer sentada que hilaba lana. Cuando abrió la botella, la mujer miró hacia arriba y el padre de la joven enferma reconoció en aquella mujer a una bruja de la que sospechaba.

Esta técnica de hacer mirar al cliente dentro de una botella se empleaba bastante. Otra adivina —también de una villa de los Pirineos franceses— respondía casi siempre a sus clientes españoles de la misma forma. Esta adivina cuidaba la puesta en escena de su trabajo. Recibía a sus clientes en el jardín de su casa. Los pobres montañeses españoles esperaban, asustados, bajo unos árboles hasta que llegaba la adivina, con la cara pintada y el cabello erizado.

En estas páginas se reproduce una receta enviada por un curandero francés a un ganadero de Aragüés del Puerto a comienzos del pasado siglo. Es una prueba más de la influencia que los adivinos y saludadores franceses han tenido en los valles del Pirineo aragonés.

Con cierta frecuencia se oye hablar de casas embrujadas en las que se sucedían las desgracias. Un cura que ejerce de párroco en varias aldeas del valle alto del Cinca me contó que hace algunos años había sido llamado para echar las brujas de una casa. Hasta mediados del presente siglo han existido en estas montañas personas que vivían de este oficio. Eran llamados por las aldeas para

Procesión de Santa Orosia en los altos puertos de Yebra. El culto de Santa Orosia, por el emplazamiento de su ermita, por la fecha de su celebración, por la organización de sus danzantes, y por otros muchos motivos, es de claro origen pastoril.

limpiar de brujas las casas, cuadras y corrales embrujados. Alguien, que contempló la llegada de uno de estos profesionales de la lucha contra las brujas a una aldea de Sobrarbe, me ha contado que llegó este hombre a la casa que se creía embrujada. Entró por la puerta de una cuadra, pasó la noche en la casa y salió a la mañana siguiente por la puerta de otra cuadra. Ya lo esperaban allí con una caballería para llevarlo a un caserío también embrujado. Nadie me ha sabido contar qué hizo el cazador de brujas durante la noche que permaneció en la casa.

Aparece en estas páginas una copia de la receta que uno de estos saludadores enviaba a una casa de Escapa (aldea de Castejón de Sobrarbe), en 1914, para curar "el mal" de una mujer y limpiar su casa de influencias malignas. Por el papel que emplea, debía este saludador tener su consulta en un café de Barbastro.

La obsesión por proteger de las brujas las casas y corrales aparece por todo el Pirineo. En Puyarruego empleaban con este fin una piedra agujereada. En una casa de Guaso (centro de Sobrarbe) tienen escondida tras la puerta una bolsita de tela. Dentro de la misma hay otra que contiene una medalla de los Reyes Magos, granos de cebada, hojas de olivo, una estampa de San Pancracio y otra de San Benito. Desde tiempo inmemorial esta bolsita protege la casa y los corrales frente a las brujas.

Si a pesar de la protección, una bruja daba "el mal" y tras consultar al adivino se lograba conocer la personalidad de la bruja, había que proceder contra ella con amenazas o violencia. A veces estos trabajos se encargaban a "hombres de alma blanca" o de "espíritu fuerte", contra los que nada podrían hacer las brujas. Uno de estos "hombres de alma blanca" era un pastor que murió hace ocho años. Le oí contar que descubrió su condición cuando acosado por un "brujón" acudió a consultar al adivino de Arreau ya citado. Este le dijo que no temiera porque era un "hombre de alma blanca". Me han hablado de otro hombre de las mismas características que vivió en Laspuña (valle del Cinca).

Si se pasaba a los golpes es creencia general en todos los Pirineos que éstos debían ser nones, porque si le daban a una bruja un número par de golpes no le hacían nada, ya que el segundo golpe curaba el daño producido por el primero; el cuarto curaba el daño del tercero y así sucesivamente.

Para descubrir las brujas que había en un pueblo, cuentan que debía echarse —durante la misa— un ramito de ruda con una piedra en la pila del agua bendita. Al sumergirse el ramo quedaban paralizadas todas las brujas que hubiera en la iglesia y eran éstas delatadas por su inmovilidad, hasta que el sacristán sacaba de la pila el ramito de ruda. De este modo —y en una época indeterminada— cuentan en San Juan de Plan (valle de Chistau) que descubrieron en el pueblo cinco brujas y un "brujón".

En el puerto de Yebra de Basa, entre los pastos alpinos, se levanta la ermita de Santa Orosia. Esta santa, venida de Bohemia según la tradición, era la abogada contra "el mal dau", "el mal de ficio", "las espirituadas" o "las endemoniadas" (nombres —todos ellos— con los que en el Alto Aragón se designan los efectos de acciones brujeriles). Hasta que en la década de los cuarenta el obispo de Jaca prohibió en la romería la presencia de posesas, la fiesta de Santa Orosia, en las altas praderas de su ermita, constituía una multicolor fiesta que tenía su momento culminante cuando las posesas, en presencia del cráneo de la santa que el sacerdote sacaba de un relicario antropomorfo, se retorcían entre blasfemias. Se trataba de un ritual eminentemente pastoril, tanto por el lugar —puertos de montaña—, como por la fecha —25 de junio, cuando los rebaños van a subir a estos pastos— y por otras connotaciones entre las que figura la propia organización de los danzantes que bailan en honor de la santa y que son dirigidos —con la misma jerarquía pastoril— por un "mayoral" y un "rapatán". En los gozos de esta romería cantan:

> *"y llega el endemoniado*
> *hasta de país extranjero,*
> *y de Satanás malvado*
> *le libras: tú eres lucero*
> *donde mira el desgraciado".*

TRADICION RELIGIOSA

Un culto —sobre todos— merece destacarse: el de San Urbez, el santo-pastor que vivió en estas montañas y ha sido durante siglos el santo más honrado en varios valles. La figura de San Urbez y su culto ofrecen un importante campo de investigación para los estudiosos de la historia religiosa y de las religiones comparadas. Comencemos por la figura del santo. De su vida se dan numerosos detalles, sin que los biógrafos aporten para los mismos prueba documental alguna (25).

Dicen que nació en Burdeos el año 702, de madre cristiana y padre pagano. Fue hecho prisionero, a los quince años, por los "galos del Sil" que lo llevaron a Galicia. Cayeron luego el santo y su madre en poder de los musulmanes. Tras ser librado, Urbez, recoge los huesos de los niños mártires Justo y Pastor, regresa a Burdeos y después (siempre con los huesos de los niños-santos a cuestas) vuelve de nuevo a los Pirineos. Trabaja como pastor en Sercué y Vio (aldeas del valle del Vio), mientras vive en una cueva del monte Sestral. Marcha después a Albella (valle del río Ara) donde también sirve de pastor en una casa de la aldea. En este tiempo los milagros de Urbez tienen que ver con su oficio: en varias ocasiones su rebaño —mientras el santo cae vencido por el sueño o se encuentra extasiado en sus meditaciones— penetra en sembrados que no pertenecían a su amo. Este recibe las protestas de los vecinos y pide responsabilidades al pastor. Cuando van a ver los sembrados todos se quedan perplejos: las ovejas se han comido sólo las malas yerbas, dejando intacto el cereal. En otra ocasión un torrente, crecido por las lluvias, amenaza con arrastrar el rebaño. Tiende San Urbez su cayado sobre el barranco y por él atraviesan el caudaloso torrente las ovejas y el pastor. Ambos milagros aparecen en los "gozos" que todavía se cantan en las diversas romerías de este Santo (26). Los que cantan en Albella y Nocito dicen:

> *"En Sercué, Vio y Albella*
> *pastoreas, y el ganado,*
> *de mala hierba es saciado,*
> *entre la mies, sin pacerla"...*

En los del valle de Vio dicen:

> *"No pudiendo tu ganado*
> *vadear torrente de Albella,*
> *como por segura peña*
> *pasa sobre tu cayado"...*

Marcha más tarde el pastor al valle del Guarga y vive en la cueva de Saliellas, cerca de Cerésola. Después ingresa en el monas-

Ornacina con la imagen de San Urbez, el santo pastor, en su ermita de la cueva de Saliellas (Céresola). El culto de este santo pastor es el más importante entre los cultos de origen pastoril en los Pirineos.

terio de San Martín de la Val de Onsera, emplazado bajo una roca. Ordenado sacerdote se refugia en una cueva del monte Airal (valle de Nocito) desde donde extiende por todo Serrablo su fama de santo: cura personas y animales, amansa a las fieras e ilumina la vida religiosa de toda la montaña. Cuentan sus biógrafos que murió a los cien años siendo enterrado en una iglesia cercana a la última cueva que habitó. En este santuario se mantuvo incorrupto el cuerpo del santo, hasta que se quemó en 1936.

El culto del santo tenía lugar en tres puntos principales: la cueva de Sestral (en el valle de Vio), la ermita de Albella y la ermita de Nocito. A ellas se acudía varias veces al año y de forma extraordinaria cuando se organizaban rogativas para pedir agua. Aparte del título de "Sol de la montaña", San Urbez recibe el de "Patrón de la montaña" y —sobre todo— "Abogado de la lluvia" (27).

No se propone este trabajo llevar a cabo una investigación profunda en torno a la personalidad y al culto de San Urbez, pero de la lectura de sus biografías y de los datos que acerca de su culto se ofrecen en varias aldeas, se desprenden una serie de constataciones y de reflexiones, que a continuación se exponen:

1) El culto de San Urbez es el más genuinamente pirenaico de cuantos se dan en el Alto Aragón; a la vez, es el de más extensión territorial de todos los santos cuyo culto se circunscribe a los límites territoriales del Alto Aragón.

2) Se trata de un culto eminentemente pastoril, no sólo por el oficio que se atribuye al santo, sino por la importancia ganadera de los lugares donde se venera y por la relación del santo con los lugares de habitación más primitivos de los pastores.

3) En torno a las raíces del culto sorprenden varios datos que relacionan a San Urbez con otros santos pirenaicos:

—La época en que vivió (últimos años del reino visigodo, primeros de dominio musulmán). Coincide en el tiempo con otros santos cuyo culto es casi exclusivo de los Pirineos: San Visorio, San Victorián (fue algo anterior) y Santa Orosia.

—Su lugar de origen: Francia. De allí llegaron todos los santos citados.

—Sus lugares de culto: cuevas cerca de fuentes o ríos en lugares de importancia ganadera. Este es otro dato común a todos los santos nombrados. Además de ellos, Santa Elena, San Cosme y San Damián, San Martín, Santa Marina y diversas advocaciones de la Virgen reciben culto en cuevas de las que brotan fuentes.

Probablemente, en todos los casos se trata de la cristianización de viejos cultos precristianos. El conjunto cueva-árbol-fuente, por ser un microcosmos, por representar en sí todo el mundo, desde la prehistoria ha sido elegido como templo.

4) El carácter fecundador de este culto aparece con claridad: Urbez es el "Abogado de la lluvia", y la lluvia —el agua— es la vida. En torno a este santo se han organizado tradicionalmente las más importantes y masivas "rogativas" en demanda de agua, con rituales muy complejos, cuyos detalles —bien explicados en la bibliografía citada— no viene al caso exponer aquí. El estribillo de los "gozos" cantados en Albella dice:

"Buen pastor, santo eminente,
francés y español dichoso.
Pedid, San Urbez glorioso,
agua y demás conveniente".

En los del valle de Vio cantan:

*"Si por sequía fatal,
muy afligidas las gentes
suplican a Dios clemente
en la cueva de Sestral,
de éste y cualquier otro mal
los libra tu intercesión".*

Desde los tiempos más remotos, el dominio de la lluvia ha sido una característica atribuida a los reyes o a los jefes de la tribu; al igual que el dominio de las bestias salvajes, que también aparece como cualidad de San Urbez.

5) El título de la primera biografía conocida de San Urbez, es sorprendente. El doctor Carreras, al libro que publicó en 1701, le puso por título "San Urbez, Sol de la montaña". Habría que averiguar si este atributo solar de San Urbez fue tan sólo un recurso literario del doctor Carreras, o estaba extendido en su culto, por aquellas fechas, el nombre de "Sol de la montaña". Tal vez sí lo estuviera, porque el uso racionalista que el término "Sol" ha tenido posteriormente, no creo que estuviera muy extendido en aquellos días y menos todavía entre los clérigos del Alto Aragón. Sin pretender caer en la "manía solarizante" (28) que ha saturado durante mucho tiempo los estudios etnológicos, sí creo que convendría investigar por esta vía el culto de San Urbez. El título de "Sol de la montaña", unido a su papel fecundador y a las cuevas de sus lugares cultuales con zonas oscuras en relación con el mundo de los muertos, nos introducen en el complejo cultual "sol-fecundidad-héroe (o representante de los muertos)" (29). Este conjunto mítico aparece en muchos pueblos antiguos de pastores nómadas.

6) La relación de San Urbez con las fuerzas del inframundo ya es señalada por Josefina Roma (30). Esta antropóloga se detiene en el estudio de las fechas de celebración de los cultos en torno a San Urbez en el valle del Vio. Estos tenían lugar el primero de mayo (antigua fiesta precristiana dedicada al eje del mundo). El 14 de septiembre (fecha opuesta y simétrica al carnaval, coincidente con la festividad de la Santa Cruz —igual que la de comienzos de mayo— que cristianizó primitivas celebraciones). El 15 de diciembre (cuando la Iglesia conmemora la muerte, ya cercano el solsticio de invierno) Martes de Quasimodo (fiesta móvil de mayo o junio, cuando se visita a los enfermos graves; fiesta de preparación del viaje de la muerte).

Resumiendo: con las anteriores observaciones o reflexiones se pretende por un lado, dejar constancia de la importancia que en el mundo pastoril pirenaico tiene el culto al Santo-Pastor Urbez. Por otro lado, mostrar la complejidad de un culto que en esta **montaña** parece revestir las características de una de estas formas religiosas victoriosas que tienden a querer serlo todo, a ocupar la experiencia religiosa entera, participando del carácter solar, del fecundador y de guía de los muertos.

Para terminar con San Urbez, señalaré que su figura guarda cierta relación con la personalidad mítica de Arises, que según algunas leyendas contadas antiguamente entre los pastores del Pirineo francés (31) habría sido un viejo pastor que vivía en la montaña de su nombre, patriarca ancestral, dueño de la lluvia e inventor de los remedios para curar pastores y ganados.

El de Santa Orosia, es otro de los cultos pastoriles más importantes de los Pirineos. Si el de San Urbez se extendía por el

Pastor caminando hacia Jaca con los restos de Santa Orosia. Reproducción de un sello capitular en cera roja de 1268, según don Juan Francisco Aznárez López, en "Historia de Santa Orosia, Reina, Virgen y Mártir, patrona de Jaca y su diócesis", Jaca 19...

valle de Vio, ribera de Fiscal (río Ara), y Serrablo, el de Santa Orosia se extiende por amplios territorios al W. de los citados, a saber: Sobrepuerto, valle de Basa y Campo de Jaca hasta el Aragón Subordán.

Cuentan las viejas crónicas —tan abundantes e indocumentadas como las de San Urbez— que Orosia nació en Bohemia, de padres nobles (32). Por complicadas vías se acordó el matrimonio de la noble joven con el rey de Aragón. Llegó Orosia con su séquito a las montañas de Yebra de Basa y antes de hallar a su prometido fue descubierta por un jefecillo musulmán llamado Ben Lupo que la quiso tomar por esposa. Se opuso la joven y fue decapitada por el moro. Donde su cabeza cayó nacieron tres fuentes. Su cuerpo fue enterrado en el puerto de Yebra de Basa, que sólo por pastores era visitado. Permaneció ignorado el paradero de la santa princesa hasta que un prodigio celeste reveló a un pastor el lugar donde reposaban los restos de la santa. Así narra el hallazgo un romance popular que se canta en estas montañas:

> *"En aquel monte tan solo*
> *sólo habitaba un pastor,*
> *ya bajó un ángel del cielo*
> *y a recoger aquel alma*
> *le dijo el ángel al pastor*
> *mira que tienes que ir a Yebra*
> *y a la catedral de Jaca.*
> *Y el pastor se sencusaba:*
> *mi ganado no ha bebido*
> *y en este monte no hay agua,*
> *si mi amo lo supiera...*
> *levanta losa pastor,*
> *salió una fuente de sangre.*
> *Levanta losa pastor,*
> *salió una fuente de agua..."*

Busto de Santa Orosia que contiene el cráneo de la santa. En el suelo, a la izquierda, el "chicotén", antiguo instrumento pastoril similar al salterio que ya sólo se emplea en la romería de esta santa.

El romance, conocido por muchos pastores en estos montes, presenta numerosas versiones. El fragmento aquí transcrito se recogió en Oto (valle de Broto) y muestra todos los problemas de medida, rima y significado que la transmisión oral lleva consigo. Los primeros versos del romance nos indican ya las dudas sobre Santa Orosia. Comienza el romance con estas rotundas afirmaciones:

> *"De Bohemia era Orosia*
> *y de Egipto natural,*
> *y por venir a Honrar a España*
> *vino a Yebra a coronar".*

Sigamos con la historia de Santa Orosia: el pastor que halló el cuerpo incorrupto de la santa y su cabeza, dejó esta última —por indicación celestial— en Yebra y llevó el cuerpo a Jaca. En estos dos lugares se siguen conservando ambas reliquias. En Yebra el cráneo —en un hermoso relicario antropomorfo— y en Jaca el cuerpo, en una artística caja de plata.

Hay varias fechas en las que se acude a la ermita, pero un día —el 25 de junio— tiene lugar la romería más masiva, probablemente no superada en esplendor por ninguna de las que se celebran en los Pirineos.

La fecha —unida al solsticio de verano— es muy significativa para el mundo pastoril, además de por la importancia que a esta fecha han concedido todas las culturas, porque coincide con el momento en que el ganado ha llegado de la tierra baja y se dispone a subir a los puertos. Ya se han esquilado las ovejas y se ha recogido la lana. Un ciclo pastoril termina y empieza otro.

Los danzantes que bailan durante la romería lo hacen acompañados por el "chiflo" y el "chicotén", instrumentos de remoto origen pastoril. Su organización también responde a los modelos de jerarquía pastoril: un mayoral dirige al grupo ayudado por un rabadán (que suele ser un niño). Mayoral y rabadán controlan los complicados movimientos de los danzantes que van golpeando palos a gran velocidad, mientras saltan. Si un danzante se equivoca recibe el castigo del mayoral o del rabadán, que le pegan con la vara portada por cada uno para este fin.

Entre las danzas que interpretan, algunas muestran bien a las claras su origen relacionado con el mundo del pastoreo: "la pastorita" llaman a uno de sus bailes. Otro, el que conocen con el nombre de "el pichadero", parece una danza de exaltación de la virilidad.

El de Santa Orosia —al igual que el de San Urbez— parece uno de esos cultos triunfantes que han atraído en torno a ellos un gran número de hierofanías, algunas de las cuales se observan con facilidad y otras —más crípticas— precisarían de estudios especializados. Las fuentes milagrosas, las piedras sagradas, los ritos de fertilidad y los símbolos vegetales se entrelazan en torno al culto de Santa Orosia.

Las cuevas-eremitorios que jalonan el camino desde Yebra hasta la ermita de Santa Orosia y la cueva en la que según la leyenda se refugió la santa forman un conjunto de cavernas y manantiales que bien se pueden relacionar con las moradas de las antiguas ninfas, tan unidas a los cultos de la fertilidad. Otro tanto se puede decir de las tres sagradas fuentes que brotan junto a la ermita. El carácter fecundador del culto de Santa Orosia era más palpable hace unos años, cuando en la procesión subían, junto a las endemoniadas, las mujeres que habían sido "encortadas" (el "encortamiento" era un mal dado por las brujas —muy frecuente según parece por los testimonios recogidos— que consistía en la imposibilidad de la recién casada de yacer con su marido: cuando uno se ponía en la cama la otra caía violentamente por el lado opuesto). Todavía he podido conocer una mujer "encortada" que, según afirma un pariente que la acompañó, se curó en Santa Orosia.

Las piedras sagradas en las que quedaron marcadas las rodillas de la santa ("las arrodilladeras"), la zarza que sobre ellas se mantiene eternamente verde y el carácter onfálico de la ermita situada a más de mil quinientos metros de altura, contribuyen a fortalecer esta concentración fulgurante de fuerzas en torno a Santa Orosia.

Durante los últimos días de junio se celebraban varias fiestas de marcado carácter pastoril, y aunque ninguna alcanzaba la solemnidad de Santa Orosia, una —la de San Pedro, en Gistaín— resulta de gran interés (33).

Debe tenerse en cuenta que Gistaín o Chistén era un pueblo (y lo sigue siendo) de carácter eminentemente ganadero. En estos días, a finales de junio, los ganados han subido ya de la "tierra baja", pero no han ascendido todavía a los puertos. Están en cabañas o bordas repartidas por los pastizales que hay sobre el pueblo. Los protagonistas de la fiesta son los pastores y pastoras más jóvenes —casi niños— que la víspera de San Pedro ordeñaban sus ovejas para recoger la mayor cantidad posible de leche. Al atardecer juntaban toda la leche en una choza amplia donde había grandes calderos para preparar requesón. Al día siguiente llevaban el requesón al pueblo y por la tarde, tras asistir a misa en el barrio de San Pedro, todo el pueblo comía requesón. Los jóvenes pastores se hacían una "lifara" con alguna oveja o cordero que para este fin mataban. También hacían baile y por un día, como dice J. Villa, "los protagonistas de la fiesta son los pastores y pastoras adolescentes, y por extensión los esquiladores aprendices; ambos, la síntesis de la clase social sin autoridad" (34).

Son numerosos los cultos religiosos cuyo origen se encuentra —en estas montañas— vinculado al mundo de los pastores. Todas las imágenes que se veneran en ermitas o iglesias de los Pirineos aragoneses y que se consideran aparecidas, se aparecieron a un pastor o una pastora (la historia de las apariciones de Lourdes viene a resultar, en este aspecto, fiel continuadora de la tradición pirenaica). Sirvan como ejemplo de apariciones a pastores las de los descubrimientos de las imágenes de Santa Marina, en el monte Navaín, y de San Mamés, en el valle de Gistau, narradas por fray Roque Alberto Faci en el siglo XVIII (35). De Santa Marina cuenta:

"En este Monte dichoso apareció la Ilustrissima Virgen Santa Marina a una Pastorcilla, y la dixo: Que era voluntad de el Señor, edificaran entre los lugares de Campol y Alcaso, Aldea de Boltaña, un Templo, que se avia de dedicar a su Imagen, la qual se hallaria en una Cueva en lo mas alto de aquel Monte, pues este estava baxo su tutela: Esta Santa Imagen de nuestra Santa Marina, fue, sin duda, aqui escondida en la invasion Sarracena".

Sobre la aparición de San Mamés dice: *"Unos Pastores de este Pueblo pastoreavan sus ganados en los Terminos suyos, y Partida llamada Semanés, (San Semanés llaman al Santo Martyr los Montañeses de este Partido, y se ignora, si aquella Partida tomo su nombre de el Santo, que allí aparecio) y vieron repetidas vezes al Santo sobre una Peña, que está al lado finiestro, de donde oy esta la Hermita. Es costumbre en aquel Pais, bolverse los pastores, cerrada la noche, a sus casas: en estas refirieron a sus padres, como varias vezes avian visto sobre aquella Peña, al Santo muy hermoso: ciertos de la noticia, fueron en devota Procesión al sitio de la Aparición, la Iglesia, Lugar de San Juan, y hallando allí la Santa Imagen de San Mamés, la trasladaron a su Iglesia Parroquial, y colocaronla en su Altar Mayor, con singulares, y festivas demonstraciones de alegria: poco les duro esta, porque al día siguiente, yendo todos a repetir las gracias a Dios por el Milagroso hallazgo de San Mamés, notaron, que la Imagen faltava del Altar: afligidos, y sospechando, se avia buelto al lugar de su Aparición la Sant Imagen, embiaron sugetos, que de ello les certificassen: no los engaño el juicio, porque sobre la misma Peña fue hallada, como la primera vez avia sido vista: alborozados con la noticia, ordenaron segunda Procesión, y la Baxaron a su Iglesia Parroquial; y la Sant Imagen se bolvio a restituir a la Peña".*

La Virgen de Monclús, que se veneraba en el término de Mediano, se apareció a un pastor. La Virgen del Romeral se apareció en Puy de Cinca a una pastora. La Vigen de Pineta, que tiene su ermita en la cabecera del valle de Pineta, se apareció a un pastor sobre un pino. Sobre esta Virgen dice la copla popular:

*"La virgen de Pineta,
tan alta y sola,
entre peñas y bosques
como pastora".*

La imagen de la Virgen se muestra sobre el pino flanqueado por el pastor y la oveja. Cerca de la ermita está la "Fuente Santa", manantial de sorprendentes poderes curativos. Como San Urbez, la Virgen de Pineta también amansa las fieras. Así se narra un milagro de esta Virgen, en sus gozos:

> *"Tu ganado fue perdido;*
> *pero en un bosque se halló,*
> *donde un oso lo guardó*
> *atento, humilde y rendido,*
> *sin que furioso acometa*
> *a lo que es tu posesión.*
> *Válganos tu protección, Madre de Dios*
> *[de Pineta".*

Todos estos cultos pirenaicos y pastoriles muestran unos rasgos comunes, reveladores de su antiquísimo origen precristiano: los lugares cultuales situados en cuevas con fuentes; los simbolismos acuáticos y vegetales de carácter fecundador; las kratofonías líticas vinculadas a las cuevas cultuales; la distribución de los cultos en fechas que a lo largo del año señalan los momentos cruciales del ciclo de la naturaleza y del pastoreo. En resumen: la fosilización bajo formas cristianas de creencias que, probablemente, llegaron a estos montes con los pastores que atravesaron los Pirineos en la Edad del Bronce. Las creencias han evolucionado algo y han seguido vivas mientras ha vivido la sociedad pastoril en la que nacieron.

FIESTAS

En los pueblos y aldeas de los Pirineos, lo ganadero y pastoril da carácter a todo tipo de fiestas, no sólo a las cristianas ya citadas, sino también a las distintas celebraciones de apariencia más laica o más pagana.

Entre los distintos carnavales que han pervivido en los valles pirenaicos, el carnaval de Bielsa es, según Josefina Roma, el "más completo en cuanto a su significado, puesto que conserva todos sus elementos básicos con las formas primitivas" (36). El valle de Bielsa ha basado tradicionalmente su economía en la ganadería. En el carnaval aparecen unas figuras —las "trangas"— que por su aspecto recuerdan a los de otros valles pirenaicos de ambas vertientes. Las "trangas" son los jóvenes solteros del pueblo que se disfrazan del siguiente modo: "mascaran" (manchan, maquillan) sus caras con hollín hasta dejarlas completamente negras; cubren la espalda y la nuca con una piel de cabra y se atan en la cabeza dos enormes cuernos de "buco" (macho cabrío); llevan atadas en la cintura, colgándoles por detrás, enormes "esquillas" de las que acostumbraban a portar los "chotos" que encabezaban los grandes rebaños trashumantes; usan viejas faldas de colores vivos, con las que completan su sorprendente atuendo. Cada "tranga" sostiene una larga vara de madera con la que golpea rítmicamente la tierra.

Forman las "trangas" un conjunto de aspecto primitivo, cuya sola contemplación parece concitar en la imaginación del etnógrafo, o del simple curioso que las observa, toda la remota tradición ritual de los pastores que durante siglos han poblado los Pirineos. Esta impresión se funda —probablemente— en el atuendo: los cuernos, la piel de cabra, las "esquillas" y el palo se vinculan fácilmente con el mundo ganadero. Los cuernos de "buco" deben relacionarse con la fertilidad del ganado representada por el "buco". Los golpes en la tierra la relacionarían con la fertilidad de ésta. A la cara tintada de hollín da Josefina Roma una compleja explicación para su origen. La relaciona con el hombre prehistórico que, para propiciar el fin del invierno y la llegada de la primavera, acudía a la cueva para despertar al oso que dormía. Para que el oso no confundiera la cara blanca del hombre con la luna llena y volviera de nuevo a su sueño hasta la luna nueva, el hombre oscurecía su rostro.

Las "trangas" se mueven produciendo mucho ruido con las "esquillas" que llevan atadas en la cintura. Este ruido aparece en numerosas fiestas del Alto Aragón donde se hacen "esquilladas". Otro tanto ocurre por todo el Pirineo español y francés (37).

Parece que el estruendo de las "esquillas" debe relacionarse con los intentos de alejar los espíritus de los difuntos, que durante esos días andan libres por los aires y pueden molestar a los vivos.

Sin conservar una acumulación tan grande de elementos primitivos, todos los carnavales de los Pirineos muestran, de uno u otro modo, manifestaciones de la sociedad pastoril en la que nacieron. En algunos casos este recuerdo pastoril se aprecia sólo en las pieles de cabra con las que se cubren los jóvenes o en las "esquillas" que se hacen sonar por las calles mientras se recorren las casas pidiendo alimentos.

También en las fiestas mayores era frecuente que se mostraran antiguos rituales vinculados con el mundo pastoril. En Acumuer (valle del río Aurín), celebran su fiesta mayor el día 12 de octubre, coincidiendo con unas fechas importantes para el ganado trashumante. Son los últimos días de permanencia en los puertos, cuando ya se está preparando la marcha hacia los pastos invernales. Otros pueblos, cuya economía se basaba en la ganadería —como Puértolas—, celebran también su fiesta mayor en estos días. Continuemos con Acumuer: el día de la fiesta mayor bajaban del puerto varios "chotos" (machos cabríos castrados, de largos cuernos, que encabezaban el rebaño trashumante llevando grandes "esquillas"). Como en los días de la marcha trashumante, estos "chotos" llevaban las mejores "canablas" de madera o los más vistosos collares de cuero —con los clavos de cobre bien relucientes— de los que colgaban las "esquillas" mayores. Se adornaban también, los "chotos", con flores y se paseaban por el pueblo siguiendo a la banda de músicos que recorrían las calles bebiendo y bailando en cada casa.

En Basarán (Sobrepuerto) celebraban la fiesta mayor el 8 de septiembre. Aquel día bajaban del puerto tres ovejas "vacivas" (que no criaban) y las "enroyaban" (las pintaban de rojo). También bajaban los "chotos" con sus grandes "esquillas" y las "canablas" adornadas con flores. Como en Acumuer, rondaban con los animales por las casas. Tras la ronda, las ovejas eran sacrificadas y su carne repartida para todo el pueblo.

En Ainsa, la histórica capital del legendario reino de Sobrarbe, se representa cada dos años, el 14 de septiembre, una obra de teatro popular llamada "La Morisma" que está en la línea de las fiestas de los moros y cristianos que se celebraban en numerosas localidades por toda España. Narra la victoria del fabuloso primer rey de Sobrarbe —García Gimeno— y la conquista de la villa de Ainsa a los sarracenos. La obra comienza y termina con la intervención de un pastor. El pastor —al comienzo de la obra— llega de Jaca para animar a los cristianos en la lucha. Cuando la batalla ha terminado, con triunfo de los cristianos, se despide del público y parte de nuevo para Jaca.

Para San Medardo —8 de junio, en fechas de gran trascendencia para los pastores —se celebran fiestas en Benabarre, capital de Ribagorza. En las mismas, tiene lugar la "pastorada". La imagen de San Medardo sale en procesión acompañada por dos jóvenes, tocados con sombrero, que portan cayados adornados con cintas: son el "pastor" y el "rapatán" que luego protagonizarán un diálogo en verso donde se mezclan las alabanzas al santo con las críticas sociales y las burlas. Junto al "pastor" y al "rapatán" van unos danzantes que —como en Santa Orosia— golpean palos.

Incluso en las aldeas pirenaicas cuya base económica es más agrícola que ganadera, permanecen numerosas creencias, ritos, piezas o fiestas de remoto origen pastoril. Ya se ha intentado rastrear este origen para algunas fiestas —religiosas o no— en las páginas anteriores. En los juegos infantiles es también manifiesta esta presencia pastoril. Todos los hombres pirenaicos han jugado en su infancia a formar grandes rebaños de ovejas y carneros con piñas o con los frutos del boj. Asimismo, han hecho cabras o corderos con corteza de pino o han construido con barro y piedras corrales y majadas para sus figurados rebaños. También, como en todas partes, han hecho silbatos. Para construir silbatos o "chuflos", los pequeños aprendices de pastor empleaban una ramita de algún árbol de hoja caduca cuya piel saltara con facilidad. Se solía usar fresno, sauce o almez, según abundara más uno u otro árbol. Era indispensable, para fabricar el "chuflo", separar la piel de la madera. Con esta finalidad, el niño golpeaba ritualmente con su navaja el palo, mientras recitaba una especie de canción que era, a la vez, una fórmula mágica en la que se pedía al palo que soltara la piel y se proferían amenazas contra el palo si no "zababa" (se pelaba). Hay varias fórmulas parecidas. En Puyarruego (Sobrarbe) decían:

> "Zaba, zaba, piel de craba
> Zaba, zabeta, piel de cabreta
> Zaba, zabón, piel de crabón
> Fita, fita, culi-crabita
> Ché, ché, forniqué
> Si no zabas
> te escuchillaré".

En Piedrafita de Jaca (valle de Tena) la fórmula era (38):
> "Sale, sale, chiflé,
> por las barbas de un choté.
> Sale, sale, vito,
> por las barbas de un cabrito.
> Sale, sale, bom, bom
> por las barbas de un cabrón.
> Si no sales a las tres veces,
> una navajada te pegaré".

Otras muchas fórmulas empleaban los niños de los distintos valles pirenaicos para el mismo fin. Todas mantienen el mismo ritmo para acompañar los golpes, contienen expresiones onomatopéyicas, invocan al "buco" y terminan con una amenaza final para acabar de convencer al palo de que "zabe".

LEYENDAS

La importancia del pensamiento mítico en la mentalidad de los pastores pirenáicos subyace en todo lo dicho a lo largo del presente capítulo. Pero donde aflora con más claridad la esencia de lo mítico que radica en la búsqueda de explicaciones no racionales para la comprensión de los fenómenos que rodean al hombre, es en las leyendas.

Entre éstas, son especialmente abundantes las que ofrecen explicación sobre el origen de todos los fenómenos naturales que sorprendían a los pastores. Las montañas muy altas, las piedras con formas raras, los dólmenes, las cuevas, los animales raros o los colores de las montañas: todo tenía una explicación mítica.

Así, la inmensa mole pétrea del Monte Perdido, que se levanta sobre los pastos alpinos donde pasan el verano los ganados de los valles de Bielsa, Puértolas, Vio y Broto, siempre despertó la curiosidad de los pastores. Una leyenda dice que el monte es la perpetuación —en piedra— de un bandolero asesinado por un cazador. La justicia divina fulminó al cazador y honró al bandolero convirtiéndolo en el más elevado monte de la comarca. Según algunos, el asesinado no sería un bandido, sino Atland, el ermitaño conocedor de las plantas y amante de la naturaleza.

Monte Perdido es la mayor de las tres cimas que forma un macizo conocido como "Tres Sorores", aunque la gente del país lo llama "Treserols". Cada una de estas cimas —todos superan los 3.000 metros de altura— cuentan que surgió del cuerpo de una doncella. Fueron tres hermanas bellísimas que murieron bajo las flechas de los guerreros de una tribu enemiga. Tras su muerte, sobre el cuerpo de cada una de ellas, se levantó una montaña. De este origen deriva el nombre de "Tres Sorores" (39).

En el fondo de los circos glaciares suelen aparecer numerosos cantos de gran tamaño, que desde lejos parecen ovejas paciendo sobre la hierba. El origen de estas piedras también se explica mediante varias leyendas. En el valle de Gistaín, a gran altura, existe uno de estos llanos cubierto de piedras al que llaman Millaris. La leyenda explica que en tiempos remotos había en este llano un lago de los que abundan por todo el Pirineo y que en Aragón llaman "ibones". Los pastores acudían con sus rebaños al lago para que los animales bebieran de sus transparentes aguas. Un día, cierto pastor llamado Palafox, asesinó a los otros para robarles sus ganados. Tras el delito vino el divino castigo: de las montañas cercanas se desprendieron millares de piedras que desecaron el lago y sepultaron al ambicioso pastor y a sus ovejas.

En el valle de Benasque, un paisaje similar recibe una explicación parecida para sus orígenes. En el paraje que denominan "Paderna" hay también numerosas piedras que por sus formas recuerdan un rebaño de ovejas. Cuentan que una noche acudió a las chozas de los pastores, que allí guardaban sus ganados, un pobre mendigo para pedir refugio. Los pastores lo despreciaron y sólo el más jóven se apiadó abriéndole la puerta de su choza para que pasara la noche. Al día siguiente, todos los pastores —menos el caritativo joven— y sus rebaños quedaron convertidos en piedras (40). Una leyenda muy parecida cuenta don Ramón Violant referida a los montes de la Maladeta (41).

Los dólmenes que aparecen en algunos lugares de los Pirineos, generalmente en sitios altos y ásperos, sólo visitados por los que cuidan ganados, también han llamado siempre la atención de los pastores. En el término de Rodellar hay uno al que llaman "Losa Mora". Algunos de los que se encuentran en Guarrintza, aseguran los pastores que protegían ollas llenas de oro. El que se levanta cerca de Tella, sobre el estrecho valle del río Yaga, cuentan que fue construido por "Juan Ralla", un gigante que tenía su morada en las cercanas cuevas de "Coro Trasito".

Para las piedras que por su forma recuerdan algún objeto de uso común también hay explicaciones míticas casi siempre relacionadas con los santos. Ya se han citado "Las Arrodilladeras" o marcas dejadas por las rodillas de Santa Orosia en una roca. De

San Urbez se conservan numerosas huellas supuestamente atribuidas a sus pies, su cayado y sus rodillas. Cerca del santuario de Santa Elena (entrada del valle de Tena) hay una curiosa piedra, con forma de silla, en la que —según afirman— se sentó la santa. Muy cerca de ella quedaron marcadas en el suelo las huellas de los pies de Santa Elena. Los ejemplos podrían alargarse hasta llenar varias páginas: se puede decir que no hay por estos montes piedra alguna de aspecto raro en torno a la cual no se haya tejido alguna leyenda para explicar su origen.

Las cuevas han sido durante cientos de años las únicas viviendas de los pastores. Sobre las cuevas se cuentan numerosas leyendas que hablan de sus míticos habitantes de otros tiempos. Ya se ha hablado de la importancia que las cuevas tienen en los cultos de Santa Orosia, Santa Marina, San Urbez y otros santos. Sin embargo, otras cuevas no se cristianizaron y continúan dedicadas a remotos y ancestrales personajes míticos. Hemos nombrado al gigante "Juan Ralla", que habitaba las cuevas de "Coro Trasito". No muy lejos de esta cueva —también en el término de Tella— se encuentra, en medio de una inaccesible pared de roca caliza, la cueva de "Silván", que recibe su nombre del personaje que —según la leyenda— la habitó en tiempos remotos. Era "Silván" un gigante malvado que vivía de la rapiña. Robaba ganado a los pastores y los raptaba para llevarlos a su cueva, de la que sólo uno logró huir. Los pastores huían despavoridos al verle y "Silvan" se bebía la leche que abandonaban recién ordeñada. Su ambición le condujo a la muerte. Los pastores dejaron en una cabaña un cubo de leche envenenada, llegó "Silván" y se lo bebió, muriendo poco después. En su cueva —inaccesible— dejó un tesoro con el que todavía sueñan los pastores de estas montañas. A comienzos de este siglo, unos pastores trabajaron durante varios días para construir una inmensa escalera de troncos de abeto con la que acceder a la cueva. Cuando por fin uno de ellos llegó a la gruta, el terror que le inspiraba el recuerdo de "Silván" lo paralizó. No fue capaz de penetrar y descendió. Ningún otro pastor se atrevió a subir.

Sin lugar a dudas, esta leyenda se entronca con facilidad con otras de la mitología clásica. El mismo nombre de "Silván" nos recuerda a los faunos y silvanos romanos. La figura de este malvado gigante escondido en su cueva tambien nos recuerda a Polifemo, como los protagonistas de otras muchas leyendas parecidas que se narran en las zonas montañosas del norte de España (42).

Varias cuevas de estos montes son llamadas de "los Moros", del "Moro" o de la "Mora". En la sierra que separa los lugares de Rasal y Aquilué hay una cueva llamada de "la Mora" en la que —según la leyenda— vivía una mora que una vez al año bajaba a peinarse a una casa de Aquilué y pagaba su peinado con una pepita de oro.

Gigantes, cuevas, tesoros, moras, peines...: estamos en el mundo del Basajaun, de Mari y de las lamias, que resulta ya clásico en los estudios españoles sobre mitología (43). Con distintos nombres, los mitos son los mismos, lo que demuestra un común sustrato en todas las culturas pastoriles que, de un extremo a otro, han poblado los Pirineos. El término de Tella —de economía exclusivamente pastoril— parece un lugar privilegiado en la conservación de estos mitos. Allí vivían "Juan Ralla" y "Silván" y allí también se encuentra un caserío cuyo nombre —Lamiana— nos recuerda el nombre vasco de aquellos míticos habitantes de fuentes, ríos y cuevas, que eran las lamias.

Hemos visto un grupo de leyendas que servían para explicar el origen de montes o piedras y otro, que se vinculaba con personajes míticos comunes a todas las culturas pastoriles pirenaicas. Un tercer grupo englobaría distintas leyendas más difíciles de clasificar por su variedad y porque —tal vez— narran acontecimientos basados en un hecho histórico real. Entre éstas se encontraría la de los Esquiladores de Bagüés. Cuentan, que a Bagüés (aldea del Campo de Jaca) y en tiempos —como siempre, remotos— llegó un grupo de seis esquiladores para esquilar las ovejas del lugar. Cuando terminaron de esquilar los animales de la casa más poderosa del lugar, observaron que el amo al pagarles llevaba sus manos manchadas con cal. Por este detalle supusieron que guardaba el dinero en el fondo de algún caldero que contuviera cal. Marcharon los esquiladores mientras en el pueblo se quedaban celebrando, con una fiesta, el fin de la esquila. Por el camino tramaron el robo y decidieron regresar. Cuando volvieron a la aldea encontraron a todos sus habitantes bailando en una casa y los encerraron en la misma para poder robar sin ser molestados. Se dirigieron a la casa más rica, buscaron un caldero de cal y en el fondo del mismo hallaron las monedas. Cuando los vecinos de Bagüés lograron escapar de su encierro, salieron en persecución de los ladrones, les dieron caza y los ejecutaron. Cuentan que hasta hace poco se conservaban en la aldea los cráneos de los seis bandidos.

En San Juan (valle de Gistau), refieren una historia en la que aparecen enfrentados los pastores con el señor del lugar. Parece que éste quería vender los pastos del pueblo al vecino pueblo de Gistaín, lo que hubiera supuesto la ruina para los pastores del lugar, que pensaron en matarlo antes de que llevara a cabo sus planes. Sin embargo, era difícil atentar contra el Señor de San Juan, porque iba siempre rodeado de su escolta y cubierto de acero. Sólo a la iglesia acudía sin armas y tan sólo en el momento de la consagración se desprendía del casco de hierro dejando su cuello desnudo. Los conjurados —cinco pastores de San Juan— aprovecharon estos instantes. Mientras el oficiante levantaba la hostia, cortaron de un golpe, con el hacha, el cuello del Señor y huyeron del valle. De esta forma garantizaron la supervivencia de los otros pastores del pueblo.

PÍCAROS PASTORES

Junto a las leyendas que narran sucesos ocurridos —supuestamente— en un remoto pasado, aparecen en las narraciones pastoriles cuentos o historias que hacen referencia a personajes de existencia histórica probada y reciente. En estos cuentos el protagonista suele ser algún pastor pícaro que con su astucia sale victorioso de cualquier difícil situación.

En la comarca de Sobrarbe hablan mucho de un pastor de Puértolas, llamado Superio, que vivió a finales del pasado siglo. El nombre de Superio tal vez no fuera el suyo sino el correspondiente a la casa a la que pertenecía, ya que en Puértolas hay un casa con este nombre. A Superio —como a todos los personajes cuyas hazañas han entrado a formar parte de la tradición oral— se le atribuyen numerosas aventuras. Incluso algunas que en ciertos lugares se narran con protagonista anónimo, en otros se refieren como acontecidas al pastor de Puértolas.

Cuentan que, en cierta ocasión, estaba con sus animales, durante el invierno, en las cercanías de una ciudad de la tierra baja (algunos dicen que era Barbastro), cuando supo que en una fonda de la ciudad se iba a dar un gran banquete con ocasión de una boda u otro acontecimiento. Apostó Superio con los otros pastores a que lograría ser invitado al banquete y el día que se celebraba se acercó por la fonda. Como era un tipo ya célebre por sus gracias y sus chistes, en cuanto fue conocida su presencia cerca del comedor, el anfitrión, para reír un rato, lo llamó y le preguntó: "¿Qué tal Superio? ¿Qué hay de nuevo por la montaña?" Superio respondió: "Cosa, que una vaca ha parido cinco betiellos" (Nada, que una vaca a parido cinco becerros).

—"¿Cinco?" —preguntó extrañado el que presidia el convite— "y si sólo tiene la vaca cuatro pezones, ¿Qué hace el quinto ternero mientras los otros maman?"

—"¡Qué va a hacer el pobre!" —respondió Superio— "lo mismo que hago yo ahora: mirar mientras los demás comen".

Todos rieron la respuesta del pastor y el anfitrión dijo: "bueno, bueno, Superio, no vamos a dejarte como el quinto ternero, sientate a comer con nosotros".

Cuentan otra aventura que también le sucedió en Barbastro. Unos artesanos dedicados a la confección de casullas y otros ricos ornamentos de iglesia estaban trabajando en su oficio cuando vieron pasar por delante del establecimiento a Superio. Para reír un rato decidieron llamarlo y hacerlo entrar en su taller. Una vez en el interior pensaron en ponerle una casulla para burlarse del pastor ataviado con el lujoso ornamento. Superio siguió la broma y se dejó vestir con la más preciosa y dorada casulla que en el taller había. Luego, los artesanos, lo hicieron andar, dar vueltas e imitar al cura tras el altar, mientras todos reían. Por fin, cuando todos habían reído bastante, Superio se puso frente a sus burladores, levantó los brazos y dijo: "mirad bien la casulla por delante y miradla por detrás, porque no la vereis más". Dicho esto, se dio la vuelta, abrió la puerta del establecimiento y salió corriendo a toda velocidad, con la casulla puesta. Cuando los burlados artesanos quisieron reaccionar y salieron en busca de su casulla, Superio ya corría camino de Puértolas (que dista más de setenta kilómetros de Barbastro), donde llegó al día siguiente con el dorado ornamento. Nada dice el cuento de los trabajos de los artesanos para recuperar su casulla, pero serían —sin duda— largos.

En otra ocasión, refieren, que estaba Superio por la noche calentándose con otros pastores, en torno al fuego, en la cocina de una casa de la tierra baja. El dueño de la casa mandó a Superio a buscar vino a la bodega, y éste, al marchar, dejó en la cocina la manta de lana, cosida por un extremo, que los pastores empleaban como capucha. Mientras estaba en la bodega, un pastor —con la complicidad de los otros— decidió, para burlarse de Superio, hacer sus necesidades en el interior de la manta de éste. Volvió Superio con el vino y pronto su olfato le delató la pesada broma, pero nada dijo. Cuando todos bebieron y el vino se terminó mandaron a Superio a buscar más, él —obediente— marchó con el jarro y se llevó la manta mientras decía: "me llevo la manta, que antes he tenido frío en la bodega mientras se llenaba el jarro". Cuando volvió, todos continuaron bebiendo. Algunos notaron un sabor extraño en el nuevo vino y protestaron. Superio esperó a que todos hubieran bebido y dijo: "No tenéis que protestar de este vino, porque para evitar que cayeran porquerías lo he colado con la capucha de mi manta".

En el valle de Vio y, en general, por todo Sobrarbe, cuentan numerosas historias de un personaje que vivió a finales del pasado siglo y comienzos del presente en Buerba (valle de Vio) llamado Lacay (como en el caso de Superio, éste era el nombre de su casa). Lacay, como los amos de casi todas las casas del mismo valle, era pastor y labrador de algunas tierras. Dicen que desde joven hizo

NOTAS

(1) En el libro "Viaje por los Pirineos misteriosos de Aragón", Zaragoza, 1984, recopilo numerosos mitos y ritos de los montañeses. Son muy abundantes los referidos a los pastores y a sus animales.

(2) VIOLANT I SIMORRA, Ramón "El Pirineo español", Editorial Plus Ultra, Madrid, 1949, p. 404.

A. Galicia, en la obra colectiva "Le Haut Aragon", Tarbes, 1982, describe con más detenimiento este caso.

(3) En la comunicación *La serpiente y las kratofonías de lo insólito en la medicina popular del Alto Aragón*, estudio estas creencias. En "V jornadas del estado actual de los estudios sobre Aragón", Ed. ICE, Zaragoza, 1984.

(4) No sólo en la vertiente española. Juan Poueigh en su libro "Le folklore des Pays d'Oc" Ed. Payot, París, 1976, describe el mismo ritual en la vertiente francesa.

(5) Lo tratamos en *Lo sagrado de la medicina popular del Alto Aragón*.

"Actas de las V jornadas del estado actual de los estudios sobre Aragón", página 484.

(6) Sobre este tema véase Mircea Eliade "Tratado de Historia de las Religiones". Ed. Era, México, 1979.

(7) CHARLES, Coury. "La médecine de l'amerique Precolombine" París, 1974.

(8) Afortunadamente, parece que muy pronto verá la luz un extenso y bien documentado estudio del farmacéutico don José María Palacín sobre "La medicina popular en el Alto Aragón". Este autor ha adelantado ya parte de su contenido en artículos y comunicaciones. Entre los primeros cabe citar *Notas sobre la medicina popular de Sobrarbe y as Balles* en "Sobrarbe y as Balles", número 5, Ainsa, 1979-80. Entre las segundas "La magia en la medicina popular altoaragonesa", conferencia pronunciada el 16 de marzo de 1979 con motivo de las II jornadas aragonesas del medicamento (Inédita).

También: *Notas sobre diferencias toponímicas y uso de remedios vegetales en la medicina popular de Sobrarbe y as Balles* en "Actas de las segundas jornadas sobre el estado actual de los estudios sobre Aragón", Huesca, 1979.

(9) Sobre los usos medicinales de la ceniza en los Pirineos, véase José María Campo, "Bellos oujetas d'a cenisa", en "Nueva España", Huesca.

(10) Sobre esta piedra véase, nº 50. Satué Olivan, Enrique: *La piedra del agua*, en "Serrablo", nº 36.

(11) Lo señalamos en "Viaje por los Pirineos misteriosos de Aragón", Zaragoza, 1984. Página 147.

(12) Sobre las "piedras de serpiente", véase M. Eliade, op. cit., citado por Palacin, J. M. en *Notas sobre la medicina popular de Sobrarbe y as Ballés*, en "Sobrarbe y as Balles", número 5, Ainsa, 1979-80.

(13) Así lo señala Violant para el valle de Gistaín y otros lugares en "El Pirineo español", p. 404.

(14) Lo hemos tratado en *La serpiente y las kratofonías de lo insólito en la medicina popular del Alto Aragón*.

(15) Así lo señalan Satué, Enrique y Acin J. L. en *Vida pastoril en una mallata de Sobremonte*, en "Temas de Antropología Aragonesa", número 2, Zaragoza, 1983.

(16) Se ha tomado del transcrito por Sesé, Nuria, en "Toz", número 2 Barbastro, Sept. 1979.

(17) Contado por Nuria Sesé, op. cit.

(18) La oración completa, transcrita por Nuria Sesé, op. cit.

(19) Citado por Gari Angel: *Brujería en el Serrablo*, en "Miscelánea de estudios en honor de don Antonio Durán Gudiol", Ed. Amigos de Serrablo. Sabiñánigo, 1981.

(20) GARI, Angel, op. cit. p. 146.

(21) Sobre esta causa, A. Gari presentó un amplio trabajo en el Congreso Institucional de Estudios Pirenaicos en Seo de Urgel, 1974, titulado *Una familia de brujas en Ipiés, 1645*

(22) GARI, A.: *Brujería en el Serrablo*, en "Miscelánea de estudios en honor de don Antonio Durán Gudiol", Ed. Amigos de Serrablo. Sabiñánigo, 1981.

(23) Hacemos una recopilación exhaustiva de historias de este tipo en "Viaje por los Pirineos Misteriosos de Aragón".

(24) LACARRA, J. M. "Vida de Alfonso el Batallador", Zaragoza, 1971.

Citado por A. Gari en *Brujería en el Serrblo*, en "Miscelánea de estudios en honor de don Antonio Durán Gudiol", Ed. Amigos de Serrablo. Sabiñánigo, 1981.

---

poca sociedad con los otros chicos del pueblo. Estos se reunían algunas veces al año para celebrar meriendas, beber y cantar, pero no invitaban a Lacay a estas "lifaras" y Lacay debía llevar bastante mal estos desplantes. Cuentan que en una ocasión estaban los jóvenes comiendo en una casa, sentados todos en la gran "cadiera" que rodeaba el fuego sobre el que se levantaba la inmensa campana de la chimenea. Mientras comían, Lacay subió por el tejado, se encaramó a la chimenea y desde allí orinó sobre los que estaban comiendo.

A una cena, que celebraban un día de verano, tampoco fue invitado. Tenían abierta la ventana de la sala donde comían y Lacay, encaramándose por un árbol situado frente a la ventana, les arrojó un sapo sobre la fuente de ensalada que había en el centro de la mesa.

En otra ocasión transportaba hierba desde un prado y para llegar hasta su pajar debía atravesar el campo sembrado de un vecino llamado Molins. Este, cuando Lacay había pasado varias veces por el campo sin su consentimiento, espero a verlo en medio del campo, cargado con la hierba a la espalda, y se acercó para recriminarlo. Lacay pidió excusas, dijo que no lo volvería a repetir y rogó que le dejara continuar aquel viaje, a lo que accedió el dueño del campo. A continuación, Lacay se dirigió a su casa y tomó un cuchillo al que llamaba "el niño Jesús", lo ató en la punta de un largo palo y volvió a su faena. Ató un buen haz de hierba, lo atravesó con la palanca de forma que el cuchillo asomara por el otro lado y lo cargó al hombro. Mientras atravesaba, así cargado, el sembrado de su vecino, éste apareció furioso en la parte alta del campo y pronto vio "el niño Jesús" brillando al sol. Lacay entonces se le dirigió desafiante: "Baja ahora Molins, baja, que adorarás al niño Jesús". Parece que Molins no bajó.

En el valle del Gállego hablan de otro curioso personaje que vivió en Aurín a comienzos de siglo. Era un rico ganadero y tratante de ganado al que conocían como "El Royo Aurín", por el nombre de su casa. Del "Royo Aurín" cuentan numerosas historias sobre su ingenio en los tratos y su habilidad para burlar a los bandoleros y ladrones.

Las historias de estos "héroes populares", que corrían de boca en boca por todas las aldeas de los Pirineos, presentan varios rasgos comunes.

Casi todas hacen referencia a personajes que vivieron a finales del siglo pasado. Esto ocurre con todo tipo de personajes, no sólo con los pastores. Uno de los tipos sobre los que más cuentos se narran en los Pirineos de Aragón es mosén Bruno Fierro, el célebre cura de Saravillo (valle de Gistau) que vivió a finales del pasado siglo (44). En la misma época vivió Felipón da Flor, pícaro navatero de Laspuña, cuyas aventuras entretienen las veladas invernales de los pueblos de Sobrarbe (45).

Pueden buscarse razones para que se dieran tantos pícaros-héroes populares en los últimos años del pasado siglo, pero es probable que esta acumulación no fuera tal, es decir, que no surgieran en aquellos años más tipos cuya vida diera pie a cuentos populares que en otras épocas, sino que estas historias y estos tipos de personajes se hayan ido renovando. Ninguna prueba oral o escrita lo demuestra, pero es posible que durante el pasado siglo los pastores de los Pirineos contaran las aventuras de otros pícaros anteriores, ya olvidados ahora porque sus nombres y acciones no quedaron escritos. Las que ahora se cuentan son las de los pícaros más recientes. Los anteriores han sido ya olvidados.

El oficio pastoril (al igual que el navatero) ofrece un ambiente

(25) Las biografías de este santo no son abundantes. He podido consultar tres de las cuatro que desde principios del siglo XVIII se han editado. Todas parecen repetir de una u otra forma lo que se dice en la primera que vio la luz.
Estas biografías son:
CARRERAS RAMIREZ y ORTAS, doctor don Juan Agustino "Vida del Sol de la Montaña, San Urbez". Zaragoza, 1701.
DEZA, Andrés. "Vida de San Urbez". Huesca, 1885.
ORUS VILLACAMPA, Mariano. "... Quemaron un Santo de carne y hueso". Barbastro, 1963.
(26) Los distintos gozos aparecen transcritos en el libro ya citado de Orús Villacampa. Don Andrés Deza, sólo transcribe los cantados en Albella y Nocito.
(27) Sobre los "traedores" de lluvias en los Pirineos véase: Peyrouzet, Edouard, *Survivances préhistoriques dans les Pyrénées. La Maîtrise Magique de la Pluie*, en "Pyrénées", número 114, abril-junio 1978, Tarbes.
(28) Mircea Eliade, en su "Tratado de historia de las religiones", Ed. Era, México, 1979, se refiere a esta "manía solarizante" al hablar de los intentos de los etnólogos de hallar por todas partes cultos solares.
(29) MIRCEA, Eliade, op. cit, p. 146.
(30) ROMA RIU, Josefina. "Aragón y el Carnaval", Ed. Guara Zaragoza, 1980.
(31) Citados por Peyrouzet, op. cit, p. 113.
(32) Los trabajos que sobre Santa Orosia he podido consultar son:
LARROSA, Bernardo y LOPEZ, Marcelino. "Historia de la vida y milagros de Santa Orosia, virgen y mártir, patrona de Jaca y su obispado" Jaca, 1883, imprenta de C. Quintilla.
CASTAN, José. "El devoto de Santa Orosia. Cuestiones acerca de la patria de la santa y fecha de su martirio seguidas de su antiguo novenario y un triduo en honor de la misma santa". Madrid, 1903.
AZNAREZ LOPEZ, Juan Francisco. "Historia de Santa Orosia, R. V. y M, patrona de Jaca". Jaca, 1981.
De estos trabajos, sólo el tercero cita fuentes documentales. En los tres casos se trata de hagiografías, sin ninguna preocupación que roce lo etnológico.
(33) Sobre esta fiesta escribió en la revista "Sobrarbe y as Balles", número 4, Ainsa, verano de 1979, un interesante artículo "Fabirol" (Joaquín Villa) titulado *La festividad de San Pedro en Chistén: algo más que una fiesta*. También Violant y Soler-Santalo la han citado en sus trabajos.
(34) VILLA, J. op. cit, p. 23
(35) FACI, fray Roque Alberto. "Aragón reyno de Cristo y Dote de María Santísima". Zaragoza, 1720.
(36) ROMA RIU, Josefina. op. cit, not. 30, pp. 75-76.
(37) Sobre los "charivaris", en todas sus manifestacioes, véase Poueigh, Sean, op. cit, pp. 206 y siguientes.
(38) Esta última fórmula aparece citada en el artículo *El chiflo, un juego infantil con aspectos mágicos*, de José Luis Acin. "Serrablo", número 47, Sabiñánigo, marzo 1983.
(39) De esta leyenda se han dado numerosas versiones. De ella habla Ramón J. Sender en su novela "Las tres Sorores". Asimismo, la cita Carlos Soler y Arqués en su obra "De Madrid a Panticosa. Viaje pintoresco a los pueblos históricos, monumentos y sitios legendarios del Alto Aragón". Madrid, 1918. También Juan Domínguez Lasierra en los capítulos publicados sobre *Las piedras míticas* en el "Semanal Heraldo de Aragón", Zaragoza, 1983, se ocupó del tema.
(40) Citado por Ballarín Cornel, Angel en "Civilización pirenaica. Vestigios ancestrales, toponimia, leyendas, refranes, adivinanzas y dichos". Zaragoza, 1972.
(41) VIOLANT y SIMORRA, Ramón. "El Pirineo español", Ed. Plus Ultra, Madrid, 1949 pp. 508-509.
(42) D. Julio Caro Baroja en su obra, "Algunos mitos españoles", Ed. del Centro, Madrid, 1974, incluye un capítulo dedicado a las variantes de la historia de Ulises y Polifemo.
(43) Sin lugar a dudas, el encomiable interés mostrado desde hace décadas por los antropólogos vascos en el estudio de estos temas y en su divulgación, los convierte en clásicos. Caro Baroja ha analizado estos mitos en varios trabajos. Conviene destacar —por cuanto presentó de novedad— "Algunos mitos españoles", Ed. Nacional. Madrid, 1941. José Miguel de Barandiarán y sus colaboradores del seminario de Vitoria realizaron una amplísima labor de recopilación, cuyos resultados se encuentran, en su mayor parte, publicados en los cuatro volúmenes de "El mundo en la mente popular vasca", Ed. Auñamendi, San Sebastián (varias ediciones).
(44) Sobre sus historias publicó José Llampayas el libro "Mosén Bruno Fierro".
(45) En el libro "Las navatas", I.A.A., Zaragoza, 1984, hablamos de este navatero y lo relacionamos con los otros personajes aquí citados.

propicio para el pícaro: obliga a desplazamientos periódicos; permite el contacto con gentes y paisajes distintos; favorece el individualismo y obliga a cada uno a solucionarse los problemas por sí mismo.

Los pícaros-pastores que aparecen en los cuentos de estas montañas, responden al modelo típico de pícaro: son individuos que se mofan de lo establecido, hacen burla de quienes quieren burlarse de ellos, son individualistas y se mueven en unos círculos en los que la astucia resulta fundamental para lograr la propia subsistencia. Sus aventuras transcurren en escenarios cambiantes, porque su oficio les lleva de un lado a otro. La atracción que sus aventuras tenían para los montañeses radicaba en que representaban la rebeldía astuta e individualista de un grupo social muy abundante y —generalmente— maltratado. Superio, burlándose de los amos, de los ricos y de los artesanos acomodados, representaba una figura atrayante para el pastor pobre, indeciso, sumiso y atolondrado que —siempre subordinado— guardaba ganado en los puertos o en los llanos.

7. Agonía de una sociedad y de un oficio

La sociedad tradicional pirenaica está desapareciendo. Sus últimos residuos se diluyen entre los modelos urbanos y universalistas, constituidos en los nuevos pilares de la sociedad pirenaica que emerge, insegura y llena de dificultades, entre los restos de la vieja sociedad.

El mundo pastoril se debate también entre dos modelos: el tradicional (explicado en este libro) y el que van imponiendo los nuevos tiempos.

El edificio de la nueva sociedad pirenaica todavía no está concluido. En él es demasiado visible el zócalo formado por las ruinas de la sociedad tradicional, sin que el edificio nuevo haya ganado aún la altura necesaria para mostrarnos su aspecto definitivo de obra terminada (en el caso de que estas obras acabadas sean posibles en la nueva arquitectura social, siempre cambiante).

Otro tanto ocurre con el pastoreo: el sistema pastoril antiguo desaparece y los nuevos modelos todavía no nos permiten definir con precisión las características que este oficio tendrá —en los Pirineos— al comenzar el siglo próximo.

LOS CAMBIOS SOCIALES Y EL DESCALABRO DEMOGRAFICO

El enorme cambio social vivido por la sociedad altoaragonesa en los últimos cuarenta años se ofrece como un fenómeno verificable con facilidad por cualquier observador que recorra estas tierras. Encontrará construcciones tradicionales junto a modernos edificios; hallará campos en lugares imposibles, con cultivos de subsistencia, junto a modernas máquinas agrícolas que trabajan en cultivos industriales; sorprenderá a mujeres ancianas hilando la lana de sus ovejas a la sombra del toldo que protege el escaparate de una moderna tienda de tejidos; verá campesinos que transportan la hierba a lomos de caballería junto a sofisticados funiculares o poderosas líneas de alta tensión; en algunas aldeas podrá conocer a personas que se alumbran con candil o teas mientras las cimas de los montes que rodean las casas están coronadas por torres metálicas de conducción eléctrica; oirá hablar los viejos dialectos locales mientras ven en la televisión cualquier telefilme americano. Y algo que impresionará más al viajero: podrá recorrer docenas y docenas de aldeas abandonadas, cuyos ruinosos edificios albergaron hasta hace veinte años a cientos de familias.

Las estridencias de estas manifestaciones del cambio son patentes. Empleando una comparación médica, serían como el sarpullido o los síntomas más visibles de un proceso patológico importante. Veamos el fondo de ese proceso o, lo que es lo mismo, analicemos los cambios sociales que están en el origen de las manifestaciones enumeradas (1).

1) *La casa*. La casa, como marco donde se desenvuelve y se organiza la vida económica y social de los pueblos altoaragoneses,

Mujeres hilando lana (Archivo Compairé).

es una institución de probable origen bajomedieval, que durante siglos ha resistido sin tambalear —y sin cambiar— el paso del tiempo. La convivencia de tres generaciones en una misma vivienda —junto a pastores y criados, si los había— bajo la autoridad suprema del "amo", que transmitía a su muerte los poderes a uno solo de sus hijos o hijas, ha sido una norma que ha permanecido inalterable desde —por lo menos— el siglo XV. Las capitulaciones matrimoniales, que garantizaban pública y documentalmente el funcionamiento sucesorio, muestran en cada casa el carácter inmutable de unas normas seculares: generación tras generación se han repetido las capitulaciones en términos similares.

Sin embargo, desde 1960 es notorio el descenso de capitulaciones firmadas reproduciendo los viejos pactos. Ciertamente, este fenómeno tiene que ver con el descenso en el número de nuevos matrimonios (consecuencia —y causa— de la emigración), pero también es verdad que las parejas que se casan en los últimos años no firman capitulaciones en las que se comprometen a obedecer y cuidar a los padres hasta la muerte, para heredar la propiedad y el poder en la casa que ellos, a su vez, transmitirán a uno solo de sus futuros hijos. Las tierras y ganados adscritos a la casa han dejado de ser la única fuente posible de riqueza, que les daba el carácter de deseables.

2) *La ruptura del poder patriarcal*. Basaba el amo de cada casa su autoridad en la posesión y el dominio de las únicas fuentes de riqueza: el ganado y las tierras. Así como en el poder de otorgar la sucesión sobre la jefatura de la casa al preferido de entre sus hijos, que —agradecido y sumiso— la aceptaba, mientras sus hermanos debían marchar para casarse y buscar trabajo o permanecían en la casa como trabajadores para la misma, sin más salario que su manutención. La aparición de nuevas fuentes de riqueza ha minado profundamente las bases de la suprema autoridad del amo, que en los últimos años ha tenido —con frecuencia— que suplicar al hijo la permanencia en la casa, ofreciendo a cambio el dominio efectivo del patrimonio y el poder decisorio sobre cualquier asunto.

3) *La valoración del individuo*. La casa ha constituido el marco de referencia para la valoración social —durante siglos— de cada altoaragonés. La adscripción de un individuo a una casa indicaba no sólo su poder económico y social sino la posesión de unas cualidades o defectos tradicionalmente unidos a su casa. En estas condiciones no existía responsabilidad individual, sino que ésta recaía en la casa. La inexistencia de posibilidades de desarrollo económico y social al margen de la casa imposibilitaba la valoración social individuo por individuo. También en este caso, la aparición de nuevas fuentes de riqueza —que ha traído movilidad social— amenaza el mantenimiento del status tradicional de cada casa y revaloriza el papel del individuo. He conocido viejos amos de casas poderosas que miran con rabia cómo antiguos criados y pastores, que les sirvieron sumisos hace treinta años, hoy conducen vehículos y habitan residencias mejores que las de sus viejos amos.

En estas montañas todos saben cuáles eran las casas tradicionalmente poderosas en cada aldea, pero los que se adscriben a ellas ya no inspiran respeto especial alguno.

4) *Las relaciones entre las casas*. Cada casa, aunque en términos generales pudiera definirse como una célula autosuficiente, mantenía relaciones con otras casas de la misma aldea o pueblo. Estas relaciones se concretaban —sobre todo— en la ayuda mutua en los momentos de mayor actividad. En las faenas de la siega y la siembra, de la matanza de los cerdos o del esquileo, de la recogida

Esquilas y collares de cuero de Casa Liró, de Aragüés del Puerto.

de la hierba o de la construcción de una borda, no resultaban suficientes los brazos de una casa ni se disponía de dinero para pagar otros, de modo que se recurría a la ayuda de los miembros de otra casa. Esta ayuda se pagaba acudiendo a colaborar en las mismas faenas cuando la otra casa lo necesitaba. C. Esteva (2) para definir estas relaciones habla de "reciprocidad" y diferencia entre una "reciprocidad simétrica" (cuando se trata de casas con parecido poder) y una "reciprocidad asimétrica" (cuando se relacionan una casa poderosa con otra —u otras— más débiles. En este caso, se puede hablar de una relación más compleja, que incluye la protección). Sin la existencia de estas relaciones de "reciprocidad" no hubieran sido posibles la mayor parte de las tareas importantes que la vida económica tradicional precisaba.

Las relaciones basadas en la ayuda mutua o en la "reciprocidad", han visto en los últimos años sus fundamentos minados por varios frentes: en primer lugar, la aparición de maquinaria, que simplifica las tareas agrícolas, hace innecesaria la solicitud de ayuda. La casa que dispone de maquinaria ya no pide ayuda a la casa con la que tradicionalmente se unía en estos trabajos, y esta última, aunque necesite ayuda, ya no se atreve a pedirla porque no sabe cómo devolverla. En segundo lugar hay que señalar que la "reciprocidad asimétrica" estaba basada en la pobreza y la necesidad de las casas menores, que servían a las mayores a cambio de algún préstamo de dinero en momentos de apuro, o de un par de jornadas de la yunta de bueyes para labrar algún miserable campo, aparte de una protección de imprecisos límites: es decir, encubrían una opresión fundada en la necesidad de acudir a los únicos que podían ofrecer algo porque su riqueza agraria y ganadera les producía excedentes suficientes para comprar el trabajo y la fidelidad de otras casas. La "reciprocidad asimétrica" se rompió cuando aparecieron en el Alto Aragón, o en zonas cercanas, empresas industriales que ofrecieron trabajo y salarios dignos para los hijos de las casas más pobres.

5) *La subsistencia.* La subsistencia, el autoconsumo, nunca fueron vocacionales, sino impuestos por dos realidades: una geográfica y otra económica. El aislamiento de estas montañas, la ausencia casi total de caminos carreteros hasta nuestro siglo y el

alejamiento de las rutas comerciales importantes, alejó del Alto Aragón los productos —agrarios o manufacturados— procedentes de otras tierras. A la vez, al no existir excedente productivo alguno que generara con su comercio una economía monetaria (sólo la ganadería trashumante —como ya se ha indicado— constituía una excepción), el dinero apenas circulaba, de modo que sólo era posible el consumo de productos locales.

Dos causas —íntimamente ligadas entre sí— han destruido las bases en las que se apoyaba la casi autárquica economía tradicional: las comunicaciones y el empleo industrial. La inyección monetaria que supuso la llegada de empresas que ofrecían salarios a sus empleados permitió la compra de productos ajenos en su origen a estas montañas, que pudieron llegar por las carreteras recién construidas. La llegada de nuevos productos despertó entre los montañeses el gusto por el consumo urbano y les hizo desear el empleo asalariado que les permitía pagarse esos consumos, a la vez que les mostraba como despreciables sus trabajos tradicionales que si bien permiten la subsistencia, no dan dinero para acceder a lo que demandan los nuevos gustos.

6) *El dinero*. Aquí está el motor del cambio social en el Alto Aragón. Su escasez o su ausencia constituían la clave de todo el arco social altoaragonés, su presencia y abundancia han privado al arco de la clave y han provocado el hundimiento de todas las dovelas. Veamos el proceso.

Hacia 1920 comenzaron a llegar al Pirineo aragonés las primeras empresas capitalistas modernas, atraídas —casi siempre— por las facilidades que la zona ofrece para la obtención de energía eléctrica de origen hidráulico. Se construyen presas y canales; se trazan caminos y se tienden tuberías; se levantan centrales y se alzan torres de conducción. A la vez, cruzan las sierras varias carreteras que se adentran por los valles y una vía férrea que desde Zaragoza conduce a Francia por Sabiñánigo, Jaca y Canfranc. La energía eléctrica y el ferrocarril propician la aparición de industrias químicas y metalúrgicas en Sabiñánigo, pequeña aldea llamada a convertirse en ciudad en medio siglo. Todo esto supuso la creación de miles de empleos que destrozaron los cimientos de la sociedad tradicional.

Cualquier montañés sabía que podía encontrar un trabajo asalariado en las empresas y que en ellas, cumpliendo un horario razonable, ganaría lo suficiente para vivir él y su familia. Los pastores y criados de las casas más poderosas abandonaron a unos amos a los que servían por poco más que la manutención. Los "tiones" (hermanos solteros del amo de la casa que trabajaban para el mismo sin salario) dejaron su casa de origen para marchar a ganar un sueldo. Los jóvenes herederos olvidaron la sumisión al padre porque sabían que si el ambiente, en la casa, se deterioraba, podían encontrar un empleo con el que mantener a su familia. Comenzaron a perder prestigio los amos de las casas ricas —que ya dejaban de serlo al perder su gratuita fuerza de trabajo—, mientras se envidiaba a los individuos que lograron mejor empleo. Los que marchaban a trabajar en las empresas regresaban a la aldea haciendo ostentación de unos niveles de consumo inalcanzables para quienes seguían apegados a sus cultivos de subsistencia y a su pobre ganadería. Las relaciones tradicionales de ayuda recíproca se rompen porque si uno trabaja en una empresa, aunque siga viviendo en el pueblo, no estará dispuesto a sacrificar sus días de fiesta para ayudar a sus vecinos, de los que —además— no obtendrá ya contrapartida alguna. Y el dinero trae nuevos productos que todos desean comprar. Para comprar hace falta dinero y para lograrlo, si no se tiene un empleo asalariado, hay que vender algo, productos o servicios. Para vender productos agrícolas o ganaderos hay que terminar con los antiguos cultivos o los rebaños de subsistencia y crear algo para el mercado. Para vender servicios hay que abrir comercios o adaptar la vivienda como fonda para los turistas. En todo caso hay que reformar las viejas casas que eran, a la vez, vivienda de personas y animales, almacén y lugar de trabajo. Además, la nueva economía, los productos urbanos y las empresas, las nuevas técnicas y la gente que viene de fuera no permiten al montañés desenvolverse entre ellas con sus viejos dialectos, adaptados perfectamente a la vida, la sociedad y la economía tradicionales, pero incapaces de ser útiles para explicar las nuevas situaciones.

7) *La desertización. La caída demográfica.* El hábitat tradicional del Alto Aragón, constituido por algunas viviendas dispersas —pardinas— y —sobre todo— por varios cientos de aldeas con 15 ó 20 familias en cada una, nació como respuesta para el integral aprovechamiento agro-silvo-pastoril de un territorio extraordinariamente quebrado y pobre. Este hábitat sólo tiene razón de ser en una economía fundada en el aislamiento y la autarquía. Los pobres cultivos en campos abancalados sobre las laderas o el mantenimiento de pequeños rebaños familiares sólo pueden generar una producción de subsistencia y nunca excedentes capaces de fomentar intercambios mercantiles de importancia.

Cuando el dinero se ha mostrado en estas montañas como algo imprescindible para adquirir los productos cuya necesidad se ha ido imponiendo, y los montañeses han comprendido que nunca podrían conseguir ese dinero en sus aldeas —que, además, carecen de unos servicios que hasta el montañés considera mínimos— las han abandonado.

No existe ningún estudio global sobre la despoblación del Alto Aragón (3), pero sin temor a exagerar se puede afirmar que no menos de cien aldeas se han despoblado completamente en los últimos veinticinco años, mientras que otras tantas han visto reducida su población a la mitad. Valles enteros —como el de Solana, con 11 aldeas, o el de Garcipollera, con cuatro— no tienen en la actualidad un solo habitante. La comarca de Sobrarbe, con 2.300 kilómetros cuadrados de superficie, ha pasado de tener 22.000 habitantes en 1950 a contar menos de seis mil en la actualidad, con lo que se sitúa en densidades de población similares al Sahara (4).

Las poblaciones menos afectadas por la emigración han sido las situadas en las terrazas fluviales de los amplios valles bien comunicados (Ainsa, Boltaña) y en la gran depresión intrapirenaica (Jaca, Sabiñánigo); o las cabeceras de los valles (Ansó, Hecho, Sallent, Broto, Bielsa, Benasque). Las que más población han perdido han sido las pequeñas aldeas de las laderas, los grandes interfluvios y el pre-Pirineo.

La despoblación no ha sido la única consecuencia de la emigración. En los núcleos aún habitados han quedado como secuelas unas tasas mínimas de natalidad y unas elevadas tasas de mortalidad, un envejecimiento general de la población y una fecundidad tan escasa que no puede garantizar la reposición de los individuos que fallecen. En los próximos años la despoblación va a continuar con cifras escalofriantes, pero ahora sus causas ya no hay que buscarlas en el saldo migratorio, sino en el saldo vegetativo.

8) *Las antiguas comunidades de valle y locales.* De estas comunidades ya hemos hablado en el capítulo referente al marco normativo, señalando su antigüedad y su persistencia multisecular

para administrar la vida social y —sobre todo— la ganadería en los valles pirenaicos. La erosión de estas comunidades ha sido propiciada por varios agentes. Por un lado, el estado liberal, que se fue implantando en el siglo XIX, arrancó a las comunidades locales el control de sus pastos comunales. En segundo lugar, las formas asamblearias que regían estas comunidades (la junta de vecinos) entraron en pugna con los métodos menos directos propuestos por la Administración. Esta última también ha ignorado con frecuencia los límites de las viejas comunidades tradicionales o ha agrupado otras históricamente separadas. El trabajo colectivo ("a vecinal") en las obras comunitarias se ha abandonado porque han emigrado los vecinos o porque algunos de los que quedan son empleados de empresas que no pueden abandonar su trabajo para acudir a las obras comunitarias. Por fin, en algunas comunidades que aún persisten, su vieja normativa se muestra obsoleta e incapaz de responder a los problemas actuales. Las antiguas normas tendían a regular el pastoreo de ganado abundante sobre un pasto escaso, pero, ¿qué ocurre si la situación se invierte y no hay pastores que se disputen las yerbas?, ¿qué sucede cuando ya no quedan ni vecinos para completar las juntas de gobierno?, ¿qué derechos tienen los vecinos que emigraron?, ¿qué ocurre si de dos comunidades que compartían unos pastos una desaparece por despoblación y sus territorios son anexionados a otro municipio?, ¿qué derechos comunitarios tienen los turistas que adquieren una casa en el valle y se censan en el mismo? Los interrogantes que no encuentran respuesta en las viejas normativas de cada valle son muy numerosos.

La antigua comunidad local o de valle se ha mostrado eficaz mientras la sociedad y la economía a las que dio —y que le dieron— la vida han gozado de buena salud. Es una dovela más del arco social tradicional del Alto Aragón: cuando alguna dovela ha comenzado a fallar, todo el arco se derrumba.

LOS CAMBIOS GANADEROS

1) *Baja el ovino. Sube el bovino.* En los últimos veinticinco años ha habido un cambio numérico fundamental en la composición de la cabaña ganadera del Alto Aragón. La cabaña bovina, antes reducida y compuesta casi exclusivamente por animales dedicados al trabajo, se ha incrementado de una forma extraordinaria. Los grandes rebaños de ovejas se han reducido en una proporción tan notable —por lo menos— como la del crecimiento bovino. Veamos algunos datos, parciales, pero ilustradores. Comencemos por el pre-Pirineo, que de todo el Alto Aragón es la zona donde la tendencia mencionada aparece menos marcada. José María García Ruiz analiza la evolución ganadera en numerosos municipios prepirenaicos (5). Por lo que se refiere al ganado lanar, observa que desde mediados del siglo XIX, hasta mediados del XX, hay una pequeña disminución en la cabaña. La disminución se acentúa mucho desde 1950 hasta 1970. Esta tendencia ha sido más marcada en los municipios de más tradición ganadera: "Así, Laguarta, que poseería más de seis mil cabezas a principios de siglo, tenía 3.467 en 1960 y 1.150 en 1970". "Nocito ha pasado de las 2.000 cabezas a las actuales 330". "Longás poseía 2.263 cabezas en 1929 y hoy solamente 463" (6).

En cambio, los municipios de menos tradición ganadera han mantenido sus pequeños rebaños ovinos e incluso los han incrementado. Pero estos pequeños incrementos no bastan para frenar el cómputo general prepirenaico del descenso ovino. (Por no hablar del caprino, que era muy numeroso y ahora ha desaparecido casi completamente.)

El vacuno ha aumentado su presencia numérica en todo el pre-Pirineo y de forma espectacular en algunos municipios, como Yebra, que contaba con ocho vacas en 1946 y tenía 250 en 1970. En algunas pardinas y aldeas deshabitadas se han creado explotaciones extensivas de vacuno con más de cien cabezas por explotación.

En el pre-pirineo del Alto Aragón oriental, los datos ofrecidos por Max Daumas permiten esbozar un panorama bastante similar al del pre-Pirineo occidental (7).

En los valles pirenaicos esta tendencia se muestra con las mismas características, pero más acusadas. En los valles orientales del Pirineo aragonés, la cabaña ovina ha pasado de 87.400 cabezas en 1951 a 70.900 en 1970. Los bóvidos han pasado de ser 7.400 en 1951 a 12.700 en 1970.

No parece necesario ofrecer más datos para mostrar cómo el ganado lanar ha perdido peso frente al vacuno. Las causas habría que buscarlas por varios caminos. Por un lado, las vacas son más fáciles de cuidar en los puertos, donde a veces se dejan días y días sin pastor alguno. Por otro lado, la vaca resiste mejor que la oveja la vida estabulada, y este factor, en unos momentos de grave crisis trashumante, inclina a muchos ganaderos hacia el ganado vacuno.

La sustitución de la ganadería ovina por la vacuna, ha supuesto modificaciones profundas en la estructura ganadera pirenaica. Ha puesto difícil hacerse ganadero. Con las ovejas es más barato y rápido iniciar una ganadería. En primer lugar, porque una oveja vale 15 veces menos que una vaca, y en segundo lugar, porque el ciclo reproductor de la oveja es más corto (cinco meses frente a nueve). De modo que desembolsando un capital inicial no muy elevado y conservando después las corderas que nazcan cada año, puede lograrse un buen rebaño en pocos años. Con las vacas no ocurre lo mismo, ya que una vaca cuesta más de cien mil pesetas y tarda nueve meses en parir. Además, el riesgo del ganadero que tiene vacas es mayor que el del propietario de ovejas, puesto que la pérdida de un par de animales puede arruinar los beneficios de un año de trabajo. Por estos motivos, en los momentos que vivimos —de auge del ganado vacuno— los que no han podido conseguir unas vacas, o no se han atrevido a iniciar una inversión tan arriesgada, han abandonado la ganadería y se han buscado un empleo en otras actividades.

2) *Decadencia de la trashumancia*. El ganado lanar es el más apto para la trashumancia. Las vacas, aunque realizan cortos desplazamientos trashumantes, no parecen un ganado apropiado para los largos viajes anuales entre el Pirineo y las llanuras del Ebro. En la medida en que ha descendido la cabaña lanar, ha decaído la trashumancia.

Parece que las dificultades que han ido surgiendo para continuar las prácticas trashumantes son la causa del descenso de la cabaña ovina y no al revés (la disminución de ovejas la que ha hecho decaer la trashumancia). Se puede argumentar esta relación causa-efecto comparando las cabañas ganaderas ovinas de los altos valles pirenaicos y de los núcleos prepirenaicos. En los altos valles la economía ganadera estaba vinculada a la trashumancia de ciclo completo que llevaba el ganado a los puertos en verano y a la tierra baja en invierno. En este ciclo el ganado pasaba siete meses en "tierra ajena", arrendada. En los lugares prepirenaicos el ganado pasa tres meses en los puertos y el resto del año en el pueblo, pastando en campos y montes que pertenecen a los propietarios del ganado.

Dos generaciones de pastores (Archivo Compairé).

El ganado lanar ha disminuido —sobre todo— en los altos valles pirenaicos vinculados al ciclo trashumante completo (que incluye invernada en la tierra baja) o en los municipios prepirenaicos que —como Laguarta— practicaban también este tipo de trashumancia.

Parece, pues, que han sido las dificultades que se han ido acumulando en torno a la trashumancia las que más han influido en la decadencia de la cabaña lanar. Estas dificultades son de muchos tipos, pero tal vez las más importantes derivan del precio de los pastos invernales. Ya hemos visto, al tratar de la circulación del dinero en el mundo pastoril tradicional, que las yerbas de invernada suponían para el ganadero un desembolso que representaba alrededor de tres cuartas partes de los gastos anuales totales. Si eso ocurría en el siglo XIX, en el XX las cosas no han hecho más que empeorar. La creación de nuevos regadíos en el centro de Aragón y el uso de mejores técnicas de cultivo que permiten sembrar todos los años sin necesidad de dejar campos en barbecho, han traído una disminución considerable de las zonas de pastizales invernales tradicionales. Al disminuir la oferta de pastos, los precios se han disparado, de modo que si ya en el pasado parecían elevados, ahora son insostenibles. Un ganadero, cuando a finales de verano o comienzos de otoño busca acomodo invernal para su rebaño, está en condiciones muy desfavorables para negociar buenos arrendamientos, ya que por un lado, necesita de forma imperiosa e inevitable los pastos, y por otro lado, sabe que siendo estos escasos hay otros ganaderos dispuestos a arrendarlos si él no lo hace.

Un segundo frente de dificultades para la ganadería trashumante tiene su origen en los pastores y en los problemas que se le presentan al ganadero para contratarlos. Se dice que no hay pastores, que nadie quiere trabajar en condiciones tan duras como las que deben soportar los guardadores de ganados trashumantes, que exigen salarios muy altos y seguridad social, que ya no hay pastores responsables, fieles y resignados, etc. Todo esto resulta bastante cierto y sus causas deben buscarse en la ruina de la sociedad tradicional, de la que hemos hablado en el punto anterior. La aparición de empleos urbanos bien pagados ha privado a los grandes ganaderos de aquella inmensa masa laboral —sumisa y mal pagada— entre la que podían seleccionar a sus pastores.

Los problemas que la trashumancia presenta para la comercialización de los corderos también son importantes. El ciclo reproductor tradicional, con una cría al año, partos en enero y destetes en junio, se adaptaba al ciclo trashumante. Pero si se quieren lograr dos crías al año y se quieren repartir los partos a lo largo de todos los meses, se presentan muchas dificultades para el ganadero en un desplazamiento trashumante, al que llegará con corderos pequeños y ovejas a punto de parir. Además, cuando esté en los puertos tendrá dificultades para criar los corderillos o para venderlos.

El mal estado de las vías pecuarias, borradas en algunos tramos, desviadas, invadidas por la vegetación y usurpadas por los labradores; la ruina de los corrales y la carencia de abrevaderos en las cabañeras; la coincidencia de su trazado con el de carreteras muy transitadas...: todo contribuye a dificultar los desplazamientos trashumantes. En cuanto a la posibilidad de usar el ferrocarril para estos desplazamientos, tampoco parecen muy dispuestos los ganaderos. Se quejan de que su trazado discurre muy alejado de los lugares de invernada y estivaje, y los que lo usan no están contentos porque no consiguen vagones en los días que ellos desearían y deben soportar —a veces— esperas de varios días con el consiguiente problema para alimentar el ganado (8).

En resumen: la trashumancia conoce una decadencia importante como consecuencia de la carestía y escasez de los pastos invernales, de la escasez de pastores, de su escasa adaptación a las nuevas tendencias reproductoras y de los problemas que presentan los traslados periódicos del rebaño en sus viajes.

A pesar de estas dificultades, la trashumancia sigue viva en el Alto Aragón y su decadencia sólo lo es en términos relativos, comparando su potencia actual con la que tenía hace treinta, cuarenta o más años.

En el siglo XVIII seguían el régimen trashumante, en el Alto Aragón, más de trescientas mil cabezas de ganado lanar (9). En la actualidad, la cifra que señala el número de ovejas trashumantes debe ser un tercio de la anterior; pero, no obstante, 110.000 ovejas es una cantidad muy considerable, que demuestra el vigor que todavía conservan en esta tierra las prácticas trashumantes.

3) *La estabulación.* Las ideas de nuestros gobernantes del pasado siglo que —como ya se ha señalado— defendían la estabulación del ganado frente a las prácticas trashumantes, han ido ganando terreno. Aunque debemos señalar que los avances del régimen de estabulación no se han fundado tanto en análisis técnicos sobre su conveniencia como en las dificultades que representa el mantenimiento de la trashumancia tradicional.

En los valles pirenaicos, las nuevas cabañas bovinas pasan el verano en los puertos y el resto del año en el valle, estabuladas en invierno y pastando en los prados durante el otoño y la primavera si el tiempo lo permite. Algunos ganaderos de ovejas de estos mismos valles han optado por alargar al máximo la estancia de su rebaño en el puerto y permanecer durante el invierno en el pueblo en régimen de estabulación. En general, este sistema se ha intentado con rebaños de tamaño mediano (500 cabezas) y pequeño. Los ganaderos que lo practican no se encuentran muy satisfechos y comentan lo costoso que resulta alimentar, con forrajes y piensos comprados, el rebaño durante los largos meses invernales.

Algunos ganaderos montañeses han abandonado la residencia en su pueblos de origen y se han trasladado a los lugares de la tierra baja donde invernaban. Allí mantienen sus rebaños en un régimen de semiestabulación, sin pisar los puertos en verano. Esta fórmula se puso de moda hace algunos años, pero en los últimos tiempos parece que estos ganaderos tienden a subir de nuevo sus animales a los puertos para estivar.

En todo caso, parece que nadie alaba un régimen de estabulación total y todos parecen defender su combinación con el pastoreo en campos abiertos, montes y puertos. Las montañas pirenaicas, con miles de hectáreas de pastos veraniegos de excelente calidad a precios bajos, siguen teniendo en la actualidad un papel fundamental en la alimentación del ovino. Este aprovechamiento ganadero, ante la escasez y la carestía de los piensos y los pastos de invierno, lejos de disminuir en los próximos años, aumentará. Pero lo que todavía no acaba de perfilarse de modo definitivo son los regímenes ganaderos en los que se inscribirán los aprovechamientos de estos pastos.

La trashumancia tradicional sigue existiendo con cierto vigor. Junto a ella, cada vez parecen más numerosos los grandes ganaderos de la tierra baja que envían sus ovejas a estivar en los Pirineos. Algunos ganaderos pirenaicos mantienen su ganado en el valle en estabulación invernal. Los ganaderos del pre-Pirineo modernizan sus establos para el invierno y siguen enviando sus rebaños a los puertos en verano. Todos estos regímenes conviven con parecida potencia en la actualidad y no hay pruebas para afirmar que vaya a dejar de ser así. Sólo la trashumancia tradicional descendente parece peligrar en el futuro porque los que la mantienen son personas de edad avanzada y su sucesión en el oficio no está asegurada.

4) *Los piensos industriales.* El empleo de piensos industriales, unido a la estabulación, ha cambiado profundamente la vida del ganadero.

Los piensos cuestan dinero. Si no se obtiene una rentabilidad comercial del producto ganadero, no cabe plantearse la compra de piensos. Pero, a la vez, el empleo de piensos se ve cada vez con más claridad como una necesidad si se quiere obtener calidad y rentabilidad, de modo que ante la necesidad de su empleo y lo elevado se sus precios, muchos pequeños ganaderos comienzan a pensar en la utilidad de desprenderse de sus pocos animales.

La llegada de los piensos industriales garantiza la alimentación invernal aunque se termine el forraje recogido en verano. Por este motivo se empieza a considerar que ya no es rentable recoger la hierba en los prados más pequeños y pendientes o en los peor comunicados, que antes se aprovechaban porque al no existir otro alimento alternativo debía recogerse hasta la última brizna de hierba, aunque se encontrara en lugares casi inaccesibles. Los prados abandonados se devalúan y, en general, toda la tierra pierde valor, porque ya no es la única fuente para lograr alimentos pecuarios.

El empleo de piensos facilita las tareas invernales del ganadero para alimentar sus animales estabulados y las hace más rápidas, cómodas y limpias. Como también al emplear piensos se reducen las necesidades de heno, disminuyen las duras tareas de su aprovisionamiento en verano. De este modo, aumenta el tiempo que puede dedicarse al ocio y se libera a las mujeres de algunas tareas.

Los piensos van desvinculado al ganadero de su entorno. Cada vez sus animales dependen menos de la hierba que ofrecen los prados. El ganadero se hace más independiente del medio físico que habita, pero más dependiente de sus proveedores o de los bancos que le adelantan el dinero para comprar los piensos.

Cada vez su trabajo se asemeja más a un trabajo industrial en los centros de los que depende, en su vinculación al mercado y también —cómo no— en su horario y sus gustos consumistas.

5) *Nuevas técnicas de manejo.* De las nuevas técnicas de producción ovina se habla ahora más que nunca, sobre todo desde las Facultades de Veterinaria, los centros de investigaciones agrarias y las publicaciones especializadas. Sin embargo, el tono de estas publicaciones suele aparecer tan alejado de la realidad del pastor y el ganadero montañés como los buenos propósitos de los ilustrados han estado siempre de la vida y el trabajo diario de aquellos a quienes estos propósitos innovadores más debían interesar.

Las nuevas técnicas productivas se dirigen a lograr la mayor rentabilidad económica posible de cara al mercado. Para conseguirla se ofrecen varias alternativas, pero todas recogen la utilidad de intentar dos crías por oveja y año; la necesidad de mejorar la calidad en la construcción de los apriscos y los refugios pastoriles; la urgencia de poner en práctica medidas profilácticas y sanitarias para evitar enfermedades y abortos en el ganado; la utilidad de un control racional de la alimentación, etcétera (10).

Suelen partir las propuestas de los expertos en este terreno de rebaños-tipo en los cuales, por cada 100 ovejas, hay 20 corderas, 18 borregos y cuatro sementales. Consideran que en el puerto un pastor se puede hacer cargo de 1.200 cabezas y en la tierra baja de 200 ó 400. Planifican medidas destinadas a lograr mejoras en la producción de carne y, aunque consideran que habría que fomentar la producción quesera y lanera, no suelen ocuparse demasiado de la leche y la lana.

Las nuevas propuestas de manejo que hacen los técnicos han encontrado más eco en los grandes ganaderos de la tierra baja que en los viejos ganaderos pirenaicos apegados a sus viejos modelos.

6) *El cambio de mentalidad frente a la ganadería.* La crisis social que esá viviendo —en sus fases finales— el Pirineo aragonés, y los cambios que se van introduciendo en la ganadería, han propiciado también un cambio en las actitudes mentales de la población pirenaica frente al ganado.

La ganadería aísla a quien la practica. Por un lado lo aísla físicamente, ya que pasa muchos días solo con sus ovejas o sus vacas; y por otro lado, lo aísla también en sus posibilidades consumistas. El análisis que ahora hacen los ganaderos es el siguiente: nosotros, el poco dinero que ganamos con nuestros animales tenemos que volver a gastarlo en la ganadería porque necesitamos comprar piensos, mejorar los establos, etc. Mientras tanto, los trabajadores asalariados disponen de todo su salario para gastarlo en lo que quieran y saben que al mes siguiente tendrán dinero de nuevo.

La dificultad que presenta la vida ganadera para acceder a consumos urbanos hace que las mujeres solteras rehúyan casarse con ganaderos. Las jóvenes de los pueblos pirenaicos saben que si se casan con un ganadero tendrán una vivienda que —con frecuencia— resulta anticuada, fría y poco cómoda, muy distinta de la vivienda urbana que las modas actuales presentan como ideal. Saben, además, que deberán trabajar ayudando a su marido con los animales en cuadras y prados. Piensan que sus hijos se iniciarán muy pronto en las tareas ganaderas y tal vez soporten —por este motivo— una escolaridad deficiente. Como resultado de todo este panorama, los ganaderos encuentran muchas dificultades para casarse. Recientemente ha salido a la luz en la prensa y la televisión el caso de los ganaderos de Plan que no encontraban mujeres para casarse. Su problema se ha divulgado por la forma pintoresca de buscarle solución que han intentado (organizado una "caravana de mujeres"), pero no es ni más ni menos grave que el de la mayoría de los ganaderos de todos los valles pirenaicos. Las jóvenes prefieren marchar a las ciudades o buscar sus novios entre el personal que viene a trabajar por estos valles para una temporada más o menos larga (obreros de la construcción, camareros, guardias civiles) y que les ofrecen formas de vida urbanas.

Suelen quejarse también las jóvenes de que la vida del ganadero es "muy sujeta". Quieren decir que no permite días de fiesta ni vacaciones, porque los animales comen todos los días y hay que atenderlos tanto en domingo como en lunes, igual en verano que en invierno.

Por todos estos motivos, los jóvenes que se han criado en casas ganaderas suelen ver el ganado como un estorbo para sus planes. El ganado les quita libertad de movimientos y les impide encontrar esposa. Hace unos años, cuando era fácil hallar empleo en las industrias, los jóvenes emigraban. Ahora no lo hacen porque no saben dónde ir. Permanecen en el pueblo y atienden el ganado, pero lo hacen, en muchos casos, con conciencia de realizar un trabajo que no les gusta y que cambiarían por un empleo industrial.

Las actitudes que el ganadero toma frente a las propuestas

innovadoras que le hacen los técnicos, suelen ser negativas. Las propuestas asociativas chocan con un individualismo que —por encima de cualquier tópico— alcanza niveles difíciles de imaginar para una mentalidad con formación urbana y racionalista. No admite consejos de nadie ni los solicita tampoco. Si alguien se interesa por la mejora de su explotación piensa que lo hace para obtener algún futuro beneficio particular. En este sentido, los trabajos de campo ofrecen un panorama curioso de la actitud de los pastores y ganaderos frente a estos temas: mientras se dialoga sobre el pasado o la vida actual y se pregunta al pastor sobre lo que hace o hacía antiguamente, es decir, mientras el pastor es el protagonista y su interlocutor se limita a recoger información, todo se desarrolla en un ambiente de sorprendente cordialidad. Pero si en el diálogo se incluye una propuesta de modernización, un consejo o una comparación con las técnicas más ventajosas empleadas por otros ganaderos, el panorama cambia completamente y el pastor se encierra en un silencio que puede ocultar sentimientos de desprecio, vergüenza, desconfianza o incomprensión, pero que rara vez refleja una atenta valoración de lo que se le propone.

De este modo, la modernización de las técnicas se va introduciendo con mucha lentitud. Los ganaderos copian lo que ven, frecuentemente sin comprender sus fundamentos o copiándolo de forma poco adecuada. Así, se multiplican los fracasos con las innovaciones y se desprecian técnicas modernas que en realidad les fracasan por emplearlas mal (11).

SER PASTOR EN LOS PIRINEOS HOY Y MAÑANA

Tras visitar docenas de pastores en los puertos pirenaicos, en los montes y campos del pre-Pirineo y en los pastos de invernada, resulta simple hacer un retrato del pastor altoaragonés, porque se repite una y otra vez el mismo modelo y las variaciones son tan escasas que se convierten en excepciones.

Los pastores son viejos. Rondan los sesenta años. Algunos superan los setenta y muy pocos tienen menos de cincuenta.

Los pastores son solteros. Sobre todo entre los que cuidan ganados que realizan el ciclo trashumante completo es difícil hallar pastores casados.

Los pastores son conservadores. Conservadores en el terreno de las costumbres. En su vida ordinaria, en sus comidas y en el vestido, en su vocabulario y en las creencias muestran rasgos muy arcaicos que ya están olvidados en la sociedad pirenaica en general.

Los pastores no están contentos con su oficio. En algunos casos hablan de su trabajo como avergonzados del mismo y como si tuvieran que dar explicaciones de por qué realizan una tarea que para ellos tiene poco prestigio social.

Los pastores son escasos. Hace ya algunos años que desaparecieron aquellos amplios grupos pastoriles jerarquizados que conducían grandes rebaños trashumantes. Ahora, un solo pastor cuida más de mil ovejas en los puertos y es frecuente hallar rebaños de vacas y ovejas sin pastor en las montañas. Los propietarios suben a vigilar el ganado, o a darle sal, cada varios días.

Así pues, el retrato actual del pastor pirenaico nos dibujaría un hombre de edad avanzada, soltero, tradicionalista, solitario en los montes y algo descontento con su oficio.

Hay, pocos jóvenes dedicados al pastoreo. Los pocos que hemos encontrado no son —en su mayoría— propiamente pastores. Son ganaderos de vacas que acuden a vigilar sus animales en el puerto algunos días de verano, mientras en invierno los mantienen estabulados. También hay algunos jóvenes ganaderos que tienen ovejas. Suelen ser gente a la que le gusta el ovino e incorporan al manejo de su rebaño las técnicas más modernas. Su ganado acostumbra a ser el más cuidado —y en consecuencia el más lustroso y prolífico— del Alto Aragón. Si bien se muestran orgullosos de su rebaño, dicen que encuentran pesado y monótono el pastoreo diario. Uno de estos jóvenes pastores, después de alabar el ganado ovino frente al vacuno y de explicar cómo piensa ir incrementando su rebaño, habla de su entusiasmo por las ovejas y del cuidado que pone en la elección de machos y en la alimentación, pero cuando trata del pastoreo no se muestra tan entusiasta y termina su conversación sobre el tema con las siguintes palabras: "algunas veces —medio en broma, medio en serio— le digo a mi mujer que la mejor dote que ella podría haber traído al matrimonio, mejor que dinero o ganado, sería que tuviera un hermano algo tonto. Bastaría con que supiera llevar el palo en la mano y siguiera la ovejas. Lo trataríamos bien y lo mandaríamos cada mañana al monte con las ovejas". Este joven, que sin duda explicaba algo con lo que soñaba, mostraba en sus palabras el problema de algunos ganaderos: les gusta el ganado y lo ven rentable, pero detestan cuidar ellos el rebaño y no saben a quién encargar esta tarea.

Parecido fondo se adivina en las palabras de ciertos ganaderos que hablan con envidia de otros ganaderos porque tienen en su casa algún "tión" o pariente ya anciano que se ocupa del ganado. No pocos rebaños se han vendido al morir los viejos pastores que los cuidaban y no quererse hacer cargo de los mismos los amos.

Los viejos pastores asumen con resignación la dureza de un trabajo que ocupa jornadas de muchas horas y no deja un solo día de fiesta al año. Sin embargo, siendo el trabajo duro y la oferta de pastores escasa, los salarios —sin responder a estas premisas— son muy bajos. Hay personas, incluso ganaderos que no tienen pastores asalariados, convencidas de que los pastores ganan sueldos fabulosos. En general, las cifras que nos han aportado los pastores que han aceptado hablar de su salario son inferiores al salario mínimo contemplado por la ley. Suelen rondar las treinta mil pesetas mensuales y casi siempre la Seguridad Social se la pagan ellos como autónomos. Algunos casos hay de salarios más dignos y seguridad social a cargo del ganadero, pero también hay otros en peores condiciones que reciben por su trabajo poco más que la manutención.

Los pastores viejos son los que mantienen la ganadería pirenaica. Esto resulta particularmente cierto si se hace referencia a los grandes rebaños que practican el ciclo trashumante tradicional de los valles altos: verano en los puertos, invierno en la tierra baja. Resulta curioso comprobar que la propiedad y el cuidado de los mayores rebaños trashumantes pirenaicos están en manos de grupos de dos o tres hermanos solteros que ya han superado los cincuenta años. Aprendieron el oficio ganadero en su casa, siendo niños, cuando este oficio era el más extendido por los valles pirenaicos. Después, cuando llegó la edad de casarse, no se casaron, y continuaron siguiendo cada año a su rebaño en el ciclo trashumante. No se sabe si no se casaron porque la vida trashumante se lo impidió o si continuaron la vida trashumante porque no se casaron. En todo caso, vida trashumante tradicional y matrimonio parecen actualmente incompatibles: ¿Qué mujer se casará en nuestros días con un hombre que ha de pasar cuatro meses en el puerto, seis en la tierra baja y sólo dos en casa?

Estos hermanos solteros guardan en sus grupos pastoriles todas las esencias tradicionales del pastoreo pirenaico: siguen el viejo ciclo reproductor, conocen cada animal de su rebaño, no les importa dormir en las viejas "mallatas", ni soportar la lluvia en las marchas trashumantes. Son sobrios y algo desconfiados, comen lo que comieron sus antepasados y viven con cualquier cosa. Tal vez obtienen poco beneficio de su ganado, pero —siendo muy moderados en sus gastos y sin pagar salarios— hacen rentables sus ovejas. También parecen conscientes de que con ellos envejece y termina la última generación de pastores tradicionales del Pirineo.

Resumamos la situación actual:

1) La sociedad tradicional pirenaica está agonizando. Su célula fundamental —"la casa"— ha visto erosionarse todos sus fundamentos y hoy se muestra incapaz de ofrecer respuestas adecuadas a las nuevas necesidades familiares, económicas y laborales.

2) Las viejas comunidades locales o de valle han perdido su función en la organización pastoril y han traspasado este papel a los ayuntamientos o al Estado.

3) La ganadería ha sufrido un cambio en las especies (vaca por oveja), en la alimentación (pienso por pasto), en los ciclos (temporales, territoriales y reproductores), y en la forma de ser vista por el montañés (no ya como la única fuente de riqueza sino como una de las posibles fuentes de riqueza, y, a veces, un estorbo para lograr el tipo de vida que se busca).

4) Gran parte de los que practican el pastoreo tienen una edad avanzada y mantienen actitudes, formas de manejo y creencias del mundo pastoril tradicional, que morirán con ellos.

5) El pastoreo —en general— y la trashumancia —en particular— seguirán existiendo porque la demanda de productos ganaderos se incrementa y los puertos de montaña ofrecen una fuente de alimentación para el ganadero excelente y barata, pero que sólo puede ser aprovechada tres ó cuatro meses al año.

De todo lo dicho se puede concluir que la situación actual se caracteriza por una profunda crisis general de la sociedad y la ganadería tradicionales en el Pirineo.

Los rasgos del nuevo trabajo pastoril en los Pirineos, que caracterizarán a los pastores del año 2000, se nos empiezan a mostrar ya emergiendo entre los naufragios del modelo tradicional:

—Entre los pastores viejos —que son mayoría, como se ha dicho— persisten todavía todos los modelos de contratación que se han citado en el capítulo correspondiente. Los hay contratados sólo para los puertos y otros que se contratan para todo el año. Algunos cobran todo su salario en dinero y otros pueden —además— conducir con el rebaño del amo algunas ovejas propias. Unos compran su comida, otros son mantenidos por el amo y algunos son alojados de forma rotativa por los amos, según el número de ovejas o vacas que les guardan. Sin embargo, parece que la tendencia —en este tema— es hacia la supresión de todas estas formas de organización y su sustitución por unas relaciones laborales acordes con lo que marca la ley para el trato entre patronos y obreros. Tal vez sea éste —de todos los sectores laborales— el que ha resultado más impermeable a la entrada de la normativa laboral general. Pero algunos ganaderos —pocos— ya contratan pastores cumpliendo todos los requisitos legales (vacaciones incluidas). A los viejos pastores se les podrá seguir contratando al margen de la legislación laboral, pero cada año será más difícil ignorar esta legislación cuando se contrate un pastor.

—Aún hay pastores que duermen en las majadas tradicionales, tanto en invierno como en verano. Pero la construcción de numerosas pistas permite acceder con vehículo a casi todos los pastos, sobre todo en la tierra baja. En el futuro, todos los pastores dormirán en el pueblo más cercano a los pastos y cada mañana acudirán a cuidar su ganado, regresando al pueblo por la noche. En los puertos donde por una causa u otra no sean posibles estos traslados, se abandonarán completamente las majadas tradicionales en el futuro. El empleo de "roulottes" (que ya ha comenzado a ser una realidad en algunos puertos) parece llamado a generalizarse, porque ofrece un albergue cómodo e itinerante para los pastores.

—El uso del ganado como dinero, el trueque o la ganadería de subsistencia son prácticas ya abandonadas. La circulación del dinero en el mundo pastoril cada vez se asemeja más a la que se da en cualquier empresa industrial. Se manejan créditos, hipotecas y pólizas de seguros y se introduce —con lentitud, ciertamente— el vocabulario empresarial moderno en la vida ganadera.

—Las viejas normativas pastoriles, propias de cada valle, están casi olvidadas. La vigilancia y control de los pastos ya hace años que fue abandonada por las comunidades locales y pasó a manos de organismos estatales (ICONA).

—En cuanto a la protección del rebaño, cada vez se confía menos en los antiguos ritos y se buscan más los remedios que puede aportar la moderna farmacopea veterinaria. Así, pues, el futuro pastor, aunque —como sus antecesores en el oficio— guardará ovejas, llevará una vida muy distinta a la de los pastores tradicionales y similar a la que lleve cualquier trabajador en otro empleo del sector industrial o del sector de servicios. Tendrá contrato y vacaciones, seguridad social y jornada de ocho o diez horas. Cobrará en dinero y firmará convenios. Vivirá en su casa, o si lo hace cerca del ganado, será en condiciones dignas. Su marco legal de referencia estará en el "B.O.E." y no en los viejos archivos de las comunidades de valle.

El ganadero —pequeño o grande— será un empresario que invertirá y estudiará la rentabilidad de su inversión, pedirá créditos, analizará el mercado y se asociará con otros ganaderos para defender sus intereses. Por último, estamos seguros de que también —aunque esto no lo admiten los ganaderos a quienes se lo hemos comentado— desconocerá el sabor de la carne de sus corderos, porque su mujer comprará la carne en la carnicería de la esquina.

NOTAS

(1) ESTEVA FABREGAT, Claudio. *Para una teoría de la aculturación en el Alto Aragón*, "Ethnica", núm. 2, Barcelona, 1971, analiza con detenimiento el proceso de cambio social ocurrido en el Alto Aragón durante el presente siglo. Parece el trabajo más amplio, serio y documentado de los que hasta ahora han visto la luz sobre este tema.

(2) ESTEVA, C., op. cit

(3) El Colegio Oficial de Arquitectos de Aragón ha publicado —Zaragoza, 1983— la obra "Pueblos deshabitados del Alto Aragón. Estudio de la comarca de Sobrarbe", pero esta publicación, aparte de centrarse en una sola comarca del Alto Aragón, estudia, sobre todo, la arquitectura de estos pueblos y ofrece escasos datos demográficos. Estos datos pueden obtenerse en los censos de población publicados y en numerosos estudios geográficos y socioeconómicos de carácter local y comarcal. Destaca el realizado por el equipo Economistas Asociados, de Zaragoza, referido a la provincia de Huesca y solicitado por la Excma. Diputación de esta provincia en 1975 (inédito).

(4) Datos tomados del estudio inédito realizado en 1975 para ICONA por Pallaruelo, Revilla, Sáiz y otros bajo el título "Sobrarbe: estudio para una planificación integral" (inédito).

(5) GARCIA RUIZ, José María. *Modos de vida y niveles de renta en el Prepirineo del Alto Aragón occidental*, C.S.I.C., Jaca, 1976.

(6) GARCIA RUIZ, José María., op. cit., p. 169.

(7) DUMAS, Max. *La vie rurale dans le Haut Aragon oriental*, C.S.I.C., Madrid, 1976.

(8) Sobre las causas de la decadencia de la trashumancia se muestran de acuerdo los ganaderos, los pastores y los autores consultados, en especial:
Manuel Ocaña García y otros "Ensayo de planificación ganadera en Aragón", Institución Fernando el Católico, Zaragoza, 1978. Max Daumas, op. cit. José María García Ruiz, op. cit. J. Puigdefábregas y E. Balcells, *Resumen sobre el régimen de explotación ovina trashumante en el Alto Aragón, especialmente en le valle de Ansó*, "Publicaciones del Centro Pirenaico de Biología Experimental", 1, Jaca, 1966.

(9) Según el censo realizado en julio de 1756 por la "Junta General de Ganaderos de las Montañas" había 331.832 cabezas de ganado lanar trashumante en el Alto Aragón.

(10) Manuel Ocaña y otros, en la obra citada, ofrecen numerosas medidas —basadas en estudiados cálculos económicos y de todo tipo— para mejorar la producción ovina.

(11) Manuel Ocaña y otros, en el trabajo citado, comentan actitudes mentales de los ganaderos similares a las descritas aquí.

BIBLIOGRAFIA

CAP. 1. ORGANIZACION SOCIAL DEL PASTOREO

VIOLANT y SIMORRA, Ramón: "El Pirineo español". Ed. Plus Ultra. Madrid, 1949.

COSTA, Joaquín: "Derecho consuetudinario y economía popular de España", I. I. cap. 13. Madrid, 1886. Red. Guara, Zaragoza, 1981.

ESTORNES LASA, Mariano: "Oro del Ezka", Ed. Auñamendi, San Sebastián, 1958.

CAP. 2. MARCO NORMATIVO Y CONFLICTOS

SOULET, Jean Francoise: "La civilisation matérielle d'autrefois", Ed. Privat, Toulouse, 1974.

GARCES ROMEO, José: "Los vedados en el término municipal de Sabinánigo y El Puente (1783-1917), en Miscelánea de estudios en honor de don Antonio Durán Gudiol, Sabiñánigo, 1981.

PUYO, Jorge: "Ansó, sus montes y su ganadería", Ansó, 1944.

PUYO, Jorge: "Notas de la vida de un pastor", Ansó, 1967.

VIOLANT y SIMORRA, Ramón: "El Pirineo español", Ed. Plus Ultra, Madrid, 1949.

CAP. 3. EL CICLO ANUAL DE LOS PASTORES

PUIGDEFABREGAS, J. y BALCELLS, E.: "Resumen sobre el régimen de explotación ovina trashumante en el Alto Aragón, especialmente en el valle de Ansó". Publicación del Centro de Biología Experimental, Jaca, 1966.

DAUMAS, Max: "La vie rurale dans le Haut Aragon oriental". Ed. C.S.I.C., Madrid, 1976.

GARCIA RUIZ, José María, en su libro "Modos de vida y niveles de renta en el prepirineo del Alto Aragón occidental", Monografías del Instituto de Estudios Pirenaicos, núm. 106, Jaca, 1976.

PUYO, Jorge, "Notas de la vida de un pastor" Ansó, 1967.

VIOLANT y SIMORRA, Ramón, en su trabajo *Notas de etnografía pastoril pirenaica. La trashumancia*, en "Obra Oberta 2", Ed. Alta Fulla, Barcelona, 1979.

BUISAN PELAY, Isabel, en *Historia breve de una cabañera del valle de Vio* en "Sobrarbe y as Balles", núm. 6, Ainsa, invierno 1980-81.

SATUE OLIVAN, Enrique, en *Hacia Tierra baja*, "Serrablo", núm. 42, Sabinánigo, diciembre 1981.

Ejemplo de trashumancia descendente desde Ansó a Barbués, Publicaciones del Centro Pirenaico de Biología Experimental", 1, Jaca, 1966.

VIOLANT y SIMORRA, R.: *Posible origen y significado de los principales motivos decorativos y de los signos de propiedad usados por los pastores pirenaicos*, en "Obra Oberta", núm. 4, Barcelona, 1981.

VIOLANT y SIMORRA, R.: "El Pirineo español", Ed. Plus Ultra, Madrid, 1949.

ACIN, J. Luis y SATUE, E.: *Vida pastoril en una mallata de Sobremonte*, "Temas de Antropología Aragonesa", núm. 2, Zaragoza, 1983.

CAP. 4. LA CIRCULACION DEL DINERO

FILLAT, Federico: "De la trashumancia a las nuevas formas de ganadería extensiva. Estudio de los valles de Ansó, Hecho y Benasque", tesis inédita leída en Madrid en 1980.

COMAS DE ARGEMIR, Dolores: *Ganaderos, boyeros, pastores, obreros... estrategias económicas en el Pirineo de Aragón*, en "Temas de Antropología Aragonesa", núm. 1, Zaragoza, 1983.

AUBADIE-LADRIX, Max: *Etude historique de la trashumance dans les Pyrenées francaises et espagnoles*, en "Pyrénées, núm. 133, enero-marzo 1983.

ESTEVA FABREGAT, Claudio *Para una teoría de la aculturación en el Alto Aragón*, en "Ethnica", núm. 2, Barcelona, 1971.

CAP. 5. CONSTRUCCIONES Y ARTESANIA

VIOLANT i SIMORRA, Ramón: "El Pirineo español". Ed. Plus Ultra, Madrid, 1949.

BIARGE, Fernando: *Las casetas pastoriles de falsa bóveda del Valle de Tena*, en "Temas de Antropología Aragonesa", núm. 2, Zaragoza, 1983.

DEFFONTAINES, Pierre: *Contribution a une géographie humaine de la montagne*, en revista "Pirineos", 1949, núm. 11-12.

BARRERE, P., en *Types d'organisation des terroirs en Haut Aragon*, en "Actas del I Congreso Internacional de Estudios Pirenáicos", San Sebástian, 1952.

DAUMAS, Max: *La maison rurale dans les hautes vallées de l'Esera et de L'Isabena*, en "Actas del III Congreso Internacional de Estudios Pirenaicos, Gerona, 1958", Zaragoza 1963.

La "borda" dans la zone pastorale du Haut Aragon Oriental, en "Revue Géographique des Pyrénées et du Sud Ouest". T. XX, Fasc. 1. Toulouse, 1949. "La vie rurale dans le Haut Aragon Oriental", Ed. C.S.I.C. Madrid, 1976.

PALLARUELO, Severino: *Las masadas de Sobrabe (I)*, en "Temas de Antropología Aragonesa" núm. 1. Zaragoza, 1983.

SATUE, Enrique y ACIN, José Luis, en *Vida pastoril en una mallata de Sobremonte*, "Temas de Antropología aragonesa", núm. 2. Zaragoza, 1983.

VIOLANT I SIMORRA, Ramón: *Posible origen y significado de los principales motivos decorativos y de los signos de propiedad usados por los pastores pirenaicos*, en "Obra Oberta", 4, Ed. Alta Fulla, Barcelona, 1981.

GARCES ROMEO, GAVIN MOYA, SATUE OLIVAN, "Artesanía de Serrablo", Sabiñánigo, 1983.

SATUE, Enrique *La canabla*, "Serrablo" núm. 44, Sabiñánigo 1982.

CAP. 6. MITOS, RITOS Y CREENCIAS

PALLARUELO CAMPO, Severino: "Viaje por los Pirineos misteriosos de Aragón", Zaragoza, 1984.

VIOLANT I SIMORRA, Ramón: "El Pirineo español". Ed. Plus Ultra, Madrid, 1949.

GALICIA, A., en la obra colectiva "Le Haut Aragon", Tarbes, 1982.

PALLARUELO, Severino: *La serpiente y las kratofonías de lo insólito en la medicina popular del Alto Aragón*, en "V jornadas del estado actual de los estudios sobre "Aragón". Ed. ICE, Zaragoza, 1984.

PALLARUELO, Severino, en *Lo sagrado en la medicina popular del Alto Aragón*, en "Actas V jornadas del estado actual de los estudios sobre "Aragón".

PALACIN, José María: *Notas sobre la medicina popular de Sobrarbe y as Balles*, en "Sobrarbe y as Balles", núm. 5, Ainsa, 1979-80, "La magia en la medicina popular altoaragonesa", conferencia pronunciada el 16 de marzo de 1979 con motivo de las II jornadas aragonesas del medicamento (inédita).

También: *Notas sobre diferencias toponímicas y uso de remedios vegetales en la medicina popular de Sobrarbe y as Balles*, en "Actas de las segundas jornadas sobre el estado actual de los estudios sobre Aragón", Huesca, 1979.

CAMPO, José María: *Bellos oujetas d'a cenisa*, en "Nueva España", Huesca.

PALLARUELO CAMPO, Severino: *La piedra de Ordovés*, en "Serrablo" núm. 50.

SATUE OLIVAN, Enrique: *La piedra del agua*, en "Serrablo" núm. 36.

PEYROUZET, Edouard: *Survivances préhistoriques dans les Pyrénées. La Maîtrise Magique de la Pluie*, en "Pyrénées", núm. 114, abril-mayo 1978. Tarbes.

ROMA RIU, Josefina: "Aragón y el Carnaval", Ed. Guara, Zaragoza, 1980.

VILLA, Joaquín: *La festividad de San Pedro en Chistén: algo más que una fiesta*, "Sobrarbe y as Balles", núm. 4. Ainsa, verano de 1979.

ACIN, José Luis: *El chiflo, un juego infantil con aspectos mágicos en*, "Serrablo" núm. 47, Sabiñánigo, marzo 1983.

CAP. 7. LA AGONIA DE UNA SOCIEDAD Y DE UN OFICIO

ESTEVA FABREGAT, Claudio: *Para una teoría de la aculturación en el Alto Aragón*, "Ethnica", núm. 2, Barcelona, 1971.

GARCIA RUIZ, José María: *Modos de vida y niveles de renta en el Prepirineo del Alto Aragón occidental*. C.S.I.C. Jaca, 1976.

DAUMAS, Max: "La vie rurale dans le Haut Aragón oriental", C.S.I.C. Madrid, 1976.

OCAÑA, Manuel, y otros ,"Ensayo de planificación ganadera en Aragón", Institución Fernando el Católico, Zaragoza, 1978.

PUIGFABREGAS, J. y BALCELLS, E.: *Resumen sobre el régimen de explotación ovina trashumante en el Alto Aragón, especialmente en el valle de Ansó*, "Publicaciones del Centro Pirenaico de Biología Experimental", 1, Jaca, 1966.

PRINCIPALES CABAÑERAS QUE CONDUCEN DESDE LOS PIRINEOS ARAGONESES HASTA LOS PASTOS DE INVERNADA

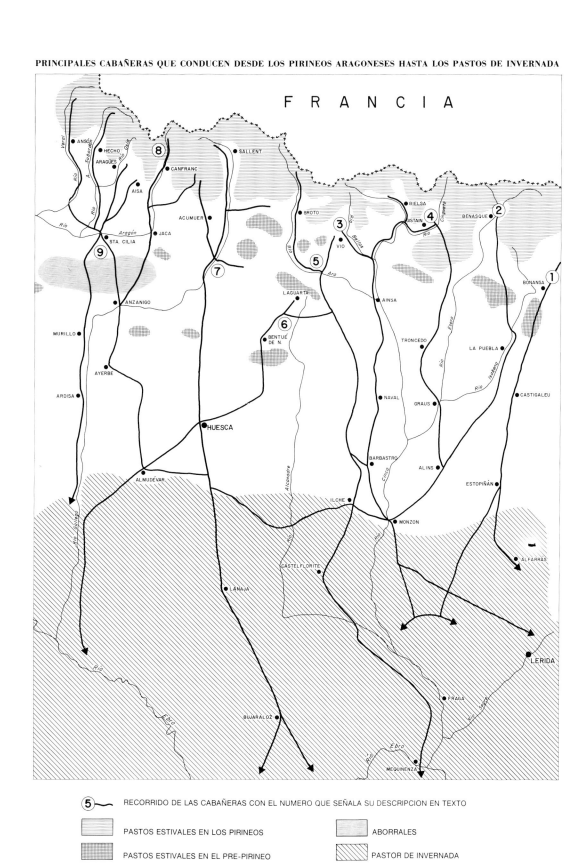

DIRECCION TECNICA:
Rafael Blázquez Godoy

COORDINACION GENERAL:
Angela González Alvaro
María Pía Timón Tiemblo

DISEÑO Y MAQUETACION:
Mauricio d'Ors

FOTOGRAFIAS:
Ricardo Compairé Escartín y L. Briet
Las fotografías que aparecen sin firmar son obra del autor

EDITA:
Ministerio de Cultura, 1988
Dirección General de Bellas Artes y Archivos.
En colaboración con
Secretaría General Técnica

DISTRIBUYE:
Servicio de Publicaciones
C/. Fernando el Católico, 77
28015-Madrid
Teléfono: 244 56 18

SE ACABO DE IMPRIMIR EN TECNICAS
GRAFICAS FORMA, S. A., EL CUATRO DE
MAYO DE MIL NOVECIENTOS OCHENTA
Y OCHO, EN MADRID